늑대 인간

# 늑대 인간

지크문트 프로이트 김명희 옮김

## 일러두기

1. 열린책들의 『프로이트 전집』 2020년 신판은 기존의 『프로이트 전집』(전15권, 제2판, 2003)을 다시 한 번 교열 대조하여 펴낸 것이다. 일부 작품은 전체를 재번역했다. 권별 구성은 제2판과 동일하다.

2. 번역 대본은 독일 피셔 출판사S. Fischer Verlag 간행의 『지크문트 프로이트 전집*Sigmund Freud Gesammelte Werke*』과 현재까지 발간된 프로이트 전집 가운데 가장 충실하고 권위 있는 전집으로 알려진 제임스 스트레이치James Strachey 편집의 『표준판 프로이트 전집*The Standard Edition of the Complete Psychological Works of Sigmund Freud*』을 사용했다. 그러나 각 권별 수록 내용은 프로이트 저술의 발간 연대기순을 따른 피셔판 『전집』이나 주제별 편집과 연대기적 편집을 절충한 『표준판 전집』보다는, 『표준판 전집』을 토대로 주제별로 다시 엮어 발간된 『펭귄판』을 참고했다.

3. 본 전집에는 프로이트의 주요 저술들이 모두 수록되어 있다. 다만, (1) 〈정신분석〉이란 용어가 채 구상되기 이전의 신경학에 관한 글과 초기의 저술, (2) 정신분석 치료 전문가들을 위한 치료 기법에 관한 글, (3) 개인 서신, (4) 서평이나 다른 저작물에 실린 서문 등은 제외했다. (이들 미수록 저작 중 일부는 열린책들에서 2005년 두 권의 별권으로 발행되었다.)

4. 논문이나 저서에 이어 (  ) 속에 표시한 연도는 각 저술의 최초 발간 시기를 나타내며, 집필 연도와 발간 연도가 다를 경우에는 [  ] 속에 집필 연도를 병기했다.

5. 주석의 경우, 프로이트 자신이 붙인 원주는 각주 뒤에 〈 — 원주〉라고 표시했으며, 옮긴이주는 별도 표시 없이 각주 처리했다.

6. 본문 중에 용어의 원어가 필요할 때는 독일어를 병기했다.

이 책은 실로 꿰매어 제본하는 정통적인 사철 방식으로 만들어졌습니다.
사철 방식으로 제본된 책은 오랫동안 보관해도 손상되지 않습니다.

# 차례

# 쥐 인간

— 강박 신경증에 관하여

# 쥐 인간
## ― 강박 신경증에 관하여

Bemerkungen über einen Fall von Zwangsneurose(1909)

〈쥐 인간〉의 증례는 프로이트가 발표한 강박 신경증에 관한 연구 중 가장 자세하고 또 유명하다. 1907년 10월 1일 시작된 이 환자의 치료 도중에 프로이트는 몇 차례 이 증례를 빈 정신분석학회에 보고했고, 1908년 4월 잘츠부르크에서 개최된 제1회 국제 정신분석학회에서 4시간에 걸쳐 보고했다. 그 후로도 약 1년간 치료는 계속되었으며, 1909년 여름 프로이트는 출판을 위해 이 환자의 병력을 정리했다.

이 논문은 1909년 『정신분석과 정신 병리학 연구 연보』 제1권 2호에 처음 실렸으며, 1913년 『신경증에 관한 논문집 Sammlung kleiner Schriften zur Neurosenlehre』 제3권에 수록되었다. 또한 『저작집 Gesammelte Schriften』 제8권(1924), 『네 가지 정신분석적 병력 연구 Vier Kran-kengeschichten』(1932), 『전집』 제7권(1941)에도 실렸다. 영어 번역본은 1925년 앨릭스 스트레이치와 제임스 스트레이치 Alix and James Strachey가 번역하여 "Notes upon a Case of Obsessional Neurosis"라는 제목으로 『논문집』 제3권에 실렸으

며, 『표준판 전집』 제10권(1955)에도 수록되었다.

# 1. 서론

앞으로 할 이야기는 두 가지로 정리할 수 있다. 첫째는 강박 신경증 증례에서 골라 정리한 것으로서, 이 증례는 치료 기간으로 보나 병으로 인한 일상생활의 파탄으로 보나, 환자 자신의 판단과 같이 그 증세가 조금 심한 편이었다. 이 치료는 약 1년 동안 계속되었으며, 치료 후에 환자는 완전히 정상적인 성격을 회복했고 심리적 억압도 해소되었다. 둘째는 이 증례를 중심으로 하고 내가 분석한 다른 환자의 경우도 참고하여, 강박 신경증이 발생하는 과정과 그 심리 기제에 대해 두서없이 정리한 것이다. 이 연구에 대한 진술이 내가 1896년에 발표한 바 있는 첫 번째 관찰[1]보다 발전된 견해를 보이길 바란다.

우선 이런 식으로 할 수밖에 없는 이유를 밝혀야겠다. 그렇지 않으면 내가 이러한 방식을 완벽하고 모범적인 전달 방식으로 생각한다는 오해를 받을 수 있기 때문이다. 만약에 주변의 다른 장애가 없었다면 보다 자세한 자료를 기꺼이 공개했을 것이다. 치료 경과를 모두 이야기하려면 환자의 사생활을 자세히 밝혀야 할 것이다. 도시 사람들의 성가신 흥미, 특히 나의 의료 행위에 대한

---

1 「방어 신경 정신증에 관한 재고찰Weitere Bemerkungen über die Abwehr-Neuropsychosen」(1896) 제2부 〈강박 신경증의 본질과 전개 양상〉 참조 — 원주.

관심 때문에 환자에 대해 있는 그대로 발표할 수는 없다. 또 이런 경우 개인의 자료를 바꾸는 것은 별로 쓸모도 없으므로 반대한다. 단지 조금만 바꾸면 결국 환자의 실체가 드러나고, 너무 많이 바꾸면 내용을 이해할 수 없게 된다. 왜냐하면 독자가 내용을 조리 있게 이해하기 위해서는 환자의 일상생활이 자세하게 드러나야 하기 때문이다. 그래서 환자가 가지고 있는 가장 은밀한 비밀을 이야기하는 것이, 단순하고 사소한 주변 사정을 이야기하는 것보다 안전하다는 기묘한 결과를 낳는다. 보통 사람들은 주변 사정으로 그 사람을 알아낼 수 있지만, 은밀한 비밀만 가지고는 그 사람의 정체를 알아차릴 수 없기 때문이다.[2]

이런 이유로 환자의 병력과 치료 과정을 대폭 생략하여 보고하게 되었다. 그리고 강박증 분석을 통해 얻어 낸 결과를 체계화하지 못한 채 발표할 수밖에 없는 보다 정직한 이유는 다음과 같다. 사실 심한 강박증의 복잡한 구조를 아직 완전히 파고들지 못했으며, 분석을 재현한다고 해도 치료 과정이 성격 구조와 얽혀서 나타나므로 분석을 통해 알게 되었거나 추측하게 되는 성격 구조를 그대로 드러내 보이는 것은 불가능하다고 생각된다. 게다가 치료에 대한 환자의 저항이 심하고, 그 저항이 나타나는 형태가 다양해서 더욱 어렵다. 또 이런저런 이유가 없더라도 히스테리에 비해 강박증 자체가 이해하기 쉬운 주제는 아니다. 사실은 그 반대일 것이라고 예상해야 할 것이다. 강박증의 언어, 즉 그 비밀을 나타내는 방법은 히스테리 언어의 사투리라고 할 수 있다 — 그렇지만 그 사투리는 히스테리의 언어보다 의식하고 있는 생각을 나타내는 데 쓰는 언어와 가깝기 때문에 알아차리기가 더 쉬워야

<hr />

2   독일어판『저작집』(1924) 제8권에 첨가된 〈도라〉의 증례에 관한 각주에서, 프로이트는 이 증례가 환자의 동의를 얻어 출간된 것임을 밝히고 있다.

할 것이다. 특히 그것은 히스테리와 같이 신체적인 증상으로 전환하지는 않는다. 히스테리성 전환을 완전히 이해하기는 불가능할 것 같다.

아마도 강박증에 익숙하지 않아서 이해하기 어려울지도 모른다. 심한 강박증 환자들은 히스테리 환자에 비해 분석 치료를 받으러 오는 예가 적다. 강박증 환자들은 그들의 증상을 가능한 한 오랫동안 일상생활에 숨기고 살아서, 그들이 치료를 받으러 오는 시기를 폐결핵에 비유해서 말하자면, 증상이 너무 심해 요양원에서 입원을 거절할 정도가 되었을 때이다. 특히 폐결핵과 비교를 하는 이유는 두 경우 모두 초기에 치료하면 완치되기 때문이다.

이런 상황에서는 완전하지는 않아도 알려진 대로, 또 정당한 만큼만 발표하는 것 이외에는 대책이 없다. 발표되는 지식의 조각들이 별로 만족스럽지 않을지도 모른다. 그러나 다른 연구자들이 작업을 시작하게 되는 기초는 되리라고 생각한다. 함께 노력한다면 혼자서 이룰 수 있는 것 이상의 성공을 거둘지도 모른다.

## 2. 증례에서 발췌한 내용

대학 교육을 받은 젊은이 하나가 찾아와서, 어려서부터 강박에 시달렸으며 최근 4년간은 증세가 특히 심하다고 호소했다. 주요 증상은 그가 매우 좋아하는 두 사람 — 아버지와 그가 호감을 가지고 있는 여자 — 에게 무슨 일이 일어날지도 모른다는 두려움을 느끼는 것이었다. 그는 때로 면도칼로 목을 자르고 싶은 강박적인 충동도 느꼈고, 어떤 때는 별로 중요하지 않은 일에서도 자신을 억압했다. 이런 생각들과 싸우느라 여러 해를 허비하여 그의 인생에서 많은 것을 잃었다고 했다. 여러 가지 치료를 받아 보았으나 근방 요양원에서 받은 수(水) 치료법을 빼고는 아무 효험이 없었다. 그나마 효과를 본 것은 요양원에서 만나 사귄 여자와 여러 번 성교를 했기 때문이라고 생각했다. 전에는 그럴 기회가 없었으며, 있다고 해도 가끔씩 불규칙하게 있었다. 창녀에게는 혐오를 느꼈다. 전체적으로 보아 그의 성생활은 위축되어 있었다. 자위행위는 열여섯이나 열일곱 살에 잠깐 했고, 성 기능은 정상이며 스물여섯 살에 처음 성교를 했다.

그는 생각이 명쾌하고 빈틈없는 사람이라는 인상을 주었다. 성생활을 특히 강조하여 보고하는 이유에 대해 묻자, 그는 성생활에 대해 말하는 것이 나의 이론에 부합하는 것으로 알고 있다고 대답했다. 그는 이전에는 내 저서를 읽은 적이 없었고, 최근에 나의 책[3]을 뒤적거리다가 언어 연상 작용에 대한 설명을 읽게 되었다. 여기에서 그는 자신을 힘들게 하는 생각과 유사한 면을 발견하고 나에게 치료를 받기로 결정했다.

### (1) 치료의 시작

다음 날 그가 치료를 받으러 왔을 때, 하나의 조건을 반드시 지킬 것을 요구했다. 즉 그에게 불쾌하거나, 의미가 없다고 느껴지거나, 중요하지 않다고 생각되거나, 또 아무 상관이 없다고 여겨지더라도 머리에 떠오르는 것은 모두 말해야 한다는 것이었다. 그리고 원하는 대로 아무 이야기나 시작하게 했다. 그렇게 그는 치료를 시작했다.[4]

그에게는 아주 존경하는 친구가 하나 있었다. 그가 범죄 충동에 시달릴 때면 항상 친구에게 가서, 자신을 범죄자로 보며 경멸하느냐고 물었다. 그 친구는 그의 행동에는 욕할 것이 없으며, 아마 그가 어려서부터 자기 자신을 좋지 않게 생각하는 버릇이 있는 것 같다고 이야기하며 위로해 주곤 했다. 그가 어렸을 때 비슷한 역할을 한 사람이 있었다. 그가 열넷이나 열다섯 살 때 그 사람은 열아홉 살 먹은 학생이었는데, 그를 좋아해서 얼마나 추켜올렸던지 그로 하여금 자신이 천재라고 생각하게 만들 정도였다. 그런데 후에 이 사람은 그의 가정 교사가 되었고, 그때부터 갑자기 그를 바보처럼 다루기 시작했다. 나중에 그는 그 사람이 자기

---

3  『일상생활의 정신 병리학』(프로이트 전집 5, 열린책들)을 말한다.
4  다음에 계속되는 글은 치료한 날 저녁에 적은 노트를 기초로 했고, 되도록이면 환자의 말을 기억나는 대로 옮기려 했다. 치료하는 도중에 기록을 하는 것에 대해 경고해야겠다고 느낀다. 노트를 하느라 환자에게 집중하지 못하면 좀 더 정확한 기록을 해서 얻어지는 이익으로는 메울 수 없을 정도로 잃는 것이 많다 — 원주.

누이에게 마음이 있어서 그의 집에 발을 들여놓기 위한 방편으로 그를 이용했다는 것을 알아차렸다. 이것이 그의 인생에서 첫 번째 충격이었다.

그는 어물쩍 다음 이야기로 넘어갔다.

### (2) 유아기 성 활동

「나의 성생활은 매우 일찍 시작되었다. 네 살인가 다섯 살 때 일을 한 가지 기억할 수 있다(여섯 살 이후의 일은 모두 기억한다). 몇 년 뒤에 이 장면이 선명하게 머리에 떠올랐다. 우리 집에는 페터 양이라는 가정 교사가 있었다.[5] 어느 날 저녁 그녀는 얇은 옷을 입고 긴 의자에 누워 책을 읽고 있었다. 나는 옆에 누워 있다가 치마 밑으로 기어들어 가게 해달라고 졸랐다. 아무에게도 이야기하지 않는다면 그래도 좋다고 했다. 그녀는 옷을 거의 입고 있지 않아서 나는 성기와 그 주변을 만져 보았는데, 아주 이상하게 생겼다고 느꼈다. 그 일 이후로 나는 여자의 몸을 보고 싶어서 안달이 났다. 목욕탕에서(그때까지도 가정 교사와 누이들과 함께 목욕할 수 있었다) 가정 교사가 옷을 벗고 물에 들어가는 것을 보며 강한 흥분을 느꼈고, 그 시간을 기다리던 것을 기억한다. 여섯 살 이후의 일은 더 많이 기억할 수 있다. 그 당시에도 젊고 외모가 예쁜 다른 가정 교사가 있었다. 그녀는 엉덩이에 종기가 있어서

---

5　알프레트 아들러Alfred Adler 박사는 한 작은 모임에서, 환자가 제일 먼저 하는 말이 미묘한 중요성을 가지고 있다는 내용의 논문을 발표한 적이 있다. 이것이 바로 그 예이다. 환자가 시작한 말은 남자들이 그에게 미친 영향을 강조하고 있다. 즉 동성인 대상이 그의 인생에서 한 역할을 강조한 것이다. 그러나 바로 이어서 두 번째 주제, 즉 남자와 여자의 갈등과 그들의 상반된 이해에 대한 이야기가 나왔는데, 이것은 후에 그의 인생에서 매우 중요한 의미를 지닌다. 그가 첫 번째 가정 교사를 그 당시 빈 중류층의 관습대로 이름으로 기억하지 않고, 남자를 부르는 이름인 그녀의 성으로 기억해 냈다는 사실도 이런 관점에서 고려해야 한다 — 원주.

밤이면 그것을 짜는 버릇이 있었다. 나는 그녀의 엉덩이를 보고 싶어서 그 순간이 오기를 목을 빼고 기다리곤 했다. 리나 양은 페터 양보다는 몸가짐이 단정했지만 목욕할 때는 같은 일이 계속되었다.」(그때 내가 질문을 하자 환자는 〈보통 그녀의 방에서 자지는 않았고, 주로 부모님과 잤다〉고 대답했다.)「틀림없이 내가 일곱 살 때의 일이라고 기억되는 장면이 있다.[6] 어느 날 저녁 우리는 — 가정 교사, 조리사, 심부름하는 여자아이, 나, 그리고 나보다 18개월 늦게 태어난 남동생 — 함께 앉아 있었다. 여자들끼리 이야기하고 있었는데 갑자기 리나 양의 말소리가 들렸다. 〈작은애는 할 수 있을 것 같은데, 파울(그건 나였다)은 너무 둔해서 놓치고 말 거야.〉 정확하게 무엇을 의미하는지 몰랐으나 나는 무시당했다고 느껴 울기 시작했다. 리나 양이 나를 위로하면서, 어떤 여자가 자신이 돌보는 남자아이와 한 짓 때문에 몇 달 동안 감옥에 가 있었다고 말했다. 리나가 나에게 못된 짓을 한 기억은 없으나, 나는 그 여자에게 내가 하고 싶은 대로 했다. 그녀의 침대에 들어가면 옷을 벗기고 몸을 만졌는데 그녀는 그저 가만히 있었다. 그녀는 별로 똑똑하지는 않았지만 성욕이 대단한 것은 확실했다. 스물한 살에 벌써 아이가 있었다. 나중에 아이 아버지와 결혼해서 호프라트 부인이 되었다.[7] 지금도 가끔 길에서 그녀를 본다.」

「나는 여섯 살 때 벌써 발기 때문에 고생했다. 한번은 어머니에게 불평을 하기도 했다. 어머니에게 이야기한 이유는 불안을 떨쳐 버리고 싶었기 때문이다. 왜냐하면 발기와 나의 상상과 호기심이 서로 관계가 있다고 느꼈기 때문이다. 나는 그때 부모님이

---

6  환자는 나중에 이 일은 아마 1, 2년 뒤에 생긴 것이라고 인정했다 — 원주.
7  오스트리아의 작위인 〈호프라트〉는 유명한 의사나 변호사, 대학교수, 공무원 등에게 주어졌다. 아마 현재 영국의 기사 작위와 같다고 볼 수 있을 것이다.

내가 생각하는 내용을 알고 있다는 병적인 상상을 하고 있었다. 나는 나 자신도 듣지 못하는 사이에 내 생각을 큰 소리로 말했을 것이라고 스스로에게 설명하려 했다. 이것이 내 병의 시작이라고 본다. 나를 즐겁게 하는 사람들은 모두 여자였는데, 나는 그들이 발가벗고 있는 것을 보기를 열망했다. 그러나 그렇게 바람과 동시에 그런 생각을 하면 무슨 일인가 벌어질 것 같은 불안한 예감이 들었고, 그 일을 예방하기 위해 무슨 일이든 해야 할 것처럼 느껴졌다.」

(내가 그 불안한 예감에 대해 물어보자 환자는 〈아버지가 죽을지도 모른다는 두려움〉을 예로 들었다.) 「아버지의 죽음에 대한 생각은 아주 어려서부터 마음속에 자리 잡고 있었고, 오랫동안 계속되어 나를 우울하게 했다.」

이때 나는, 현재 환자의 강박적 두려움의 대상인 아버지는 이미 수년 전에 죽었다는 사실을 알고 크게 놀랐다.

여섯 살인가 일곱 살 때의 일이라고 한 그 일은 환자가 추측하는 것처럼 병의 시작이 아니라 이미 병 그 자체였다. 그것은 모든 구성 요소를 갖춘 완벽한 강박 신경증, 후에 나타날 병의 핵심이자 원형 ― 말 그대로 기본 유기체 ― 이므로 이것만 연구해도 그 병의 복잡한 구조를 파악할 수 있을 것이다. 이미 살펴본 바와 같이 그 아이는 절시증(竊視症)이라는 성 본능의 지배를 받고 있다. 그래서 그는 그가 관심을 가지고 있는 여성들의 발가벗은 모습을 보고 싶다는 강렬한 욕망을 느끼곤 했다. 이런 욕망이 그 후 그의 강박적인 관념으로 발전되었다. 그 당시 이러한 욕망이 아직 강박증적인 성격을 띠지 않았던 까닭은, 그의 어린 자아가 이러한 욕망을 구태여 거부하지도 않았으며, 또한 이상하다고 느끼지도 않았기 때문이다. 그럼에도 불구하고 이 욕망이 나타날 때마다 불편한 감정이 함께 나타난 것으로 보아, 어디선가 이 욕망에 반대하는 힘이 작용하고 있었음을 알 수 있다.[8] 이 방탕한 어린아이의 마음에 갈등이 진행되고 있던 것이 확실하다. 강박증적인 두려움이 강박적인 소망과 나란히, 또 아주 밀접하게 관련되어 동시에 나타났다. 이 욕망이 나타날 때마다 무엇인가 무서운 일이 벌어지리라는 두려움이 생기는 것을 막을 수가 없었다. 어떤 두려움의 대상은 불확실성이라는 옷을 입고 있는 것이 특징인데, 이 불확실성은 신경증의 모든 증상에서 찾아볼 수 있다. 그렇지만 어린아이의 경우는 불확실성이라는 장막 뒤에 있는 것이 무엇인지 찾아내기가 그리 어렵지 않다. 강박 신경증의 특징인 막연한 일반론 대신 특별한 예를 들도록 한다면, 그 예가 바로 일반론 뒤에 숨어 있는 원래의 두려움 자체라고 자신있게 말할 수 있다. 그러므로 우리 환자의 강박적 두려움을 원래의 의미대로 원상 복귀시키면 다음과 같을 것이다. 〈내가 발가벗은 여자를 보고 싶다는 생각을 하면 아버지가 죽고 말 것이다.〉 불편한 감정에는 조금은 기괴함과 미신적인 느낌이 확실히 섞여 있고, 이미 다가오고 있는 악마를 쫓기 위해 무엇인가 하려는 충동이 일고 있었다. 이런 충동이 나중에는 환자가 실행하게 된 〈보호 방편〉으로 발전되었다.

이 환자의 경우를 정리해 보면 다음과 같다. 첫째, 그에게는 성적 본능과 그에 대한 반발이 있다. 둘째, 아직 강박적으로까지는 되지 않은 소망과 그에 저항하면서 이미 강박적 성격을 띠게 된 두려움을 볼 수 있다. 셋째, 환자를 긴장시키는 감정과 방어적인

8 그럼에도 불구하고 감정을 고려하지 않고 강박증을 설명하려고 시도한 바 있다—원주.

행동을 하려는 충동도 나타난다. 신경증 목록이 완벽하게 이루어진 것이다. 그 외에 망상Delirium이라고 할 수 있는 이상한 증상도 있었는데, 바로 그가 자신이 듣지는 못했지만 자기 스스로 이야기했기 때문에 부모가 그의 생각을 알고 있으리라는 믿음이다. 그 아이가 이렇게 설명하려고 한 것은 이미 그가 무의식이라는 주목할 만한 정신 작용에 대해 어렴풋이 알고 있지 않았나 하는 가정을 가능하게 한다. 이 애매한 주제를 조금이라도 과학적으로 조명하려고 한다면, 무의식은 없어서는 안 되는 개념이다. 〈듣지 못하면서 내 생각을 큰 소리로 말한다〉는 것은, 그가 자신은 전혀 알지 못하는 생각을 가지고 있다는 우리의 가설을 세상에 드러내 보이는 것과 같다. 이는 억압되어 있는 내용을 정신 작용 안에서 알아차렸다는 말과 같다.

유아기의 단순한 신경증에도 해결해야 할 문제와 상식적으로 보아 터무니없는 점이 있다. 음탕한 소망을 하면 아버지가 죽을 것이라는 생각의 의미는 무엇일까? 그저 단순히 터무니없는 생각일까? 아니면 이 말을 이해하는 방법이 있는 것일까? 이 말을 이전에 일어난 사건과 상황의 결과로 볼 수 있는 방법도 있는 것일까?

다른 데서 얻은 지식을 이 증례에 적용하면, 다른 증례와 같이 여기서도(즉 아이가 여섯 살이 되기 전에) 갈등과 억압이 있었고, 그것들은 망각 속에 묻혔지만 강박증적인 두려움이라는 찌꺼기를 남겼다는 의심을 피할 수 없을 것이다. 우리는 잊었던 경험을 나중에 얼마나 찾아낼 수 있으며, 얼마나 확신을 가지고 그것을 재구성할 수 있는지를 알게 될 것이다. 그때까지는 환자의 유아기 망각이 여섯 살 때 끝났다는 사실 — 단순한 우연이 아니라 — 을 눈여겨보아야 할 것이다.

만성 강박증이 소아기에 이처럼 시작되는 것, 즉 음탕한 욕망과 설명할 수 없는 두려움, 방어 행동을 하려는 경향으로 시작되는 것을 보는 일은 나에게는 새롭지 않다. 강박증의 증세가 언제나 같은 것은 아니지만, 이는 매우 전형적인 경우이다. 두 번째 시간으로 넘어가기 전에 환자의 초기 성 경험에 대해 한마디 덧붙이겠다. 그것은 그 내용이나 결과를 볼 때 대단하다고 할 수밖에 없다. 그런데 그것은 내가 분석한 다른 예에서도 마찬가지였다. 이들은 히스테리와는 다르게 예외 없이 조숙한 성 행동을 하는 특징이 있다. 강박증의 경우를 보면, 신경증의 원인이 현재 생활이 아닌 유아기 성 행동에 있다는 것을 히스테리의 경우보다 확실히 알 수 있다. 얼핏 보면 강박증 환자의 현재 성생활은 완전히 정상으로 보일 수 있다. 사실 지금 우리가 살펴보고 있는 환자보다 병적인 요소나 이상한 면을 훨씬 적게 보이는 경우가 많다.

### (3) 큰 강박적인 두려움

「오늘은 여기 오기 바로 전에 일어났던 일부터 시작하려고 한다. 8월 ○○에서 나는 군대 훈련 중이었다. 전부터 나에게 고통을 주고 나 자신을 못살게 하던 온갖 종류의 강박 관념이 훈련을 시작하자 사라졌다. 나는 정규 장교들에게 나 같은 사람은 많이 배웠을 뿐 아니라 인내심도 상당히 강하다는 것을 보여 주려고 열심이었다. 하루는 짧은 행군으로 시작되었다. 정지하고 있을 때 코안경을 잃었다. 금방 찾을 수도 있었으나 행군을 방해하고 싶지 않아 포기했다. 그리고 빈에 있는 안과 의사에게 다음 우편으로 새 안경을 보내 달라고 전보를 쳤다. 쉴 때 나는 장교 두 사람 사이에 앉아 있었는데, 그중 체코계의 이름을 가지고 있는 사람은 나에게 중요한 의미를 가질 사람이었다. 그는 분명히 잔인한 짓을 좋아하는 사람이어서 나는 그를 무서워했다. 그가 나쁜 사람이라는 것은 아니다. 다만 그가 장교 식당에서 체벌을 해야 한다고 자꾸 주장하는 바람에 내가 강력하게 반대할 수밖에 없었던 일이 있었다. 쉬고 있을 때 우리는 대화를 하게 되었고, 장교는 동방에서 쓰이는 특별히 지독한 벌에 대해 읽은 적이 있다고 말했다⋯⋯.」

　여기서 환자는 말을 멈추고 의자에서 일어난 다음, 나에게 세세한 내용은 이야기하지 않도록 해달라고 부탁했다. 나는 잔인한 것에 흥미가 없고 그를 괴롭히고 싶은 생각도 없었지만, 내가 할 수 있는 범위가 넘는 일을 그에게 허락할 수 없다고 했다. 그러면서 나는 그런 것은 나에게 달을 가져오라고 하는 것이나 같다고 말했다. 저항을 극복하는 것이 치료의 법칙이며, 어떤 경우에도 이를 거스르면 안 된다(치료를 시작할 때 〈저항〉에 대해 이미 설명했고, 그는 그의 경험을 이야기하려면 그 안에 있는 저항을 많이 극복해야 할 것이라고 이야기한 바 있다). 나는 계속해서 그가 준 암시의 의미를 완전히 추측하기 위해 할 수 있는 모든 노력을 하겠다고 이야기했다. 혹시 찔러 죽이는 형벌을 이야기하려고 한 것인가? 「⋯⋯아니 그게 아니라⋯⋯ 죄수를 잡아매고는⋯⋯.」 그가 너무 희미하게 이야기했기 때문에 어떤 자세로 매인 것인지 즉시 알아차릴 수 없었다. 「⋯⋯엉덩이에 항아리를 엎어서⋯⋯ 쥐를 몇 마리 거기에 넣⋯⋯고 그리고⋯⋯.」 그는 다시 일어났다. 그는 분명히 심한 두려움에 휩싸여 저항을 하고 있었다. 「⋯⋯그것들은 거기에 들어가려고⋯⋯.」 그 대신 내가 말해 주었다. 「항문으로 들어가려고 했죠.」

　그가 이야기하는 동안 중요한 시점에서 그의 얼굴에는 아주 이상하고 복잡한 표정이 떠올랐다. 나는 그 표정을, 그 자신도 모르게 즐거움을 느끼는 것에 대해 갖는 공포라고밖에 설명할 수 없다. 그는 아주 어렵사리 말을 이어 갔다. 「그 순간 내가 아주 좋아하는 어떤 사람에게 바로 이 일이 일어나고 있다는 생각이 스쳐 지나갔다.」[9] 내가 단도직입적으로 묻자, 그는 자신이 그 벌을 시행하지는 않았으나 그것은 아주 비인간적으로 무심하게 자행되고 있었다고 말했다. 조금 더 캐물으니 그 생각의 대상은 그가 좋아하는 여자라는 것이 드러났다.

그는 이야기를 중단하고 이런 생각들은 그 자신에게도 낯설었고, 또 아주 혐오스러웠다고 나를 설득하려 했다. 그리고 그는 이런 생각들은 그냥 화살이 스쳐 가듯 빠르게 지나갔을 뿐이라고 말했다. 이 생각과 동시에 항상 〈제재〉, 즉 환상이 현실로 나타나는 것을 막기 위해 그가 행해야 했던 방어적 행동이 나타났다. 장교가 이 지독한 벌에 대해 이야기하고 있을 때 환자에게는 이러한 생각들이 지나갔고, 곧 그가 하는 방식(〈그러나〉라고 하며 부인하는 몸짓을 하고 〈도대체 무슨 생각을 하는 거냐?〉라고 말하는 것)을 행동으로 옮겨 두 가지 모두 예방하도록 했다.

그 〈두 가지〉를 나는 금방 알아차리지 못했다. 아마 독자들도 의아하게 생각했을 것이다. 왜냐하면 아직 한 가지 생각 — 쥐를 이용한 벌을 그의 여자에게 실행한다는 — 밖에는 듣지 못했기 때문이다. 이제서야 그는 거의 동시에 나타난 두 번째 생각을 이야기할 수밖에 없었다. 그것은 그 벌을 그의 아버지에게 행한다는 것이었다. 그의 아버지는 수년 전에 죽었기 때문에 아버지에 관한 강박적 두려움은 더욱 어리석게 보였고, 그래서 고백하는

9  환자는 〈생각〉이라고 말했다. 좀 더 강하고 의미가 있는 말인 〈소원〉이나 〈두려움〉을 걸러 내고 한 말이 틀림없다. 그의 표현들은 모두 이상하게 모호한 빛을 띠었는데, 안된 일이지만 내 재주로는 그것을 제대로 전달하지 못하겠다 — 원주.

것을 조금이라도 더 피해 보려고 한 것이다.

그는 말을 계속했다. 그날 저녁 그 장교가 우편으로 배달된 소포를 가져다주며 말했다. 「A 중위[10]가 요금을 지불했으니 그에게 갚아야 해.」[11] 소포는 그가 주문한 안경이었다. 바로 그때 〈제재〉가 그의 마음속에 떠올랐는데, 그는 돈을 갚으면 안 되고, 만약 돈을 갚으면 그 일이 벌어진다는 것이었다(즉 쥐를 이용한 벌에 관한 그의 상상이 그의 아버지와 여자에게 실제 일어나리라는 것이었다). 곧이어 이 〈제재〉에 대항하기 위해 그가 잘 알고 있는 방법에 따라 맹세 형태의 명령이 만들어졌다. 「네가 A 중위에게 3.80크로네를 갚아야 한다.」 그는 이것을 입 밖으로 소리 내어 말했다.

이틀 뒤 훈련이 끝났다. 그동안 그는 A 중위에게 돈을 갚으려고 애썼지만, 그로서는 어찌할 수 없는 일이 계속 일어나 방해했다. 우선 그는 우체국에 갈 일이 있는 다른 장교에게 부탁해 해결하려 했다. 그러나 이 장교가 우체국에서 A 중위를 만나지 못했다며 돈을 돌려주었을 때 그는 매우 안심이 되었다. 그의 맹세는 정확하게 〈네가 A 중위에게 돈을 갚아야 한다〉는 것이라서 남에게 부탁하는 방법은 사실 완전하지 않았기 때문이었다. 마침내 A 중위를 만나게 되어 돈을 갚으려 하자, 자기는 돈을 대신 낸 일이 없으며 우체국이라면 B 중위가 한 일이라고 하면서 받지 않았다. 환자는 매우 당황했다. 그의 맹세는 잘못된 근거에 의해 만들어져서 그대로 따를 수 없었기 때문이다. 이 어려운 상황을 벗어나기 위해 그는 매우 흥미로운 방법을 고안해 냈다. 즉 A와 B를 함께 우체국으로 데리고 가서 A로 하여금 우체국 아가씨에게 3.80크

10  여기서 이름은 별로 중요하지 않다 ― 원주.
11  여기서 요금이란 안경값을 말한다. 당시 오스트리아에서는 배달 후에 값을 받는 것이 우체국 관행이었다.

로네를 주도록 하고, 우체국 아가씨는 그것을 B에게 주고, 그 자신은 A에게 3,80크로네를 갚는다는 것이다. 그렇게 하여 그의 맹세를 말 그대로 이행하는 것이었다.

지금쯤 독자들에게 혼동이 일어나고 있다면 그것은 놀랄 일이 아니다. 환자가 요즈음 일어나는 일과 그의 반응을 있는 그대로 자세히 이야기할 때도 모순이 가득하고 심히 혼란스럽게 들리기 때문이다. 그가 이 이야기를 세 번째 반복했을 때, 나는 이야기가 얼마나 모호한지 그로 하여금 깨닫게 할 수 있었고, 또 그가 잘못 기억한 것과 스스로 전치한 것들을 그대로 드러나게 할 수 있었다. 나중에 가면 중요한 내용은 다 쉽게 알게 될 것이므로 지금 자세히 이야기하는 수고는 하지 않겠다. 다만 두 번째 분석 치료가 끝날 무렵에 환자가 혼동되고 당황한 것처럼 행동했다고 덧붙이고 싶다. 그는 나를 자꾸 〈장교님〉이라고 불렀는데, 아마 내가 N 장교처럼 잔인한 것을 좋아하지 않으며 환자를 쓸데없이 고문하고 싶은 마음도 없다고 말한 것 때문이 아닌가 싶다.

이 시간에 얻은 오직 하나의 다른 정보는, 그가 사랑하는 사람에게 무슨 일이 벌어질지 모른다는 두려움이 시작된 이래, 제재가 현세뿐 아니라 내세에까지 행해진다고 믿게 되었다는 것이다. 열넷이나 열다섯 살까지 그는 매우 종교적이었고, 이후 지금처럼 자유사상가가 되었다. 그는 이 모순(믿음과 강박적 사고 사이의 모순)을 다음과 같은 말로 해결했다. 〈내세에 대해 네가 아는 것이 무엇인가? 다른 사람들이 내세에 대해 알고 있는 것은 무엇인가? 내세는 알 수 없는 것이다. 걱정할 것 없다 ─ 해라.〉 이런 논리는 어떤 면에서는 머리가 맑은 이에게 반대할 것이 없어 보였고, 이렇게 해서 그는 이런 의문이 있을 때 논리가 확실치 않은 것을 이용하여 이미 벗어 버린 종교적인 태도를 취한 것이다.

세 번째 시간에 환자는 그의 강박적 맹세를 지키기 위해 노력한 이야기를 했다. 그날 저녁, 훈련이 끝나기 전에 장교들의 마지막 모임이 있었다. 〈예비역 장교들〉의 건배 제의에 나의 환자가 답례를 하게 되었는데, 말은 잘했지만 그의 마음은 맹세 때문에 고민이 되어 꿈속을 헤매는 기분이었다. 그날 밤 그는 매우 괴로웠다. 논리와 그에 반대하는 논리가 마음속에서 다투었다. 가장 중요한 논점은 그의 맹세의 근거 — A 중위가 그 대신 돈을 냈다는 사실 — 가 사실이 아니라는 것이었다. 그러나 환자는 내일 아침에 A 중위가 자신과 함께 P 역까지 가니까,[12] 아직 그에게 부탁할 시간이 있으니 일이 끝난 것은 아니라고 자신을 안심시켰다.[13]

실상 그는 계획대로 하지 않고 A 중위가 혼자 떠나게 방치했다. 그러나 심부름하는 이에게 오후에 A 중위를 만나러 가겠다고 전하라는 부탁은 해놓았다. 그는 아침 아홉 시 반에 역에 도착해서 일이 끝난 후 A 중위를 만나러 가기로 하고, 짐을 부치고 볼일을 보았다. A 중위가 주둔하고 있는 마을은 P 역에서 한 시간 거리였다. 거기서 우체국이 있는 마을까지는 기차로 세 시간 거리였다. 그래서 그의 복잡한 계획을 실행하고 나면 P 역에서 빈으로 가는 기차를 탈 수 있다고 계산했다. 그의 마음속에서 싸우고 있는 생각은 두 가지였다. 하나는 자신이 그저 비겁하여 A 중위에게 수고해 달라고 부탁하는 것이 어려워 피하려 하며, 그에게 바보같이 보이는 것이 싫어서 자기의 맹세를 무시하려 한다는 것이었다. 또 하나는 반대로 그의 맹세를 따르는 것이 오히려 비겁한 것이니, 단지 자신의 강박증에서 놓여나 평화를 얻는 것만을 목적으로 그렇게 한다는 것이었다. 심사숙고하는 중에 그는 두 가지

---

12  프로이트의 원본에는 Prezmysl 역이라고 되어 있다.
13  〈그림 1〉의 지도를 보면 이해하기 쉽다.

의견이 팽팽히 맞서 있음을 알게 되어, 신의 뜻에 따르기라도 하듯이 주변 상황에 따라서 행동하기로 결정했다. 이것은 그의 버릇이었다. 그래서 짐꾼이 역에서 〈열 시 기차지요?〉라고 했을 때 그렇다고 대답했고 열 시 기차로 떠나 버렸다. 이렇게 공범자를 만들었고, 그는 매우 안심했다. 그는 식당차에 점심 예약까지 했다. 바로 다음 역에 기차가 섰을 때 갑자기 그는, 기차를 바꾸어 타고 다시 P 역으로 가서 A가 주둔하고 있는 마을로 달려가 그와 함께 우체국까지 기차로 세 시간 가는 일이 아직도 가능하다는 생각이 들었다. 단지 식당차의 직원에게 점심을 부탁한 것이 마음에 걸려 그 계획을 실천에 옮기지 못했다. 그렇다고 포기한 것은 아니었다. 단지 몇 정거장 뒤로 미루었을 뿐이었다. 그는 정거장에 이를 때마다 고민을 하면서 그의 친척이 살고 있어서 내릴 수밖에 없는 역에 도착했다. 거기서 그는 빈까지 가서 친구를 만나 모든 이야기를 하고, 친구가 결정을 해주면 P 역까지 밤차를 타고 가기로 했다. 그게 가능했겠느냐고 내가 의문을 표하자, 기차가 하나 도착하고 다음 기차가 떠나기까지는 30분 정도 시간이 있다고 했다. 그러나 그는 빈에 도착해서 친구가 있으리라 생각한 식당에서 친구를 만나지 못했고, 열한 시가 지나서야 친구 집에 다다랐다. 그리고 그 자리에서 자초지종을 털어놓았다. 친구는 환자가 아직도 자신이 강박증으로 고생하고 있음을 믿지 않는 것에 기가 막혀 두 손을 들었다. 그리고 일단 그를 안정시켜서 잠을 자게 했다. 다음 날 아침 그들은 안경이 배달되었던 Z 마을 우체국을 찾아가 3.80크로네를 지불했다.

이것을 마지막으로 나는 그의 이야기 중 왜곡되어 있는 부분들을 정리하기 시작했다. 그의 친구가 정신을 차리도록 도와준 후에야 그는 A 중위도 아니고 B 중위도 아닌 우체국에 그 돈을 지불했는데, 사실상 그는 이미 그 돈을 다른 누구도 아닌 우체국 직원에게 주어야 한다는 것을 알았을 것이고, 틀림없이 이 모든 사건이 벌어지기 전에 알고 있었을 것이다. 실제로 그 장교가 말을 하기 전에, 또 환자가 맹세를 하기 전에 그것을 알고 있었다는 것이 사실로 드러났다. 그제야 환자는 그 잔인한 장교를 만나기 전에 다른 장교와 인사를 나누었으며 그 장교가 실제 상황을 이야기해 주었다는 것을 기억했다. 이 장교는 그의 이름을 듣자, 바로 전에 우체국 직원 아가씨가 배달 시 요금을 물어야 하는 소포가 L 중위 (환자의 이름)에게 와 있는데 누군지 아느냐고 물어서 모른다고 했더니, 아가씨는 알지도 못하는 중위를 믿을 수 있는 사람이라고 생각한다며 자기가 요금을 물겠노라 했다고 말해 주었다. 그래서 환자가 주문했던 안경을 받을 수 있었던 것이다. 소포를 건네주며 A 중위에게 3.80크로네를 갚으라고 한 것은 그 잔인한 장교가 실수한 것이고, 환자는 그것이 실수란 것을 알았음에 틀림없다. 그런데도 불구하고 실수에 근거하여 맹세를 했고, 그 때문에 고통을 당한 것이다. 말하자면 나에게 이야기할 때 억제했듯이, 다른 장교와 만났던 것이나 우체국의 신뢰성 있는 아가씨의 존재를 자신에게 억제한 것이다. 이렇게 이야기를 바로잡아 놓고 보니 그의 행동이 더욱 어이없고 바보 같아 보임을 인정할 수밖에 없었다. 그가 친구와 헤어져 집에 오자 새로운 의혹이 그를 감쌌다. 그 친구의 논리는 그의 것과 다르지 않았고, 그가 잠시 마음이 편해진 것은 순전히 친구의 개성 덕분이지 다른 이유는 아무것도 없음을 알게 되었다. 의사에게 상담해야겠다는 결정은 다음과 같이 그의 망상과 희한하게 엮여 있었다. 그는 의사로부터, 건강을 회복하기 위해서는 그가 A 중위와 함께하려 했던 행동을 하는 것이 필요하다는 진단서를 받으려 했다. 그러면 중위는 진단서를 믿고 그에게서 3.80크로네를 받으리라 믿었다. 바로 그때 그가 우연히 내 책을 보게 되었기 때문에 나에게 오게 된 것이었다. 그러나 그는 진단서 이야기는 꺼내지 않았다. 매우 합리적으로, 나에게 요구한 것은 강박증에서 해방되게 해달라는 것이었다. 수 개월 뒤 그의 저항이 매우 심할 때가 있었는데, 그는 결국 다시 P 역으로 가서 A 중위를 찾아 돈을 돌려주는 우스꽝스러운 연극을 하고자 하는 유혹에 빠졌다.

### (4) 치료의 본성에 대한 소개

독자들은 내가 환자의 그 이상하고도 어이없는 쥐에 대한 강박증을 무엇이라고 해석했는지 성급하게 듣고자 하면 안 된다. 분석의 정석은 의사의 호기심은 억제하고, 치료하는 동안 이야기를 어떤 순서로 풀어 갈 것인지 환자가 선택하도록 완전히 자유를 주는 것이다. 따라서 네 번째 시간에 나는 〈자, 오늘은 어떻게 진행할 건가요?〉 하는 질문으로 환자를 맞이했다.

그는 내가 생각하기에 가장 중요하고 또 처음부터 나를 괴롭혔던 일에 대해 이야기하겠다고 말했다.

그러고는 9년 전에 폐기종으로 사망한 그의 아버지의 마지막 병과 관련된 이야기를 길게 했다. 어느 날 저녁, 아버지의 증세가 위험해질 것이라고 생각한 그는 의사에게 언제쯤 위험이 지나갔다고 판단할 수 있겠는지 물어보았다. 〈내일 밤〉이라는 대답을 들었다. 아버지가 그 이상은 넘기기 어려우리라는 것은 상상도 하지 않았다. 밤 열한 시 반에 한 시간쯤 쉬려고 누웠다. 새벽 한 시에 일어났을 때, 의사인 친구가 아버지의 사망 소식을 알려 주었다. 아버지의 임종을 지켜보지 못했다는 이유로 그는 자책했다. 아버지가 돌아가시기 수일 전에 그의 이름을 한 번 불렀으며, 간호사가 침대에 가까이 오자 〈파울이냐?〉라고 했다는 이야기를 들었을 때에는 자책감이 더욱 심해졌다. 그는 어머니와 누이들도 똑같이 자신들을 꾸짖고 있다고 생각했지만, 그들은 서로 아무 말도 하지 않았다. 그래도 처음에는 자기 비난이 그를 괴롭히지는 않았다. 왜냐하면 오랫동안 아버지의 죽음을 현실로 알아차리지 못했기 때문이다. 재미있는 농담을 들으면 〈아버지께 얘기해 드려야지〉 하고 생각하는 일이 계속 일어났다. 그의 상상 속에도 아버지가 존재해서, 가끔 문 두드리는 소리가 나면 〈아버지가 오시네〉라고 생각하거나 혹은 방에 들어갈 때면 아버지가 방에 있을 것으로 예상하곤 했다. 아버지가 돌아가셨다는 것을 잊은 적은 없지만 이런 유령 같은 허깨비를 볼 수도 있다는 것이 두렵지는 않았다. 오히려 매우 기다려졌다. 18개월이 지났을 때 잘못이 다시 기억나서 그를 괴롭히기 시작했다. 그래서 그는 자신을 죄인 취급하게 되었다. 숙모가 사망해서 애도하는 그 가족을 방문한 것이 계기가 되었다. 그 후 환자는 강박증의 한계를 넓혀 내세까지 포함시켰다. 증세가 이렇게 진행된 결과, 그는 일하는 것에 심각한 타격을 받았다.[14] 당시 그를 지탱해 준 것은 친구의 위안뿐이었다. 친구는 그의 비난이 심하게 과장되었다며 무시하도록 했다. 그 말을 듣고 나는 이 기회에 그에게 정신분석 치료의 기본 원칙을 처음으로 보여 주기로 했다. 감정과 그에 관련된 생각이 잘못 짝지어진 것처럼 보이면(이 경우에는 자기 비난의 정도와

---

14  나중에 환자가 그 사건을 더 자세히 이야기해서 그것이 환자에게 미친 영향을 이해하게 되었다. 숙부는 아내의 죽음을 애도하며 〈다른 남자들은 하고 싶은 대로 하고 사는데, 나는 평생 이 여자만을 위해서 살았네〉라고 말했다. 환자는 숙부가 자기 아버지에 빗대어 이야기했다고 생각하며, 아버지가 혼인의 순결을 지키지 않았다고 의심하기 시작했다. 숙부가 명료하게 그의 의심을 반박했으나 그의 생각을 돌이킬 수는 없었다 — 원주.

그 원인이 된 사건) 보통 사람들은 감정이 그 사건에 비해 지나치다, 즉 과장되어 있다고 위로한다. 그래서 자기 비난에서 나온 결론(환자가 죄인이라는 결론)은 옳지 않다고 한다. 반대로 의사는 다음과 같이 말한다. 「그렇지요, 감정은 정당합니다. 죄책감 자체가 틀린 것은 아니죠. 다만 그 죄책감이 어디에서 연유한 것인가가 알려져 있지 않은 것뿐이니(무의식), 찾도록 해야 합니다. 당신이 알고 있는 이유가 반드시 정당한 이유라고 볼 수는 없습니다. 우리는 보통 아무 이유 없이 강한 감정을 느끼지 않죠. 그래서 이유를 알지 못하면 어떻게든 그럴듯한 이유를 붙잡죠. 경찰이 진범을 잡지 못하면 다른 사람이라도 잡으려고 하는 것처럼 말입니다. 그것이 정확하게 해당되는 이유가 아니기 때문에, 아무리 논리적으로 설명을 해도 마음에서 그 생각을 몰아낼 수가 없습니다.」

이렇게 새로운 방법으로 사태를 보니 나는 곧 다음과 같은 난제를 만나게 되었다. 즉 아버지에게 아무 죄도 지은 일이 없는데 어째서 아버지에게 죄책감을 갖는 것이 당연하다고 인정할 수 있겠는가 하는 것이다.

다음 시간에 환자는 내가 한 말에 큰 흥미를 보이며 몇 가지 질문을 했다. 그는 〈자책감, 즉 죄의식이 정당하다는 것을 안다는 것이 어떻게 치료 효과를 가져오는가〉라고 물었다. 나는 그 정보가 치료 효과를 가져오는 것이 아니라, 그 자책감의 원인이 되는 알려지지 않은 사실의 발견이 효과를 내는 것이라고 설명했다.

「네, 바로 그게 내가 묻는 것이죠.」

그는 말했다. 그래서 나는 심리학적으로 의식과 무의식의 다른 점을 설명하고, 의식에 속한 것은 어느 것이나 닳아 없어지게 되지만 무의식에 속한 것은 거의 변하지 않는다는 사실을 설명했다.

나는 방에 있는 골동품을 예로 들어 이야기했다. 그것들은 무덤에서 발견되었으며, 묻어 두는 것이 보존 방법이었다. 폼페이는 이제 발굴되었으니 지금부터 파괴가 시작될 것이다. 그는 다음에 발견되는 것에 대해 어떤 태도를 가지게 될지 자신 있게 알 수 있는지 물었다. 그의 생각으로는 어떤 이는 자책감을 극복하며, 그렇지 않은 경우도 있을 것 같다고 했다. 〈아니죠〉라고 말하며 나는, 자연스러운 결과로 모든 경우에 자책감을 극복할 수 있으며 그것도 거의 치료를 하는 도중에 극복한다고 했다. 폼페이는 어떻게 해서든 보존하려고 애쓰지만, 사람들은 보통 그와 같은 괴롭히는 생각들을 없애려 애쓴다고 했다. 그는 자책감이란 외부의 도덕규범을 지키지 않아서가 아니라 자기 마음속에 있는 도덕규범을 지키지 않아서 생긴다고 생각한다고 말했다. 나는 그에 동의하고, 단지 외부의 규율만을 지키지 않는 사람은 가끔 자신을 영웅이라 생각한다고 말했다. 그런 일은 자아가 이미 분열되어 있는 사람에게나 일어날 수 있는 일일 것이라고 그는 말했다. 그리고 자신도 자아 통합이 이루어질 수 있을지 물었다. 그렇게 할 수만 있다면 그는 어느 누구보다도 더 성공할 수 있을 것이라고 생각한다고 했다. 나는 그의 인격이 나뉘어 있다는 데 완전히 동의한다고 대답했다. 단지 도덕적 자아와 악마적 자아라는 대립을 이미 말한 의식과 무의식의 대립에 비유해 보자면, 도덕적 자아는 의식이고 악마적 자아는 무의식이라고 말했다.[15]

그러자 그는 자신이 도덕적 인간이라고 생각하지만, 어렸을 때 다른 자아가 한 일을 확실히 기억할 수 있다고 말했다. 나는, 그가 자기도 모르게 무의식의 중요한 특징을 들추어냈는데 그 특징이

15   이는 어느 정도 타당한 말이지만 엄격히 말해 꼭 맞는 것은 아니다. 그러나 처음 소개하는 경우라 이렇게 설명하는 것도 가능하다 ─ 원주.

란 바로 유아기와 관계있는 것이라고 말했다. 무의식은 바로 유아적이다. 다시 말하면, 이것은 유아기에 다른 자아와 분리되어 함께 성장하지 못하고 결과적으로 억압된 부분인 것이다. 억압된 무의식의 파생물이 그의 병의 증상인 비자의적 사고를 만들어 내는 것이다. 나는 계속해서 이제 무의식의 또 다른 성질을 발견할 터이지만, 기꺼이 그가 스스로 찾도록 내버려 두겠다고 말했다. 여기에 대해서 그는 금방 할 말을 찾지 못했다. 그리고 그렇게 오랫동안 변화된 것을 원상으로 돌릴 수 있을지 의심스러워했다. 특히 내세에 대해 가지고 있는 생각에 관해서는 무엇을 할 수 있는지, 그것은 논리로는 반박할 수 없는 것은 아닌지 물었다. 나는 그의 병이 심하지 않다거나 그 병리 구조가 무의미하다고 말하는 것은 아니라고 그에게 말했다. 그러나 그가 아직 젊고 또 인격이 파탄되어 있지 않기 때문에 유리하다고 말했다. 이와 관련해 내가 그에 대해 좋게 본 점을 한두 가지 이야기하자, 그는 눈에 띄게 좋아했다.

그다음 시간에 그는 어렸을 때 있었던 일을 이야기하겠다며 말문을 열었다. 일곱 살 이후, 그가 이미 말한 대로 부모가 그의 생각을 알 수 있으리라는 두려움을 가지고 있었고, 이 두려움은 사실 지금까지 계속되었다. 열두 살 때 그는 친구의 누이를 좋아했다(내 질문에 그는 그것은 관능적인 사랑은 아니었다고 했다. 소녀가 너무 어려서 그녀가 발가벗은 것을 보길 원하지는 않았었다). 그러나 소녀는 그가 바라는 만큼 사랑을 보이지 않았다. 그러자 그에게 불행이 닥치면 소녀가 친절해질 것이라는 생각이 떠올랐다. 그리고 그런 불행의 예로 아버지의 죽음이라는 생각이 마음속에 비집고 들어왔다. 그는 당장 강렬하게 그 생각을 떨쳐 버렸다. 그리고 지금도 그렇게 나타난 생각이 그의 소망이었을 수도 있다는 것을 인정하지 않았다. 그것은 단지 지나가는 생각이었을 뿐이다.[16] 그의 주장에 반대하기 위해, 나는 그것이 소원이 아니었다면 왜 거부했는지 물었다. 그는 단지 그 내용이 아버지가 죽을지도 모른다는 생각이었기 때문이라고 대답했다. 나는 그가 그 문구를 마치 불경죄에 해당하는 것처럼 다루고 있다고 지적했다. 물론 〈황제는 개새끼다〉라고 하는 것이나, 〈누구든 ······라고 하면 내가 가만두지 않겠다〉라는 식으로 금지된 말을 위장해 하는 것이나 똑같이 벌을 받게 된다는 것은 잘 알고 있다. 나는 그가 그토록 강렬하게 부인했던 생각을 그렇게 부인할 가망이 전혀 없는 문장에 넣어 말할 수 있다고 덧붙여 말했다. 예를 들어 〈아버지가 돌아가시면 그의 무덤에서 자결하겠다〉라고 하는 것이다. 그는 놀랐지만 여전히 반대의 뜻을 굽히지 않았다. 그래서 나는 논쟁을 그만두고, 아버지의 죽음에 대한 생각이 떠오른 것이 그때가 처음은 아닐 것이라고 말했다. 확실히 그보다 일찍 그런 생각이 나타났고, 언젠가는 그 시작을 캐보아야 한다고 말했다. 그러자 그는 그와 아주 똑같은 생각이 아버지가 돌아가시기 6개월 전에 두 번째로 그의 마음을 스쳐 갔다고 말했다. 그때 그는 여자와 사랑에 빠졌는데, 돈이 없어서 결혼은 생각도 못 하고 있었다. 그때[17] 그의 아버지가 돌아가시면 그가 결혼할 수 있을 만큼 돈이 생길 것이라는 생각이 떠올랐다. 그 생각으로부터 자신을 지키기 위해, 그는 아버지가 그에게는 아무것도 남기지 않아서 아버지를 잃는다고 해도 보상을 받지 않게 되기를 바랄 정

16  강박증이 있는 사람뿐 아니라 다른 사람들도 이런 말장난식의 말로 만족하기도 한다 — 원주.

17  그것은 10년 전의 일이다 — 원주.

도였다. 조금 약하기는 하지만 결국은 같은 생각이 아버지가 죽기 하루 전에 세 번째로 나타났다. 그때 그에게는 〈이제 내가 가장 사랑하는 것을 잃게 될지도 모른다〉는 생각과 함께 바로 반대되는 생각이 떠올랐다. 〈아니, 다른 누군가를 잃으면 더욱 마음이 아플 텐데……〉 하는 생각이었다.[18] 아버지의 죽음이 욕망의 대상이었던 적은 결코 없었고, 단지 두려움의 대상일 뿐이라고 확신했었기 때문에 그는 이런 생각들에 매우 놀랐다. 그가 힘들게 이런 말을 하고 나자, 나는 새로운 이론을 그에게 소개하는 것이 좋겠다고 생각했다. 나는 그에게 정신분석 이론에 따르면 어떤 두려움도 지금은 억압되어 있는 이전의 소망에 해당한다고 이야기했다. 그러므로 우리는 그가 주장하는 바의 정반대를 믿을 수밖에 없는 것이다. 이는 무의식은 의식의 정반대라는 이론에도 적합한 것이다. 그는 이 말에 매우 동요했으며 믿지 못했다. 그는 자신이 아버지를 세상에서 누구보다 사랑했는데 어떻게 그런 소망을 가질 수 있었겠냐고 물었다. 그에게는 자신의 행복을 모두 포기해서라도 아버지를 살릴 수 있었다면 그렇게 했을 것이라는 믿음이 있었다. 나는 바로 그렇게 강한 사랑이 있어야 억압된 미움이 있을 수 있다고 대답했다. 그가 별로 관심을 가지지 않은 사람에 대해서는 조금 좋아하는 마음과 조금 싫어하는 마음을 동시에 가지는 것이 어려운 일이 아니다. 만약 그를 관리라고 가정하면, 그는 그의 부장이 상관으로는 괜찮은 사람이지만 엉터리 변호사이고 판사로서는 비인간적이라는 평가를 동시에 할 수 있다(셰익스피어는 『줄리어스 시저』 3막 2장에서 브루투스를 통해 다음과 같이 말했다. 〈시저가 나를 사랑했으니 나는 그를 위해 눈물을 흘

---

18  이것이 그가 사랑하는 두 사람, 즉 아버지와 그의 여자가 대립되어 있었다는 놓칠 수 없는 실례이다 — 원주.

린다. 그가 운이 좋았으니 나는 그것을 즐거워한다. 그가 용감했으니 나는 그를 존경한다. 그러나 그가 야심을 가지고 있었으므로 나는 그를 죽였다.〉 그렇지만 우리는 이미 브루투스가 시저에게 무언가 더 깊은 느낌을 가지고 있었다는 것을 알고 있기 때문에 이런 말들이 좀 이상하게 들린다). 그에게 좀 더 가까운 사람, 예를 들어 그의 아내에게라면 그의 감정이 순수하기를 바랄 것이다. 그러니 그녀의 잘못을 보면 그녀를 싫어하게 될까 두려워 그것들을 무시하게 되는 것은 그저 인간답다고 할 수밖에 없다. 그는 그 잘못이 보이지 않는 것처럼 무시하게 되는 것이다. 바로 그의 강한 사랑 때문에 그의 미움 — 이 감정을 이렇게 부르는 것은 감정을 풍자하는 것이지만 — 이 의식 세계에 남아 있지 못하게 하는 것이다. 물론 그 미움은 원인이 있고, 그 원인을 알아내는 것은 쉽지 않다. 그 자신의 말에 따르자면, 부모가 그의 생각을 알고 있으리라고 두려워했던 때가 그 시작일 것이다. 반면에 왜 그의 강한 사랑이 그의 미움을 없애지 못했을까 하는 의문이 생긴다. 두 가지 상반되는 충동이 있을 때는 어느 한 가지가 다른 쪽을 없어지게 하는 것이 보통이기 때문이다. 우리는 그 미움이 어떤 특별한 이유와 연결되어 있는 원천을 가지고 있어 파괴할 수 없었다고 가정할 수밖에 없다. 한편으로는 이런 원천 때문에 아버지에 대한 그의 미움이 없어지지 않고, 다른 한편으로는 그의 강한 사랑이 의식 세계로 미움이 나오는 것을 막고 있었던 것이다. 그래서 미움은 가끔 의식 세계로 잠깐씩 나올 수는 있었지만, 주로 무의식에 남아 있을 수밖에 없었던 것이다.

그는 이 모든 것이 매우 그럴듯하지만 당연히 조금도 믿어지지 않는다고 말했다. 그는 과감히 묻겠다고 말했다. 이런 생각들이 열두 살 때 잠시 나타났다가 사라졌고, 스무 살 때 또 나타났다가 사라졌고, 그 후 2년 뒤에 다시 나타나서 이번에는 안 없어지는데, 어떻게 해서 중간에 흔적이 없어질 수 있는지 물었다. 중간에 그의 적대감이 없어졌다고는 믿을 수 없지만, 어쨌든 그때는 전혀 죄책감의 흔적이 없었다는 것이다. — 이에 누구든 이런 질문을 할 때는 그에 대한 대답이 이미 마련되어 있기 때문에 나는 계속 이야기하도록 격려할 뿐이라고 대답했다. 그는 이야기를 계속했는데, 어쩐지 조금 띄엄띄엄하는 것 같았다. 그는 자신이 아버지의 가장 친한 친구였고, 아버지는 자신의 가장 친한 친구였다고 말했다. 부자지간에 보통 모른 척하고 지내는(무슨 의미일까?) 몇 가지 일만 빼고 그와 아버지 사이에는, 지금 그와 그의 가장 친한 친구 사이보다도 더 비밀이 없었다. 그런데 그로 하여금 자기 아버지의 죽음까지도 상상하게 했던 바로 그 여자에 대해, 사랑은 느꼈지만 어렸을 때와 같은 관능적 욕망을 느낀 적은 없었다. 전체적으로 보아, 그의 관능적 충동은 사춘기보다 소아기에 더 강했다. — 여기서 나는 그에게, 그가 우리가 기다리던 답을 찾아냈고, 동시에 무의식의 세 번째 특징을 발견했다고 말했다. 그의 아버지에 대한 적개심이 파괴될 수 없는 까닭은 틀림없이 관능적인 욕망 때문이었고, 아버지가 어떻게든 방해가 된다고 느꼈음에 틀림없다. 나는 이러한 관능적인 것과 소아기의 사랑 사이의 갈등은 매우 전형적인 것이라고 말했다. 그의 적대감이 중간에 사라질 수 있었던 것은, 그의 관능적인 느낌이 조숙하게 발산되어 그 폭발적인 힘이 감소되었기 때문이다. 그가 나중에 강렬한 성적 욕망에 빠졌을 때, 예전의 상황이 재현되어 그의 적대감이 다시 나타났다. 그때 나는 어린 시절이나 성에 관한 이야기는 그가 자신의 자유 의지로 시작했고, 내가 말을 꺼낸 것은 아니라는 것을 그가 인정하도록 했다. 그는 자신이 사랑에 빠졌을 때, 왜 아버지가 그의 사랑에 반대하더라도 아버지에 대한 사랑이 변하지 않을 것이라고 확신하지 못했는지를 나에게 물었다. 나는 이미 존재하지 않는 사랑을 파괴하는 것은 거의 불가능하다고 대답했다. 아버지의 죽음에 대한 소망이 그때 처음 나타났다면 그런 확신도 가능했겠지만, 그의 경우에는 이미 오랫동안 억압되어 있던 소망이었기 때문에 그로서는 다른 도리가 없었던 것이다. 그래서 그 소망은 파괴될 수 없었던 것이다. 이 소망(방해가 되는 아버지를 없애고 싶은)이 처음 나타난 것은 상황이 달랐을 때, 말하자면 그가 관능적으로 원했던 사람을 그의 아버지보다 더 사랑했거나 혹은 그가 명확한 결정을 할 능력이 없었던 때였을 것이다. 그것은 매우 어렸을 때, 즉 그가 모든 것을 기억하지 못하는 여섯 살 이전이었던 듯하다. 그리고 그 상황은 그때부터 변하지 않고 그대로 남아 있었던 것이다. 이 해석을 끝으로 우리는 잠시 이야기를 멈추었다.

일곱 번째 분석 치료 시간에, 그는 같은 이야기를 좀 더 계속했다. 그는 자기가 아버지에게 적대감을 가진 적이 있다는 것을 도저히 믿을 수 없다고 말했다. 그는 자신이 깊은 인상을 받았던 주더만Sudermann의 이야기[19]가 생각난다고 말했다. 이 이야기에는 한 여자가 나오는데, 그 여자는 아픈 언니를 간호하고 있다가 언니가 죽으면 자신이 형부와 결혼하게 되리라고 기대하게 되었다. 그 여자는 그런 비열한 생각을 하고서는 살 가치가 없다고 생각하여 당장 자살해 버렸다. 그는 그 여자를 이해한다고 말했다. 그리고 자기가 아버지의 죽음을 바랐다면 자기도 죽어 마땅하다고

19  주더만의 소설 『자매Geschwister』를 말한다.

말했다.[20] 나는 그에게 환자들은 그들이 고통받는 것을 어느 정도 스스로 즐기고 있으며, 그래서 환자 자신이 병의 회복을 방해하고 있는 셈이라고 말했다. 나는 그에게 우리가 하는 식으로 치료를 할 때에는 항상 저항이 따르며, 그 사실을 그에게 반복해서 상기시킬 것이라고 말했다.

그는 계속해서 어떤 범죄 행위에 대해 말하겠다고 했다. 그 범죄 행위를 한 장본인이 자기라는 것을 알지는 못했지만, 그는 그 행위를 저지른 사실을 분명히 기억했다. 그는 니체의 말을 인용했다.[21] 《내가 했지》라고 기억이 말한다. 《내가 했을 리 없어.》나의 자존심은 이렇게 말하고 굽히려 하지 않는다. 결국은 기억이 양보하게 된다.〉「그러나 나의 기억은 이 점에서는 양보하지 않았습니다.」그는 말했다. 「그것은 당신이 스스로를 징벌하는 방법으로 선택한 자책감에서 즐거움을 얻고 있기 때문이죠.」

「요즈음은 내가 정말 좋아하는 내 동생 때문에 매우 걱정스럽습니다. 그가 내 생각으로는 정말 말도 안 되는 사람과 결혼하려고 하기 때문이죠. 내 동생이 그 여자와 결혼하는 것을 막기 위해 그 여자를 죽일 생각까지 했었습니다. 그런데 우리는 어렸을 때 많이 싸우기도 했지만 서로 매우 좋아해서 떨어질 수 없는 사이였습니다. 그러나 동생이 나보다 튼튼하고 잘생겨서 다른 사람들이 그를 더 좋아했기 때문에, 나는 정말 질투심으로 가득 차 있었습니다.」

20  이 죄책감은 그가 처음에 말한 〈아니요〉라는 말과 현격히 비교가 된다. 아니, 그는 아버지에게 그렇게 악마 같은 소망을 품은 적이 없었다. 그러나 억압되었던 사실이 의식 세계로 나오면 보통 그런 반응을 보인다. 〈아니요〉라는 말이 나오자마자 곧이어서 그 사실을 인정하는 말이 나온다. 물론 처음에는 간접적으로 인정하는 것이지만 말이다 ─원주.

21  니체, 『선악을 넘어서Jenseits von Gut und Böse』─원주.

「그랬군요. 리나 양 이야기를 할 때 질투심과 관련된 사건을 이야기한 적이 있죠.」

「그러던 어느 날(내가 여덟 살에 학교에 들어갔으니까 분명히 여덟 살 이전이었습니다) 나는 이런 일을 저질렀지요. 우리는 둘 다 흔히 볼 수 있는 장난감 총을 가지고 있었습니다. 나는 내 총에 몰래 꽂을대를 장착하고는 동생에게 총신을 들여다봐도 아무것도 없을 것이라고 말했죠. 그러고는 동생이 들여다보고 있을 때 방아쇠를 당겼어요. 동생은 이마에 총알을 맞았지만 다치지는 않았습니다. 그렇지만 나는 정말 동생을 다치게 하고 싶었습니다. 그 후에는 당황한 나머지 땅바닥에 뒹굴면서 내가 어떻게 그런 짓을 할 수 있었는지 자문했습니다. 그러나 내가 그 짓을 한 것이죠.」

나는 내 주장을 펴기로 했다. 나는 그가 도저히 상상도 할 수 없는 일인 그런 행동을 한 사실을 기억하는 것을 보면, 지금은 잊었다고 해도 그가 훨씬 더 어렸을 때 아버지에게 비슷한 일을 한 적이 있을 것이라고 했다. 그는 다른 때도 그와 같은 악의적인 충동을 느낀 적이 있다고 말했다. 그것은 그가 아주 좋아했으며, 최상의 인격을 가진 것처럼 묘사했던 여자에게서 느낀 것이었다. 그 여자가 쉽게 사랑을 하는 사람이 아닌 것이 사실이라고 해도, 그 여자는 언젠가 결혼할 어떤 사람을 위해 자신을 아끼고 있었다. 즉 그 여자는 그를 사랑하지 않았다. 그 여자가 자기를 사랑하지 않는다는 것을 알아차리자, 자기가 아주 부자가 되어 다른 여자와 결혼을 한 후 아내를 데리고 그 여자를 찾아가 기분을 상하게 하겠다는 상상이 그의 의식에 떠올랐다. 그러나 그 상상은 곧 깨어졌다. 왜냐하면 그는 그 다른 여자, 즉 그의 아내가 그에게 완전히 무관심하다는 사실을 인정할 수밖에 없었기 때문이다. 그리고 그의 생각은 완전히 혼돈에 빠졌다가, 그 다른 여자가 죽어야 한다는 확신이 생기고 나서야 혼돈이 사라졌다. 이 상상에서도 그는 동생을 다치게 하려 했을 때와 마찬가지로 자신에게서 비겁함을 발견했는데, 이 비겁함은 그가 특히 싫어하는 것이었다.[22]

이야기를 더 진행하는 중에 나는, 그의 인격에 있는 이런 면들에 대해 그 자신에게 책임이 없다는 것을 논리적으로 고려해야 된다고 말했다. 이 괘씸한 충동들은 모두 유아기에 시작된 것이며, 유아기의 성격이 무의식에 그대로 남아 있는 것이다. 그리고 아이에게 도덕적인 책임을 지게 할 수 없다는 것을 그도 잘 알고 있을 것이라고 말했다. 나는 오직 성장 과정을 통해서만 유아기의 기질로부터 도덕적 책임감이 있는 어른으로 자라나는 것이라고 덧붙여 말했다.[23] 그는 자신의 악마적인 충동도 거기에서 비롯되지 않았을까 의심이 간다고 했다. 나는 치료가 진행되는 동안에 그것을 증명해 보이겠다고 대답했다.

그는 자신의 병이 아버지가 돌아가신 후에 매우 심해졌다고 말했다. 그리고 나는 아버지의 죽음에 대한 그의 슬픔이 그의 병을 심화시켰다고 믿으므로 그의 판단에 동의한다고 했다. 그의 슬픔이 그의 병을 통해 병적으로 나타났던 것이다. 나는 그에게 정상적인 애도는 1년이나 2년이 걸리지만, 그의 경우와 같이 병적인 애도는 끝없이 계속된다고 말해 주었다.

이상 내가 할 수 있는 한 자세하게 순서에 맞추어 증례를 보고했다. 치료의 설명적인 부분과도 대략 일치한다. 이 치료는 모두 11개월 이상 계속되었다.

22  그의 이런 성향에 대한 설명은 뒤에 나온다 — 원주.
23  나는 이런 논쟁은 치료 효과가 없다는 것을 나 자신에게 다시 보여 주려고 이 논쟁을 한 것이다. 다른 심리 치료가들은 이런 무기로 도대체 어떻게 신경증을 치료할 수 있다고 주장하는지 나는 이해할 수 없다 — 원주.

## (5) 강박증적인 관념과 그 해석

강박증적인 관념은 꿈과 같이 동기도 없고 뜻도 없는 것처럼 보인다. 첫 번째 과제는 그것들을 환자의 정신 세계에서 어떤 의미와 자리를 갖도록 하여, 그것들이 이해되고 또 당연한 것으로 보이게 만드는 것이다. 그것들을 알아들을 수 있는 말로 바꾸는 것은 불가능한 일처럼 보이지만, 우리는 이런 착각에 빠지면 안 된다. 아무리 터무니없어 보이고 괴상한 강박증적 관념이라도, 충분히 깊게 조사하면 그 의미를 알아낼 수 있다. 풀어내는 방법은 강박증적인 관념과 시간적으로 일치하는 환자의 경험을 찾아내는 것이다. 다시 말하면, 특정한 강박증적인 관념이 처음 나타난 때를 묻고, 어떤 상황에서 나타나는 경향이 있는지 물어보는 것이다. 강박증적인 관념이 아직 자리 잡지 않은 경우에는 그것을 없애는 것이 간단해진다. 일단 강박증적인 관념과 어떤 환자의 경험이 연결되어 있다는 것을 알아내면, 우리가 다루고 있는 병리 구조에 대해 알고 싶은 것이나 알 가치가 있는 것은 모두— 그 의미, 시작된 기제, 그리고 환자의 마음에 있는 강한 동기에서 유래된 것 등 — 알 길이 열린다는 것을 우리는 쉽게 인정할 수 있다.

이 환자에게 자주 나타난 자살 충동은 아주 명확한 예가 되므로 먼저 이야기하겠다. 이 경우는 이야기하는 동안 거의 저절로 분석이 되었다. 한번은 그가 그의 여자가 없어서 몇 주일 동안 공부하지 못한 적이 있었다고 내게 말했다. 그 여자는 자신의 할머니를 간호하기 위해 멀리 떠나 있었다. 아주 어려운 부분을 공부하고 있을 때 다음과 같은 생각이 떠올랐다.

〈만약 네가 가능한 한 빨리 이번 학기의 시험을 보라는 명령을 받는다면 그대로 할 수 있을지도 모른다. 그러나 만약 너의 목을

면도칼로 자르라는 명령을 받는다면 어떻게 할 거지?〉

그리고 그는 자신에게 이미 그 명령이 주어졌다는 것을 깨달았다. 그래서 서둘러 면도칼을 가지러 선반으로 가다가 다음과 같은 생각이 들었다.

〈아니지, 이게 그렇게 간단한 것이 아니야. 먼저 그 노파를 죽여야 돼.〉[24] 그리고는 심한 두려움으로 인해 주저앉았다.

이 경우 그의 강박증적인 관념과 생활의 관계는 그의 이야기의 시작을 보면 알 수 있다. 그가 그 여자와 하루라도 빨리 결혼하기 위해 열심히 공부하고 있을 때 그 여자는 그의 곁에 없었다. 공부를 하는 동안 그는 그 여자를 보고 싶은 열망에 휩싸여 버렸고, 그 여자가 없는 이유를 따져 보게 되었다. 그래서 만약 그가 정상적인 사람이었다면 그녀의 할머니에게 조금 화가 났을 것이다.

〈그 노파는 하필 내가 그녀를 이다지도 보고 싶어 할 때 아프게 뭐람?〉

이와 비슷하지만 그 정도가 훨씬 심한 그 무엇이 그의 마음을 스쳐 갔기 때문에 다음과 같은 절규가 나타났으리라고 추측할 수 있다.

〈아! 내 사랑을 빼앗아 가다니, 이 늙은이를 가서 죽이고 싶구나.〉 그와 동시에 다음의 명령이 나타났다.

〈죽어 버려라, 그런 비열한 살의를 품다니!〉

이러한 모든 과정이 이 강박증 환자에게는 매우 강렬한 감정을 수반하여 반대의 순서로 의식화되었다.

벌에 해당하는 명령이 먼저 나오고, 그다음에 죄책감에 해당하는 말이 튀어나온 것이었다. 나는 이렇게 설명해도 무리가 없다

---

24  뜻을 확실히 하자면 〈죽여야 돼〉 앞에 〈먼저〉를 덧붙여 〈먼저 죽여야 돼〉라고 해야 한다 — 원주.

고 생각하며, 또 이렇게 설명하기 위해 여러 가지 가정이 필요하지도 않다고 생각한다.

더 오래전에 시작되었던 한 충동은 간접적인 자살 충동이라고 할 수 있는데, 이것은 그리 쉽게 설명할 수 없다. 왜냐하면 이 충동은 우리의 의식에는 매우 역겨운 현실과 표면적으로는 연관되어 있는 것처럼 보이기 때문이다. 그가 여름휴가를 떠나 있던 어느 날, 갑자기 자신이 너무 뚱뚱하니[25] 살을 빼야겠다는 생각이 들었다. 그래서 그는 후식이 나오기 전에 식탁에서 일어나, 8월의 뜨거운 태양 아래 모자도 쓰지 않은 채 빨리 달리기 시작했다. 그러고는 땀을 뻘뻘 흘리면서 더 이상 달릴 수 없을 때까지 산을 달려 올라갔다. 이렇게 미친 듯이 살을 빼려고 하는 도중에 한번은 자살 충동이 가식 없이 그대로 드러났다. 그가 가파른 벼랑에 서 있을 때 갑자기 뛰어내리라는 명령이 들렸다. 그대로 했으면 죽었을 것이 확실했다. 환자는 이 의미 없는 강박 행동을 설명할 수가 없었다. 그런데 문득 그가 사모하는 여자와 함께 휴양지에 와 있는데, 영국에서 온 그 여자의 사촌이 그 여자에게 매우 관심을 쏟고 있어서, 환자는 그 사촌에게 질투를 느꼈다는 생각이 떠올랐다. 그 사촌의 이름은 리처드Richard였는데, 영국의 관습대로 딕Dick이라고 불렸다. 환자는 이 딕을 죽이고 싶었던 것이다. 그는 자신이 용납할 수 없을 정도로 질투가 났고, 그 사촌에게 화가 나 있었다. 그래서 그에 대한 벌로 자신에게 위와 같이 살을 빼라는 명령을 했던 것이다. 이 강박증적인 충동은 이미 살펴보았던 직접적인 자살 명령과 매우 다르게 보이지만, 한 가지 중요한 공통점이 있다. 그것은 두 가지 모두 우리 환자의 의식 세계로 나올 수는 없었던 굉장한 분노에 대한 반응이었다는 것이며, 또 그 분

25 〈뚱뚱하다〉는 독일어로 〈dick〉이다.

노는 그의 사랑을 방해하는 사람에 대한 것이었다는 사실이다.[26]

우리 환자의 다른 강박증 증상은 그 여자와 관계되는 것이기는 하지만, 그 기제가 다르고 원천인 본능도 다른 종류였다. 그 여름 휴양지에 있는 동안 그는 살빼기 작전 이외에도 여러 가지 강박증적인 행동을 계속했다. 어느 날 그가 그 여자와 보트 놀이를 하고 있을 때 바람이 세게 불었다. 그는 〈그녀에게 아무 일도 일어나서는 안 된다〉[27]는 명령이 마음에 떠올라 그 여자에게 자기의 모자를 씌웠다. 이것은 〈보호 강박증〉이었는데, 이 강박증은 그 외에 다른 형태로도 나타났다. 천둥 번개가 치던 어느 날에 그들은 함께 앉아 있었는데, 그는 번개가 치고 천둥이 울리기 전마다 마흔이나 쉰까지 〈세어야 한다〉는 생각에 사로잡혔다. 왜 그래야만 되는지는 그도 몰랐다. 그 여자가 떠나기로 되어 있던 날, 길을 걷다가 돌 하나가 발에 채였다. 몇 시간 뒤면 그 여자가 탄 마차가 이 길을 지날 텐데, 그 돌에 걸려 재난이 생길 수도 있다는 생각이 들어 돌을 길 밖으로 치워야만 했다. 그러나 조금 후에 그 행동이 어처구니없다는 생각이 들어 되돌아가서 그 돌을 길 한가운데 제자리에 다시 가져다 〈놓아야만 했다〉. 또 그 여자가 떠난 후에 그는 〈이해해야 된다〉는 강박증에 시달렸는데, 이것 때문에 주위 사람들이 곤욕을 치렀다. 즉 그는 그렇게 하지 않으면 매우 귀중한 보물을 잃는다는 듯이, 그에게 한 말은 음절 하나하나까지 정확하

---

26  이름이나 단어가 충동이나 환상 같은 무의식을 증상으로 나타내는 데 쓰이는 예는 강박증에서는 신경증에서만큼 자주 있는 것이 아니다. 그렇지만 내가 분석한 환자들 중에 리처드Richard라는 이름을 비슷하게 이용했던 예가 기억난다. 그 환자는 동생과 말다툼을 한 후에 돈하고는 인연을 끊고 싶다는 둥외 말을 하며 돈을 없애는 방법에 대해 되풀이 생각하게 되었다. 그의 동생 이름이 리하르트Richard였는데, 〈richard〉는 프랑스어로 〈부자〉라는 뜻이었다 — 원주.

27  〈그가 잘못해서 그런 일이 벌어졌다는 말을 들을지도 모르니까〉라는 말을 덧붙여야 뜻이 통한다 — 원주.

게 이해하려고 안간힘을 썼다. 그래서 그는 〈방금 뭐라고 했지?〉
하고 반복해서 물었다. 그리고 상대방이 다시 말해 주면, 처음에
는 그렇게 들리지 않았다는 생각이 들어서 만족할 수 없었다.

그가 여름휴가 전 빈에서 그 여자와 헤어질 때 그녀가 무슨 말
을 했는데, 그는 그 여자가 함께 모인 친구들 앞에서 그와 헤어지
겠다고 발표하려 한다는 말로 알아들었다. 그래서 그는 매우 우
울해했다. 여름 휴양지에서 그는 그 여자와 이 이야기를 의논할
기회가 있었는데, 그 결과 그가 오해했었으며, 사실 그 여자는 그
가 여러 사람에게 우습게 보이는 것을 막으려 했을 뿐이었다고
이해하게 되었다. 그래서 그는 다시 행복해졌다. 그의 〈이해해야
한다〉는 강박증은 이 사건에서 영향을 받은 것이 분명하다. 즉 그
것은 그가 자신에게 〈이것을 경험 삼아 다시는 남을 오해해서 쓸
데없는 마음고생을 하지 말아야지〉 하고 다짐한 것 같다. 이 결정
은 한 가지 일을 다른 일에까지 일반화한 것일 뿐만 아니라, 가장
중요한 사람인 그 여자가 그 자리에 없었기 때문일지는 모르나,
다른 모든 덜 중요한 사람들에게 전치(轉置)되기도 한 것이다. 그
리고 그 강박증은 그가 그 여자의 말에 만족했기 때문에 일어난
것만은 아니다. 왜냐하면 그 강박증은 다시 말한 것이 원래의 말
을 정확하게 되풀이한 것인지 의심하는 것으로 끝나므로, 다른
뜻이 포함되어 있다고 보아야 하기 때문이다.

지금까지 이야기한 다른 종류의 강박증적 행동은 다른 요소를
중심으로 연구해야 한다. 그의 〈보호해야 한다〉는 강박증적인 행
동은 정반대의 충동, 즉 그 여자와 그 문제를 분명히 밝히기 전에
그가 그녀에게 느꼈던 적개심에 대한 반응으로 나타났다고밖에
는 말할 수 없다. 다시 말해 그것은 그 충동에 대한 후회와 뉘우치
는 마음의 표현이었던 것이다. 천둥 번개가 칠 때 수를 세는 강박

증적 행동은, 그의 말에 따르면 누군가 죽을지도 모른다는 두려움에 대한 방어라고 해석할 수 있다. 우리는 먼저 해석해 본 강박증으로 보아, 우리 환자의 적개심은 특히 폭력적이고 의미 없는 분노의 성질을 가지고 있다는 것을 알게 되었다. 그리고 그들이 화해를 한 후에도 그 여자에 대한 분노는 여전히 그의 강박증적 증상을 만들어 내는 데 영향을 미치고 있었다는 것을 알게 되었다. 그는 자기가 이번에는 그 여자의 말을 똑바로 알아들었는지, 또 그 여자의 말을 그녀가 아직 그를 사랑하고 있다는 증거로 이해해도 되는지를 여전히 의심하고 있었다. 그래서 일반적으로 그가 말을 정확하게 들었는지 의심하는 의심 발작증이 생겼던 것이다. 사랑하는 이의 가슴속에는 사랑과 미움의 싸움이 벌어지고 있었다. 그리고 그 두 감정의 대상은 한 사람이었던 것이다. 이 싸움은 그가 그 여자가 지나갈 길에 있던 돌을 치우는 강박적이고도 상징적인 행동과 그녀가 탄 마차에 재난이 닥쳐 그 여자가 다치도록 그 돌을 다시 제자리에 가져다 놓는 행동, 즉 사랑의 행동을 취소하는 행동으로 나타났다. 이 두 번째의 강박증적 행동을 단순히 그가 생각한 대로 병적인 행동을 비판하여 부인하기 위해 한 행동이라고만 해석하는 것은 옳지 않다. 이 행동이 강박증적인 느낌과 함께 나타났다는 것을 보면, 그 동기는 첫 번째 행동의 동기와 반대지만 이 행동 역시 병적이라고 할 수밖에 없다.

두 개의 행동이 계속해서 나타나며, 뒤의 행동이 앞의 행동을 무효로 만드는 효과를 가지게 하는 것은 강박증에서 거의 항상 있는 현상이다. 환자는 당연히 이를 오해하고 그것들을 설명하기 위해 각각 다른 이유를 가져다 붙인다. 간단히 말하자면 합리화하는 것이다.[28]

28  어니스트 존스 「일상생활의 합리화Rationalization in Everyday Life」(1908) 참

그러나 그 행동들은 힘이 비슷한 두 가지 반대 방향의 충동들을 나타내는 것이다. 그리고 내가 지금까지 본 바에 의하면, 그 반대되는 충동들은 항상 사랑과 미움이었다. 이런 종류의 강박증적 행동은 증상을 만들어 내는 새로운 방법을 보여 주기 때문에 이론적으로 특히 흥미를 끈다. 히스테리에서는 보통 서로 반대되는 경향을 모두 동시에 표현하는 해결책을 찾아낸다 — 일석이조인 것이다.[29]

그런데 강박증에서는 두 가지 반대되는 경향이 각각 만족할 표현을 찾는데, 하나씩 연속적으로 나타나며 그 반대되는 표현을 논리적으로 연관 지으려 한다. 그 상반된 사항 사이의 논리적 관련은 대체로 보편적 논리에는 맞지 않는 것이다.[30]

우리 환자의 사랑과 미움 사이의 갈등은 다른 곳에서도 나타났다. 그의 믿음이 다시 살아났을 때 그는 기도문을 만들었다. 이 기도문은 점점 길어져서 드디어 한 시간 반이 걸리게 되었다. 그는 그 이유가, 발람이 거꾸로 한 것같이 기도 중에 다른 말이 끼어들어 그 뜻을 반대로 만들곤 했기 때문이라는 것을 알게 되었다.[31]

---

조 — 원주.

29  「히스테리성 환상과 양성 소질의 관계」(프로이트 전집 10, 열린책들) 참조 — 원주.

30  다음 이야기는 다른 강박증 환자가 나에게 해준 것이다. 그 환자가 쇤브룬 Schönbrunn의 공원에서 산책을 하다가 땅바닥에 있던 나뭇가지에 발이 걸렸다. 그는 그것을 집어 길을 따라 있는 울타리로 던져 버렸다. 집으로 가는 길에 그는 갑자기 그 나뭇가지가 울타리 밖으로 삐죽 나와 있어서 지나가는 사람을 다치게 할 수도 있겠다는 생각이 들었다. 그는 전차에서 뛰어내려 서둘러 그 공원으로 다시 가서, 그 자리를 찾아 나뭇가지를 원래 있던 자리에 놓아야만 했다. 그 환자만 빼고 다른 사람들은 그 나뭇가지가 울타리 안에 있는 것보다 길바닥에 있는 것이 오히려 지나가는 사람에게 위험한 것이라고 생각할 것이었다. 이 두 번째 행동은 절대적인 행동으로 그가 강박적으로 행한 것이었다. 그에게는 그 행동이 남을 위하는 동기를 가진 행동으로 여겨졌다 — 원주.

31  발람은 저주하러 왔다가 축복을 했다(「민수기」 22~23장).

예를 들어 그가 〈신이여 그를 보호하소서〉라고 기도하면, 악마가 서둘러 나와 〈하지 마소서〉로 만드는 것이었다.[32] 그러다가 하루는 저주를 해야겠다는 생각이 났다. 왜냐하면 그때도 역시 그 반대되는 말이 끼어들 것이라고 확신했기 때문이었다. 그의 기도에 의해 억압되었던 원래의 의도가 마지막에 나타난 그의 생각을 통해 드러났던 것이다. 결국 그는 기도를 그만두고 여러 가지 기도문의 첫 글자나 음절을 따서 만든 짧은 주문을 외우는 것으로 그 당혹스러운 상황에서 벗어났다. 그리고 그는 다른 것이 끼어들지 못하도록 이 주문을 아주 빨리 외웠다.

그는 한번은 나에 대한 감정 전이와 연관하여 같은 갈등이 나타난 꿈을 꾸었다. 그의 꿈은 다음과 같다. 그의 꿈속에서 나의 어머니가 돌아가셨다. 그는 나에게 조의를 표하고 싶었으나, 그러다가 버릇없이 웃어 버릴까 봐 두려웠다. 전에도 그런 적이 있었던 것이다. 그래서 〈조의를 보낸다 *p.c.*〉라고 써서 카드를 보내기로 했다. 그런데 카드를 쓰는 도중 글자가 〈축하를 보낸다 *p.f.*〉로 바뀌어 버렸다.[33]

그가 가진 그 여자에 대한 두 가지 감정의 대립은 매우 심해서, 그가 전혀 의식하지 못했다고 하기는 어렵다. 그러나 이 감정의 대립이 나타난 강박증 증상을 보면, 그가 그 여자에 대해 가지고 있는 나쁜 감정이 얼마나 깊은지 정확히 모르고 있었다는 것을 알 수 있다. 그 여자는 10년 전에 그의 구혼을 거절한 적이 있다. 그 후로 그는 자신이 어떤 때는 그 여자를 깊이 사랑한다고 믿었고, 어떤 때는 그 여자에게 거의 관심이 없다고 느끼기도 했다. 치

---

32  독실한 신자의 마음에 떠오르는 불경한 생각의 예와 비교해 볼 것 — 원주.

33  슬픈 경우에 어쩌지 못하고 웃는 일이 심심치 않게 일어난다. 이것은 전혀 이해할 수 없는 현상으로 생각되어 왔다. 그러나 이 꿈을 보면 왜 그런 일이 일어나는지 설명할 수 있다 — 원주. *p. c.*와 *p. f.*는 각각 *pour condoler*와 *pour féliciter*의 약자이다.

료 도중에 그가 그녀와 결혼을 하는 방향으로 움직여야 할 것 같으면, 언제나 자기는 역시 그 여자를 그다지 좋아하지 않았다는 확신이 떠올라 치료에 저항했다. 이런 저항은 곧 허물어지곤 했다. 한번은 그 여자가 많이 아파서 누워 있었다. 그는 매우 걱정을 했는데, 그의 마음속에 그 여자가 언제까지나 그렇게 누워 있었으면 좋겠다는 소망이 스쳐 지나갔다. 그는 이 생각을 다음과 같은 궤변으로 설명했다. 즉 그는 단지 그 여자가 반복해서 심한 병에 걸릴 것을 두려워하는 마음에서 자신이 벗어나기 위해, 그 여자가 계속 그렇게 아프기를 바랐을 뿐이라고 했다.[34] 또 가끔 그는 자신이 〈복수의 환상〉이라고 생각하는 공상에 빠지곤 했는데, 그는 그것을 부끄러워했다. 예를 들면 그는 그녀가 자기에게 구혼하는 남자의 사회적 지위를 중요하게 생각한다고 믿었다. 그래서 그는 그 여자가 공무원과 결혼했다고 상상을 했다. 그리고 자기가 그녀의 남편과 같은 부서에 들어가서 그보다 훨씬 빠르게 승진해 그 남편이 자기의 부하가 되었다고 상상했다. 하루는 계속된 그의 상상 속에서 그녀의 남편이 정직하지 못한 일을 저질렀다. 그래서 그 여자가 그의 발아래 몸을 던지며 남편을 구해 달라고 애원했다. 그는 그녀에게 그러마고 약속을 했다. 그리고 사실 그가 공무원이 된 이유는, 그 여자를 사랑했기 때문에 혹시 이런 일이 있을까 싶어서였다고 말했다. 그리고 이어서 이제 그는 할 일을 다했으니 그의 자리에서 사퇴하겠다고 말했다.

그는 또 그 여자가 그가 한 일인 줄 모르고 그의 도움을 받는 경우도 상상했다. 이럴 때 그는 뒤마의 소설에 나오는 몽테크리스토 백작처럼 그의 사랑만이 있는 줄 알았고, 그의 관대한 행위

---

34  그 여자가 그가 하는 대로 따라올 수밖에 없기를 바라는 마음이 이 강박적인 생각이 만들어진 이유이다 — 원주.

의 동기와 목적은 충분히 알아차리지 못했다. 그 동기와 목적이란 그의 복수에 대한 갈증을 억압하자는 것이었다. 더욱이 그는 가끔 자신이 좋아하는 여자에게 좀 못된 짓을 하고 싶은 충동을 느꼈다고 말했다. 그런데 이런 충동은 그 여자와 함께 있을 때는 중지되었고, 그녀가 없을 때만 나타났다.

### (6) 병의 직접적인 원인

하루는 환자가 지나가는 말로 한 가지 사건을 이야기했는데, 내 생각에는 바로 그것이 그의 병의 직접적인 원인이었던 것 같다. 어쩌면 직접적인 원인은 아니더라도, 최소한 병이 시작되기 바로 직전에 일어난 사건이었다. 그의 병은 6년 전에 시작되어 그날까지 계속되고 있었다. 그 자신은 그가 중요한 이야기를 꺼냈다는 것에 대해 전혀 감을 잡지 못하고 있었다. 그뿐 아니라 그 사건을 한 번도 중요하게 생각해 본 적이 없었다. 그러나 그 사건을 잊은 적은 없었다. 그의 이러한 태도는 이론적으로 살펴볼 필요가 있다.

히스테리에서 병의 직접적인 원인은 유아기의 경험과 마찬가지로 망각되는 것이 원칙이다. 망각된 그 유아기의 경험이 있기 때문에, 병의 원인이 된 사건은 감정의 힘을 히스테리 증상으로 변하게 할 수 있는 것이다. 그리고 완전히 망각되지 않은 경우에는, 원인이 된 최근의 충격적인 사건에 대한 기억은 조금씩 망가져서 가장 중요한 부분이 기억에서 없어진다. 우리는 이 망각 현상을 보면 억압이 일어났다는 것을 알 수 있다. 그런데 강박증은 다르다. 신경증이 생기는 근본 원인이 되는 유아기의 경험은 망각된다고 해도 완전히 망각되지 않는 것이 보통이다. 그리고 병의 직접적인 원인이 되는 사건은 히스테리와는 반대로 그대로 기억된다. 억압이 일어나기는 하는데, 실제로는 조금 간단하다고 할 수 있는 기제로 일어난다. 즉 그 충격적인 사건은 기억되나, 그에 따른 감정이 사라지는 것이다. 그 결과 남아 있게 되는 것은 전혀 감정이 깃들이지 않은 사건의 내용뿐이고, 환자는 그것을 별로 중요하지 않게 생각한다. 히스테리와 강박증은 심리적 과정에 차이가 있는데, 그 심리적 과정은 우리가 겉으로 나타난 현상을 보고 재구성할 수 있다. 심리적 과정은 달라도 그 결과는 거의 항상 똑같다. 왜냐하면 감정 없이 기억되어 있는 내용은 거의 다시 생각나는 일이 없고, 또 환자의 정신 작용에 거의 아무런 영향도 미치지 않기 때문이다. 한쪽은 항상 그것을 알고 있었던 기분이라고 이야기하며 다른 쪽은 오래전에 잊어버렸다고 이야기한다는 사실을 근거로 우리는 우선 두 가지 다른 억압,[35] 즉 강박 신경증과 히스테리의 억압을 구별한다.[36]

이런 이유로 강박 신경증 환자들이 진짜 이유를 말하면서도 그의 자책감이 그 이유에 해당한다는 것을 전혀 눈치채지 못하는 일이 종종 있다. 그 자신은 자책감을 다른 이유에서 온 것으로 알고 있는 것이다. 이유가 되는 사건을 이야기할 때 그들은 가끔 놀

35  프로이트는 그의 저술 「억압, 증상 그리고 불안」(프로이트 전집 10, 열린책들) 제11장에서, 억압이라는 단어는 히스테리에서 나타나는 기제에만 써야 한다는 제안을 했다. 그리고 정신적인 갈등을 다루는 데 사용되는 다른 모든 기제를 나타내는 말로는 방어라는 단어를 다시 사용했다. 그러므로 나중에는 여기서 〈두 가지 다른 억압〉이라는 표현 대신 〈두 가지 다른 방어〉라고 썼을 것이다.

36  강박 신경증에서는 앎에 두 가지가 있다고 하겠다. 환자가 외상성 충격을 알고 있다고 해도 말이 되고, 모르고 있다고 해도 역시 말이 된다. 왜냐하면 그가 그 사건을 잊지 않았다는 관점에서는 그가 알고 있는 것이지만, 그가 그 사건의 의미를 모르고 있다는 관점에서는 그가 모르고 있다고 할 수 있기 때문이다. 이런 예는 일상생활에서 많이 볼 수 있다. 쇼펜하우어가 자주 가던 식당의 종업원들은 어떤 의미로는 그를 알고 있었다. 그렇게 알려진 것을 빼면, 그 당시에는 프랑크푸르트 안팎으로 그는 별로 알려져 있지 않았다. 그런데 그 종업원들은 우리가 지금 〈쇼펜하우어를 안다〉고 말할 때와 같은 뜻으로는 그를 알지 못했다 — 원주.

라기도 하고 또는 자랑스러워하기도 하면서, 〈그건 별일이 아니라고 생각했는데요〉라고 덧붙인다. 몇 년 전 내가 본 첫 번째 강박 신경증 환자도 이런 현상을 보였다. 나는 그 환자를 보면서 강박 신경증의 본질을 이해하게 되었다. 그 환자는 공무원이었는데 셀 수도 없이 많은 것에 가책을 받고 있었다. 그가 바로 쉔브룬의 공원에서 나뭇가지와 관련된 강박증적인 행동을 보였던 사람이다. 나는 그가 치료비로 내는 돈이 언제나 깨끗하고 구김이 없다는 것을 알아차렸다. (이 일이 일어난 시기는 오스트리아에서 은화가 쓰이기 이전이었다.) 나는 그에게 그가 재무성에서 새 돈을 가져오니까 누구든 그가 공무원인 줄 알아보겠다고 말했다. 그랬더니 그는 자기 돈은 새 돈이 아니라 그가 집에서 다림질한 것이라고 일러 주었다. 그리고 그는 누구에게든 더러운 지폐를 주지 않는 것이 그의 양심에 따른 철칙이라고 했다. 그는 더러운 지폐에는 여러 가지 위험한 균이 있어서, 그것을 받는 사람에게 해를 미칠 수 있기 때문이라고 설명했다. 그때쯤 나는 그의 신경증이 그의 성생활과 관계가 있으리라는 추측을 하고 있었기 때문에, 어느 날 그에게 그의 성생활은 어떠냐고 물었다.

「아, 괜찮죠. 그 방면으로는 운이 나쁘지 않죠. 몇몇 괜찮은 집안에 나는 마음씨 좋은 아저씨라고 알려져 있죠. 가끔 여자아이를 한 명씩 시골을 구경시켜 준다고 데리고 나가죠. 그러고는 어찌어찌해서 집으로 가는 기차를 놓쳐 자고 갈 수밖에 없는 상황이 되게 합니다. 언제나 방은 두 개를 잡죠 — 모든 일을 아주 훌륭하게 처리합니다. 그렇지만 여자아이가 자러 가고 나면, 그 아이의 방으로 가서 내 손으로 아이의 성기를 만집니다.」

「한데 당신의 더러운 손으로 아이의 성기를 만지면 아이에게 해를 끼칠 것이라고 걱정되지 않았습니까?」

이 말을 듣고 그는 화를 냈다.

「해를 끼친다구요? 아니 성기를 만지는 것이 어떻게 해가 된다는 말입니까? 그 아이들 중 해를 입은 아이는 하나도 없었다구요. 그 아이들도 모두 즐겼단 말이에요. 그중 몇 명은 결혼도 했구요. 그것 때문에 해를 입은 아이는 아무도 없어요.」

그는 나의 지적을 매우 기분 나쁘게 받아들였다. 그 후 그는 다시 오지 않았다. 그는 지폐를 쓰는 데는 결벽함을 보이고, 그를 믿고 딸려 보낸 아이들을 욕보이는 것에 대해서는 염치없는 태도를 보였는데, 이런 태도는 그의 자책감이 전치되어서 그렇게 나타나는 것이라고밖에 설명할 수 없다. 그렇게 전치된 목적은 거의 분명하게 드러나 있다. 그의 자책감이 있어야 할 곳에 있었으면 그는 자신이 즐기던 성행위를 그만둘 수밖에 없었을 것이다. 그런데 그는 유아기에 형성된 어떤 결정 요소 때문에 그런 성행위를 하지 않을 수 없었던 것이다. 전치 때문에 그는 병으로부터 상당한 이익을 얻었던 것이다.[37]

이제는 지금 우리가 보고 있는 환자의 경우에 직접적인 원인이 된 사건을 더 자세하게 살펴보도록 하겠다. 그의 어머니는 부자였던 먼 친척의 집에서 자랐다. 그 집안은 큰 사업을 하고 있었다. 그의 아버지는 결혼 당시 그 사업에 함께 참여했고, 그 결혼 덕분에 사업에서 안전한 자리를 잡게 되었다. 그의 부모는 상당히 행복한 결혼 생활을 했다. 그들은 가끔 농담을 주고받았는데, 환자는 그들의 농담에서 아버지가 어머니와 결혼하기 전에 예쁘지만 돈은 한 푼도 없고 미천한 집안 출신인 아가씨에게 마음이 끌렸

---

37 〈병에 의한 이득〉에 대해서는 『정신분석 강의』(프로이트 전집 1, 열린책들) 중 스물네 번째 강의에 실려 있다. 〈도라〉의 증례에서도 이에 대해 어느 정도 길게 언급하고 있으며, 1923년에 추가한 각주에는 명백하게 설명되어 있고 참고 자료도 많이 실려 있다.

다는 사실을 알게 되었다. 이것은 서론치고는 길게 느껴졌다. 그의 아버지가 돌아가신 후, 하루는 환자의 어머니가 그녀의 부자 친척들과 그의 미래에 대해 의논했다고 말했다. 그런데 어머니의 사촌 중 한 사람이 환자가 공부를 마치면 자기 딸과 결혼시키겠다고 말했다. 그 사촌의 회사와 사업을 하면 그의 앞날이 밝게 열릴 것이었다. 가족들이 이렇게 계획을 세우고 있다는 것을 알게 되자 환자는 고민스러워졌다. 그는 가난하지만 그가 사랑하는 여자와 계속 사귀어야 할지, 아버지의 전철을 밟아 그에게 배정된 그 아름답고 돈 많고 사업상의 길도 잘 열어 줄 수 있는 아가씨와 결혼할 것인지 갈등하게 되었던 것이다. 이것은 사실 그의 사랑과 그의 아버지의 영향력 사이의 갈등이었는데, 그는 병이 나는 것으로 이 갈등을 해결했다. 좀 더 정확하게 말하자면, 병에 걸림으로써 현실적인 문제의 해결을 피할 수 있었던 것이다.[38]

이는 그가 병 때문에 전혀 공부를 할 수 없었다는 결과에 대해서 위와 같이 해석하는 것이 옳다는 증거라고 볼 수 있다. 그는 공부를 할 수 없었기 때문에 몇 년 뒤에야 졸업을 할 수 있었다. 그러나 의도하지 않았지만 그 병의 결과로 보이는 일은 사실 병이 생기는 원인이나 목적인 것이다.

미리 예상했던 대로 환자는 처음에는 나의 해석을 받아들이지 않았다. 그는 결혼 계획이 그런 결과를 가져올 수 있으리라고는 상상도 할 수 없다고 말했다. 그리고 이 해석은 그에게 전혀 아무런 영향도 끼치지 않았다. 그러나 치료가 진행되면서 그는 나의 의심이 사실이었다는 것을 믿을 수밖에 없게 되었다. 그것도 매

---

38  그가 병으로 도피하려는 것은, 그가 그와 아버지를 동일시했기 때문이라는 것을 강조해야겠다. 동일시함으로써 그는 유아기에 남겨진 잔재로 퇴행할 수 있었던 것이다 — 원주. (7)항을 보면 프로이트가 이미 「히스테리 발작에 관하여」(프로이트 전집 10, 열린책들)에서 〈병으로 도피한다〉는 구절을 사용했음을 알 수 있다.

우 간단하게 말이다. 상상으로 나타난 전이를 통해, 그는 잊었거나, 아니면 그의 무의식을 스쳐 지나갔던 과거의 사건을 다시 경험하게 되었다. 치료 과정 중 뭔가 애매하며 어려운 느낌이 드는 시기가 있었다. 결국은 다음과 같은 일이 있었기 때문이라는 것이 밝혀졌다. 어느 날 그는 우리 집 층계에서 한 젊은 여자를 만났는데, 그 여자가 내 딸이라고 생각해 버렸다. 그는 그 여자가 마음에 들었다. 그는 내가 그에게 친절하며 믿을 수 없을 정도로 인내심이 있는 것은, 오직 내가 그를 사위로 삼고 싶어 하기 때문이라고 상상했다. 동시에 그는 그의 설계에 맞게 나의 집안이 부자라고 결정했다. 그러나 그의 여자에 대한 지칠 줄 모르는 사랑이 이 유혹에 대항했다. 그는 아주 심하게 저항하고 나를 질책했지만, 나중에는 이 상상으로 나타난 전이와 그가 과거에 겪은 실제 상황이 완벽하게 유사하다는 것을 인정할 수밖에 없었다. 그가 같은 시기에 꾸었던 꿈은 이 주제를 어떻게 생각했는지 잘 보여 준다. 그는 꿈속에서 내 딸을 보았는데, 내 딸의 눈이 있을 곳에 똥 두 덩어리가 있었다고 했다. 꿈의 언어를 아는 사람이라면 이 꿈을 번역하는 것이 별로 어렵지 않을 것이다. 이 꿈은 그가 내 딸과 결혼하는 것은 그녀의 〈아름다운 눈〉 때문이 아니라 그녀의 돈 때문이라고 말하고 있다.

### (7) 아버지-콤플렉스와 쥐 강박증의 해결

그가 어른이 되었을 때 나타난 병의 직접적인 원인이 된 사건과 그의 어린 시절은 연결되어 있다. 그는 자신이 처한 상황이 그의 아버지가 처했던 혹은 그랬으리라고 그가 의심했던 상황과 같다는 사실을 알아차렸다. 그래서 그의 아버지와 동일시할 수 있었던 것이다. 그리고 그의 아버지는 돌아가셨지만 다른 경로로 최근의 증세에 영향을 미치고 있었다. 그의 병의 근본에 있는 갈등은 그의 아버지의 소원이 미치는 지속적인 영향과 자신의 연애 성향 사이에서 나타나는 것이었다. 환자가 치료 초기에 한 말을 생각해 보면, 이 갈등은 환자의 유년기에 생긴 오래된 것이라는 의심을 하지 않을 수 없다.

모든 면에서 살펴볼 때 그의 아버지는 매우 유능한 사람이었다. 결혼하기 전에 그는 육군 하사관이었는데, 그 당시에 지녔던 당당한 군인의 태도를 이후에도 계속해서 지니고 있었고 솔직하게 말하는 것을 좋아했다. 누구나 좋아하는 그런 장점 이외에도 그는 애정이 담긴 유머 감각과 동료들에 대한 친절한 인내심으로도 잘 알려져 있었다. 그가 성질이 급하고 폭력적일 수도 있다는 것은 이런 다른 장점과 상통하는 점이 있을 뿐 아니라, 오히려 그의 성격에서 뺄 수 없는 부분이라고 해야 할 것이다. 그러나 이런 성격 때문에 아이들은 장난이 심한 나이에 아버지에게 혹독한 벌을 받곤 했다. 그러나 아이들이 자란 후에는 신성불가침의 권위를 주장하려 하지 않고, 아이들과 자신의 인생에서 있었던 작은 실패나 악운에 대해 악의 없이 터놓고 이야기하는 것이 다른 아버지와 다른 점이었다. 따라서 그의 아들이 한 가지만 빼고 부자간에 절친한 친구처럼 지냈다고 한 말은 과장이 아니었다. 그리고 바로 그 한 가지가 그가 어렸을 때 그의 마음에 이상할 정도로 강하게 자리 잡고 있었던 아버지의 죽음과 관련된 생각에 연관되는 사항이었다. 그리고 아버지의 죽음과 관련된 생각은 유아기에 있었던 강박증적인 생각에서 나타났다. 그가 전에 어떤 여자아이가 자기를 불쌍하게 여겨 친절하게 대해 주기를 바라는 마음에서 아버지의 죽음을 바랐던 경우도 그것과 연관되어 있었다.

성과 관련된 분야에서 부자간에 무슨 일인가 있었던 것이 틀림없다. 아마 아버지는 그의 아들이 너무 일찍 관능적인 생활을 하는 것에 반대했을 것이다. 아버지가 돌아가시고 수년이 지나 그가 처음으로 성교의 즐거움을 경험했을 때였다. 갑자기 그에게는 〈굉장히 기분이 좋구나! 이것을 위해서라면 아버지라도 죽일 수 있겠네!〉라는 생각이 떠올랐다. 그것은 그의 유년기에 있었던 강박증적인 생각의 반향인 동시에 입증이었다. 더욱이 그의 아버지는 죽기 바로 전에, 그를 가장 강하게 지배했던 열정을 직설적으로 반대했었다. 그의 아버지는 그가 항상 그 여자와 함께 지내는 것을 눈치채고, 그 여자와 함께 있는 것은 경솔한 짓이며 그가 바보같이 보이게 될 것이라고 경고했었다.

우리 환자의 자위행위에 대해서 살펴보면, 지금까지 나온 나무랄 데 없는 증거에 새로운 사실을 더할 수 있다. 자위행위에 대해서는 의사들이나 환자들은 그 중요성을 아직 충분히 알고 있지 못하지만 서로 다른 생각을 가지고 있다. 환자들은 자위행위, 즉 사춘기에 한 자위행위가 자신들이 가진 모든 문제의 근원이라는 데 의견을 같이하고 있다. 의사들은 대부분 어떻게 생각해야 될지 결정하지 못하고 있기는 하나, 신경증 환자뿐 아니라 정상인 사람들도 사춘기에는 자위행위를 많이 한다는 사실을 알고 있기 때문에 환자들의 주장이 과장된 것이라고 무시하는 경향이 있다. 나는 역시 환자들이 의사들보다 더 진실에 가까운 견해를 가지고 있다고 생각한다. 즉 환자들은 어렴풋하게 진실을 알고 있으나, 의사들은 요점을 간과하는 실수를 할 수 있다는 것이다. 그러나 환자들이 주장한 대로 사춘기에 자위행위를 하는 것 ─ 이것은 거의 전형적인 현상이라고 해도 된다 ─ 이 모든 신경증의 원인이 되는 것은 아니다. 그들의 주장에는 설명을 붙일 필요가 있다. 사춘기에 하는 자위행위는 유아기에 하던 자위행위가 다시 나타난 것이라는 사실이다. 이 사실은 지금까지는 항상 무시되어 왔다. 유아기의 자위행위는 보통 서너 살부터 다섯 살 사이에 한창 심해진다. 이 유아기의 자위행위는 성과 관련된 타고난 기질을 보이는 것으로, 나중에 나타나는 신경증의 원인은 여기에서 찾아야 한다. 환자들은 이렇게 변형된 방법으로 그들의 병을 유아기 성 행동 때문이라고 책임을 돌린다. 그들이 그렇게 하는 것은 옳은 것이다. 반면에 우리가 자위행위를 하나의 병으로 간주하고, 그것이 성 본능의 여러 측면과 그 성 본능에 따라 생기는 모든 환상을 표현하는 길이라는 점을 잊어버리면 그 문제를 해결할 수 없게 된다. 자위행위는 그 자체로 해를 끼치는 일은 그리 많지 않다. 그것은 그 환자의 병의 원인이 되는 성생활 중 중요한 일부일 뿐이다. 많은 사람이 자위행위를 어느 정도는 한다. 그러고도 병이 생기지 않는다는 사실은, 그들의 성과 관련된 기질과 성생활의 발달 과정이 주위에서 문제가 되지 않을 정도로 자위행위를 할 수 있게 되어 있음을 보여 준다.[39]

성과 관련된 기질이 그다지 자신에게 이롭지 않거나 성생활의 발달 과정이 원만하지 못했던 사람들은 자신들의 성생활로 인해 병이 생긴다. 즉 그들은 자신들의 성 본능을 억제하거나 승화하지 못하고 억압하거나 대치하게 되는 것이다.

우리 환자의 자위행위에는 특이한 점이 있었다. 그는 사춘기에는 특별히 언급할 만한 자위행위를 하지 않았는데, 따라서 어떤 이들은 그가 신경증에 걸릴 염려는 없다고 말했을 것이다. 자위를 하고 싶은 충동은 그가 스물한 살이 넘었을 때, 즉 그의 아버지가 돌아가신 직후에 나타났다. 그는 그런 식의 만족에 따라가는 것을 매우 창피하게 여겨, 다시는 그러지 않겠다고 맹세했다. 그

---

39 「성욕에 관한 세 편의 에세이」(프로이트 전집 7, 열린책들) 참조 — 원주.

후 그 행위는 아주 예외적인 경우에만 드물게 나타났다. 이후로는 그가 특히 기분이 좋거나 특히 좋은 문장을 읽게 되었을 때 그 버릇이 나타났다고 말했다. 예를 들어 한 번은 아름다운 여름날 오후에 나타났는데, 그때 그는 빈 한가운데에 있었다. 한 쌍두마차의 기수가 매우 듣기 좋게 경적을 울렸는데, 시내에서는 경적을 울리는 것이 금지되어 있었기 때문에 경찰이 그를 저지했다. 그리고 다른 한 번은 그가 『시와 진실Dichtung und Wahrheit』을 읽고 있을 때였다. 괴테가 젊었을 때, 그의 질투심 많은 애인이 어느 여자든 그녀 다음에 그의 입술에 키스하면 저주를 받을 것이라고 한 것을 매우 부드러운 방법으로 벗어났다는 이야기였다. 괴테는 오랫동안 거의 미신적으로 자신을 억제하고 있었는데, 이제 자기가 사랑하는 여자와 즐겁게 마음껏 키스했다고 한다.

그 환자는 그렇게 아름답고 기분이 좋아지는 상황에서 자위를 하고 싶어지는 것이 하나도 이상하지 않았다고 말했다. 그러나 나는 그가 말한 두 경우에 공통점이 있다는 것을 지적하지 않을 수 없었다. 그것은 금지와 명령에 대한 반항이었다.

우리는 그가 시험 공부를 하고 있으면서 그의 아버지가 아직 살아 있어서 어느 순간에 다시 나타나리라는 상상을 했을 때 보인 이상한 행동을 같은 맥락에서 살펴보아야 한다. 그는 될 수 있는 대로 늦은 시각까지 공부하도록 시간표를 짰다. 자정에서 밤 한 시 사이에 그는 공부를 중단하고 그의 아버지가 현관 앞에 있기라도 한 것처럼 현관문을 열었다. 그러고는 거실로 들어와서 자기 성기를 꺼내어 거울 속에서 들여다보았다. 이 미친 듯한 행동을 이해하려면, 그가 영혼이 돌아다니는 그 시각에 아버지가 자기를 찾아올 것을 기대하고 있는 것처럼 행동했다고 가정해야 한다. 그의 아버지가 살아 계실 때 그는 공부를 열심히 하지 않았으며, 아버지는 그것 때문에 가끔 화를 냈다. 이제 영혼이 되어 돌아와서 그의 아들이 열심히 공부하는 것을 보면 매우 기뻐하실 것이었다. 그러나 그다음 행동을 보고 기뻐할 수는 없었을 것이다. 그러니 그 두 번째 행동은 그가 반항하는 것이었다. 즉 그는 이해할 수 없는 강박증적인 한 행동으로 아버지와 자신과의 관계에 있는 두 가지 측면을 표현했던 것이다. 그가 나중에 좋아하는 여자와 관련하여 길거리의 돌을 가지고 보였던 강박증적인 행동도 마찬가지이다.

이런 증거들과 비슷한 다른 자료를 바탕으로 하여, 나는 그가 여섯 살이 되기 전에 자위와 관계되는 성적인 비행을 저질렀고, 그것 때문에 아버지에게 단단히 혼이 났을 것이라고 해석해 보았다. 나의 가설을 따르자면, 그는 그렇게 벌을 받았기 때문에 자위를 그만두었고—이것은 사실이었다—그의 아버지에게 지독한 앙심을 품게 되었으며, 그의 아버지를 자신의 성적 즐거움을 방해하는 사람으로 결정하게 되었던 것이다.[40]

놀랍게도 환자는 이와 비슷한 일을 그가 어렸을 때 겪었는데, 그 결과가 엄청나서 그의 어머니도 잊을 수 없었다고 여러 번 말했다고 한다. 그 자신은 그 사건을 기억하지 못했다. 그 사건은 다음과 같다. 그가 매우 어렸을 때—나중에 그의 손위 누이가 병으로 죽은 시기와 일치하기 때문에 정확한 날짜를 알아낼 수 있었다—나쁜 짓을 해서 그의 아버지가 매질을 했다. 그 어린 소년은 지독하게 화가 나서 매를 맞으면서도 아버지에게 욕을 퍼부었다. 그러나 그는 아는 욕이 없어서 생각해 낼 수 있는 모든 사물의 이

---

40 내가 치료 초반에 보였던 비슷한 내용의 의심과 비교할 것—원주. 프로이트는 정신분석에서 〈해석〉의 역할에 대하여 「늑대 인간」과 「여자 동성애가 되는 심리」의 증례에서도 설명하고 있다.

름으로 아버지를 불렀다. 그는 〈너 램프야! 너 수건아! 너 접시야!〉 등등의 소리를 질렀다. 그의 아버지는 그런 원초적인 분노에 놀라서 매질을 그만두고, 〈저 아이는 위인이 되든지, 아니면 굉장한 범죄자가 되고 말 거야!〉라고 말했다.[41]

환자는 그 사건이 그의 아버지에게뿐 아니라 자신에게도 사라지지 않는 자국을 남겼다고 말했다. 그는 그의 아버지가 다시는 자기를 때리지 않았다고 말했다. 그리고 이 사건으로 그의 성격에도 변화가 왔는데, 그것은 그때부터 자신의 분노에 놀란 나머지 비겁해졌다는 것이다. 그리고 일생 동안 맞는 것을 매우 두려워했고, 그의 누이나 동생이 매를 맞을 때면 겁에 질리고 화가 난 채로 숨어 버리곤 했었다.

환자는 후에 그의 어머니에게 다시 물어보았다. 그의 어머니는 그런 일이 있었다고 말하며, 그가 서너 살 때의 일로 누군가를 물었기 때문에 벌을 받았던 것이라고 덧붙였다. 어머니는 더 자세한 것은 기억하지 못했지만, 그가 물었던 사람은 아마 그의 유모였던 것 같다고 말했다. 그의 어머니의 설명에는 그의 잘못된 행동이 성적인 것이었다는 기미는 없다.[42]

---

41  또 다른 가능성도 있었다. 그의 아버지는 이런 원초적인 열정에서 오는 가장 흔한 결과를 무심하게 지나친 것이다. 그것은 바로 신경증이다 — 원주.

42  정신분석을 하는 도중에 우리는, 이렇게 환자가 아주 어리고 유아기 성 행동이 가장 한창인 나이에 어떤 나쁜 일이 일어나거나 심하게 벌을 받게 됨으로써 그 성 행동이 갑자기 비극적인 결말을 맞게 되는 현상을 자주 만나게 된다. 그런 사건은 꿈속에서 어렴풋이 나타나기 쉽다. 가끔 그것이 매우 명확하게 나타나서 분석가는 확실히 그 사건을 알게 되었다고 생각하지만, 결정적으로 밝혀 설명하는 것은 피한다. 분석가가 아주 조심스럽고 능란하게 진행하지 않으면 그 사건이 실제로 일어났던 일인지 아닌지 확인하지 못하게 될지도 모른다. 환자의 무의식에 있는 환상들에서 같은 사건이 여러 형태로 나타날 때는(이들은 서로 형태가 크게 다른 경우가 많다) 그것을 해석하는 데 올바른 길로 가도록 도와줄 것이다. 이런 사건들이 실제로 일어났었는지 바르게 판단하려면, 사람들의 어렸을 적 기억은 보통 사춘기쯤이 되어 기억으로 자리 잡는다는 사실을 잊지 말아야 한다. 그리고 기억되는 과정은 한 국가가 국가 건설 초기

어릴 적의 이 사건은 각주에 실려 있다. 나는 단지 환자가 이 사건이 나온 후, 그가 기억하지 못하는 어린 시절에 사랑하던 아

에 관한 전설을 만들어 내는 과정과 똑같이 복잡한 개조 과정을 거친다. 사람들은 자라면서 자신의 유아기에 대한 환상 속에서 자가 성애적인 행동을 없애려고 노력한다. 마치 역사학자가 과거를 현재에 비추어 보듯이, 자기 기억의 내용을 대상애로 격을 높이는 것이다. 그래서 실제로는 자기애적 행동과 그것을 야기시킨 포옹이나 벌만 일어났는데도 그들의 환상에 유혹과 강간이 많이 나타나는 것이다. 더욱이 그의 어린 시절에 대한 환상을 만들어 내는 데 사람들은 그의 기억에 성적인 요소를 가미한다. 무슨 말인가 하면, 보통 많이 일어나는 일들을 그의 성 행동에 연관시키고, 또 그의 성적인 관심을 그 사건들에 연루시킨다 — 그런데 이렇게 하는 것은 이미 존재하는 연결 고리를 따라가는 것일 뿐일지도 모르지만 말이다. 「다섯 살배기 꼬마 한스의 공포증 분석」(프로이트 전집 8, 열린책들)에 대해 알고 있는 사람이라면, 내가 이렇게 이야기했다고 해서 내가 유아기의 성을 사춘기에 나타나는 성에 대한 호기심 정도로밖에 생각하지 않으며, 내가 유아기의 성을 중요하다고 했던 것을 부인하고 있다고 생각하지는 않을 것이다. 유아기에 있었던 성 행동에 대한 변형된 환상을 밝혀내기 위해 나는 다만 기술적 충고를 하고자 할 뿐이다. 지금 우리가 보고 있는 환자의 경우같이 믿을 수 있는 어른의 말을 들을 수 있어, 환자가 이야기하지만 기억하지 못하는 아주 어린 시절 이야기의 근거가 되는 사건을 알게 되는 것이 흔한 일은 아니다. 그래도 우리 환자의 어머니가 한 말은 사건을 완전히 이야기하지 않아서, 여러 가지 방향으로 생각해볼 수 있다. 그 어머니가 아이의 비행이 성적인 것이었다고 말하지 않는 것은 어머니자신의 검열 활동 때문이었을 수도 있다. 왜냐하면 모든 부모들의 검열은 자식에 대한 기억 중에서 자식의 성 행동에 대한 것을 가장 없애고 싶어 하기 때문이다. 그러나 어머니나 유모가 성과는 관계없이 보통 아이들이 많이 하는 장난 때문에 아이를 야단쳤고, 아이의 반발이 너무 심해서 아버지에게 매를 맞았는지도 모른다. 이런 환상에서는 유모나 하인은 더 중요한 사람인 어머니로 대치되는 것이 보통이다.

이 사건과 관련해서 그의 꿈을 더 깊이 분석한 결과, 그의 마음에는 확실히 영웅적인 인물이 등장하는 공상적인 작품이 있었다는 것이 발견되었다. 그 이야기 안에서는 그의 어머니와 누이에 대한 성적인 욕망과 그의 누이의 이른 죽음이, 어린 영웅이 아버지에게 징벌을 당하는 것과 연결되어 있었다. 이 환상의 조직을 올올이 풀어내는 것은 불가능했다. 치료가 성공적으로 끝난 것이 바로 방해자였다. 그 환자의 병이 나아져 일상생활을 하기에 바빴던 것이다. 그에게는 너무 오랫동안 하지 못하고 내버려 두었던 일들이 많아서 할 일이 많았다. 그래서 치료를 계속하는 것이 어려워진 것이다. 그러니 이것을 분석하지 못한 것은 내 잘못이 아니다. 정신분석이 내놓는 과학적인 결과는, 현재로서는 치료를 하는 중에 생기는 부산물일 뿐이다. 그래서 치료에 실패하는 경우 더 많은 것을 발견할 수 있다.

유아기 성생활의 내용에는, 그 당시에 가장 우세한 성 본능이 힘을 발하는 부위에 나타나는 자가 성애 행동이 있고, 대상애도 조금 있고, 또 〈신경증의 핵심 콤플렉스〉라고 불러야 할 콤플렉스의 형성이 있다. 이 콤플렉스는 아이에게 가장 일찍 나타나는 부모와 형제자매로 향하는 부드러운 충동들 또는 적대적인 충동들로 이루어진다. 이

버지에게 맹렬한 분노를 느꼈다는 것을 믿지 않으려는 태도가 흔들렸다는 것만 말하겠다. 그 맹렬한 분노는 숨어 버렸다. 나는 그가 이 사건을 여러 번 들었고, 특히 그의 아버지도 그에게 이야기해 주어서 그것이 실제 사건이라는 것은 의심할 여지가 없었기 때문에, 이 사건이 그에게 더 큰 영향을 미칠 것으로 기대했었다는 것을 고백해야겠다. 그러나 그는 강박증이 있는 사람들같이 머리가 좋은 사람들이 가질 수 있는 비논리적인 특성으로, 그 자신이 이 사건을 기억하지 못하기 때문에 그 이야기는 증거의 가치가 없다고 주장했다. 이러한 비논리성은 항상 우리를 당황하게 한다. 그래서 〈전이〉라는 고통스러운 길을 지나고 나서야 그와 아버지의 관계에 이 무의식의 내용을 더해야 한다는 확신에 도달할 수 있었다. 곧 그의 꿈에서, 깨어 있을 때 나타나는 환상 속에서, 그리고 그의 연상에서, 나와 나의 가족을 가장 상스럽고 더럽게 모욕하기 시작했다. 그러나 나를 직접 대할 때는 가장 존경하는

충동들은 대개 동생이 태어나는 것을 계기로 호기심이 발동되어 생긴다. 아이들의 성생활의 내용이 똑같고, 그 성생활을 변형시키는 경향도 변함이 없는 것은, 그것이 얼마나 실제 경험으로부터 왔느냐에 상관없이 유아기에 만들어진 환상의 내용이 똑같다는 사실을 잘 설명해 준다. 유아기의 핵심 콤플렉스에서는 아버지가 성적으로 경쟁자이며, 아이의 자가 성애 행동을 방해하는 역할을 맡는 것은 당연하다. 물론 보통은 실제 사건이 이런 환상을 만들어 내는 데 많은 역할을 한다 — 원주.

어릴 적의 기억과 어릴 적의 환상을 구별하는 것은 프로이트가 내내 고민한 것이다. 예를 들어 『정신분석 강의』 중 스물세 번째 강의에는 〈최초의 환상들〉에 대한 토론과 「늑대 인간」 분석의 제5장과 8장 참조. 프로이트는 이르게는 1897년에 플리스Fließ에게 개인적으로 어릴 적의 기억이 사실일지 의심된다는 것을 말한 적이 있다. 이에 대한 그의 결론은 수년 후에 출판되었다. 「신경증의 병인에서 성욕이 작용하는 부분에 대한 나의 견해」(프로이트 전집 10, 열린책들). 반면에 그의 마지막 저술들에서는 분명히 신화적인 환상에도 항상 조금은 과거의 사실이 들어 있다고 주장했다. 예를 들어 「인간 모세와 유일신교」(프로이트 전집 13, 열린책들)를 참조. 〈핵심 콤플렉스〉라는 용어는 이미 프로이트가 쓰고 있었으나, 「어린아이의 성 이론에 관하여」(프로이트 전집 7, 열린책들)에서는 다른 뜻으로 사용했다. 〈오이디푸스 콤플렉스〉라는 말은 조금 후에 발표된 「사랑의 심리학」 중 첫 번째 논문에서 처음 사용되었던 것 같다. 〈슈레버〉의 증례도 참조.

태도만을 보였다. 그가 이런 모욕을 나에게 보고할 때는 절망에 빠진 사람의 태도였다. 그는 말하곤 했다.

「선생님, 당신 같은 신사가 어찌 나같이 하잘것없고 비천한 인간으로부터 모욕을 받고 가만히 있습니까? 나를 내쫓으세요. 나는 그런 일을 당해도 쌉니다.」

이런 말을 할 때 그는 의자에서 일어나 방 안을 돌아다녔다. 그는 처음에는 감정이 예민해서 생긴 버릇이라고 설명했다. 그는 의자에 편안하게 누워서 그런 지독한 말을 내뱉을 수는 없었다고 말했다. 그러나 그는 곧 더 설득력 있는 이유를 발견했는데, 그것은 내가 그를 때릴까 봐 내 근처에 있지 않으려 했던 것이었다. 그가 의자에 그냥 앉아 있을 때는 굉장히 폭력적인 매질로부터 자신을 구하려는 것처럼, 심한 공포에 질린 듯이 행동했다. 그는 머리를 두 손으로 감싸고, 팔로 얼굴을 가리고, 갑자기 벌떡 일어나서 달아나고, 얼굴을 고통으로 일그러뜨리는 등의 행동을 보였다. 그는 그의 아버지가 불같은 성미를 가지고 있었으며, 가끔 폭력을 휘두르기 시작하면 언제 끝을 낼지 몰랐다는 것을 기억해 냈다. 그는 이런 고통스러운 시련을 통해 조금씩 그가 가지지 못했던 확신을 얻어 갔다. 그러나 이런 사실은 관계없는 사람에게는 처음부터 자명했을 것이다.

이제 그의 〈쥐 생각〉을 해결하는 길은 확실하다. 치료는 전환점을 맞았다. 그리고 이제까지는 감추어졌던 많은 자료가 나오기 시작해서, 사건이 전개된 것을 전체적으로 차례대로 정리할 수 있게 되었다.

내가 이미 말한 대로 그 상황을 가능한 한 간단하게 요약해서 말하도록 하겠다. 첫째로 풀어야 할 문제는 당연히 그 체코 이름을 가진 장교가 한 두 가지 말—쥐 이야기와 A 중위에게 돈을 갚으라고 한 말 — 이 왜 그를 그렇게 당황하게 만들고 또 그런 매우 병적인 반응을 일으키게 했는가 하는 것이다. 그것은 민감 콤플렉스[43]의 문제이고, 그 말들이 그의 무의식에서 과민한 부분을 충격적으로 건드렸다고 가정할 수 있다. 이 가정은 사실로 판명되었다. 대부분의 환자가 군대와 관련된 일에서는 항상 그렇듯이, 우리 환자도 수년간 군대 생활을 했고, 군대 이야기를 많이 했던 그의 아버지와 무의식에서 동일시되었다. 그의 아버지가 군대에 있을 때 일어났던 일 중의 하나가 우연히 그 장교가 요구했던 것과 공통점이 있었다. 증상이 만들어지는 데는 우연이 작용할 수 있다. 농담에 쓰인 그 말이 작용하듯이 말이다. 육군 하사관이었던 그의 아버지는 공금을 조금 관리하고 있었는데, 한번은 그것을 카드 게임에서 잃었다(그는 〈노름꾼Spielratte〉[44]이었던 것이다). 그의 동료가 돈을 빌려주지 않았다면 그는 혼이 났을 것이다. 그가 제대한 후 돈을 좀 벌었을 때, 돈이 필요할지 모르는 그 친구를 찾아 돈을 돌려주려 했으나 그 친구를 찾을 길이 없었다. 환자는 아버지가 결국 돈을 돌려줄 수 있었는지 확실히 알지 못했다. 그의 무의식에는 아버지의 인격에 대해 적대감을 가지고 비난하는 마음이 가득 차 있었기 때문에, 아버지가 젊었을 때 저지른 잘못을 기억하는 것은 그에게 마음 아픈 일이었다. 그 장교가 〈A 중위에게 3.80크로네를 갚아야 한다〉라고 한 말이, 그에게는 그의 아버지가 갚지 않은 빚 이야기를 하는 것으로 들렸다.

소포가 도착했을 때 Z 마을에 있는 우체국의 아가씨가 그에 대해 좋은 말을 하며 돈을 대신 냈다는 정보는,[45] 또 다른 방향으로

43  융과 융 학파의 언어 — 연상 실험에서 빌려 온 용어임[융, 『단어 연상에 대한 연구Diapnostische Assoziationstudien』(1906, 1909)].

44  말 그대로는 〈노는-쥐〉인데, 구어체 독일어에서는 도박꾼을 이른다.

45  그 장교가 잘못 알고 A 중위에게 돈을 갚으라는 말을 하기 전에 그가 이미 이

그가 자신을 아버지와 동일시하는 것을 부추겼다. 분석이 여기까지 진행되었을 때, 그는 우체국이 있는 작은 마을의 여관집에는 예쁜 딸이 하나 있었다는 이야기를 처음으로 꺼냈다. 그 여관집 딸은 잘난 젊은 장교에게 확실히 호감을 보였다. 그래서 그가 훈련을 끝내고 다시 와서 그 여자에게 접근해 보려고 생각했던 것이다. 그런데 이제 그 여자는 우체국 아가씨라는 경쟁자를 가지게 된 것이었다. 그의 아버지가 결혼할 때 그랬던 것처럼, 훈련을 마친 후 그도 두 여자 중 누구에게 그의 사랑을 보낼 것인가 망설일 수 있게 된 것이었다. 이제 우리는 그가 빈까지 여행할 것인지 그 우체국이 있는 마을로 돌아가야 할지를 이상하게 결정짓지 못하면서 계속 돌아가고 싶은 유혹에 시달린 것이, 처음 생각했던 것만큼 의미 없는 것은 아니라는 사실을 금방 알 수 있을 것이다. 그의 의식 세계에서 그는 A 중위를 만나 자신의 맹세를 지켜야 하기 때문에 우체국이 있는 Z 마을로 가고 싶은 것이라고 설명을 했다. 그러나 사실 그를 끌어당기고 있는 것은 우체국 아가씨였고, 그 중위는 같은 마을에 살고 있었으며 군대의 우편 담당이었기 때문에 좋은 구실이 된 것이었다. 그리고 나중에 그날 우체국에 있었던 사람은 A 중위가 아니라 B 중위였다는 것을 알고 나서는 B 중위도 자기의 계획 속에 포함시켰던 것이다. 그렇게 함으로써 그는 그에게 호감을 보이던 두 여자 사이에서 느꼈던 망설임을 두 장교 사이의 망설임으로 바꾸어 놓을 수 있었다.[46]

것을 알고 있었다는 사실을 잊으면 안 된다. 이 상황은 그의 이야기를 이해하는 데 매우 중요한 부분이다. 그는 그 사실을 기억에서 억압했기 때문에 말할 수 없는 진창에 빠졌던 것이고, 나는 그의 이야기를 듣고 한동안 전혀 무슨 소리인지 감을 잡지 못했던 것이다 —원주.

46  (1923년에 추가한 내용) 나의 환자는 그 코안경값을 내는 간단한 일을 매우 복잡하고 혼란스럽게 이야기했기 때문에, 내가 다시 정리했지만 아직도 혼동할 수 있다. 그래서 나는 스트레이치 씨 부부가 훈련이 끝난 다음의 사건을 좀 더 알아보기 쉽

그 장교가 한 쥐 이야기가 끼친 영향을 설명하려면 분석 과정을 좀 더 긴밀하게 따라가 보아야 한다. 환자는 처음에 연상에 의한 이야기를 무척 많이 했으나, 그의 강박증이 생겨난 상황을 이해하는 데는 조금도 도움이 되지 않았다. 쥐를 이용해서 벌을 준다는 생각은 그의 몇 가지 본능을 자극하는 역할을 했고, 또 많은 기억을 불러왔다. 그래서 그 장교의 쥐 이야기와 돈을 갚으라는 명령 사이의 짧은 시간에 쥐는 상징적인 뜻을 여러 개 가지게 되었고, 그다음에도 새로운 상징적 의미가 계속 더해졌다. 나는 그 모든 것의 일부분밖에 보고하지 못함을 고백한다. 쥐를 이용한 벌이 자극한 것은 무엇보다도 그의 항문 성애였다. 항문 성애는 그의 유아기에 중요한 역할을 했고, 회충이 항상 자극을 했기 때문에 수년 동안 항문 성애가 남아 있었다. 이렇게 해서 쥐가 〈돈〉의 의미를 가지게 되었다.[47]

환자가 〈쥐Ratten〉라는 말에 〈할부 불입금Raten〉이라는 연상을 한 것은 환자 자신이 쥐와 돈이 연관이 있다는 단서를 준 것이다. 강박증적 망상 안에서 그는 쥐 화폐를 발행했던 것이다. 예를 들어 그가 치료비가 얼마냐고 물었을 때 내가 대답을 하자, 그는 속으로 〈금화 하나마다 쥐 한 마리〉라고 말했다. 나는 이 이야기를 여섯 달이 지난 다음에 들었다. 그는 그에게 남겨진 아버지의 유산

게 하려고 그린 지도를 여기에 실었다 — 원주. 불행하게도 1924년과 그 후에 나온 독일어판에 실린 원래의 지도, 그리고 프로이트 전집 영어판 제3권에 실린 지도 모두 이 증례에 실린 이상한 사건 내용과 전혀 일치하지 않는다. 표준판에서는 프로이트가 쓴 기초 기록에 실린 새로운 사실을 감안하여 지도를 다시 그렸다. 그들은 또 A 중위가 전에는 우체국이 있던 Z 마을에 살았고 거기에서 군대 우편을 담당하고 있었으나, 훈련이 끝나기 며칠 전부터는 B 중위에게 그 자리를 넘기고 다른 마을로 전속되었다는 사실을 확실하게 적지 않으면, 환자의 행동은 여전히 이해하기 어렵겠다고 했다. 그 〈잔인한〉 장교는 이 전속 사실을 알지 못했고, 그래서 돈을 A 중위에게 갚아야 된다고 추측하는 실수를 했던 것이었다.

47 「성격과 항문 성애」(프로이트 전집 7, 열린책들) 참조 — 원주.

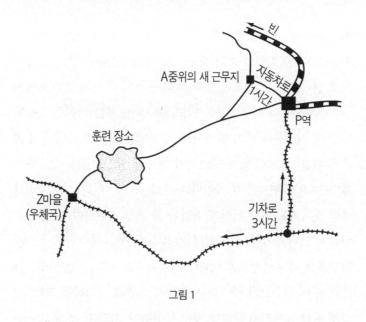

그림 1

을 중심으로 한 복잡한 돈 관계를 이 언어로 나타내기 시작했다.
무슨 말인가 하면, 그 주제와 관련된 모든 생각이 〈Raten-Ratten〉
이라는 단어의 연관성을 따라 그의 강박증에 포함되어 무의식 속
으로 숨어 버렸던 것이다. 더욱이 그 장교가 소포값을 갚으라고
한 것은 쥐가 가지는 돈의 의미를 강화했다. 그것은 다른 단어, 즉
〈노름꾼〉인 아버지의 도박 빚으로 연결되었기 때문이다.

　그리고 환자는 쥐가 위험한 전염병을 옮긴다는 사실을 알고 있
었다. 그래서 그는 쥐를 매독에 대한 두려움의 상징으로 삼을 수
있었다(군대에서 그런 두려움을 갖는 것은 있을 만한 일이다). 이
두려움은 그의 아버지가 군대에 있을 때 어떤 생활을 했었을까
하는 의심을 함축하고 있었다. 또 남자의 성기 자체도 매독을 옮
긴다. 이렇게 해서 그는 쥐를 남자의 성기라고 볼 수도 있게 되었
다. 이와 연관하여 생각해 볼 주제가 하나 더 있다. 남자의 성기,
특히 어린 소년의 성기는 벌레와 비교할 수 있는데, 그 장교의 이

야기는 쥐가 사람의 항문으로 파고들어 가는 내용이었다. 환자가 어렸을 때 큰 회충이 그의 항문으로 파고들었듯이 말이다. 그러므로 쥐가 남자의 성기를 뜻하게 되는 것의 근거는 항문 성애이다. 이외에도 쥐는 배설물을 먹고 시궁창에 사는 더러운 동물이다.[48] 이 새로운 의미가 더해져 쥐와 관련된 망상이 얼마나 더 넓은 범위를 가질 수 있게 되었는지 지적할 필요는 없을지도 모르겠다. 예를 들면 〈쥐 한 마리마다 금화 하나씩〉이라는 말은 그가 특히 싫어하는 어떤 여성의 직업을 아주 잘 표현한다. 반면에 그 장교의 이야기에서 쥐가 있던 자리에 남근이라는 말을 넣으면, 항문으로 하는 성행위를 나타내는 이야기가 된다. 이런 성행위를 그의 아버지나 그가 좋아하는 여자와 연관해 생각하게 되면, 그에게 특히 불쾌감이 느껴질 것이 틀림없다. 그리고 그 장교의 충고를 들은 후에 그의 마음에 나타난 강박증적인 위협과 같은 상황이 재현되었다는 사실을 생각해 보면, 남쪽 슬라브 민족이 사용하는 저주를 생각하지 않을 수 없다.[49] 더욱이 이 모든 내용에 또 다른 것들을 포함해서 〈결혼하다heiraten〉라는 말의 은폐 연상 screen association은 뒤에서 쥐 이야기에 섞여 버렸다.

쥐를 이용한 벌 이야기는, 환자가 전한 대로 이야기를 생각해 보거나 그 이야기를 할 때 환자의 표정을 보건대 잔인한 충동, 이기적인 충동, 성적인 충동 등 너무 일찍부터 억압되어 있던 충동들에 불을 붙인 것 같았다. 그러나 많은 내용이 쏟아져 나왔음에도 불구하고, 그가 어느 날 입센의 「작은 욜프」에 나오는 쥐-아내

48  신경증 환자의 환상이 그런 비약을 할 수 있을까 독자들이 의심을 한다면, 나는 르 푸아트뱅Le Poitevin의 『선정적인 음모Diableries érotiques』와 같은 작품에서 보듯이 예술가들이 가끔 비슷하게 괴상한 환상을 했다는 것을 상기시키겠다 — 원주.

49  크라우스F. S. Krauß가 편집한 잡지 『안트로포퍼테이아Anthropophyteia』에 이 저주들을 말 그대로 적은 것을 볼 수 있다 — 원주.

이야기를 꺼내기 전까지는 그의 강박증적 생각의 의미가 무엇인지 전혀 감을 잡을 수 없었다. 그런데 그의 강박증적 망상에서 쥐는 여러 가지 의미를 내포하고 있었지만, 쥐-아내 이야기가 나오고 보니 〈아이들〉이란 새로운 뜻을 가지고 있다는 추론을 피할 수 없게 되었다.[50]

이 새로운 뜻의 기원을 캐자 곧바로 가장 먼저 있었던, 그리고 가장 중요한 뿌리를 만났다. 어느 날 환자가 아버지의 무덤에 갔을 때, 큰 짐승이 무덤 위로 지나가는 것을 보았다.[51] 환자는 그것이 무덤에서 나왔다고 믿었고, 무덤 속에서 아버지의 시체를 먹고 있었다고 생각했다. 쥐라고 하면 갉아먹고 물어뜯는 날카로운 이빨을 함께 생각하지 않을 수 없다.[52] 그리고 쥐들이 날카로운 이빨을 가지고 있으며 욕심 많고 더러우니 무사할 수 없다. 사람들은 쥐를 잔인하게 잡아 죽였고, 환자도 그런 장면을 무서움에 가득 차서 지켜본 적이 있었다. 그는 그 불쌍한 동물을 동정한 적도 있었다. 그 자신이 그렇게 비열하고 더럽고 불쌍한 꼬마였던 것이다. 그 꼬마는 화가 나면 사람을 물어뜯기 십상이었고, 그 때

50   입센의 쥐-아내는 물론 〈하멜른의 피리 부는 사람〉이라는 전설에서 유래한 것이다. 그 전설에서 피리 부는 사람은 처음에는 쥐를 유인해 물에 들어가게 해서 없애고, 같은 방법으로 아이들을 동네 밖으로 유인하는데 아이들은 다시 돌아오지 않는다. 마찬가지로 작은 욜프는 쥐-아내의 저주로 물에 빠진다. 전설에서는 쥐가 구역질 나는 동물이 아니라 불가사의한 그 무엇 — 저승의 짐승 — 으로 나온다. 그리고 쥐는 죽은 사람의 영혼을 나타낸다 — 원주.

51   그것은 의심할 여지 없이 빈 제일의 묘지인 중앙 묘지Zentralfriedhof에 많이 있는 족제비였다 — 원주.

52   메피스토펠레스가 마법의 별표가 지키고 있는 문을 지나려고 할 때 한 말과 비교해 보자.

그러나 이 문의 마법을 부수고 들어가려면
쥐의 이빨이 필요하다(그는 쥐를 불러낸다).
……
한 번만 더 물어뜯어라, 다 되었다!
— 원주. 괴테, 『파우스트』 1막 3장.

문에 심한 벌을 받았던 것이다. 그는 쥐에서 〈그를 닮은 생물〉을[53] 발견했다고 할 수 있다. 그 장교가 그 이야기를 했을 때, 운명의 여신이 그에게 단어 연상 시험을 치르게 한 것 같았다. 마치 운명의 여신이 복잡한 의미가 있는 단어 자극을 준 것처럼, 자신의 강박증적 생각으로 대답했던 것이다.

그래서 그의 가장 먼저이자 가장 기억에 남을 만한 경험에 의하면 쥐는 아이들이었다. 여기까지 왔을 때, 그는 지금까지 동떨어지게 기억하고 있던 사실을 내놓았다. 그것은 그가 아이들에게 느끼는 흥미를 완전히 설명해 주었다. 그가 수년간 사모해 왔으면서도 결혼하기로 결정할 수 없었던 그 여자는 불행하게도 양쪽 난소를 절제하는 수술을 받았기 때문에 아이를 낳을 수 없었다. 그는 아이들을 매우 좋아했기 때문에 아이를 낳을 수 없는 그 여자와의 결혼을 망설였던 것이다.

그제서야 그동안은 설명할 수 없었던 그의 강박증적인 생각이 만들어진 과정을 이해할 수 있게 되었다. 『꿈의 해석』에서 배운 바대로, 유아기의 성에 관한 이론과 상징적 표현을 이용하여 그 생각을 알아들을 수 있는 말로 바꾸고 뜻을 가지게 할 수 있는 것이다. 처음 그 장교로부터 쥐를 이용한 벌 이야기를 들었을 때, 우리의 환자는 잔인함과 관능적인 것이 함께 나타나 있는 그 상황에 놀랐을 뿐이었다. 그러나 곧이어서 자신이 어렸을 때 누군가를 물었던 장면과 연결이 되었다. 그런 벌을 주어도 된다고 믿는 그 장교가 그의 아버지의 대리자가 되었다. 그래서 원래는 잔인했던 아버지에게 가지고 있던 적대감이 되살아나서 그 장교에게

53  부풀어 오른 쥐에서
    그는 그를 닮은 생물을 보니
    ─괴테, 『파우스트』 1막, 아우어바흐의 지하실 장면.

향하게 되었다. 그가 좋아하는 사람에게 똑같은 일이 벌어질지도 모른다는 생각이 잠시 그의 의식에 나왔었는데, 그것은 그 장교에게 〈너한테 똑같은 일이 벌어졌으면 좋겠다!〉라고 말하고 싶었던 것이 그렇게 나타났다고 할 수 있다. 동시에 〈너〉는 아버지도 가리키고 있다. 하루 반이 지난 후에[54] 그 장교가 안경을 주면서 A 중위에게 3.80크로네를 갚으라고 했을 때, 그는 이미 그 〈잔인한 장교〉가 잘못 알고 있으며, 그는 우체국의 아가씨에게만 빚을 지고 있다는 사실을 알고 있었다. 그러니 그에게 〈내가 갚을까요?〉라든가 〈네 할머니에게나 갚아라!〉 혹은 〈네! 갚고 말고요!〉 등의 조소적인 말대답이 생각났을 법도 하다. 이런 대답들은 강박적인 힘을 지니지 않는다. 그렇지만 그의 아버지-콤플렉스와 어릴 적 기억의 영향으로 그의 마음에는 다음과 같은 대답이 떠올랐다. 〈네! 우리 아버지와 그 여자가 아이를 낳으면 A 중위에게 돈을 갚죠!〉, 아니면 〈우리 아버지와 그 여자가 확실히 아이를 낳을 수 있듯이, 나도 확실히 돈을 갚겠습니다!〉라고 말이다. 다시 말하면 긍정적인 대답이 이루어질 가망이 없는 말도 안 되는 조건이 붙어서 조소적으로 나온 것이다.[55]

그러나 이제 이미 죄는 저질러졌다. 그는 그가 가장 사랑하는 두 사람 — 그의 아버지와 그의 여자 — 을 모욕한 것이다. 그 행동은 벌을 받아야 한다. 그리고 그 벌은 그가 해낼 수 없는 맹세,

---

54  그는 처음에는 그날 저녁이라고 말했다. 그가 주문한 안경이 같은 날 도착하는 것은 절대 불가능했다. 환자는 나중에 그 사건들 사이의 시간을 단축했는데, 그것은 그 시간 동안에 결정적이고 심리적인 연결이 일어났으며, 또 그가 억압했던 사건들이 일어났기 때문이었다. 그 사건들이란, 그가 다른 장교와 인사를 하고 그로부터 우체국 아가씨가 친절을 베푼 이야기를 들은 것을 말한다 — 원주.

55  부조리는 꿈에서와 같이 강박증의 언어에서도 조소를 뜻한다. 『꿈의 해석』(프로이트 전집 4, 열린책들) 제6장 참조 — 원주. 〈슈레버〉의 증례에서 프로이트는 편집증에서도 부조리의 역할은 같다고 지적하고 있다.

즉 그 장교의 잘못된 명령을 글자 그대로 따르겠다는 맹세를 하는 것이었다. 그 맹세는 다음과 같다. 〈너는 A에게 꼭 돈을 돌려주어야 한다.〉 그는 발작적으로 복종하면서 그 장교의 명령은 잘못된 근거에서 나왔다는 정보를 억압한 것이다. 〈그래, 너는 너의 아버지의 대리자가 말한 대로 A에게 돈을 돌려주어야 해. 너의 아버지가 실수할 리 없어.〉 왕은 실수할 수 없는 것과 같다. 왕이 그의 신하를 틀린 지위로 부르면, 그 신하는 그때부터 그 새로운 지위를 가지게 된다.

그 억압된 사건들은 아주 희미하게 환자의 의식에 전해졌다. 그러나 그 장교의 명령에 대한 반항과, 그 반항이 갑자기 정반대로 형태를 바꾸는 것이 그의 증상에 나타나 있다. 즉 우선 쥐를 이용한 벌을 받게 될 테니까 돈을 돌려주면 안 된다는 생각이 떠오르고, 다음에 그의 반항에 대한 벌로 앞서의 생각에 반대되는 맹세가 떠올랐다.

환자에게 강박적인 생각이 만들어졌을 때의 전반적인 상황이 어땠었나 좀 더 알아보기로 하자. 오랫동안 성관계를 안 한 데다가 여자들이 젊은 장교에게 항상 보내는 친근한 환영으로 그의 리비도는 높아져 있었다. 더욱이 그가 훈련에 참가할 무렵, 그와 그 여자의 사이는 좀 냉담해져 있었다. 그의 리비도가 강해졌기 때문에 아버지의 권위에 대항하는 갈등이 다시 나타나기 쉽게 되어서, 그는 감히 다른 여자들과 성관계를 가질 생각을 했다. 그의 아버지의 기억에 대한 충성은 약해졌고, 자기 여자의 장점에 대한 의심은 커졌다. 그리고 그런 마음 상태에서 그 둘을 모욕하게 된 것이다. 그러고는 그것 때문에 자신에게 벌을 주었다. 이것은 모두 이전의 모델을 따라 한 것이다. 훈련이 끝났을 때 그는 그냥 빈으로 갈 것인가 내려서 그의 맹세에 따라 행동할 것인가 망설였다. 여기서 그는 처음부터 가지고 있던 두 가지 갈등, 즉 그의 아버지에게 계속 복종할 것인가 아니면 그가 사랑하는 여자에게 신의를 지킬 것인가 하는 갈등을 한꺼번에 나타내고 있다.[56]

〈그렇지 않으면 그 두 사람에게 쥐를 이용한 벌이 내려질 것이다〉라는 〈제재〉의 해석에 한마디 덧붙일 수 있다. 그것은 유아기의 성에 대한 두 가지 가설의 영향을 받은 것이다. 이것은 내가 다른 곳에서 언급했다.[57] 그 첫 번째 가설은 아기가 항문으로 나온다는 것이다. 두 번째는 첫 번째 가설의 논리적인 결과이지만, 여자와 마찬가지로 남자도 아기를 낳을 수 있다는 것이다. 꿈을 해석하는 법칙에 따르면, 항문에서 〈나온다〉는 것은 항문으로 〈들어간다〉는 반대 개념(쥐를 이용한 벌과 같이)으로 나타낼 수 있다. 그 반대의 경우도 있을 수 있다.

우리 환자가 가지고 있는 것과 같은 심한 강박증적 생각이 더 간단한 방법이나 다른 어떤 방법으로 없어질 수 있다고 기대하는 것은 옳지 않다. 우리가 지금까지 이야기한 해답에 도달했을 때, 환자의 쥐 망상은 없어졌다.[58]

56  다시 그의 아버지에게 복종하는 것과 그의 여자를 버리는 것이 함께 나타났다는 것은 재미있는 일이다. 그가 기차에서 내려 A에게 돈을 돌려주었다면 그것은 아버지에게 속죄하는 것이었을 테고, 동시에 더 매력적인 다른 사람을 가지기 위해 그의 여자를 배신하는 것이 되었을 것이다. 이 갈등에서 그의 여자가 승리했는데, 물론 환자가 가진 정상적인 상식의 도움을 받은 것이다 — 원주.

57  「어린아이의 성 이론에 관하여」 참조 — 원주.

58  이 환자의 증례에서 언급된 주요 사건들을 연대별로 정리하면 다음과 같다.
    1878  출생.
    1881  아버지에 대한 분노가 표현되다.
    1882  1883년까지 페터 양과의 관계, 손위 누이의 죽음.
    1884  발기되다. 부모는 자기의 생각을 읽을 수 있다고 믿다.
    1885  리나와의 관계. 형제를 쏘다.
    1886  학교에 들어가다. 그의 〈여자〉를 알게 되다(어린이로서).
    1890  어린 여자아이와 사랑에 빠짐. 아버지의 죽음이라는 강박 관념.
    1892  1893년까지 계속 종교적인 경향을 보이다.

1894    1895년까지 가끔 자위행위를 하다.
1898    여자와 사랑에 빠지다. 아버지의 죽음이라는 강박 관념. 그에게 버림
        받은 여인이 자살하다.
1899    여자가 수술받다. 아버지 사망. 자위행위를 시작하다.
1900    자위행위를 하지 않겠다고 맹세. 12월에 여자에게 버림받다.
1901    여자의 할머니가 병에 걸리다. 다시 자위행위를 시작하다.
1902    5월 고모의 죽음. 강박증이 나타나다.
1903    결혼 계획. 강박증이 심해지다. 두 번째로 여자에게 버림받다. 휴양지
        에서 여름휴가를 보내다. 자살을 생각하다.
1904    처음 성관계를 가지다.
1906    〈처음으로〉 악령 방지.
1907    8월에 군대 훈련 참가. 10월에 분석 치료 시작.

# 3. 이론

## (1) 강박증 구조의 일반적인 특징[59]

1896년에 나는 강박증적 생각을 〈어릴 때 즐기면서 하던 성 행동과 관계있으며 억압되어 있던 자책감이 변형되어 나타나는 것〉이라고 규정한 적이 있다.[60] 그 구성 요소들은 맞지만 그 정의는 정식으로 비판받아야 할 것으로 보인다. 그 정의는 강박 신경증 환자가 그러듯이 너무 단일화하려고 한 듯하다.[61] 강박증 환자는 특징적으로 불확실한 것을 좋아해, 전혀 다른 심리 구조들을 모두 함께 뭉뚱그려서 〈강박증적인 생각들〉이라고 부른다. 사실은 〈강박적으로 생각하기〉라고 말하고, 강박증적인 구조들은 모든 종류의 심리 작용에 해당될 수 있다는 것을 밝히는 게 옳을 것이

59   이 장과 다음 장에서 다루는 몇 가지 요점은 강박 신경증을 주제로 한 논문에서 이미 언급되었던 것들이다. 이것은 뢰벤펠트Löwenfeld가 빠진 것 없이 연구하여 발표한 「강박 신경증의 증후Die psychischen Zwangserscheinungen」(1904)를 보면 알 수 있다. 이 연구는 이 형태의 병에 대해 표준이 되는 작업이다 — 원주.

60   「방어 신경 정신증에 관한 새로운 고찰」(1896) 참조.

61   내가 정의를 내리는 데 이런 실수를 한 것은 논문 자체에서 어느 정도는 교정되었다. 다음의 구절이 나온다. 〈그러나 재활성화된 기억이나 그것에서 비롯된 자책감은 변화되지 않은 채로 다시 의식화되는 법이 없다. 의식 생활의 관점에서 보자면, 병의 원인인 기억의 자리를 대신 차지하여 강박적 생각과 감정으로 의식화된 것은 억압된 생각과 억압하는 주체 사이의 협상이라는 본성을 가진 구조들이다.〉 말하자면 정의를 내릴 때, 특히 〈변형된〉이라는 말을 강조하라는 뜻이다 — 원주.

다. 강박증적인 구조들은 소망, 유혹, 충동, 비난, 의심, 명령 혹은 억제 등으로 분류될 수 있다. 환자들은 보통 이런 특색을 약화시키려 하며, 그것에서 감정을 빼고 남아 있는 것들을 그저 〈강박증적인 생각들〉이라고 간주하려 한다. 우리 환자도 처음에 그런 행동을 보여 주었다. 즉 그가 〈소망〉을 단지 〈지나가는 생각〉이라고 한 것이 그 예이다.

더욱이 강박증적으로 생각하는 현상에 대해서 아무도 충분히 연구하지 않았다는 사실을 밝혀야겠다. 의식 세계로 밀고 올라온 〈강박증적인 생각들〉에 대항하기 위해 이차적으로 나타나는 방어적 투쟁 중에도 심리적 구조들이 나타나는데, 그것들도 이름을 가질 자격이 있다(환자가 훈련이 끝난 후 집에 오는 동안 그의 마음을 차지했던 일련의 생각들이 그 예이다). 그것들은 강박증적인 생각들에 반하여 일어나는 이성적인 사고가 아니라, 두 가지 종류의 생각에서 나오는 혼성물이다. 그것들은 그들이 대항하고 있는 강박증적인 생각의 전제 중 일부를 받아들인다. 그래서 그들은 이성적 사고라는 무기를 사용하고 있지만, 병적인 생각에 근거를 두고 만들어진 것이다. 나는 이런 구조들은 〈망상〉이라고 부르는 것이 마땅하다고 생각한다.

더 명확하게 구별하기 위하여 예를 하나 들겠다. 이것은 우리 환자의 증례 중 적당한 곳에 삽입되어야 할 것이다. 나는 이미 그가 시험 공부를 하던 중에 이상한 행동을 했다는 것을 말한 적이 있다. 그것은 그가 한밤중까지 공부하다가 그의 아버지의 유령에게 문을 열어 주고는 거울에서 자신의 성기를 들여다보았던 행동이다. 그는 아버지가 살아 계셨다면 이 모든 행동을 보고 뭐라고 하셨을까 자문하며 정신을 차리려고 해보았다. 그러나 그 의문이 이렇게 합리적 형태로 되어 있었기 때문에 아무 효과가 없었다.

그가 같은 생각을, 이 말도 안 되는 짓을 다시 하면 다음 세상에서 아버지에게 나쁜 일이 생길 것이라는 뜻의 〈망상적〉인 생각으로 바꾸자 그 행태는 사라졌다.

일차적인 방어적 투쟁과 이차적인 방어적 투쟁 사이의 구별은 의심할 여지 없이 그 근거가 뚜렷하다. 그러나 환자 자신들이 그들의 강박적인 생각이 어떤 말로 되어 있는지 모른다는 것을 알면, 그 구별은 예상외로 가치가 없어진다. 이것은 모순되게 들릴지 모르나 꼭 맞는 말이다. 정신분석이 진행되는 과정 중에 환자만 용기를 얻어 가는 것이 아니라 그의 병도 용기를 얻는다. 다시 말하면, 그의 병이 대담해져서 이전보다 단순하게 이야기되는 것이다. 직설적으로 말하자면, 환자는 이전에는 자신이 만든 병적인 산물이 무서워 눈을 돌렸지만, 이제는 그것들에 주의를 기울이고 더 명확하고 자세한 형태를 알아내게 되는 것이다.[62]

이것 외에 강박증의 구조를 정확하게 알아낼 수 있는 특별한 방법이 두 가지 있다. 우선 강박증적인 명령(강박증적인 무엇이든)은 깨어 있을 때는 훼손된 전보같이 잘리고 뒤틀린 모양으로 나타나지만, 꿈에서는 사실적인 내용이 보인다는 것을 경험으로 알 수 있다. 그런 내용은 꿈에서 언어의 형태로 나타나는데, 이것은 꿈속의 말은 현실에서 있었던 말로부터 생겨난 것이라는 원칙의 예외에 해당한다.[63] 한 증례를 분석적으로 살펴보면 강박적인 생각 몇 개가 연이어 나타나더라도, 그것들은 그 용어가 다를 때조차 결국 하나라는 사실을 확신하게 된다는 것이다. 처음 나

---

62  어떤 환자들은 그들의 주의를 다른 곳으로 돌리는 것이 너무 심해서, 자기들이 그렇게 여러 번 반복한 강박적인 행동이나 생각들을 전혀 이야기해 주지 못한다 — 원주. 프로이트는 〈꼬마 한스〉에 대한 분석에서 공포증에 대하여 위와 비슷한 말을 한 적이 있다.

63  『꿈의 해석』 제6장 참조 — 원주.

타난 강박증적 생각을 털어 버리는 데 성공했더라도, 두 번째에는 왜곡된 형태로 나타나 알아볼 수 없게 된다. 그리고 변형되어 있기 때문에 방어적 투쟁에서 살아남을 가능성이 더 크다. 그렇지만 최초의 형태는 정확한 형태를 지니고 있으며 종종 그 의미를 공공연히 드러낸다. 우리가 이해되지 않는 강박증적인 생각을 힘들여 해석하고 나면, 환자가 바로 그것과 똑같은 생각, 소망 혹은 유혹이 강박증적인 생각이 생기기 전에 한 번 나타났다가 사라졌다고 이야기하는 것을 종종 본다. 불행하게도 지금 우리 환자의 경우에서 이와 같은 예를 찾아보는 것은 시간이 너무 걸리고 곁가지로 나가는 것이 된다.

그러므로 공식적으로 〈강박증적인 생각〉이라고 알려진 것은 원래의 표현과는 다르지만 일차적인 방어적 투쟁의 흔적을 보여 준다. 그것은 변형되었기 때문에 의식의 사고 작용이 잘못 알아볼 수밖에 없어 지속될 수 있다. 꿈에서도 같은 현상이 있다. 즉 꿈이란 타협과 변형의 산물이고, 깨어 있을 때의 사고 작용은 그것을 잘못 알아본다.[64]

의식은 강박증적인 생각 자체만을 잘못 알아보는 것이 아니다. 예를 들어 보호하는 처방 같은 이차적인 방어적 투쟁도 잘못 알아본다. 이와 관련된 좋은 예를 두 가지 들어 보겠다. 우리 환자는 방어적 처방으로 부정하는 몸짓을 하며 빠르게 〈그러나áber〉라고 하곤 했다. 그는 최근에 이 처방이 바뀌었다고 나에게 말했다. 그는 더 이상 앞에 강세를 두고 〈áber〉라고 하지 않고, 뒤에 강세를 두어 〈abér〉라고 했다. 왜 그렇게 바꾸었는지 물어보니, 그는 두 번째 음절에 있는 발음하지 않는 〈e〉는 외부의 침입에 대해 안전한 느낌을 주지 못하기 때문에 거기에 강세를 두기로 결정했다고 말

64 『꿈의 해석』제6장 참조 ─ 원주.

했다. 이 설명은 강박 신경증의 스타일을 아주 잘 나타내 주지만, 이유를 설명하기에는 모자랐다. 기껏해야 합리화한 것이라고 해야 할 것이다. 사실은 뒤에 강세를 두고 〈abér〉라고 발음하면 〈방어Abwehr〉와 소리가 비슷해진다. 이 방어라는 말은 그가 정신분석을 받는 동안 배운 말이다. 이렇게 함으로써 그는 치료를 불합리하고 망상적으로 이용하여 자신의 방어적 처방을 강화하려 한 것이다. 또 그는 모든 나쁜 것들을 쫓는 힘이 있는 주문에 대해 이야기한 적이 있다. 그 주문은 그가 하는 기도 중에서 가장 강하게 은혜를 베푸는 기도들의 첫 글자를 따서 모아 그 끝에 〈아멘amen〉을 붙인 것이었다. 나는 그 기도문을 그대로 되풀이할 수 없었다. 그가 그 주문을 말했을 때, 나는 그 단어는 그의 여자의 이름에서 철자의 순서를 바꾸어 놓은 것이라는 것을 곧 깨달았다.[65]

그는 그 여자의 이름에 있는 〈s〉를 단어의 제일 나중, 즉 〈amen〉 바로 앞에 놓았다. 이렇게 해서 그는 그의 〈정액Samen〉을 사랑하는 여자와 접촉하도록 했다고 말할 수 있다. 즉 상상 속에서 그는 그 여자와 수음을 한 것이다. 그 자신은 이렇게 명백한 관계를 알아차린 적이 없었다. 그의 방어 처방이 억압되어 있는 방어적 힘에 의해 속임을 당한 것이었다. 이것은 시간이 지남에 따라 지워 버리려고 하는 것이 지워 버리려는 방법 안으로 숨어들고 만다는 규칙을 보여 주는 좋은 예이다.

나는 이미 꿈의 생각들이 꿈의 드러난 내용이 되기 위해 변형되듯이 강박증적 생각들도 변형된다는 사실을 주장했었다. 우리는 이렇게 변형하는 방법에 흥미를 가진다. 그래서 이제까지 알아들을 수 있도록 해석이 된 강박증적 생각들을 열거하여, 그 다

---

65  원본 기록에는 그 단어가 〈Glejisamen〉(혹은 Glejsamen)이라고 나와 있다. 그 여자의 이름은 Gisela였다.

양한 방법을 살펴보겠다. 그러나 여기서도 역시 환자의 비밀을 지켜야 하는 문제가 따르기 때문에 몇 가지만 예를 들겠다. 환자의 다른 강박증적 생각들은 쥐 망상같이 복잡한 구조를 가지고 있지 않거나 해석하기 어렵지 않았다. 어떤 것들은 비교적 간단한 방법, 즉 생략이나 탈락을 써서 변형했다. 이 방법은 농담을 만들 때 많이 사용되는데, 우리 환자는 이것을 무슨 말인지 이해하지 못하게 하는 데 사용했다.

예를 들어 보자. 환자의 강박증적 생각 중 가장 오래되었고 가장 자주 사용되었던 것은 훈계나 경고에 해당하는 것이었는데, 다음과 같은 말로 되어 있다. 〈내가 그 여자와 결혼하면 아버지에게 (내세에) 나쁜 일이 생길 것이다.〉 우리가 분석을 통해 알게 된 그 중간 단계를 넣으면 다음과 같이 생각이 흘러간 것을 알 수 있다. 〈아버지가 살아 계셔서 내가 그 여자와 결혼하려는 것을 알게 되면, 내가 어렸을 때 나에게 화를 냈던 것같이 심하게 화를 낼 것이다. 그러면 나도 역시 그때처럼 그에게 화가 벌컥 나서 생각나는 대로 모든 저주를 퍼부을 것이다. 그리고 내가 원하는 것은 무엇이든 이루어지기 때문에 나의 저주가 그에게 나타날 것이다.〉

생략된 부분을 채워서 알아낼 수 있는 다른 예를 들어 보겠다. 이것도 역시 경고나 금욕주의의 억압에 해당한다. 환자에게는 어린 여자 조카가 있었는데, 그는 매력적인 그 아이를 아주 좋아했다. 하루는 다음과 같은 생각이 그의 머리에 떠올랐다. 〈네가 만약 성교를 하면 엘라에게 무슨 일이 생길 것이다(즉 그 아이가 죽을 것이다).〉 탈락된 부분을 보완하면 다음과 같이 된다. 〈네가 성교를 할 때마다, 그것이 낯선 사람과 하는 경우라도, 너의 결혼 생활에서는 성교를 해도 (그 여자가 아이를 낳을 수 없으니) 아이가 생기지 않을 것이라는 생각을 피할 수 없을 것이다. 너는 이것이

82

너무 속상해서 어린 엘라를 가진 너의 누이가 부러워질 것이고, 그녀가 아이를 가진 것을 시기할 것이다. 이런 질투하는 충동은 결국 아이를 죽게 할 것이다.〉[66]

생략을 해서 변형시키는 방법은 강박 신경증의 특성인 것 같다. 나는 다른 환자들의 강박증적 생각들에서 이것을 보았다. 그중 한 예는 특히 자명한데, 쥐 망상과 그 구조가 비슷해서 특히 흥미를 끈다. 그것은 의심하는 증상으로, 강박증적 행동이 주 증상인 어느 여자 환자에게 있었다. 이 여자는 뉘른베르크에서 남편과 함께 산책을 갔다가 상점에 들렀다. 그 여자는 아이를 위해 이것저것 사고, 머리빗도 하나 샀다. 그 남편은 아내가 물건을 사는 시간이 너무 오래 걸린다고 생각해서, 오는 길에 고물상에서 꼭 사고 싶은 동전이 있는 것을 보았으니 그것을 사고 이 상점으로 돌아오겠다고 말했다. 그러나 그녀가 보기에 남편은 너무 늦었다. 그래서 남편이 돌아왔을 때 어디 갔었느냐고 물었다. 〈고물상에 간다고 했지 않소?〉라고 남편이 대답했다. 바로 그 순간, 그녀는 조금 전 아이를 위해 샀던 그 빗이 사실은 그녀가 항상 가지고 있었던 것이 아닌가 하는 견딜 수 없는 의심에 사로잡혔다. 당연히 그녀는 어떤 정신 작용의 연결로 그런 의심이 생긴 것인지 알지 못했다. 그것은 간단하다. 의심이 전치되었다고 간주하고, 다음

---

66  『농담과 무의식의 관계』(프로이트 전집 6, 열린책들)를 보면 이런 생략 기법이 농담을 만드는 데 어떻게 사용되었는지 알 수 있다. 〈신랄한 인신공격 때문에 공격받는 측에게 여러 차례 가혹한 신체적 보복을 당했던 적이 있는 재기 있고 전투적인 작가가 빈에 살고 있었다. 하루는 그가 늘 공격하는 사람이 최근 잘못한 일에 대한 이야기가 나왔다. 한 사람이 《X가 이것을 들으면, 그는 뺨을 맞을걸》하고 큰 소리로 말했다. 우리가 이 두 구절 사이에 빠졌던 것을 채워 넣으면 이 말은 더 이상 이상하게 들리지 않는다.《그는 그 사람을 호되게 까는 기사를 쓸 터이고, 그러면……》》이 생략된 기법의 농담은 그 내용이나 형태 모두 본문에서 본 처음의 예와 비슷한 것을 알 수 있다 — 원주. X라고 불린 사람은 빈에서 발행되던 정기 간행물『햇불 *Die Fackel*』의 편집자였던 카를 크라우스Karl Kraus이다.

과 같이 무의식에 있는 생각을 연결시키면 확실해진다. 〈당신이 정말 고물상에만 갔었다면, 또 내가 그것을 그대로 믿어야 한다면, 내가 바로 전에 산 이 빗은 오래전부터 가지고 있었던 것이라고 믿을 수도 있을 것이다.〉 여기서 그 여자는 조롱하고 빈정대는 비교를 한 것이다. 우리 환자의 경우에서도 같은 예를 보았다. 즉 그가 〈그 두 사람이(아버지와 그의 여자) 아이를 가질 것이 확실하듯이, 나도 확실하게 돈을 A에게 돌려주겠다〉고 한 예가 그것이다. 이 여자의 경우 그 의심은 무의식적인 질투에서 왔는데, 그 질투 때문에 그녀는 남편이 자기 옆에 없는 동안에 정사를 하고 왔다고 추측을 했던 것이었다.

이 논문에서는 강박증적 생각이 가지고 있는 심리적 의미에 대해서는 언급하지 않겠다. 그것에 대해 논의하면 히스테리나 최면을 연구하는 것보다 무의식과 의식에 관해 우리가 가지고 있는 생각을 더 잘 밝히는 결과를 얻을 수 있을 것이지만 말이다. 전해들은 지식이나 상투적인 정의에 근거하여 무의식에 대해 멋진 이론을 만들어 내는 철학자나 심리학자들이 강박증적 사고라는 현상을 직접 연구하여 얻는 확신에 찬 결과를 받아들인다면 매우 바람직할 것이다. 우리는 그것을 그들이 해야 한다고 요구할 수도 있지만, 그러기에는 그들에게 익숙한 연구법에 비해 강박증적 사고를 직접 연구하는 일이 너무 어렵다. 여기서는 강박 신경증에 대해 다음의 사실만 더 말하겠다. 강박 신경증에서는 무의식적인 심리 작용이 있는 그대로 변형되지 않고 의식 세계로 가끔 뚫고 나오며, 이런 침입은 무의식의 심리 과정 중 어느 때나 있을 수 있다. 또 강박증적 생각이 침입했을 때를 보면, 그 생각은 대개 오래전에 만들어졌다는 것을 알 수 있다. 그래서 분석 치료자가 환자와 함께 그 강박증적 생각이 처음 나타난 날을 찾아내려고 할 때, 환자는 분석이 진행됨에 따라 그 날짜를 점점 더 뒤로 미루며 그 강박증적 생각이 출현한 날짜를 자꾸 바꾸는 일이 벌어지는 것이다.

### (2) 강박 신경증 환자의 심리적 기형: 그들의 현실, 미신, 그리고 죽음에 대한 태도

여기서는 강박 신경증 환자가 가진 몇 가지 심리적 특성을 알아보려 한다. 그것은 그 자체로는 그다지 중요하지 않은 것 같으나, 좀 더 중요한 사항들을 이해하는 징검다리 역할을 할 것이다. 그것들은 우리 환자에게서 특히 두드러진다. 그러나 그것은 그의 개인적인 성격 때문이 아니라 그의 병 때문이며, 다른 강박증 환자에게서도 특징적으로 볼 수 있다.

우리 환자는 고등 교육도 받았고, 통찰력도 있는 지성인이었으며, 때로는 그런 쓰레기 같은 말은 한마디도 믿지 않는다고 나를 설득할 수 있었음에도 불구하고 매우 미신적이었다. 그는 미신적이기도 하고 동시에 아니기도 했다. 미신에 대해 보이는 그의 이러한 태도는 그것을 그대로 믿는 교육받지 못한 사람들의 태도와는 매우 다르다. 그는 어떤 때는 그의 미신이 강박증에서 온다는 것을 알고 있는 듯하나, 어떤 때는 완전히 믿어 버린다. 이렇게 일관성 없이 오락가락하는 행동의 의미를 이제부터 내가 말하려고 하는 가설에 비추어 보면 쉽게 이해할 수 있을 것이다. 나는 그런 태도가 환자가 미신에 대해 마음을 결정하지 않아서 생기는 것이 아니라, 그가 미신에 대해 상반되는 두 가지 확신을 가지고 있기 때문에 생긴다고 주저 없이 가정했다. 이 두 가지 견해 사이를 오락가락하는 것은 그가 그 순간에 그의 강박증에 대해 가진 태도에 따라 변했다. 그가 강박증의 증상을 이겼을 때는 자신이 너무 쉽게 믿는 것에 대해 거만하게 웃었다. 그리고 무슨 일이 일어나도 그의 굳은 신념을 흔들 수 없었다. 그러나 아직 해결하지 못한 다른 강박증의 잔상이 그를 뒤흔들고 있을 때는 — 결국은 저항하고 있을 때인데 — 우연히 일치하는 일들이 일어나 그가 믿는 바를 더욱 견고하게 했다.

그의 미신은 교육을 받은 사람의 미신이어서, 금요일을 꺼린다거나 숫자 13을 싫어하는 등의 통속적인 편견은 피했다. 그는 예감이나 꿈의 예언은 믿었다. 그는 웬일인지 그가 막 생각하고 있던 사람을 자꾸 만나게 되었다. 혹은 오랫동안 잊고 있다가 갑자기 생각이 났는데 바로 그 사람에게서 편지가 왔다든가 하는 등의 일이 생겼다. 동시에 그는 정직해서 — 아니, 그보다는 그의 공적인 확신에 충실했기 때문에 — 이상한 전조가 있었지만 아무 일도 일어나지 않은 경우도 잊지 않았다. 예를 들어 한번은 그가 여름휴가로 집을 떠날 때, 그가 살아서 빈으로 돌아오지 못할 것이라고 거의 확신을 가진 적이 있었다. 그의 예감은 대부분 개인적으로 그다지 중요하지 않은 일과 관련된 것이라고 인정했다. 또 만나기 조금 전까지도 오랫동안 생각하지 않았던 사람을 만났을 때에도, 그와 기적적으로 나타난 그 옛날 지인 사이에서는 아무 일도 일어나지 않았다고 말했다. 그리고 그는 그의 인생에서 중요했던 일들은 아무 전조도 없이 일어났으며, 특히 그의 아버지의 죽음은 그가 전혀 예상하지 못해서 매우 놀랐던 것을 부정할 수 없었다. 그러나 이렇게 논쟁을 하는 것은 그의 확신들이 서로 모순되고 있다는 사실을 그에게 인지시키는 데 아무런 소용이 없었다. 논쟁으로 얻은 것은 단지 그의 미신들이 강박증적 성질을 가지고 있다는 사실을 증명했을 뿐이며, 그것은 저항이 심해지고 약해지는 데 따라 미신이 강해지고 약해지는 점에서 이미 추측할 수 있는 사실이었다.

물론 나는 먼 옛날 그에게 일어났던 기적 같은 일들을 모두 합리적으로 설명할 수는 없었다. 그러나 그가 치료를 받는 동안 일어났던 비슷한 일들에 대해서는 환자 자신이 그 사건이 일어나도록 하는 데 항상 개입되어 있었음을 그에게 증명할 수 있었고, 그가 어떤 방법을 썼는지 보여 줄 수 있었다. 그는 보아야 할 것은 보지 않고 주변에 보이는 다른 것들에 주의가 분산되어, 별로 중요하지 않은 다른 상황들을 받아들이게 되는 방법과[67] 망각, 그리고 기억의 오류라는 방법을 이용했던 것이다. 나중에는 그 자신이 그런 놀라움을 연출한 날쌘 손재주를 발견하는 것을 도왔다. 그가 전조나 예감이 맞는다고 믿게 된 것은 흥미로운 유아기에 뿌리를 두고 있다. 그는 어렸을 때 자주 있었던 사건을 기억해 냈다. 집안에서 어떤 일을 위해 날짜를 잡으면, 그의 어머니는 자주 〈나는 그날 자리에 누워 있어야 하기 때문에 그날에는 할 수 없어〉라고 말하곤 했다. 그러고는 그날이 오면 어김없이 자리에 누워 있었던 것이다.

환자가 그의 미신을 도와주는 장치로 쓰기 위해 이런 경험을 찾아낼 필요가 있었다는 데에는 의심의 여지가 없다. 또 같은 이유로 그는 우리에게 익숙한 일상생활의 설명할 수 없는 우연에 집착했고, 모자라는 부분은 자신의 무의식 속의 작용으로 보충했던 것이다. 나는 다른 강박증 환자들의 경우에서도 이와 비슷한 필요가 존재한다는 것을 보아 왔고, 다른 환자들에게도 그런 성향이 있는 것을 짐작할 수 있었다. 이런 현상은 강박증의 심리적 특성에 비추어 보면 쉽게 설명이 된다. 내가 이미 설명했듯이 이

67 각막이 아니고 망막의 주변 부분을 이용해서 보는 것을 말한다.

병에서는 억압이 망각에 의해 일어나는 것이 아니라, 감정이 없어짐으로써 인과 관계의 고리가 끊어져 억압이 일어난다. 억압된 연결 고리는 그림자 같은 상태로 계속 남아 있는 것으로 보인다(이것은 내가 다른 곳에서 정신 내적 인식과 비교한 적이 있다).[68] 그리고 그것은 투사 과정을 통해 현실 세계로 옮겨지고, 의식 세계에서 사라진 것을 볼 수 있게 된다.

강박 신경증 환자들이 공통으로 가지고 있으며 위에 언급한 욕구와 관계가 있는 또 다른 심리적 욕구는, 그들의 생활에 〈불확실성〉 혹은 〈의심〉이 있어야 한다는 것이다. 이 특성을 조사해 가면 우리는 본능을 깊이 들여다볼 수 있게 된다. 불확실성을 만들어 내는 것은 신경증에서 환자를 현실로부터 멀어지게 하고 그가 몸담고 있는 세계로부터 그를 격리시키는 방법 중의 하나로, 이것이 모든 신경증의 목적이다. 다시 보아도 환자 자신이 확실한 것을 피하고 계속 의심하기 위해 얼마나 노력하는가 하는 것은 너무나 명백하다. 환자들 중에 어떤 이는 시계를 아주 싫어해서(시계는 최소한 몇 시인지는 확실하게 알려 주므로), 그 의심할 수 없는 기계가 힘을 발휘하지 못하게 하는 무의식적인 술책을 쓰는 것을 볼 수 있는데, 이 경우는 그런 경향을 생생하게 보여 주는 것이라고 할 수 있다. 지금 우리가 보고 있는 환자는 그가 갈등에서 벗어나도록 도와줄 수 있었을 정보를 알아차리는 것을 피하는 괴상한 재주를 가지고 있었다. 그래서 그는 그 여자와 결혼할 것인지를 결정하는 데 가장 중요한 요소가 되는 사정에 대해 모르고 있었다. 그것은 그가 표면상으로는 누가 그 여자를 수술했으며, 또 양쪽 난소를 제거했는지 아니면 한쪽만 제거했는지 모르고 있었다는 것이다. 그는 잊어버렸던 것을 애써 기억해 내고, 또 간과

68 『일상생활의 정신 병리학』 제12장 참조 — 원주.

했던 것을 억지로 발견해야 했다.

강박증 환자들은 불확실한 것과 의심하는 것을 쫓아가는 경향이 있어서, 모든 인류가 확신할 수 없으며 그에 대한 정의나 판단은 당연히 보류해야 되는 그러한 주제를 생각하는 것을 좋아한다. 그런 종류의 주제로는 기원, 수명, 사후의 세계, 그리고 기억 등이 있다. 그런데 우리는 기억에 대해서는 그것이 믿을 만하다는 보장이 하나도 없음에도 그것을 믿는 습관을 가지고 있다.[69]

강박 신경증에서는 기억이 불확실하다는 성질이 증상을 만드는 데 충분히 이용되었다. 그리고 우리는 수명과 사후 세계에 대한 의문이 환자의 실제 생각 속에서 어떤 역할을 하는지 알게 될 것이다. 그 이야기로 넘어가기 전에 환자의 미신적 경향 중에서 내가 전에 이야기했던 것을 생각해 보겠다. 아마 그것을 이상하게 느꼈던 독자가 한둘이 아닐 것이다.

그것은 환자가 그의 생각과 느낌, 그리고 그의 소망(나쁜 것을 소망하든 좋은 것을 소망하든)이 가지고 있다고 생각한 무한한 힘이다. 나는 이러한 생각이 망상이며, 강박 신경증의 범위를 벗어나는 증상이라고 선언하고 싶은 유혹을 느낀다. 그러나 나는 다른 강박증 환자가 이와 같은 확신을 가지고 있는 것을 본 적이 있는데, 그는 오래전에 회복되어서 지금은 정상적인 생활을 하고

---

69  리히텐베르크Lichtenberg는 다음과 같은 말을 했다. 〈천문학자는 달에 사람이 살고 있는지 아닌지에 대해 자기 아버지가 누구인지 확신하는 것만큼 알지만, 자신의 어머니가 누구인지 아는 것만큼의 확신은 없다.〉 인류가 그들의 판단이 증언하는 수준에 그들의 추론을 올려놓기로 하고 모계 사회에서 부계 사회로 가기로 결정했을 때 문명이 크게 발전했다. — 선사 시대의 그림에 큰 사람의 머리에 작은 사람이 앉아 있는 모습을 그린 것이 있는데, 이는 부계로 내려온 것을 나타내는 것이다. 아테나는 어머니 없이 제우스의 머리에서 튀어나왔다. 법정에서 증언하는 증인을 독일어로는 〈Zeuge〉(문자 그대로 자식을 낳는 아버지라는 뜻)라고 한다. 이것은 자식을 생산하는 역을 남자가 맡은 것에서 유래한다. 그림 문자에서도 〈증인〉을 나타내는 말은 남근의 형상으로 되어 있다 — 원주.

있다. 사실 모든 강박증 환자들은 이 같은 확신을 공유하고 있는 것처럼 행동한다. 우리 환자들이 자신들의 힘을 과대평가하고 있다는 사실을 그들에게 다소라도 이해시키는 것이 우리가 할 일이다. 이런 믿음은 유아기의 과대망상증의 파편이라는 것을 솔직하게 인정한다는 가정하에, 우리 환자에게 그의 확신은 어디에서 왔는지 물어보자 그는 두 가지 경험을 증거로 제시했다. 그가 한 번 효험을 보았던 수 치료를 하는 곳에 두 번째로 찾아갔을 때, 그는 전에 사용했던 방을 달라고 했다. 그 방에 있으면 특정한 간호사를 만날 확률이 높기 때문이었다. 그런데 그 방은 이미 어떤 늙은 교수가 차지하고 있었다. 이렇게 되자 그의 치료가 성공할 가능성은 매우 낮아졌다. 그는 〈내 방을 차지하다니 죽어 버려라!〉라는 생각을 하게 되었다. 2주일이 지난 후 그는 시체에 관한 불안한 생각이 들어 잠에서 깼다. 그리고 다음 날 아침에 그 교수가 뇌졸중을 일으켰고, 잠에서 깨어날 때쯤 자신이 그의 방으로 옮길 수 있다는 것을 알게 되었다.[70]

두 번째 경험은 한 노처녀에 관한 것이다. 그녀는 사랑받고자 하는 욕망이 매우 컸는데, 우리 환자에게 관심을 많이 쏟았다. 그런데 하루는 단도직입적으로 자기를 사랑할 수 없겠느냐고 그에게 물었다. 그는 회피하는 대답을 했다. 며칠 후에 그는 그 여자가 창문으로 뛰어내렸다는 소식을 전해 들었다. 그래서 그는 자기가 그 여자를 사랑해 주었으면 그녀를 살릴 수 있었을 거라고 생각하며 자책하기 시작했다. 이렇게 해서 그는 자신의 사랑과 미움이 전능하다고 확신하게 된 것이다. 사랑이 전능하다는 것을 부인하지 않고도 우리는 두 경험이 모두 죽음과 관련이 있다는 것

<hr>

70  프로이트는 그의 저술 「두려운 낯섦」(프로이트 전집 14, 열린책들)에서 이 예를 인용하며 자세히 설명하고 있다.

을 지적할 수 있다. 그리고 환자가 그의 내부에서 일어나는 심리적 효과는 알지 못했기 때문에, 그의 적개심이 외부의 세계에 미치는 영향을 과대평가할 수밖에 없었다는 명백한 설명을 받아들여도 될 것이다. 그의 사랑, 아니 그의 미움은 사실 굉장했다. 즉 그것은 그의 강박증적 생각을 만들어 낸 장본인이었다. 그는 그의 강박증적 생각으로부터 자신을 방어하려 했으나 실패했다.[71]

우리 환자는 죽음에 대해서 아주 이상한 태도를 가지고 있었다. 그는 죽은 사람에 대해서는 그가 누구든지 마음 깊이 동정했고 장례식에는 거의 종교적으로 참석했다. 그래서 그의 형제자매들은 그에게 〈까마귀〉라는 별명을 붙였다. 그는 자신의 상상 속에서 계속 사람을 죽였는데, 애도하는 친척들에게 마음속에서 느끼는 동정을 표하기 위해서였다. 그가 서너 살 때 그의 손위 누이가 죽은 것은 그의 환상에 크게 영향을 미쳤고, 같은 시기에 그가 행한 유치한 비행과 밀접하게 관계를 가지게 되었다. 더욱이 우리는 그가 얼마나 어린 나이에 아버지의 죽음이라는 생각에 사로잡혀 있었는가를 알고 있다. 그래서 그의 병은 15년 전에 그가 가졌던 강박증적 소망에 대한 반응이라고 생각해도 좋다. 그의 강박증적인 두려움이 〈내세〉에까지 뻗친 것은 그가 아버지의 죽음을 바랐던 것에 대한 보상일 뿐이다. 그것은 그의 아버지가 죽은 후 18개월이 되었을 때 아버지를 잃은 슬픔이 다시 살아나면서 시작되었다. 아버지의 죽음을 없었던 일로 하기 위해 조작된 그 현상은, 현실을 거부하는 동시에 그가 그때까지 가졌던 모든 환상적

---

71  (1923년에 추가한 내용) 생각(더 정확하게 말하자면 소망)이 전능하다는 믿음은 그 후 원시인의 정신생활에서는 꼭 있어야 할 요소라는 것이 인정되었다. 「토템과 터부」(프로이트 전집 13, 열린책들) 참조 — 원주. 이 책은 강박 신경증에 대한 논의로 가득 차 있다. 특히 두 번째 에세이의 제2절과 3절, 그리고 세 번째 에세이의 제3절과 4절이 그렇다.

소망에 복종하는 것이었다.[72] 우리는 이전에 몇 군데에서 〈내세에서〉라는 구절을 〈아버지가 살아 계셨다면〉의 뜻으로 해석한 바 있다.

　다른 강박증 환자들이 — 비록 그들이 그렇게 어린 나이에 죽음을 경험하지는 않았지만 — 보이는 행동은 우리 환자와 별로 다르지 않다. 그들은 쉴 새 없이 다른 사람들의 수명이나 죽음을 생각한다. 그들의 미신적인 성향은 처음부터 그것만이 대상이었고, 또 다른 미신적 소재도 아마 없을 것이다. 그러니 이들 신경증 환자들은 그들이 해결하지 않고 버려 두었던 갈등을 해결하기 위해 죽을 수도 있다는 가능성의 도움이 필요한 것이다. 신경증 환자들이 보이는 특징 가운데 빼놓을 수 없는 것은 그들이 결단을 내리지 못한다는 것인데, 그들은 특히 사랑에 관해서는 더욱더 마음을 정하지 못한다. 그들은 모든 결정을 뒤로 미루려고 노력한다. 누구를 좋아할지 또는 어떤 사람을 무슨 방법으로 공격할지 결정을 하지 못하기 때문에, 그들은 결국 옛날 독일의 법정을 그들의 모델로 택한다. 옛날 독일의 법정에서는 법원의 판결이 나기 전에 그 당사자들이 죽음으로써 끝이 났던 것이다. 그래서 그들의 인생에서 갈등이 생기면, 그들은 그 갈등에 포함되어 있는 사람이 죽지 않을까 살피게 되는 것이다. 갈등에 포함되는 사람들은 주로 그들에게 중요한 사람, 특히 그들이 사랑하는 부모 혹은 경쟁자, 또는 그들이 마음을 정하지 못하고 오락가락하는 사랑의 대상자 등이다. 강박 신경증 환자들의 죽음-콤플렉스를 의논하던 중에 우리는 강박 신경증에서의 본능이라는 문제에 다다랐고, 이제 그것을 살펴보기로 한다.

---

　72　강박 신경증에서의 〈없었던 일로 하기〉와 〈분리시키기〉 방어 기제에 대해서는 「억압, 증상 그리고 불안」 제6장 참조 — 원주.

## (3) 강박 신경증의 본능, 그리고 강박과 의심의 기원

강박 신경증은 정신적인 힘들의 상호 작용에 의해 생기는데, 그 정신적인 힘들을 이해하려면 우리가 환자를 보면서 알아낸 것들을 살펴보아야 한다. 즉 그가 어른이 되었을 때, 그리고 어렸을 때 병이 생기게 한 직접적인 원인이라고 우리가 추정한 것들을 살펴야 한다. 그는 20대에 그가 오랫동안 사랑하던 여자를 제치고 다른 여자와 결혼하고 싶은 유혹을 겪으면서 병이 생겼다. 그는 그 결혼에 이르기 위해 차근차근 지나가야 되는 모든 행동들을 지연시킴으로써 결정하는 것을 피했다. 그렇게 지연하는 행동은 그의 신경증에 기인한 것이다. 그가 사랑하던 여자와 다른 여자 사이에서 주저하는 것은, 그가 아버지의 영향과 그 여자에 대한 사랑 사이에 느꼈던 갈등이라고 할 수 있다. 다시 말하면 아주 어렸을 때부터 있었던 그의 갈등, 즉 아버지를 택할 것인가 사랑하는 사람을 택할 것인가 하는 갈등인 것이다. 이런 갈등이 아주 어렸을 때부터 있었다는 것은, 그가 기억해 낸 것들과 그의 강박증적 생각들을 보면 알 수 있다. 살아오는 동안에 그는 항상 아버지나 그의 여자에 대한 사랑과 미움의 갈등에 시달렸다. 그 증거는 그가 복수하는 환상들이나 이해해야 된다는 강박증 혹은 길에 있던 돌과 연관하여 보여 준 강박증 등 여러 강박증적 현상에서 찾을 수 있다. 그 여자에 대해 마음이 두 갈래였다는 것은 어떻게 보면 이해할 수 있는 일이고, 정상이라고도 할 수 있다. 왜냐하면 그 여자는 처음에 그의 구혼을 거절했고, 그 후 그에게 냉정한 태도를 보였으므로 그가 적대감을 가질 만한 이유를 제공했다고 볼 수 있다. 그러나 그의 강박증적인 생각을 해석했을 때 알았듯이, 그와 아버지의 관계도 두 갈래 감정의 영향을 받고 있었다. 그의 아버지도 그가 어렸을 때 적대감을 가지도록 빌미를 제공했을 텐데, 역시 우리는 의심할 여지 없이 그 사실을 밝혀냈다. 그는 자신이 그 여자에 대해 사랑과 미움을 동시에 가지고 있다는 것을 상당히 잘 알고 있었다. 단지 미워하는 감정이 얼마나 심하고 그 힘이 얼마나 강한지 그 정도만 모르고 있었을 뿐이었다. 반면에 그의 아버지에 대한 적대감은, 한때는 알고 있었으나 그의 인식의 범위에서 사라졌다. 그것을 의식 세계로 다시 불러오는 데는 매우 심한 저항감을 극복해야 했다. 그가 유아기에 아버지에 대한 적대감을 억압한 것이, 그의 인생이 신경증에 정복당하게 만든 사건이었다고 간주해도 될 것이다.

우리가 위에 열거한 갈등 관계에 있는 감정들은 서로 상관없는 것이 아니라 짝을 지어 묶여 있다. 그의 여자에 대한 미움은 아버지에 대한 애정과, 아버지에 대한 미움은 그 여자에 대한 애정과 짝을 이룬다. 그러나 이렇게 단순화해서 생기는 두 가지 갈등, 즉 아버지와 그의 여자에 대해 상반되는 그의 관계의 갈등과 그 두 사람 각각의 관계에서 나타나는 사랑과 미움의 갈등은, 내용상으로 보거나 그 기원으로 보아도 서로 전혀 관계가 없다. 첫 번째 갈등은 사랑의 대상으로 남자를 고를 것인가 여자를 고를 것인가 하는 갈등과 같다. 이것은 모든 사람이 경험하며, 옛날부터 있었던 이러한 질문을 받게 되는 아이는 갈등과 만나게 된다. 그 질문은 〈누구를 제일 사랑하니? 엄마니, 아빠니?〉 하는 것이다. 이 갈등은 그 아이가 양성에 대해 가지는 감정이 어떻게 나뉘든, 그의 성애의 대상으로 남자를 택하든 여자를 택하든 관계없이 일생 동안 그를 따라다닌다. 그러나 정상적인 경우라면 〈이것 아니면 저것〉이라는 가차 없이 반대하는 성질은 곧 사라진다. 양쪽의 다른 요구를 모두 충족시킬 수 있는 길이 생기는 것이다. 물론 정상적인 사람도 한쪽을 높이려면 항상 다른 한쪽은 깎아내려야 하지만 말이다.

두 번째 갈등, 즉 사랑과 미움의 갈등은 조금 더 이상하게 보인다. 우리는 사랑이 시작될 때 그것을 미움으로 느끼는 일이 자주 있고, 또 사랑을 거절당하면 그 사랑이 일부 미움으로 변한다는 것을 알고 있다. 또 시인들은 사랑이 격렬하게 되면 이 반대되는 두 가지 감정이 서로 경쟁이나 하듯이 함께 존재할 때도 있다는 것을 우리에게 이야기한다. 그렇지만 같은 사람에 대한 사랑과 미움이 똑같이 강하게 오랫동안 함께 존재한다는 것은 우리를 놀라게 한다. 열정적인 사랑은 벌써 미움을 극복했거나 미움에게 먹혀 버리거나 했을 것이라고 우리는 생각한다. 그리고 사실 그렇게 두 가지 상반되는 감정이 오래 남아 있는 것은 아주 이상한 병적인 상태에서나 가능한 일이며, 무의식에서 일어나는 작용이 협력해야만 있을 수 있는 일이다. 사랑이 미움을 깨뜨리지는 못하고 무의식으로 밀어내는 것이다. 그리고 무의식 속에서 미움은 의식 작용으로 인해 파괴될 위험 없이 지속될 뿐 아니라 자랄 수도 있다. 이런 상황에서 사랑은 그 반작용으로 인해 특히 강하게 되는데, 이것은 항상 그 경쟁자인 미움을 억압할 수 있을 만큼 강해야 하기 때문이다. 한 인간의 사랑이 그렇게 이상한 모양을 가지게 되는 데는 그 사람이 기억하지 못하는 아주 어린 나이에 두 감정이 나뉘어 그 한쪽, 주로 미움이 억압되는 일이 있어야 한다.[73]

강박증 환자를 몇 명 치료한 사례에서 보면, 지금 우리가 보는 환자에게서 볼 수 있는 사랑과 미움의 관계가 강박증에서는 가장

73  초기 치료 시간에 이 문제에 대해 토론한 것과 비교할 것. (1923년에 추가된 내용) 나중에 블로일러Bleuler가 이런 감정 상태를 칭하는 말로 〈양가감정Ambivalenz〉이라는 용어를 썼다(「양가감정에 대한 강연Vortrag über Ambivalenz」, 1910). 나의 저술 「강박 신경증에 잘 걸리는 기질」(프로이트 전집 10, 열린책들)에서 이 논점을 발전시킨 것을 참조─원주.

빈번하게 나타나며 가장 눈에 띄고, 그래서 가장 중요한 특징이라는 사실을 인정할 수밖에 없다. 그러나 어떤 신경증이 생기느냐 하는 문제를 본능과 연결시켜 설명하고 싶은 유혹도 느끼지만,[74] 그렇게 설명해서는 안 될 이유도 충분히 있다. 왜냐하면 모든 신경증의 뒤에는 같은 본능이 억압되어 있기 때문이다. 히스테리나 편집증이 생기는 데에도 무의식 속에서 사랑에 의해 억압되어 있는 미움이 작용하고 있는 것이 사실이다. 우리가 사랑에 대해 아는 것이 많지 않기 때문에 여기서 확실한 결론을 내리는 것은 불가능하다. 특히 사랑에 있어서 나쁜 면[75]과 리비도의 가학적인 부분의 관계는 전혀 알지 못하고 있다. 그래서 다음의 설명은 잠정적인 것으로 간주해야 할 것이다. 우리는 다음과 같은 추측을 할 수 있다. 즉 우리가 고려해야 할 무의식 속의 미움은 기질적인 원인으로 사랑 본능 중 가학적인 부분이 예외적으로 강해졌기 때문에, 너무 이르게 또 너무 완벽하게 억압되어 생긴 것이다. 그리고 우리가 본 신경증 현상은 한편으로는 반사 작용에 의해 과장된 의식으로 느끼는 사랑에서, 다른 한편으로는 무의식 속에서 미움의 형태로 지속되고 있는 가학증에서 오는 것이라고 할 수 있다.

이 사랑과 미움의 주목할 만한 관계를 어떻게 설명하든지 간에, 우리 환자에게서 보았기 때문에 그 현상이 일어난다는 것에 대해서는 이제 의심할 수 없다. 그리고 이제부터 강박 신경증의 수수께끼 같은 진행을, 이 한 가지 인자에 대입하여 쉽게 이해할

---

74  이것은 프로이트가 오랫동안 고심했던 문제이고, 여러 번 다시 논의하곤 했다. 예를 들면 〈슈레버〉에 대한 분석이나 「강박 신경증에 잘 걸리는 기질」 등에서 논의했다.

75  『향연』에서 알키비아데스는 소크라테스에 대해 다음과 같은 말을 한다. 〈여러 번 그가 죽기를 바랐으나, 그가 죽는다면 기쁨보다는 슬픔이 훨씬 클 것이라는 사실을 나는 안다. 그래서 나는 어찌할 바를 모르겠다〉 — 원주.

수 있게 된 것은 만족할 만한 일이다. 만약 강렬한 사랑에 똑같이 강렬한 미움이 대치하고 있고, 동시에 그 둘이 떨어질 수 없이 묶여 있다고 하면, 그 직접적인 결과로 당연히 모든 의지가 마비되기 때문에 사랑이라는 원동력으로 생겨날 수 있는 모든 행동을 결정할 수 없게 될 것이다. 그런데 그는 한 가지 종류의 행동에서만 우유부단해지는 것이 아니다. 왜냐하면, 첫째로 사랑하는 사람의 행동 중 사랑과 관계없는 것이 있겠는가 하는 것이 그 이유이고, 둘째는 사람이 성에 대해 가지는 태도는 다른 모든 것들에 대해 그가 보이는 반응의 모델이 되는 힘이 있기 때문이다. 셋째로, 전치 기제를 가능한 한 많이 이용하려는 것은 강박 신경증이 갖는 타고난 특징이기 때문이다. 그래서 점점 그의 모든 행동에서 결정하는 힘이 마비된다.

강박 신경증의 정신 세계에서 볼 수 있는 강박과 의심의 지배에 대해 살펴보자. 의심은 환자가 자신의 우유부단함을 느끼는 것에 해당한다. 그 우유부단함은 그의 사랑이 미움에 의해 억제된 결과이며, 그가 무엇이든 하고자 하면 그를 사로잡는다. 그 의심은 실제로는 그 자신의 사랑에 대한 것이다. 그런데 그 사랑이야말로 그의 마음에서 가장 확실한 것이어야 한다. 그리고 그 의심은 다른 모든 것으로 퍼지고, 특히 가장 의미가 없고 작은 것으로 옮겨 가기 쉽다.[76]

자신의 사랑을 의심하는 사람은 다른 모든 작은 것을 의심해도 된다. 아니, 의심해야 된다는 것이다.[77]

---

76  농담을 만드는 기술 중 〈아주 작은 것으로 대신 나타내는 것〉과 비교할 것. 『농담과 무의식의 관계』 제2장 참조 — 원주. 「강박 행동과 종교 행위」(프로이트 전집 13, 열린책들)와 「억압에 관하여」(프로이트 전집 11, 열린책들)의 끝부분에서 다시 이 문제를 언급한다.

77  햄릿이 오필리어를 향한 사랑을 읊은 시에도 나타나 있다(2막 2장).

환자가 자기의 보호 장치가 불확실하다고 느껴 그 불확실성을 없애려고 그것을 자꾸 반복하게 되는 것도 같은 의심 때문이다. 그리고 이 의심 때문에 환자는 보호 장치에 해당하는 행동을 변화시키는데, 결국은 원래 그의 사랑과 관련된 억제된 결정을 행하지 못했듯이 보호하는 행동도 하지 못하게 된다. 탐구를 시작한 지 얼마 되지 않았을 때 나는, 강박 신경증의 불확실성이 다른 기원을 가진다고 생각했는데 그것은 좀 더 정상에 가까운 것처럼 보인다. 예를 들어 내가 편지를 쓰고 있는데 누군가가 질문을 해서 방해했다면, 나는 그것 때문에 쓰지 않은 것이 있을지 모르겠다는 불확실성을 당연히 느낄 것이고, 다 쓴 다음에 그 편지를 다시 읽어 보아야 할 것이다. 강박 신경증 환자가 기도를 할 때 가지는 불확실성도, 같은 방법으로 그의 무의식에 있는 환상이 계속 그의 기도에 섞여 들어와 방해하기 때문이라고 생각할 수 있다. 이 가정은 옳지만, 내가 바로 이야기한 것과 쉽게 일치할 수도 있다. 환자가 그의 보호 장치를 실행했는지 불확실하게 느끼는 이유는 무의식의 환상이 방해하기 때문이라는 것이 맞다. 그러나 그 환상의 내용은 정확하게 반대되는 충동이다. 또 그 충동은 바로 그 기도로 무찌르고자 하는 목표물인 것이다.

이것이 우리 환자에게 분명하게 나타난 일이 한 번 있었다. 그의 방해 요소가 무의식에 남아 있지 않고 드러나 버린 것이다. 즉 그는 〈신이 그 여자를 보호하기를〉이라고 기도하려 했는데, 적대감을 띤 〈하지 말기를〉이 그의 무의식으로부터 튀어나와 기도문에 들어갔던 것이다. 그는 이것이 저주하려는 기도였다는 것을

당신이 별은 불이라는 것을 의심해도
해가 움직인다는 것을 의심해도
진실이 거짓이라고 의심해도
내가 사랑하는 것은 의심하지 말라 — 원주.

이해했다. 만약 〈하지 말기를〉이 잠잠히 있었다면 그는 계속 불확실하게 느껴 기도를 한없이 길게 늘였을 것이다. 그렇지만 그것이 튀어나왔으므로 그는 기도를 그만두었다. 그러나 기도를 그만두기 전에 그는 다른 강박증 환자들과 마찬가지로 반대 감정이 숨어들어 오는 것을 막으려고 별의별 방법을 다 써보았다. 예를 들면 그는 기도를 짧게 만들거나 혹은 더 빠르게 말하거나 해보았다. 그리고 환자들은 그런 보호 행동을 다른 일과 분리시키려고 노력할 것이다.

그러나 이런 기술적인 방법은 길게 효과를 내지 않는다. 만약 사랑의 충동이 어떤 미미한 행동으로 성공적으로 전치되면, 적개심의 충동은 곧 따라와서 사랑의 충동이 해놓은 일을 모두 없었던 것으로 만들어 버린다.

그리고 강박증 환자가 우리 정신생활의 안전판에 있는 약점, 즉 우리의 기억은 믿을 만하지 않다는 약점을 발견하면, 그것을 이용해서 그는 모든 것을 의심할 수 있게 된다. 그는 이미 한 일도 의심하고, 지금까지 사랑이나 미움 콤플렉스와는 전혀 관계가 없었던 일들도 의심하며, 또 과거를 통째로 의심할 수 있게 된다. 가게에서 딸에게 주려고 빗을 샀던 여자의 예를 보자. 그 여자는 남편을 의심하게 되자, 자기가 사실은 그 빗을 오래전부터 가지고 있었던 것이 아닌가 의심하기 시작했다. 이 여자는 단도직입적으로 〈내가 당신의 사랑을 의심할 수 있다면(그런데 이 의심은 자신이 남편을 사랑하는지 의심하는 마음의 투사일 뿐이다), 나는 이것도 의심할 수 있고, 그리고 모든 것을 의심할 수 있다〉고 말하고 있지 않은가? 이것은 병적인 의심이 가지는 숨어 있는 의미를 나타내는 것이다.[78]

78 히스테리에서 볼 수 있는 의심의 다른 기제는 「도라의 히스테리 분석」(프로

반면에 강박 행동은 의심을 보상하려는 목적을 가지고 있으며, 의심이 그 증거가 되는 견디기 어려운 억제된 상황을 바로잡아 보려는 시도를 하는 것이라고 볼 수 있다. 환자가 전치를 이용하여 억제되어 있던 의도 중 하나에 대해 결정을 내린다면 그 의도는 수행되어야 한다. 그 의도는 물론 그가 원래 하고 싶었던 것은 아니지만, 그의 원래 의도에 걸려 있던 힘이 대치 행동을 통해 분출할 수 있는 기회를 그냥 지나치게 할 리가 없다. 그래서 이 힘은 사랑 충동이 분출구를 통제하는지, 아니면 미움 충동이 분출구를 통제하는지에 따라 명령이나 금지의 형태로 나타나게 된다. 만약 이 강박증적인 명령이 그대로 수행되지 않으면 견딜 수 없을 정도로 긴장하게 되고, 환자는 이를 심한 불안이라고 느낀다. 대치 행동으로 가는 길은 매우 경쟁이 심하다. 그래서 아주 작은 것으로 전치되었다고 하더라도 대치 행동은 보호 수단의 형태로만 수행될 수 있다. 또 그 보호 수단은 그것이 없애려고 하는 바로 그 충동과 밀접하게 연관되어 있다.

　더욱이 퇴행에 해당하는 기제에 의해 마지막 결정은 그 준비 행동으로 대치되고, 생각이 행동을 대신하게 되며, 그리고 대치 행동 대신 그의 준비 단계의 생각이 강박증적인 행동의 힘을 가지고 나타난다. 행동으로부터 생각으로 퇴행하는 것이 얼마나 심한가에 따라 강박 신경증은 강박증적인 생각이 특징으로 나타날 수도 있고, 좁은 의미에서의 강박증적인 행동이 특징으로 나타날 수도 있다. 그러나 이런 종류의 진짜 강박증적인 행동은 두 가지 서로 상반되는 충동이 협상이라는 화해를 하기 때문에 생길 수 있는 것이다. 강박증적인 행동은 자위행위의 성질을 가진 유아기

이트 전집 8, 열린책들) 첫 번째 꿈에서 다루고 있다. 꿈과 관련된 의심에 대해서는 『꿈의 해석』 제7장을 볼 것.

성 행동과 매우 유사하며, 병이 지속될수록 더욱 그렇게 닮아 간다. 그래서 강박증적인 행동을 보이는 신경증에서는 어쨌든 사랑의 행동이 나타나는 것이다. 이것은 물론 퇴행된 행동인데, 말하자면 그 행동이 다른 사람과 관계되지 않는, 즉 사랑이나 미움의 대상이 없는 자가 성애 행동인 것이다. 이런 것은 유아기에 나타나는 것이다.

첫 번째 종류의 퇴행, 즉 행동에서 생각으로의 퇴행은 신경증의 발생과 관계되는 다른 요소에 의해 촉진된다. 강박증 환자의 병력을 보면, 거의 항상 보는 것과 아는 것이라는 성 본능이 일찍 발달하고 또 너무 이르게 억압되는 것을 알 수 있다. 우리 환자에게서 유아기 성 행동의 일부분은 이 본능에 의해 지배되었다는 것을 이미 살펴본 바 있다.[79]

우리는 강박 신경증이 생성되는 데 가학적 본능의 요소가 중요한 역할을 한다는 것을 이미 언급했다. 강박증 환자가 인지 본능을 강하게 가지고 태어났다면, 곰곰이 생각하는 것이 주 증상이 된다. 생각하는 과정 자체가 성행위처럼 되는 것이다. 즉 생각의 내용이 성적인 즐거움을 가져오는 것이 정상이나, 우리 환자의 경우에는 생각하는 행동 자체가 성적인 즐거움이고, 한 생각을 계속하여 결론을 끌어내는 것이 성적인 만족감을 준다. 인지 본능의 영향을 받는 강박 신경증에서는 인지 본능이 사고하는 과정과 연결되어 있어서, 행동으로 분출되고자 헛수고하는 힘을 끌어들여 생각의 장으로 나오게 하는 데 아주 적합하다. 그렇게 해서 비록 다른 종류지만 즐거운 만족을 얻을 기회를 가지게 되는 것이다. 그럼으로써 대치 행동은 다시 생각을 준비하는 행동으로

---

79  강박증 환자의 지능은 평균적으로 매우 높은데, 높은 지능도 이 사실과 아마 연관이 있을 것이다—원주.

바뀔 수 있게 된다. 행동을 지연시키는 것은 생각에 붙들려 있는 것으로 대치된다. 그래서 결국은 이 모든 괴상한 과정이 새로운 장으로 옮겨지는 것이다.

이제까지 논의한 것을 바탕으로 하여 강박 신경증의 증상이 강박적인 성질을 가지게 되는 심리적 특성을 알아보자. 사고 과정이 강박적으로 되는 경우는 행동에 쓰여야 할 힘이 사고하는 데 사용되었을 때이다. 힘이 그렇게 옮겨지는 이유는 정신 구조 내의 움직임이 상반되는 충동의 갈등 때문에 억압되기 때문이다. 다시 말하면, 강박증적인 생각은 행동으로 나타내야 할 것을 퇴행적으로 나타내는 것을 그 기능으로 한다. 나의 가정에 따르면, 사고 과정은 보통 행동이 힘을 분출하거나 바깥 세상을 바꾸려고 힘을 쓰는 것보다 적은 힘을 쓴다. 이 가정을 반박하는 사람은 없을 것이라고 생각한다.

그런 지나친 파괴력을 가진 강박증적인 생각이 의식으로 나오면, 그것은 강박증적인 생각을 해결하려는 의식적 생각으로부터 보호되어야 한다. 이미 아는 바대로 강박증적인 생각은 의식화되기 전에 변형되기 때문에 보호될 수 있다. 그러나 방법이 그것 하나밖에 없는 것은 아니다. 그 외에도 각각의 강박증적인 생각은 그것이 생겨난 원래의 상황과 떨어져 있다. 그 상황에 놓여 있다면 변형되었다고 해도 쉽게 이해할 수 있을 것이다. 그 상황과 떨어지게 하는 방법은 병의 원인이 된 상황과 증상을 시간적으로 서로 떨어져 있게 만드는 것이다. 그래서 의식적 탐구로는 그 인과 관계를 찾아내지 못하게 하는 것이다. 두 번째 방법은 강박증의 내용이 그 특정한 상황을 벗어나 일반화되는 것이다. 우리 환자가 보여 주었던 〈이해하기 강박증〉이 이것의 예이다. 그러나 다른 환자에게서 더 적합한 예를 찾을 수 있다. 이것은 자신에게 어떤 종류의 장신구도 몸에 걸치는 것을 금지한 여성 환자의 경우이다. 이렇게 금지하게 된 이유는 단 하나의 보석 때문이었다. 그 여자는 어머니가 가지고 있던 그 보석을 부러워했는데, 언젠가는 자기가 물려받기를 바랐다. 말의 변형과 내용의 변형을 구별해 보면, 여기에서 강박증적인 생각이 의식적인 해결 노력으로부터 피하는 방법을 또 하나 찾을 수 있다. 그것은 부정확하고 막연한 단어를 골라 쓰는 것이다. 환자가 오해한 단어들은 환자의 강박증에 포함되고, 그 후에 강박증이 어떻게 발전되거나 대치되거나 간에 그 변화는 원래 말의 정확한 뜻을 근거로 한 것이 아니라 오해를 근거로 하여 일어날 것이다. 그러나 원래대로의 상황과 말들은 의식에 알려져 있지 않지만, 강박증의 증상은 그것들과 항상 새로 관련을 맺는 경향이 있다는 것은 관찰을 통해 알 수 있다.

다시 강박 신경증 환자의 본능에 대해 한마디 덧붙이려 한다. 우리 환자는 이제까지 이야기한 특징 외에도 다른 특징이 있었는데, 그에게 코를 훌쩍이는 버릇이 있다는 것이었다. 그의 말을 빌리면, 그는 어렸을 때 개처럼 사람을 냄새로 알아보았다. 어른이 된 다음에도 그는 다른 사람들보다 냄새에 민감했다.[80] 나는 히스테리와 강박증을 막론하고 다른 환자에게서도 같은 특성을 본 적이 있다. 그리고 나는 어린 시절이 지나면 없어지는 성질인 냄새를 즐기는 경향이 신경증을 생기게 하는 데 연관이 있다는 것을 알아차렸다.[81] 여기서 나는 일반론적인 질문을 하나 하겠다. 즉 사람이 직립하게 됨에 따라 필연적으로 냄새를 맡는 기능이 퇴화

80  그는 어렸을 때 기분증(嗜糞症)적 경향을 강하게 나타냈었다. 이와 관련하여 그의 항문 성애를 언급한 바 있다 — 원주.

81  예를 들어 페티시즘Fetischismus 중 어떤 경우 — 원주. 프로이트의 「성욕에 관한 세 편의 에세이」 참조. 페티시즘에 대해 다른 각도에서 언급한 것을 보려면 「페티시즘」(프로이트 전집 7, 열린책들) 참조.

했는데, 그 결과 냄새를 맡는 즐거움이 신체적으로 억압된 것이 신경증에 쉽게 걸리는 이유 중 상당한 부분을 차지하게 된 것이 아닐까 하는 것이다. 이렇게 보면 문명이 발달하면서 왜 하필이면 성생활이 억압의 대상이 되는가 하는 문제를 설명할 수 있을 것이다. 동물은 성 본능과 냄새 맡는 기능이 밀접하게 연관되어 있다는 것을 우리는 오래전부터 알고 있기 때문이다.[82]

이 저술을 끝내면서 나는, 이것이 비록 완전하지는 않지만 다른 사람들이 강박 신경증에 대해 더욱 깊이 연구하는 데 자극이 되길 바란다. 그리하여 강박증에 대해서 더 많이 이해할 수 있게 되기를 바란다. 이러한 신경증의 특징, 다시 말해 이러한 신경증을 히스테리와 구별 지어 주는 특징은 본능적인 삶이 아니라 심리적인 영역에서 찾을 수 있다고 생각한다. 끝내기 전에 우리 환자에 대한 나의 심중을 정리하겠다. 즉 환자의 인격은 세 개의 인격, 즉 하나의 무의식적인 인격과 두 개의 전의식적인 인격으로 분리되었다. 전의식적인 인격들 사이에서 그의 의식은 오락가락했다. 그 무의식적인 인격은 아주 어렸을 때 억압된 충동, 즉 열정적 충동과 악마적 충동으로 되어 있다. 정상 상태에 있을 때 그는 친절하고, 명랑하고, 분별 있는 사람이었다. 다시 말해 인습에 젖지 않은 우수한 사람이었다. 반면에 그의 세 번째 인격은 미신과 금욕주의를 따랐다. 그래서 그는 인생에 대해 두 가지 신조를 가질 수 있었고, 두 가지 다른 인생관을 가질 수 있었다. 전의식적 인격 중 두 번째 인격은 주로 억압된 욕망들에 대한 반동 형성물로 되어 있었다. 그리고 이 병이 더 오래 계속되었더라면 이 부분

---

82  프로이트는 「문명 속의 불만」(프로이트 전집 12, 열린책들)의 처음과 나중 부분에서 이 주제를 다시 다루고 있다.

이 정상적인 인격을 완전히 없애 버렸을 것이라는 사실을 쉽게 예측할 수 있다. 나는 지금 심한 강박증적인 행동을 보이는 여자 환자를 보고 있는데, 그 여자도 역시 비슷하게 느긋하고 명랑한 인격과 매우 우울하고 금욕주의적인 인격으로 분리되었다. 그 여자는 첫 번째 인격을 자기의 인격으로 내세우지만, 사실은 두 번째 인격의 지배를 받고 있었다. 이 두 가지 심리적 구조는 모두 그 여자가 의식할 수 있으나, 그녀의 금욕주의적인 인격의 뒤에는 자신이 모르는 존재, 즉 오래전에 억압된 욕망으로 가득한 충동들이 있음을 알 수 있다.[83]

83  (1923년에 추가한 내용) 이 환자의 정신 건강은 내가 이제까지 발표한 대로의 분석을 통해 회복되었다. 그도 장래가 촉망되던 많은 다른 젊은이들과 마찬가지로 제1차 세계 대전에서 전사했다 — 원주.

# 편집증 환자 슈레버

— 자서전적 기록에 의한 정신분석

# 편집증 환자 슈레버
## ― 자서전적 기록에 의한 정신분석

Psychoanalytische Bemerkungen über einen autobiographisch beschriebenen Fall von Paranoia — Dementia paranoides(1911[1910])

정신 병리에 대한 연구를 시작했을 때부터 편집증이라는 문제를 해결하려고 했던 프로이트는 1910년 여름, 1903년 출간된 슈레버의 전기에 관심을 가지기 시작했다. 프로이트는 슈레버의 전기를 통해 편집증 환자에게 일어나는 무의식의 과정을 분석하여 편집증이라는 문제를 해결할 수 있는 실마리를 찾아냈을 뿐 아니라, 더 나아가 정신 기능, 초심리학, 본능, 신화 등에 대한 설명과 관심을 보여 줌으로써 이 글의 의미를 더하고 있다.

이 글은 1911년 『정신분석과 정신 병리학 연구 연보』 제3권 1호에 처음 실렸으며, 1913년 『신경증에 관한 논문집』 제3권에 수록되었다. 또한 『저작집』 제8권(1924), 『네 가지 정신분석적 병력 연구』(1932), 『전집』 제8권(1943)에도 실렸다. 영어 번역본은 앨릭스 스트레이치와 제임스 스트레이치가 번역하여 "Psycho-Analytic Notes upon an Autobiographical Account of a case of

Paranoia(Dementia Paranoides)"라는 제목으로 『논문집』 제3권에 수록되었으며, 『표준판 전집』 제12권(1958)에도 실렸다.

# 1. 서론

나같이 공공 병원에서 일하지 않는 사람이 편집증을 정신분석
학적으로 탐구하고자 할 때는 색다른 어려움이 있다. 왜냐하면
우리는 치유될 가능성이 조금이라도 있지 않으면 치료를 해주겠
다고 할 수 없기 때문에, 이런 증상을 가진 환자는 받을 수가 없을
뿐더러 받더라도 오래 볼 수가 없기 때문이다. 그래서 아주 예외
적인 경우에만 편집증의 구조를 표면적인 현상에 그치지 않고 보
다 자세히 볼 수 있다. 그런 경우란 진단이 확실치 않아서(진단을
정확히 하는 것이 항상 쉬운 것은 아니다) 환자를 고쳐 보려고 하
는 것이 정당하게 생각되는 때나, 혹은 진단은 확실하지만 환자
가족들의 간청에 못 이겨 얼마 동안이라도 치료를 하게 되는 경
우이다. 그 외에도 물론 편집증이나 정신 분열증 환자를 많이 보
았기 때문에 정신과 의사들이 그들의 환자에 대해 보통 아는 것
만큼은 나도 안다. 그러나 그것만 가지고 정신분석적인 결론을
내리기에는 부족한 것이 보통이다.

편집증 환자들은 보통 신경증 환자들이 비밀로 감추는 것들을
비록 변형된 모습으로라도 내보이는 이상한 면을 가지고 있다.
만약 그런 성질이 없었다면 편집증을 분석적으로 탐구하는 것은
완전히 불가능하리라고 생각된다. 또 편집증 환자는 내적인 저항

을 없앨 수가 없기 때문에, 어쨌든 자기가 하고 싶은 말만 한다. 그러니 이 병이야말로 보고서나 책에 나온 병례를 보는 것으로 환자를 직접 보는 것을 대신해도 되는 경우이다. 그래서 나는 내가 그를 직접 보지 않았지만 그 자신이 자기의 병력을 써서 출판했으니, 편집증(혹은 더 정확한 말로 편집 망상증)을 앓고 있는 그 환자의 기록을 보고 분석적인 해석을 하는 것도 정당하다고 생각한다.

내가 이야기하는 사람은 재판관인 다니엘 파울 슈레버 법학 박사Dr jur. Daniel Paul Schreber이다. 그는 드레스덴에서 고등 법원 판사장을 지냈고,[1] 1903년에 그의 자서전 『신경증 환자의 회상 Denkwürdigkeiten eines Nervenkranken』을 출판했으며, 내가 알기로도 정신과 의사들의 흥미를 꽤 끌었던 사람이다. 슈레버 박사가 아직 살아 있으므로, 1903년에 발표했던 망상에서 벗어났다면 그의 책을 근거로 하여 이렇게 이야기하는 것을 보고 고통을 받을 수도 있으리라고 생각한다.[2] 그러나 지금 그의 인격이 분열되어 있지 않다면, 나는 그가 — 자신이 말한 대로 〈우수한 정신 능력을 가졌고, 날카로운 이성과 비상한 관찰력을 가진 사람〉인[3] — 자서전을 내지 못하게 말리는 것에 반박했던 논쟁을 고려해 볼 수 있으리라고 생각한다. 그는 다음과 같이 쓰고 있다.

〈나는 출판하는 데 따를 어려움이나 아직 살아 있는 어떤 사람들의 감수성을 마땅히 고려해야 하는 문제를 못 본 체하려고 애

<hr />

1 고등 법원Oberlandesgericht의 판사장Senatspräsident은 항소심을 다루는 법원의 재판장을 가리킨다.
2 슈레버는 1911년 4월 14일, 프로이트가 이 증례를 쓴 후 수개월이 지나서 사망했다.
3 자신에 대한 이러한 평가는 그의 책에 나와 있는데, 근거 없다고 할 수는 없다 — 원주.

써 온 것은 아니다. 반면에 내가 살아 있는 동안에 자격을 갖춘 전문가가 나의 몸을 진찰하고, 나의 개인적인 경험에 대해 조사를 한다면 과학과 종교적 진실의 인정에 모두 도움이 되리라고 생각한다. 이 목적을 위해서는 모든 개인적인 감정은 접어 두어야 한다.〉[4] 그는 또 다른 부분에서 담당의였던 플렉지히 박사[5]가 그를 고소하는 일이 일어난다고 하더라도 그 책을 출판하겠다고 선언했다. 그러면서 그는 플렉지히에게 내가 지금 고려하고 싶은 것과 똑같은 부탁을 했다. 〈나는 플렉지히 박사가 개인적으로 어떠한 감정을 가졌더라도 내 자서전의 주제에는 과학적 흥미를 느낄 것이라고 믿는다.〉

이하의 해석에서 인용은 모두 슈레버의 『회상』에서 어떤 변형도 가하지 않은 것이다. 그러나 독자들은 그의 『회상』을 적어도 한 번은 읽고 먼저 내용을 파악해 두는 게 좋으리라 생각된다.

---

4  슈레버의 자서전에 있는 내용이다 — 원주.
5  파울 에밀 플렉지히Paul Emil Flechsig(1847~1929)는 1877년에서 1921년까지 라이프치히 대학 정신과 교수였으며, 신경 해부학 연구로 알려져 있다.

## 2. 증례

슈레버 박사는 다음과 같이 쓰고 있다.

〈나는 신경증을 두 번 앓았는데, 모두 정신적인 피로가 원인이었다. 첫 번째는 켐니츠의 하위 법원 재판관*Landgerichtsdirektor*으로 있으면서 제국 의회의 후보로 선정되었을 때였고, 두 번째는 드레스덴에서 항소심을 다루는 법원의 재판장이 되어 무거운 책임을 맡게 되었을 때였다.〉

슈레버 박사가 처음 병이 난 것은 1884년 가을이었고, 1885년 말 무렵에는 완전히 회복되었다. 이 기간 중 6개월은 플렉지히의 병원에 있었는데,6 플렉지히는 후에 쓴 공식적인 보고서에서 환자는 심한 심기증(心氣症)을 앓았다고 기술했다. 슈레버 박사는 이 병은 〈초자연적인 영역에 속하는 사건은 일어나지 않고〉 자연의 경과를 따랐다고 쓰고 있다.

그가 발병하기 전까지의 개인 이력이나 개인적인 상황은 환자 자신의 기술에도 없고, 그의 책 끝7에 실려 있는 그 의사의 보고

---

6  슈레버는 플렉지히의 병원 외에도 두 곳의 정신과 병원에 입원했었다. 슈레버가 입원했던 병원 및 담당 의사는 다음과 같다.
라이프치히 대학의 정신과 병원 — 플렉지히 교수.
슐로스 존넨슈타인 요양원, 작센 주립 요양원 — 베버Weber 박사.
린덴호프 사립 요양소 — 피어존Pierson 박사.

서에도 쓰여 있지 않다. 나는 그가 처음 발병했을 때 몇 살이었는지조차 말할 수 없다.[8] 물론 두 번째 발병 전까지 법원에서 매우 높은 지위에 올라간 것으로 보아, 최소한의 나이는 짐작할 수 있다. 슈레버 박사는 〈심기증〉이 생기기 전에 결혼했던 것 같다. 그는 다음과 같이 적고 있다

〈아내는 진심으로 플렉지히 교수에게 감사를 느꼈다. 아내가 플렉지히 교수를 남편을 고쳐서 그녀에게 돌려보내 준 사람이라고 존경하며, 수년간 책상에 그의 초상화를 놓아두었던 것을 보면 알 수 있다.〉

같은 부분에 다음 내용이 계속된다.

〈첫 번째 병에서 회복된 후에 나는 아내와 8년을 함께 보냈다. 그것은 외적인 명예가 많았던 대체적으로 행복한 시절이었다. 그러나 우리도 아이를 갖는 축복을 받았으면 하는 바람이 무너져서 가끔 구름이 끼었다.〉

1893년 6월에 그는 항소심 법원의 재판장이 되라는 통보를 받았고, 그해 10월 1일에 직무를 시작했다. 그사이에[9] 그는 꿈을 여러 번 꾸었는데, 나중에 가서야 그 꿈들에 의미를 부여할 수 있었다. 그는 예전의 신경병이 재발하는 꿈을 두세 번 꾸었다. 그것은 꿈속에서 그를 비참하게 했다. 그리고 잠에서 깨어나 그것이 꿈이었다는 것을 깨달으면 비참했던 것만큼 행복을 느꼈다. 한번은 새벽에 잠이 덜 깬 상태에서 〈성교할 때 자신을 내맡기는 여자여

7  슈레버가 쓴 책의 부록은 140페이지 가까이 되는데, 베버 박사가 쓴 의학적이고 법적인 보고서 세 개(날짜는 각각 1899년 12월, 1900년 11월, 그리고 1902년 4월로 되어 있음)와 슈레버 자신이 쓴 자기 증례에 관한 발언(1901년 7월), 그리고 1902년 7월의 법원 판결이 들어 있다.

8  그가 처음 발병했을 때는 42세였고, 두 번째 발병 당시는 51세였다.

9  자신은 새 직무에서 과로했기 때문에 두 번째 발병이 일어났다고 말했지만, 실은 새 직무를 시작하여 그 과로의 영향을 받기 이전이다 ─ 원주.

도 참 괜찮을 거야〉 하는 생각이 떠올랐다. 그가 완전히 깨어 있었다면 격분하며 거부했을 생각이었다.

1893년 10월 말경에 불면증으로 심하게 고통을 받은 것이 두 번째 발병의 시작이었다. 그래서 그는 플렉지히의 병원으로 다시 갔으나 병은 급속히 악화되었다. 그다음 병의 경과는 존넨슈타인 요양소의 원장이 나중에(1899년) 쓴 보고서에 나타나 있다.

〈거기에서[10] 살기 시작했을 때 그는 심기증에 해당하는 생각들을 많이 하고 있었다. 즉 그는 뇌가 물러졌다거나 혹은 자기가 곧 죽을 것이라는 등의 이야기를 했다. 그러나 환각을 근거로 한 피해망상이 이미 증상으로 나타나기 시작하고 있었다. 비록 초기에는 가끔 나타나기만 했지만 말이다. 동시에 감각 과민증 ─ 빛과 소리에 매우 예민해지는 ─ 이 심하게 나타났다. 나중에는 시각적인 환각과 청각적인 환각이 점점 자주 일어났고, 동시에 일반 감각도 혼란스러워졌다. 이런 환각이 그의 감정과 생각을 지배했다. 즉 그는 자기가 죽어서 썩고 있다고 믿거나, 아니면 페스트에 걸렸다고 믿었다. 그는 자신의 몸이 온갖 구역질나는 방법으로 다루어지고 있다고 주장하기도 했다. 또 그가 지금도 주장하는 것이지만, 그는 누구도 상상할 수 없을 정도로 지독하게 무시무시한 일들을 당했는데, 그것이 모두 신성한 목적에 따른 것이었다고 했다. 환자는 이런 병적인 경험에 푹 빠져 있어서 다른 자극은 받아들일 수 없었으며, 몇 시간씩 계속 꼼짝도 하지 않고 막대같이 앉아 있곤 했다(환각적 혼미 상태). 그러나 그것들은 그를 너무나 괴롭혀서 그는 죽고 싶다고 생각할 지경이었다. 그는 목욕탕에 빠져 죽으려고 몇 차례 시도했고, 《그를 위해 준비되어 있는 청산가리》를 달라고 부탁하기도 했다. 그의 망상은 점점 신비

10  라이프치히에 있는 플렉지히 교수의 병원 ─원주.

적이고 종교적인 양상을 보이기 시작했다. 그는 신과 직접 대화한다고 했고 혹은 자기는 악마의 놀잇감이라고도 했으며, 《기적적인 환영》을 보았고 《성스러운 음악》을 들었으며, 나중에 가서는 자기가 다른 세상에 살고 있다고 믿게 되었다.〉

그는 또 자기를 괴롭히고 다치게 하는 사람들이 있다고 생각하여, 그들에게 욕을 퍼부었다. 그를 괴롭힌다고 생각했던 사람 중 가장 대표적인 사람은 전에 그를 치료했던 의사 플렉지히였다. 그는 플렉지히를 〈영혼을 죽이는 자〉라고 불렀다. 그리고 그는 되풀이해서 〈미천한 플렉지히!〉라고 큰 소리로 외치곤 했는데, 〈미천한〉에 특히 힘을 주어 소리쳤다. 그는 라이프치히에서 퇴원해 잠시 다른 병원에 있다가, 1894년 6월에 피르나 근처의 존넨슈타인 요양소에 입원했다. 거기에 있는 동안 그의 병은 말기 증상을 나타내기 시작했다. 존넨슈타인 요양소에 입원하여 수년이 지나는 동안 병의 증상은 여러 가지로 바뀌었는데, 그 요양소의 원장이었던 베버 박사는 이를 가장 잘 설명해 주고 있다.[11]

〈내가 병의 경과를 더 자세히 설명할 필요는 없다. 그러나 병의 전체적인 변화 과정에 대해서는 주의를 환기시킬 필요가 있다. 즉 처음에는 비교적 급성 정신병이었고, 환자의 정신생활 전체가 직접 병에 관련되어 있어서 《환각적인 정신 이상》이라고 부를 정도였던 것이, 점차 오늘날 우리가 보고 있는 형태의 편집증으로 발전해 간 것이다(편집증으로 결정화되었다고 말할 수도 있을 것이다).〉 사실을 말하자면 그는 한편으로는 독창적인 망상 체계를 발전시켰고, 다른 한편으로는 성격이 다시 통합되어서 몇 가지 문제점만 제외하면 일상생활을 해나갈 수 있게 되었던 것이다.〉 그 독창적인 망상 체계는 우리가 매우 흥미를 가질 만한 것이다.

11  1899년 12월에 쓴 보고서.

베버 박사는 보고서에서 다음과 같은 말을 하고 있다. 〈그러므로 지금은 누가 보더라도 병적이라고 생각할 분명한 정신 운동성 증상이 있는 것을 제외하면, 재판장 슈레버 박사는 혼돈이나 정신적 억제의 증상도 보이지 않고 그의 지능도 눈에 띄게 달라지지 않았다. 그의 마음은 가다듬어져 있고 기억력도 아주 좋으며, 지식도 풍부하고(법에 관한 것뿐 아니라 그 외의 여러 가지 방면에 관한 지식) 또 그 지식을 이치에 맞게 사용할 수도 있다. 그는 정치, 과학, 예술 등의 분야에서 일어나는 일들에 대해 관심을 가지고 볼 뿐 아니라 그런 일에 항상 몰두하고 있어서, 그의 병에 대해 미리 이야기를 듣지 않은 사람들은 전혀 이상하다고 느끼지 못한다. 그러나 환자는 병적인 생각에 가득 차 있으며, 이런 병적인 생각들은 나름대로 완전한 체계를 갖추고 있다. 그것은 어느 정도 고정되어 있어서 외적인 사실을 객관적으로 평가하여 판단해서는 고칠 수가 없는 것 같았다.〉

환자의 증세는 크게 변해서, 환자 자신은 이제 독립적으로 살아갈 수 있다고 생각했다. 따라서 그는 자신의 일을 스스로 처리하는 권리를 되찾고 요양소에서 퇴원할 수 있도록 하기 위해 적당한 절차를 밟기 시작했다. 베버 박사는 이에 반대했고, 반대하기 위한 보고서를 작성했다. 그렇지만 베버는 1900년에 쓴 보고서에서, 환자의 인격과 행동에 대해서는 다음과 같이 쓰지 않을 수 없었다. 〈지난 9개월 동안 재판장 슈레버 씨는 우리 집에서 매일 함께 식사를 했기 때문에 나는 갖가지 이야깃거리를 가지고 그와 충분히 대화할 수 있었다. 행정과 법에 관련된 분야건, 정치·미술·문학·사교계의 이야기건, 즉 어떤 주제가 나오든지(물론 그의 망상을 제외하고) 슈레버 박사는 활기찬 흥미를 보였고, 아는 것도 많았으며, 기억력이나 판단력도 훌륭했다. 더욱이 그의 윤리관은 따르지 않을 수가 없었다. 또 식사 때 모인 여자들과 한담을 할 때 그는 예의 바르고 싹싹했으며, 농담조의 이야기를 할 때는 변함없이 기지가 있으면서도 정중한 태도를 보였다. 식사 시간에 이렇게 이야기를 나누는 동안 한 번도 의사와 의논해야 할 만한 일들을 입에 올린 적이 없었다.〉 한번은 그의 가족 전체의 이익이 걸린 사업 이야기가 나왔는데, 그가 이야기하는 태도를 보면 그가 사업에 관계되는 지식과 상식을 충분히 갖추고 있음을 알 수 있었다.

그는 자유를 되찾기 위해 여러 번 법원에 신청서를 내면서도 자신의 망상을 전혀 부인하지 않았고, 또 자신의 자서전을 출판하려는 계획도 감추려고 하지 않았다. 오히려 그는 자기의 생각이 가진 종교적 중요성을 강조했고, 또 그것은 현대 과학으로는 깨뜨릴 수 없다고 주장했다. 동시에 그는 자기가 잘 알고 있기 때문에, 그의 망상 때문에 행하는 모든 행동이 〈절대 무해하다〉고 힘주어 말했다. 그의 통찰력과 논리적인 설득력이 이러했기에, 비록 편집증 환자였지만 마침내 그는 자신의 뜻을 이루었다. 1902년 7월에 슈레버 박사의 시민권이 회복되었다. 그리고 다음 해에 그의 책 『신경증 환자의 회상』이 출판되었다. 그러나 그 책은 검열 과정을 거쳐서 중요한 부분이 많이 삭제된 채로 나온 것이었다.

슈레버 박사의 자유를 되돌려 준 법원 판결문에는 그의 망상 체계가 몇 줄로 요약되어 있다. 〈그는 자기가 세상을 구원하여, 잃어버렸던 천국의 행복한 상태로 돌아가게 하는 사명을 가지고 있다고 믿었다. 그러나 그는 자기가 우선 여자로 변형되어야 그렇게 할 수 있다고 믿었다.〉

그의 망상이 마지막에는 어떤 모습이었는지 알기 위해 베버 박사가 쓴 보고서를 보기로 하자. 〈환자의 망상 체계는 결국, 자기가 세상을 구원하여 인간이 잃었던 천국의 행복을 찾아 주어야 할 사명을 가지고 있다는 것으로 모아졌다. 그는 예언자들에게 그랬듯이 신이 직접 신령으로 인도하여 그 일을 맡겼다고 주장했다. 그의 신경은 오랫동안 매우 흥분되어 있었는데, 그런 흥분 상태는 신을 끌어당기는 성질이 있기 때문에 그에게 신령이 내려올 것이라는 주장이었다. 그런데 이것은 인간의 경험에 속하지 않는 일이고, 또 그에게만 보였기 때문에 인간의 언어로는 거의 표현할 수 없는 것이었다. 세상을 구원하는 사명에서 가장 중요한 부분은 먼저 그가 여자로 변형되어야 하는 것이었다. 그러나 그가 여자로 변형되기를 바란다고 추측하면 안 된다. 이것은 《만사의 법칙》에 따라 《그래야만》 되는 일에 속하는 것이었다. 그래서 그 개인적으로는 인생에서 명예롭고 남성적인 상태에 있는 자신의 처지에 그대로 남아 있기를 바라지만, 그것을 피할 도리가 없다는 것이었다. 그러나 그 자신이나 인류는 그가 여자로 변형되지 않고는 보다 나은 생활을 다시 얻지 못하므로 그가 여자로 변형되는 것은 신성한 기적에 의해 일어날 것이며, 수년 혹은 수십 년이 걸릴지도 모르는 과정이라고 했다. 그는 자신에게만 신성한 기적이 일어난다고 확신했고, 그래서 자기가 지구상에 살았던 어떤 인간보다 비범한 사람이라고 믿었다. 수년간 쉴 새 없이 그는 자신의 몸에서 이런 기적을 겪었고, 자기와 대화를 나눈 목소리를 통해 그 사실을 확인했다고 했다. 발병 초기의 몇 년간 그의 장기는 보통 사람 같았으면 이미 죽었을 정도의 상처를 입었다고 했다. 그는 오랫동안 위가 없이, 장이 없이, 폐가 거의 없는 상태로, 식도가 갈라진 채, 방광이 없이, 또는 갈비뼈가 부서진 채로 살았고, 또 가끔 음식을 삼킬 때 자기의 인두를 함께 삼켜 버리기도 하는 등의 상처를 받았다고 했다. 그러나 신성한 기적(〈빛살〉)이 파괴되었던 것을 원상 복구시켰고, 그래서 그가 남자로 남아 있는 동안에 그는 영원히 죽지 않을 것이라고 했다. 이런 놀랄 만한 일들은 오래전에 끝났고 대신 그의《여자다움》이 강해졌다. 이것은 완성되려면 수십 년 아니면 수 세기가 걸릴 과정이고, 지금 살아 있는 인간 중에는 그 끝을 볼 때까지 살아 있을 사람이 없을 것이며, 그는 몸속에 이미《여자 신경》이 많이 들어와 있음을 느끼고 있었고, 신에 의해 직접 잉태되어 새로운 종류의 인간이 그것으로부터 태어날 것이라고 했다. 그러기 전에는 자연스럽게 죽을 수 없고, 또 모든 인류와 함께 천국의 행복을 회복할 수도 없을 것이었다. 한편으로는 태양뿐 아니라 나무나 새들도 그에게 인간의 말투로 이야기하며, 온갖 기적적인 일들이 그의 주변에서 일어나는 것이다. 그 나무나 새들은 사실《전에 살았던 인간의 영혼에서 일어난 기적의 잔영인 것이다》》.

일반 정신과 의사들은 이런 망상을 보면, 보통 그 내용을 파악하고 망상이 환자의 일상 행동에 어느 정도 영향을 미치는지 가늠한다. 그러고 나면 더 이상 흥미를 보이지 않는다. 즉 단순히 의문을 가지지만 이해의 시작 단계로도 나아가지 않는다. 정신분석가는 신경증에 대한 지식을 바탕으로 이런 망상같이 이상한 사고 구조도, 우리가 보통 생각하는 방법과는 크게 다르지만 결국은 인간 마음에 있는 가장 일반적이고 이해할 수 있는 충동으로부터 나올지도 모른다는 의심을 가지고 문제에 접근한다. 그리고 그 충동이 변형된 이유나 방법을 알고 싶을 것이다. 이런 목적을 가지고 그는 망상의 세부 구조와 그 발전 과정을 보다 깊이 이해하길 바랄 것이다.

(1) 의사는 다음 두 가지가 가장 중요한 점이라고 한다. 즉 환자가 구원자의 역할을 맡은 것과 자신이 여자로 변형되어야 한다는 점이다. 구원자 망상은 종교적인 편집증에서 가장 핵심을 이루는 경우가 많으므로 보통 잘 알려져 있다. 그러나 구원이 이루어지려면 우선 남자가 여자로 변해야 한다는 점은 흔하지 않으며 그 자체도 당혹스럽다. 그것은 환자의 환상이 재생산하려는 역사적 신화와 매우 다르기 때문이다. 의사의 보고서에 따르면, 환자의 망상 동기는 자신이 구원자의 역할을 하고 싶다는 욕망이고, 거세되는 부분은 그 목적을 이루기 위한 방편으로서만 의미를 갖는 것처럼 보인다. 슈레버의 망상의 마지막 형태만 보면 위의 해석이 맞는 것 같다. 그러나 자서전을 연구해 보면 아주 다른 견해를 가지게 된다. 왜냐하면 여자로 변한다는(즉 거세된다는) 생각이 구원자 망상보다 먼저 나타났기 때문이다. 그는 거세라는 것을 자신에게 가해진 상처와 학대로 보고, 이차적으로 이것의 원인을 구원자 망상과 연결시킨 것이었다. 더욱이 애초에는 그가 변형되는 것이 성적 학대를 위한 것이지 고상한 목적을 이루기 위한 것은 아니라고 믿었다는 것은 의심할 여지가 없다. 즉 성적 피해망상이 나중에 종교적인 과대망상으로 바뀌었다고 설명할 수 있다. 학대를 하는 역할은 처음에는 플렉지히 교수에게 맡겨졌으나 나중에는 신이 그 자리를 차지했다.

이런 해설을 가능하게 하는 구절들을 자서전에서 그대로 인용하겠다. 〈이렇게 해서 나에 대한 음모가 실행되기 시작했다(1894년 3, 4월경이었다). 그 음모는 내 병이 고칠 수 없는 것이라든가 또는 고칠 수 없으리라는 확신이 들면 어떤 특정인에게 특정한 방법으로 나를 내주려는 것이 목적이다. 즉 나의 영혼을 그에게 주려는 것이다. 그러나 내가 위에 《만사의 법칙》의 근본 목적이라 표현했던 것에 오해가 있었던 탓으로, 나의 몸은 먼저 여자로 변형되어야 한다. 그래서 그 상태로 문제의 그 사람에게 성폭행을 하라고 바쳐지는 것이다.[12] 그런 다음에는 그냥 한편에 밀어 놓아 부패하게 버려 두려는 것이다.〉

〈더욱이 인간의 입장(그 당시까지도 나는 아직 인간의 입장에서 주로 지배받았다)에서 보면, 나는 플렉지히 교수나 그의 영혼을 내가 가진 단 하나의 진짜 적이라 생각하고 — 후에 W 경의 영혼도 나의 적이 되었는데, 그에 대해서는 곧 더 이야기할 것이다 — 전능하신 신을 나의 동지라고 생각한 것은 당연했다. 나는 단지 신이 플렉지히 교수와 관련되어 궁지에 빠져 있다고 상상했으며, 어떤 방법을 써서라도 신을 도와야 한다고 느꼈다. 나를 희생해서라도 도와야 된다고 느꼈던 것이다. 한참이 지난 후에야 신 자신이 나의 영혼을 죽이고 나의 몸을 매춘부처럼 사용하려는 음모를 꾸민 자이거나 최소한 공모자라는 생각이 떠올랐다. 사실이 생각은 부분적으로는 이 책을 쓰는 동안에 확실하게 의식화되었다고 말할 수 있다.〉

〈나의 영혼을 죽이려는 시도, 만사의 법칙에 반해서(즉 한 인간의 성적 만족을 위해서) 나를 거세하려는 시도 혹은 나중에는 나의 이해를 파괴하려는 시도 등 이 모든 시도들은 실패했다. 신과 약한 한 인간 사이의 분명히 평등하지 않은 이러한 싸움에서 결국은 내가 승리했다. 그러나 그것은 극심한 고초와 궁핍을 겪은 후의 승리였고, 만사의 법칙이 내 편이었기 때문에 가능했다.〉

위의 구절 중에 〈만사의 법칙에 반해서〉라는 말에 붙인 각주에 그는 거세 망상과 그와 신의 관계가 변형될 것임을 시사하고 있

12   이 부분이나 또 다른 부분의 문맥으로 보아 성폭행을 실행할 〈문제의 그 사람〉은 다름 아닌 플렉지히이다.

다. 그는 나중에 다음과 같이 쓰고 있는 것이다. 〈나는 나중에 전혀 다른 목적으로 — 만사의 법칙에 맞는 목적으로 — 거세가 되는 것은 가능성이 있는 일이라는 것을 보여 주겠다. 그리고 거세가 되는 것이 갈등의 해결책을 제공할 수 있다는 것도 보여 주겠다.〉

이상과 같은 발언은 우리가 거세 망상을 보는 시각을 결정하여 이 환자를 전반적으로 이해하는 데 결정적으로 중요한 역할을 한다. 그리고 환자가 들었던 〈목소리〉는, 그가 여자로 변형되는 것을 성적인 모욕으로만 다루어서 그를 놀리는 이유로 삼았다.

〈빛살 신[13]은 나에게 곧 시행될 것으로 여겨졌던 거세에 빗대어 나를 《슈레버 양Miss[14] Schreber》이라고 놀릴 권리가 있다고 생각했다.〉 목소리들은 다음과 같이 놀리기도 했다. 〈그래, 이 사람이 재판장이었다는 거야, 남자면서 ○교를 당하는 이 사람이?〉[15] 혹은 〈아내 앞에서 부끄럽지도 않니?〉

거세 망상이 먼저 생긴 것이고 애초에는 구원자 주제와는 상관이 없었다는 것은, 앞에 언급된 환자의 〈생각〉을 보면 더 정당하게 보인다. 그 〈생각〉이란 환자가 반쯤 잠들어 있을 때 나타났던 것으로 〈성교를 당하는 여자인 것도 좋겠다〉는 생각을 말한다. 이 환상은 병의 잠복기, 즉 드레스덴에서 과로의 영향을 받기 이전에 나타났다.

슈레버 자신은 거세 망상과 구원자 관념이 연결되어, 자기가

---

13  앞으로 나오겠지만 〈빛살 신〉은 〈근본 언어〉를 쓰는 목소리들과 동일하다 — 원주.

14  원본에 영어로 되어 있다.

15  저자의 문체가 특이할 때는 항상 그렇듯이, 여기에 글자가 빠진 것은 자서전에서 그대로 복사한 것이다. 나라면 그런 심각한 사항을 가지고 부끄러워지는 않았을 것이다 — 원주.

거세를 감수할 수 있게 된 것을 1895년 11월로 이야기한다. 즉 그는 다음과 같이 쓰고 있다. 〈그러나 지금 만사의 법칙은 내가 좋아하든 말든 나의 거세를 꼭 필요한 것으로 요구하고 있으며, 나에게는 여자로 변형된다는 생각을 받아들이는 길밖에 없다는 것을 확실히 알게 되었다. 물론 내가 신성한 빛살에 의해 잉태하는 것만이 나의 거세 결과로 생기는 일일 것이다.〉

여자로 변형된다는 생각은 그의 망상에서 두드러진 특징이자 가장 먼저 나타난 망상의 싹이었다. 또 그 일부는 그가 회복한 다음에도 남아 있었을 뿐 아니라 그의 일상생활의 행동에도 나타났다. 〈다른 사람들이 보기에 이상한 것은 단 한 가지 사실, 즉 내가 가끔 웃통을 벗고 리본이나 가짜 목걸이 같은 잡다한 여자용 장신구를 걸치고는 거울 앞이나 다른 곳에 서 있는 일이 있다는 것이다. 이 사실은 전문가의 보고서에도 쓰여 있다. 그러나 이런 일은 내가 혼자 있을 때에만 일어났다. 이제까지는 다른 사람이 있을 때 이런 일이 일어나는 것은 피할 수 있었다.〉 재판장은 실생활에서는 완전히 회복되었다고 자신 있게 이야기할 수 있었을 때에(1901년 7월) 자신의 이런 경박한 행동을 고백한다. 〈내 주위에 보이는 사람들이 《엉터리로 급조한 사람들》이 아니라 진짜 인간들이기 때문에, 이성적인 인간이 동료 인간들을 대하듯이 그들을 대해야 한다는 것을 나는 오래전부터 알고 있었다.〉 그는 거세 망상을 행동으로 보였다. 그러나 자서전을 출판한 것 이외에는 다른 사람들에게 그가 구원자의 사명을 가지고 있음을 인정하도록 하는 어떤 노력도 하지 않았다.

(2) 우리 환자가 신에 대해 가지고 있는 태도는 매우 기묘하고 내적 모순에 가득 차 있다. 그럼에도 불구하고 그가 〈미친〉 것에

어떤 〈경로〉가 있다고 생각하려면 어느 정도의 믿음이 있어야 한다. 슈레버 박사가 자서전에서 말한 것을 가지고 우리는 그가 가졌던 신학적-심리학적 체계를 좀 더 정확하게 알아보도록 노력해야 한다. 그리고 그가 드러낸 (망상적인) 유대 관계 속에서 신경, 천국의 행복, 신성의 계급 제도, 또 신의 속성들 등에 대해 그가 가졌던 생각들을 명확하게 설명하도록 역시 노력해야 한다. 우리는 그의 이론 구석구석에 평범한 것과 재치 있는 것, 남에게서 빌려 온 것과 독창적인 것이 눈부시게 섞여 있는 것을 보고 놀라게 된다.

인간의 영혼은 몸의 〈신경〉에 있다. 이 신경은 가장 가느다란 실에 비교할 만큼 매우 정교한 구조로 되어 있다고 보아야 한다. 이 신경 중 어떤 것들은 감각을 받아들이기만 할 수 있고, 다른 것들(〈이해하는 신경〉)은 마음의 모든 기능을 수행한다. 그리고 〈각각의 이해하는 신경은 한 사람의 정신적인 개성을 나타내며〉, 이해하는 신경이 많은가 적은가 하는 것은 오직 받아들인 영상을 얼마나 오랫동안 마음에 지니고 있을 수 있는지에만 영향을 미친다.[16]

인간은 몸과 신경으로 되어 있지만 신은 그 속성상 오직 신경으로만 되어 있다. 그러나 인간의 몸같이 신경의 수가 정해져 있지 않고 무한하다. 그들은 인간이 가진 신경의 성질을 다 가지고 있는데, 그 강도는 엄청나게 강하다. 그들의 창조적 역량 — 즉 피

16  여기서 〈  〉 표시로 강조된 부분은 슈레버 자신이 강조한 것이다. 그리고 그는 각주를 붙여서 이 이론을 가지고 유전을 설명할 수 있다고 주장한다. 즉 그는 다음과 같이 주장한 것이다. 〈남자의 정액에는 아버지에게 속하는 신경이 들어 있다. 그것은 어머니의 몸에서 온 신경과 합쳐져서 새로운 개체를 만든다.〉 우리는 여기에서 정자의 개념이 신경으로 이전된 것을 볼 수 있다. 따라서 슈레버의 〈신경들〉이라는 개념은 성과 관련된 분야에서 나온 것이 아닐까 하는 추측을 할 수 있다. 슈레버의 자서전을 읽다 보면 망상적인 이론에 대해 무심코 적어 놓은 듯한 글에서, 망상의 생성 과정이나 그 의미에 대한 단서를 얻게 되는 일이 종종 있다 — 원주.

조물의 세계에 있는 어떠한 대상으로도 자신을 변하게 할 수 있는 힘 — 을 말할 때 그들은 빛살이라고 일컬어진다. 신과 별이 있는 하늘과 태양은 서로 밀접하게 관련되어 있다.[17]

신은 세상의 창조를 끝내고 아주 멀리 떨어져서 세상이 스스로의 법칙에 따라가도록 내버려 두었다. 신은 죽은 자의 영혼을 불러들이는 일만 했다. 아주 예외적인 경우에만 신은 매우 재능 있는 특별한 사람들과 직접 관계를 맺거나[18] 기적을 통해 세상의 운명에 간섭했다. 신은 만사의 법칙에 따라 인간이 죽기 전에는 그들의 영혼과 대화하지 않았다.[19] 인간이 죽으면 그의 영혼의 부분들은(즉 그의 신경들은) 순화 과정을 거친다. 그리고 〈하늘의 앞뜰〉이 되어 신과 다시 합치게 되는 것이다. 그러므로 모든 것은 영원한 원을 따라 움직이게 되는 것이다. 먼저 신은 자신의 신경의 일부에 다른 모습을 부여하여 떼어 냄으로써 무엇인가를 창조한다. 그렇게 떼어 낸 부분은 수백 년이나 수천 년이 지난 후에 천국의 행복을 얻은 죽은 자의 신경들이 〈하늘의 앞뜰〉이 되어 신에게 돌아옴으로써 보충되는 것이다.

순화 과정을 거친 영혼들은 천국의 행복[20]을 즐기게 된다. 동시에 그들은 개인의 의식을 일부 잃어버리고 다른 영혼들과 합쳐져서 상위의 개체들을 이루게 된다. 괴테나 비스마르크 같은 사

17  이와 관련하여 태양의 의미에 대한 나의 논고를 볼 것. 신경과 빛살을 비교한 것은(아니 오히려 합친 것은) 둘 다 선상으로 뻗는 성질에 근거했을 것이다. 한편 빛살과 신경을 연결시킨 것은 정자와 신경을 연결시킨 것과 마찬가지로 독창적이다 — 원주.

18  〈근본 언어〉로는 〈그들과 신경 연결을 만드는 것〉이라고 설명했다 — 원주.

19  나중에 보면 이 사실을 근거로 신을 비난했음을 알 수 있다   원주.

20  이것은 주로 관능적인 요소로 이루어진다 — 원주. 〈천국의 행복〉이라고 번역된 독일어는 〈Seligkeit〉인데, 말 그대로는 〈신의 축복을 받은selig 상태〉를 뜻한다. 〈Selig〉는 여러 가지 뜻으로 쓰인다. 즉 〈신의 축복을 받은〉, 〈더없이 행복한〉, 또는 완곡하게 표현하는 말로 〈죽은〉 등의 뜻으로 쓰일 수 있다.

람들의 영혼은 중요한 영혼들이다. 이들은 그들의 개성을 수백 년간 간직한 후에 상위의 영혼 복합체가 될 수 있다. 상위의 영혼 복합체란 유대인인 경우에는 〈여호와 빛살〉이고, 고대 페르시아 인인 경우에는 〈조로아스터 빛살〉이다. 순화되는 과정 중에 그들 은 신이 사용하는 언어, 즉 〈근본 언어〉를 배운다. 근본 언어는 좀 오래되기는 했지만 활기찬 독일어인데, 넌지시 둘러말하는 표현 법이 많은 것이 특징이다.[21]

신 자신은 단순한 개체가 아니다. 《하늘의 앞뜰》 위에 신 자신 이 맴돌고 있으며, 그는 《신의 앞쪽 영역》에 반하여 《신의 뒤쪽 영 역》이라고도 불린다. 신의 뒤쪽 영역은 예전에도 그랬지만 지금 도 이상한 방법에 의해 둘로 나뉘어 있다. 그래서 하위 신(아리만 Ahriman)과 상위 신(오르무즈드Ormuzd)이 구별되는 것이다.〉 이 렇게 나뉘어 있는 의미에 대해서 슈레버는, 하위 신은 살갗이 검 은 인종(셈족)과 특히 가깝고 상위 신은 살갗이 흰 인종(아리안 족)과 더 가깝다는 것 외에는 특별히 언급하지 않는다. 아니 그런 고상한 문제에 대해 인간적인 지식을 더 요구한다는 것은 적당하 지 않을 것이다. 그런데 그는 다음과 같은 말도 했다. 〈전능한 신 은 어떤 면에서는 하나이지만 상위 신과 하위 신은 별개의 존재 로 생각해야 된다. 그들은 별개의 존재로 각각 독특한 이기주의 와 자기 보존 본능을 가지며, 둘의 관계에서조차 서로 앞서려고 항상 노력하고 있다.〉 더욱이 그 두 신성한 존재는 슈레버의 병이

---

21 병을 앓고 있는 동안 단 한 번 그는 그의 영혼의 눈을 가지고 전능한 신을 변 화되지 않은 모습으로 분명히 보는 특권을 허락받은 적이 있다. 그때 신은 근본 언어 중에서 당시 사용되는 단어를 내뱉었는데, 그것은 온화하지 않고 설득력이 있었다. 그 말은 〈매춘부Luder〉라는 말이었다 — 원주. 이것은 욕하는 말로 주로 여자에게 쓰이지 만 가끔 남자에게 쓰이기도 한다. 〈근본 언어〉에 대해서 프로이트는 『정신분석 강의』 중 열 번째 강의에서 다시 논의하고 있다

급성일 때, 불행한 그에게 서로 아주 다르게 행동했다.[22]

발병하기 전에 슈레버는 종교적으로 회의론자였다. 즉 그는 한 번도 인격신이 있다는 것을 믿어 본 적이 없었다. 그는 이 사실을 자기의 망상이 사실이라고 주장하는 근거로 이용하고 있다.[23] 그러나 슈레버가 말하는 신의 성질에 대한 설명을 읽은 사람이라면 누구나 편집증에 의해 일어난 변화가 근본적인 것은 아니었고, 현재의 구원자의 모습에는 예전의 회의론자의 모습이 많이 남아 있다는 것을 인정해야 할 것이다.

〈만사의 법칙〉에 잘못된 곳이 있어서, 그 결과 신 자신의 존재가 위협을 받게 된 것 같다. 더 이상 설명할 수 없는 상황 때문에 살아 있는 사람의 신경들, 특히 그것이 심하게 흥분되어 있는 상태일 때는 신의 신경을 끌어당기는 힘이 매우 강해진다. 그러면 신 자신도 그것들로부터 벗어날 수가 없어 자신의 존립이 위태로워지는 것이다. 이것은 매우 희귀한 일이었지만 슈레버에게 나타난 것이다. 그것 때문에 그는 큰 고통을 당했다. 그러자 신에게 자기 보존 본능이 일어났고, 신은 종교에서 이야기하듯 완벽한 존재가 아님이 분명히 드러났다. 슈레버의 책 전체에 걸쳐 신이 죽은 자와 대화하는 것에만 익숙해서 산 자는 이해하지 못한다는 불평이 가득 차 있다.

〈그러나 이와 관련하여 근본적인 오해가 판을 치고 있다. 그것

---

22  슈레버의 자서전을 보면 바이런의 시 「맨프레드Manfred」의 구절이 그가 페르시아 신들의 이름을 선택한 이유가 아닌가 생각하게 한다. 나중에 이 시가 슈레버에게 영향을 끼쳤다는 증거를 더 찾아볼 수 있다 — 원주.

23  내 경우에는 이것이 단순히 착각이었다고 생각할 수 없다. 그 자체의 속성으로 보아 심리적으로 그렇게 생각할 수 없는 것이다. 신이나 죽은 영혼과 대화를 한다는 착각은, 병적으로 신경이 흥분되기 이전에 이미 신앙심이 굳고 또 영혼이 영생한다는 것을 믿는 사람에게만 나타날 수 있는 것이다. 그러나 이 장 첫머리에서 설명했듯이 이 경우에는 전혀 그렇지 않았다 — 원주.

은 그 후로 나의 인생을 주홍색 실같이 관통하고 있다. 이것은 바로 만사의 법칙에 따라 신이 산 자에 대해서는 아무것도 모르고 또 알 필요도 없다는 사실에 근거를 두고 있다. 즉 만사의 법칙에 따라 신은 오직 시체와 대화하기만 하면 되었다.〉

〈이런 상황은, 내가 이렇게 말해도 된다면, 신은 너무 산 자를 다룰 줄 몰랐고 단지 시체와 대화하는 것에만 익숙했으며, 기껏해야 잠들어 있는 사람과 (꿈속에서) 대화할 수 있었다는 사실과 관련해서 다시 생각해야 한다고 나는 확신한다.〉

〈나는《믿을 수 있는 신》이라고 소리 지르고 싶다. 이것은 모두 사실이다. 신이 살아 있는 사람을 판단할 능력이 전혀 없다는 사실을 다른 사람들은 이해하기 어렵겠지만, 또 내가 이것을 수도 없이 목격한 후 그 사실에 익숙해지는 데 많은 시간이 걸리기는 했지만, 이것은 사실이다.〉

그러나 신이 살아 있는 사람을 오해했기 때문에 신 자신이 슈레버를 해치려는 음모를 꾸미는 데 가담할 수 있었고, 또 슈레버를 바보라고 생각하여 그로 하여금 심한 고통을 치르게 할 수 있었던 것이다. 슈레버는 바보라고 낙인찍히지 않으려고 〈강화된 사고〉를 하기로 했다. 강화된 사고는 매우 힘든 체계로 되어 있었다. 그의 말을 빌리자면 다음과 같다.

〈내가 이성적 사고 작용을 멈출 때마다 신은, 나의 지성이 없어졌으며 그가 원하던 대로 나의 이해력이 파괴되었다고(바보가 됨) 성급하게 결론을 내렸다. 신은 그래서 모든 것을 취소할 수 있다고 생각했다.〉

그는 배설하려는 충동(혹은 〈sch……〉)[24]에 대한 신의 방해 행동 때문에 특히 심하게 화가 났다. 그 내용이 매우 독창적이기 때

24  sch……는 〈똥 누다scheißen〉를 나타낸다.

문에 여기에 그대로 인용하려 한다. 그런데 우선 기적이나 목소리는 모두 신, 즉 신성한 빛살에게서 나왔다는 것을 염두에 두어야 한다.

〈아름답지 못한 주제를 다루게 되겠지만, 이 사건의 특징상 내가 막 인용한 질문《똥 누지 그러니?*Warum sch……Sie denn nicht?*》에 대해 몇 마디 더 해야겠다. 내 몸에 관한 모든 일과 마찬가지로 장을 비울 필요는 기적에 의해 생긴다. 이것은 내 똥이 장 안에서 앞으로(가끔씩 다시 뒤로) 밀리기 때문에 생긴다. 그리고 이미 장을 비웠기 때문에 물질이 충분하지 않을 때도 있다. 그럴 때는 장에 남아 있는 그 소량의 내용물이 항문을 문질러 더럽힌다. 이것은 상위 신이 행하는 기적이다. 그리고 이것은 하루에 적어도 수십 차례씩 반복되었다. 또 이때는 어떤 생각이 함께 들었는데, 그 생각은 사람으로서는 도저히 이해할 수 없는 것이었고, 신은 살아 있는 사람이 하나의 유기체인 것을 전혀 모른다는 사실로밖에는 설명할 수 없는 것이었다. 이 생각에 의하면《똥 누기》는 어떤 의미에서는 마지막 행위이다. 다시 말하면, 똥을 누려는 욕구가 기적에 의해 일어나면 이해하는 힘을 파괴하려는 목적이 달성되는 것이다. 그리고 빛살을 거두어들여도 되는 것이다. 이 생각의 근원을 철저하게 조사하기 위해서, 내 생각으로는 장을 비우는 행위가 가진 상징적 의미에 대한 오해가 있다고 추측해야 한다. 그 오해란 나처럼 신성한 빛살과 관계를 가지고 있던 사람은 어느 정도는 모든 세상에 똥을 눌 자격이 있다는 생각이다.

그러나 다음에 나타나는 현상을 보면 나에게 자행되어 왔던 정책이 배신 행위[25]로 가득한 것을 알 수 있다. 나에게 장을 비우고

25 이 시점에서 저자는 〈배신 행위〉라는 말의 어감이 너무 강한 것을 부드럽게 하기 위해 각주에 신을 정당화하는 자신의 논의를 참고로 싣고 있다. 곧 이 부분이 나

싶은 욕망이 기적적으로 일어날 때마다, 내 근처에 있던 다른 사람이(그의 신경이 그 목적으로 자극받아서) 변소로 보내어졌다. 그것은 내가 똥을 누는 것을 방해하기 위해서였다. 이 현상은 내가 수년에 걸쳐 셀 수 없이 많이, 즉 수천 번 관찰한 것으로, 항상 그렇게 되었기 때문에 이것이 우연히 그렇게 되었을 가망성은 없다. 그러자 《왜 똥 누지 않는 거지?》라는 질문이 나온다. 그리고 그 질문에 나의 《바보 아니면 그 비슷한 것》이라는 멋진 대답이 만들어진다. 펜조차도 이렇게 굉장히 어리석은 말을 기록하는 것은 싫어할 것이다. 자기가 사람에 대해 너무 무지하다는 것도 모르면서, 어떤 동물이라도 할 수 있는 똥 누는 일을 못 할 정도로 바보인 사람이 있다고까지 생각하는 신의 어리석음 말이다. 그런 욕망이 일어났을 때 실제로 장을 비우는 데 성공할 때도 있는데, 그때는 항상 영적인 관능적 만족감이 매우 강하게 느껴진다. 그런데 변소에는 거의 항상 다른 사람이 있기 때문에 나는 양동이를 쓴다. 장 안에 똥이 있어서 생기는 압력에서 해방되는 것은 관능적 만족에 관계하는 신경을 매우 기분 좋게 한다. 또 그것은 오줌을 눌 때도 마찬가지이다. 그래서 오늘날까지도 내가 똥을 누거나 오줌을 눌 때는 모든 빛살들이 예외 없이 항상 합쳐진다. 그리고 바로 이 때문에 내가 이런 자연스러운 기능을 행하려고 할 때마다 똥을 누거나 오줌을 누려는 욕망을 거스르려는 일이 생기는데, 그 시도는 항상 실패한다.)[26]

더구나 이 보통이 아닌 슈레버의 신은 경험을 통해 무엇을 배울 줄을 몰랐다. 〈그의 본성에 내재한 어떤 성질 때문에, 신은 그

올 것이다 — 원주.
26  배설 과정에 만족을 느낀다는 고백은 「다섯 살배기 꼬마 한스의 공포증 분석」에 나오는 꼬마 한스가 한 말과 비견된다. 배설 과정에 만족을 느끼는 것은 유아기 성 행동 중에 자가 성애적인 부분이라고 우리는 이미 배운 바 있다 — 원주.

동안 얻은 경험으로부터 미래를 위하여 배우는 것이 불가능한 것으로 보인다.〉 그러므로 신은 똑같은 고문과 기적, 그리고 목소리들을 조금도 바꾸지 않고 해마다 계속 반복한다. 그래서 결국은 그가 괴롭히고 있는 피해자들에게 웃음거리가 된다.

〈결국 지금은 기적들이 그 놀라게 하는 힘을 거의 다 잃어서, 신이 나에게 무슨 일이 벌어지게 하든지 나에게는 신이 어리석거나 유치하게 보인다. 그래서 나는 종종 나를 보호하기 위해 신을 조롱하는 역할을 하게 된다. 그리고 가끔은 신을 큰 소리로 조롱한다.〉[27]

그러나 슈레버의 마음에는 이와 같이 신에 대해 비판적이고 반항적인 태도에 반대하는 힘찬 흐름이 있었다. 그것은 그의 글 여러 곳에 나타나 있다. 〈그러나 나는 여기서 다시 한번 강렬하게, 이것은 단지 삽화적인 사건일 뿐이라고 선언해야겠다. 이것은 여하튼 내가 죽으면 끝이 날 것이며, 따라서 오직 나만이 신을 조롱할 수 있는 권리를 가지고 있다. 다른 사람들에게 신은 전능하신 하늘과 땅의 창조자이시며, 만물의 근원이시며, 그들의 구세주이시며 — 전통적인 종교 개념에는 고쳐야 할 부분이 있기는 하지만 — 그들의 예배와 공경을 받아 마땅한 분이다.〉

슈레버는 자신에 대한 신의 행동을 위한 변명을 찾으려고 반복해서 시도했다. 그 시도는 모든 변신론(辯神論)만큼 독창적이었다. 영혼의 일반 속성을 근거로 설명하기도 했고, 신은 자기 보존이 필요하다는 점에 근거를 두고 설명하기도 했으며, 또 플렉지히의 영혼이 오도했기 때문이라고 설명하기도 했다. 그러나 대체

---

27  근본 언어에서도 신은 가끔 남을 괴롭게 하기보다는 자신이 괴롭힘을 당하는 것으로 나타난다. 예를 들면 다음과 같은 것이다. 〈제기랄! 이런 말을 해야 하다니 — 신이 자기의 몸을 내준다고⋯⋯〉—원주.

로 그 병은 인간 슈레버와 신의 갈등으로 간주되었으며, 만사의 법칙이 그의 편이기 때문에 비록 약하지만 인간이 승리했다.

의사의 보고서로만 보면 슈레버는 흔히 볼 수 있는 구원자 망상을 보였다고 생각하기 쉽다. 보통 구원자 망상을 앓는 환자는, 자기가 신의 아들이며 세상을 비탄에서 구원한다거나 혹은 멸망으로부터 세상을 구원한다는 등의 망상을 보인다. 그래서 나는 슈레버와 신의 관계에서의 특이한 점을 자세하게 전하려고 유의했던 것이다. 이 관계가 다른 인간들에게 가지는 의미는 그 자서전에서 간혹 언급되었을 뿐이고, 그것도 망상 형성의 말기에 가서야 나온다. 즉 슈레버가 끌어당기는 힘이 있기 때문에 신의 빛살이 대부분 그(슈레버)의 몸에 흡수되어 있는 한, 죽은 사람은 아무도 천국의 행복 상태로 들어갈 수 없다는 것이 그 요점이다. 거의 병의 말기에 가서야 그가 자신을 예수 그리스도와 동일시하는 것이 숨김없이 드러난다.

슈레버의 병을 정확하게 이해하려면 그가 가진 신 개념의 특이한 점들, 즉 공경하는 태도와 반항하는 태도가 뒤섞여 나타나는 점들을 고려해야 한다.

이제 신과 밀접하게 연관되어 있는 천국의 행복에 대해 살펴보려고 한다. 슈레버는 이것을, 사람의 영혼이 죽은 다음에 순화과정을 거쳐 올라가게 되는 〈저편의 생활〉이라고도 표현했다. 그는 이를 끊임없는 즐거움의 상태라고 표현했는데, 그것은 신의 의도와 밀접한 관계가 있는 상태라고 했다. 이것은 독창적인 것은 아니다. 그런데 슈레버는 놀랍게도 천국의 행복 상태를 여성 상태와 남성 상태로 구별했다.[28] 〈남성적인 천국의 행복 상태는

28  우리가 성의 구별에서 자유로워지는 것이 오히려 〈저편의 생활〉이 제공하는 소원 성취와 더 가까울 것이다.

여성적인 것보다 우수하다. 그리고 그것은 끊임없는 관능적인 만족감의 상태라고 보인다.〉다른 구절에서는 천국의 행복 상태와 관능적인 만족감이 일치한다는 것을 여성과 남성의 구별 없이 더 단순한 말로 표현했다. 더욱이 신의 의도에 있는 천국의 행복 상태를 이루는 요소에 대해서는 더 이상 언급이 없다. 예를 들어 다음과 같은 구절이 있다. 〈신의 신경의 속성이 그렇기 때문에 천국의 행복 상태는 강한 관능적 만족감을 동반한다. 그러나 그것만으로 되어 있는 것은 아니다.〉또, 〈관능적인 만족은 인간과 다른 살아 있는 창조물에게 미리 나누어 준 천국의 행복의 한 조각이라고 생각해도 된다.〉

그래서 천국과 같은 행복의 상태는 본질적으로 땅에서 누리는 관능적인 즐거움이 강하게 지속되는 것이라고 이해하라는 것이다!

이 천국의 행복에 관한 견해는 발병 초기에 생긴 슈레버의 망상에서는 중요한 요소가 아니었다. 그리고 나중에는 다른 개념과 맞지 않는다고 없애 버렸다. 그래서 스스로 작성해서 1901년 7월 항소심 법원에 제출한 자신의 증례에 대한 진술서에서 슈레버는, 자기의 위대한 발견 중 하나는 〈관능적인 만족감은 세상을 떠난 영혼들이 즐기는(그리고 아직 보통 인간들은 느낄 수 없는) 천국의 행복과 밀접한 관계가 있다〉는 사실이라고 강조했다.[29]

이 〈밀접한 관계〉야말로 이 환자가 결국 신과 화해하여 자신의 고통을 끝나게 할 수 있으리라는 희망을 갖게 되는 근거였다. 신

---

그리고 고요하고 빛나는 아침의 아들들
그들은 누가 여자인지 남자인지 묻지 않는다 — 원주.
괴테의 소설 『빌헬름 마이스터의 수업 시대*Wilhelm Meisters Lehrjahre*』에 나오는 미뇽의 노래 중에서, 제8권 2장.
29  이 발견이 더 깊은 뜻을 가질 것이라는 가능성이 아래에 논의되었다 — 원주.

의 빛살들이 그의 몸에 흡수되어 영적인 관능적 만족을 얻으리라는 확신을 가지게 되면 그들은 적대감을 버리게 될 거라는 것이다. 즉 신 자신이 그의 몸 안에서 관능적인 만족을 얻기를 요구하며, 그가 육감적인 것을 배양하는 데 무관심하여 신이 원하는 것을 제공하지 못하면 신의 빛살을 거두어 가겠다고 위협을 한다는 것이다.

슈레버가 천국의 행복을 놀랍게도 이렇듯 성적으로 만든 것을 보면, 아마도 그것이 독일어 〈selig〉가 가진 두 가지 뜻, 즉 〈죽음〉과 〈관능적인 행복〉의 뜻을 압축하여 만들어진 것이 아닌가 추측하게 된다.[30] 그리고 또 우리는 이 환자가 인생에서 성적인 측면과 성에 탐닉하는 것에 어떤 태도를 가졌는지 살펴보게 된다. 왜냐하면 우리 정신분석가들은 이제까지 모든 신경 정신계 병의 근원은 환자의 성생활에서 찾아야 한다는 관점을 지지해 왔기 때문이다. 어떤 분석가들은 단순히 경험을 근거로 그렇게 생각했고, 어떤 이들은 경험에 이론적인 고찰을 첨가하여 그렇게 생각했다.

이미 우리에게 주어진 슈레버의 망상을 예로 보면, 편집증이 〈음화 같은 병례〉라고는 볼 수 없을 것이다. 사람들은 성이 별로 중요한 작용을 하지 않는 〈소극적 병례〉가 있을 것이라 생각하고 오랫동안 그것을 찾아 왔다. 슈레버는 그가 우리의 편견을 공유하고 있는 것처럼 반복해서 말한다. 즉 그는 〈신경병〉과 성적인

30  이 단어가 서로 매우 다른 두 가지 뜻으로 쓰인 예는 〈돌아가신 나의 아버지 mein seliger Vater〉라는 구절과 「돈 조반니Don Giovanni」에서 이중창 〈Là ci darem〉을 독일어로 번역한 다음 구절에서 찾아볼 수 있다.
아, 내가 영원히 그대의 품에 안긴다면
얼마나 행복할까!
*Ja, dein zu sein auf ewig,*
*wie selig werd' ich sein.*
한 단어가 그렇게 다른 두 가지 뜻으로 쓰인다는 사실에 의미가 없을 수 없다 — 원주.

일탈이 서로 나뉠 수 없는 것인 양 항상 함께 언급하고 있다.[31]

발병하기 전에 슈레버 재판장은 엄격하게 도덕적인 사람이었다. 그는 다음과 같이 주장했는데, 그것을 의심할 이유는 없다고 생각한다. 〈나처럼 도덕적으로 엄격하게 자란 사람도 드물다. 그리고 일생 동안 나처럼 그 도덕적 원칙을(특히 성에 관해서) 지키려고 자제할 수 있었던 사람도 드물다.〉 그런데 심한 영적인 갈등이 있었고, 그 후 그의 성에 대한 태도가 바뀌었다. 그의 병은 그 영적 갈등이 밖으로 표현된 것이었다. 그는 관능적인 것을 배양하는 것이 자신에게 주어진 의무라고 생각했고, 이 의무를 수행해야만 자기 안에서 생긴 혹은 그의 생각으로는 자기에 대해서 생긴 갈등을 끝낼 수 있다고 생각하게 되었다. 목소리들은 관능적인 것은 신앙심이 깊은 것이라며 그를 안심시켰다. 그리고 그는 그것을 배양하는 데 하루 종일 매달리지 못하는 것이 후회스러울 뿐이었다.[32]

슈레버가 병 때문에 변한 결과는 그의 망상 체계의 두 가지 특징에 나타나 있다. 발병 전에 그는 성적으로는 금욕주의자에 가

31  〈지구상에 있는 어떤 생물이건 도덕적인 타락(《과다한 관능》)이 혹은 도덕적 타락과 신경병이 함께 그의 구성원 전체를 지배하고 있다면〉, 슈레버는 그 세상은 파괴적 종말을 맞을 것이라고 생각했다. 아마 성서에 나오는 소돔과 고모라나 대홍수 등의 이야기를 염두에 두었던 것 같다. 〈[소문이] 인간들에게 두려움과 공포를 심었고, 종교의 근본을 망가뜨렸으며, 또 일반적인 신경병과 부도덕을 퍼뜨려 인류에게 무서운 전염병이 덮쳤다.〉〈그래서 영혼은《지옥의 왕자》라는 말로 불가사의한 힘이라는 뜻을 나타냈다고 보인다. 그 불가사의한 힘은 인간들이 도덕적으로 타락했거나, 아니면 문명이 지나치게 발전하여 신경의 흥분이 심해진 상태가 되었기 때문에 신에게 적대적일 수 있었다〉— 원주.

32  이 망상과 관련하여 그는 다음과 같이 쓰고 있다. 〈이 끌어당김(즉 슈레버가 신의 신경에 작동한 끌어당김)은 해당되는 신경을 두려워하지 않게 되었다. 그리고 그 신경들이 내 몸에 들어오면, 영적인 관능의 느낌을 만나게 되었고 그것을 함께 나누었다. 이렇게 되면 그들은 그들이 잃어버린 천국의 행복과 같은 것을 내 몸 안에서 찾게 되는 것이다. 그런데 그들이 잃어버린 천국의 행복은 관능적인 즐거움의 일종으로 되어 있었다〉— 원주.

까웠고, 신에 대해서는 회의론자였다. 그러나 발병 후에는 신을 믿었고, 또 관능적인 것에 열광적인 사람이 되었다. 그러나 그가 다시 얻은 신앙심은 특이했고, 자기를 위해 얻은 성적인 즐거움도 마찬가지로 아주 이상한 성질을 가지고 있었다. 그것은 남자로서 성적으로 해방된 것이 아니라 여자의 성적 감흥을 가지게 되었던 것이다. 그는 신에 대해 여성적인 태도를 가지게 되었고, 자기가 신의 아내라고 느꼈다.[33]

그는 자기가 여자로 변형된다는 망상 외의 다른 망상은 그렇게 자세하고 집요하게 다루지 않았다. 그가 흡수한 신경들은 그의 몸에서 여자의 관능 신경의 성질을 가지게 되었고, 그의 몸으로 하여금 여자의 특징을 가지게 만들었다. 특히 그의 피부는 여자의 피부같이 부드럽게 되었다. 그가 어느 부분이라도 손가락으로 살짝 누르면 피부 바로 아래에서 그 신경들이 실이나 줄 같은 조직으로 느껴졌다. 신경들은 특히 여자의 젖가슴이 있는 부위인 가슴에 많이 있었다. 〈이 조직을 누르면 여자들이 느끼는 관능적인 느낌을 일으킬 수 있다. 누를 때 여성적인 것을 생각하면 더욱 그랬다.〉 그는 〈그림〉(즉 시각적인 영상을 불러냄)에 의해 자신과 빛살 모두로 하여금 그의 몸에서 여자의 젖가슴과 성기를 느끼게 만들 수 있었다. 〈내 몸에 여자의 엉덩이를 그리는 것은 아주 습관이 되어서 — 사념을 품은 자에게 화 있을진저 *honi soit qui mal y pense* — 구부릴 때마다 나도 모르게 그렇게 하게 된다.〉 그는 〈누

---

33 〈순결한 처녀, 즉 남자와 한 번도 성교한 일이 없는 여자에게 예수 그리스도가 잉태되었던 것과 비슷한 일이 내게 일어났다. 나는 두 번(그리고 플렉지히 교수의 병원에 있었을 때) 불완전한 것이기는 했지만 여자의 성기를 가졌던 적이 있다. 그리고 태동이 있을 때와 같은 움직임을 내 몸에서 느꼈다. 남자의 정액에 해당하는 신의 신경이 신성한 기적으로 내 몸에 뻗쳐서 임신이 되었던 것이다〉 — 원주. 슈레버의 책에는 머리말과 서론이 있고, 전문에 해당되는 〈플렉지히 교수에게 보내는 공개 서한〉도 있다.

구든 내가 웃통을 벗고 거울 앞에 있는 것을 보게 되면 ― 그리고
만약 내가 여성적인 장식품을 걸치고 있어 더 착각하기 쉽다면
― 틀림없이 내가 여자의 젖가슴을 가지고 있다는 인상을 받을
것〉이라고 주장할 만큼 대담해졌다. 그는 자기 몸의 머리부터 발
끝까지 관능의 신경이 퍼져 있다는 사실을 증명하기 위해서 의학
적인 검진을 요청했다. 그가 아는 한 이런 상태는 여자에게만 있
고, 남자에게는 관능 신경이 성기와 그 주변에만 있기 때문이었
다. 그의 몸에 이런 신경이 쌓여서 그는 영적인 관능이 강하게 발
달하게 되었다. 그래서 그는(특히 침대에 누워 있을 때는) 조금만
상상해도 육감적으로 기분 좋은 느낌을 불러일으킬 수 있었다.
그리고 그 육감적으로 좋은 느낌은 여자가 성교할 때 느끼는 성
적인 즐거움과 거의 비슷했다.

이제 그가 드레스덴으로 옮기기 전, 병의 잠복기에 꾸었던 꿈
을 다시 살펴보면, 그가 여자로 변형된다는 망상은 그 꿈의 내용
을 현실화하는 것임이 의심할 여지 없이 분명해질 것이다. 그는
당시에는 남자로서 격분하여 그 꿈에 반발했고, 역시 분노한 채
자기의 병을 통하여 그것이 현실로 이루어지지 않도록 싸우기 시
작했다. 그는 자기가 여자로 변형되는 것은 누군가가 적개심을
가지고 그를 위협하는 망신이라고 생각했다. 그러나 결국 그는
이 변형을 받아들이기 시작했고(1895년 11월), 그것을 신의 높은
뜻과 일치시켰다. 〈그 후로 나는 내 깃발에 여성성을 배양할 것을
새겨 넣었다. 이것은 내가 온전한 의식을 가지고 한 일이다.〉

그리고 그때 그는 신이 자신의 만족을 위해 그에게 여성성을
요구했다는 확신을 가지게 되었다.

〈그러나 내가 신과 단둘이 있게 되면(그렇게 표현해도 된다면)
즉시 내가 상상할 수 있는 모든 방법을 동원하고 나의 정신 기능

의 전부, 특히 상상력을 불러내어 신성한 빛살로 하여금 가능한 한 계속(계속한다는 것은 인간의 힘에 부치는 일이므로 최소한 하루 중 어떤 때에는) 내가 관능적인 감각에 탐닉하는 여자라는 느낌을 가지도록 해야만 했다.〉

〈반면에 신은 만사의 법칙이 영혼에 부여한 존재의 조건에 맞추어 즐거움이 항상 계속되는 것을 요구한다. 그리고 나의 의무는 그것을 제공하는 것이다. 즉 영적인 관능을 가능한 한 많이 만들어 내는 것이다. 그리고 이렇게 하는 동안에 육감적인 즐거움이 내 몫으로 조금 떨어진다면, 지난 긴 세월 동안 고통받고 궁핍하게 지낸 것에 대한 조그만 보상으로 내가 받는 것이 정당하다고 느낀다…….〉

〈나는 그동안 받은 인상에 근거하여 다음과 같은 견해를 펴보아도 되리라 생각한다. 즉 내가 나 자신의 사랑스러운 팔에 안겨 있는 여자의 역할을 계속할 수 있거나, 언제나 여성적인 모습만 보도록 하거나, 또 여자의 그림만 보고 있거나 할 수 있다면, 신은 나에게서 거두어들이려고 시도하지 않고 조용히 언제까지나 나의 끌어당기는 힘에 자신을 맡길 것이라는 생각이다. 그런데 신이 나로부터 거두어들이면, 그 결과로 우선 나의 신체 조건이 나쁘게 변할 것이다.〉

슈레버의 체계에서 망상의 두 가지 요소(그가 여자로 변형되는 것과 그가 신과 특별한 관계를 가진 것)는 그가 신에 대해 여자 같은 태도를 취하는 것과 연관되어 있다. 이 두 가지 요소는 근본적으로 발생적인 관계가 있다는 것을 밝히는 것이 우리의 과제이다. 그렇게 하지 않고 다른 방향에서 슈레버의 망상을 설명하려고 한다면, 다른 사람이 젖을 짜는 사이에 숫염소 밑에서 체를 바치고 있는 사람과 다를 바 없을 것이다. 이 비유는 칸트의 『순수

이성 비판』에 나오는 것이다.[34]

34  환자의 회상과 바우마이어의 기록을 참고로 하여 슈레버에게 있었던 사건들
을 연대순으로 정리하면 다음과 같다.
1842년  7월 25일 다니엘 파울 슈레버가 라이프치히에서 출생.
1861년  11월 아버지가 53세로 사망.
1877년  세 살 위인 형이 38세로 사망.
1878년  결혼.
       첫 번째 발병.
1884년  8월 독일 제국 의회의 후보자로 임명되다.
1884년  10월 존넨슈타인 요양소에 수주간 입원하다.
1885년  6월 1일 퇴원.
1886년  1월 1일 라이프치히 하위 법원에 임명되다.
       두 번째 발병.
1893년  6월 항소 법원에 발령이 날 것이라는 소식을 듣다.
       같은 해 10월 1일 재판장이 되다.
       같은 해 11월 21일 라이프치히 병원에 다시 입원.
1894년  6월 14일 린덴호프 요양소로 옮기다.
       같은 해 6월 29일 존넨슈타인 요양소로 옮기다.
1900년  1902년까지 자서전을 쓰다. 자신의 퇴원을 위해 법적 절차를 밟다.
1902년  7월 14일 재판부에서 퇴원을 결정.
       같은 해 12월 20일 퇴원.
1903년  자서전 출판.
       세 번째 발병.
1907년  5월 92세로 모친 사망.
       같은 해 11월 14일 부인의 뇌졸중 발병. 그 후 곧 재발.
       같은 해 11월 27일 라이프치히 되젠에 있는 요양소에 입원.
1911년  4월 14일 사망.
1912년  5월 부인이 54세로 사망.

## 3. 해석의 시도

두 가지 각도에서 편집증 증례의 병력을 이해하고, 또 그 안에 있는 우리에게 익숙한 정신생활의 콤플렉스와 동기를 밝혀내려고 시도할 수 있다. 한 가지는 환자의 망상적인 발언들을 가지고 하는 것이고, 다른 한 가지는 그의 병을 자극한 원인에서 시작하는 것이다.

융이 1907년에 발표한 훌륭한 예를 보면, 처음 방법이 마음에 드는 것 같다. 융은 이 병보다 훨씬 증세가 심하고 정상에서 훨씬 멀리 떨어진 증상을 보이는 정신 분열증의 예를 해석하여 발표했던 것이다. 우리 환자는 지능이 높고 말이 통하므로 이렇게 하면 일이 빨리 진척될 것으로 보인다. 또 환자 자신은 종종 우리의 손에 열쇠를 쥐어 준다. 즉 우연한 일로 보이는 태도로 어떤 망상에 대해 주석을 달거나 인용구를 달거나 혹은 예를 써 넣음으로써, 또는 그의 마음에 떠오른 비유를 드러내어 부정하는 등의 방법으로 말이다. 이런 예를 보면 우리는 정신분석에서 보통 하듯이 하기만 하면 되는 것이다. 즉 그의 문장에서 부정 용법을 없애고, 그가 든 예를 사실이라고 보고, 또 그가 인용한 것이나 주를 달아 놓은 것을 원래의 근거로 보면 우리가 찾고 있는 것, 즉 편집증적 표현을 정상적 표현으로 번역한 것을 얻게 되는 것이다.

이 방법을 더 자세하게 살펴보는 것도 의미 있는 일이라고 생각된다. 슈레버는 소위 〈기적이 일어난 새들〉 혹은 〈말하는 새들〉 때문에 생기는 성가신 일에 대해 불평한 적이 있다. 슈레버는 그 새들에게 여러 가지 주목할 만한 성질이 있다고 여기고 있었다. 그는 그 새들이 이전에는 〈하늘의 앞뜰〉, 즉 천국의 행복 상태에 들어간 인간의 영혼들이었으며, 프토마인 독을 잔뜩 가지고 그에게 보내졌다고 믿었다. 그 새들은 자신에게 시끄럽게 되풀이해서 〈외워 버린 의미 없는 구절들〉을 반복하게끔 되어 있었다. 그들이 가진 프토마인 독을 그에게 쏟아 놓을 때마다, 즉 그들이 자신에게 시끄럽게 반복되는 구절들을 술술 뽑아 놓을 때마다 그들은 어느 정도 그의 영혼으로 흡수되었다. 그들은 그 구절들을 〈지독한 자식!〉이라든가 〈제기랄!〉과 같은 말과 함께 말했는데, 이 말들 외에는 진정한 감정을 나타내기 위해 그들이 아직 쓸 수 있는 말이 없었다. 그들은 자기들이 하는 말의 의미를 이해하지 못했고, 본질적으로 비슷한 소리에 약했다. 그 소리가 완전히 비슷하지 않아도 마찬가지였다. 그래서 다음 예와 같이 두 가지 단어 중 어떤 것을 쓰든지 그들에게는 다를 것이 없었다.

*Santiago*(산티아고) 혹은 *Karthago*(카르타고),
*Chinesentum*(중국인들) 혹은 *Jesum Christum*(예수 그리스도),
*Abendrot*(일몰) 혹은 *Atemnot*(숨가쁨),
*Ariman*(아리만) 혹은 *Ackermann*(농부) 등등.

이것을 읽으면서 우리는, 이 새들이 가리키는 것이 어린 여자 아이들일 것이라는 생각을 피할 수 없다. 사람들은 심술궂게 어린 여자를 거위와 비교하기도 하고, 정중하지 못하게 여자들은

〈새대가리〉를 가졌다고도 하며, 여자들은 그대로 외운 말밖에는 할 줄 모르고, 또 발음이 비슷한 외국어를 혼동하여 그들이 교육을 받지 못한 것을 드러낸다고 주장한다. 그들이 심각하게 생각한 구절은 〈지독한 자식!〉이라는 구절뿐이었는데, 그러니까 그것은 그들을 감탄시킨 젊은 남자를 가리킨 것이라고 할 수 있다. 아니나 다를까 몇 구절 뒤를 보면 이 해석을 뒷받침하는 구절을 볼 수 있다.

〈나는 남아 있는 새들의 영혼을 구별하기 위해 그것들에게 농담으로 여자의 이름을 붙여 주었다. 왜냐하면 호기심이 많은 것이라든가 관능적인 성향이 있는 것이라든가 하는 점에서 그들은 어린 여자들과 쉽게 비교가 되기 때문이다. 이들 이름 중에 몇몇은 신의 빛살이 인정하여 해당되는 새의 영혼을 가르치는 이름으로 남게 되었다.〉〈기적이 일어난 새들〉을 이렇게 쉽게 해석해 놓으면 불가사의한 〈하늘의 앞뜰〉이 무엇을 의미하는지 이해하는 데 도움이 될 것이다.

나는 정신분석가가 일을 하는 과정에서 전형적인 해석이 아닌 해석을 하려고 할 때는 아주 조심하고 또 자제해야 한다는 것을 잘 알고 있다. 그리고 그의 해석을 듣거나 읽는 사람들은 자기들이 분석에 대해 알고 있는 정도까지만 이해할 수 있다는 사실도 잘 알고 있다. 그러므로 분석가는 자신의 통찰력을 나타내면 나타낼수록 확실성이 떨어지고 그의 결과에 대한 신빙성이 떨어질 수 있다는 위험에 항상 대비해야 한다. 그러다 보니 어떤 분석가는 너무 조심하는 방향으로 가고, 어떤 분석가는 너무 용감하게 해석하는 일이 생기는 것도 당연하다. 실험을 더 많이 하고 그 주제에 더 익숙해지기까지는 어디까지가 정당한 해석인지 결정하는 것이 불가능하다. 슈레버의 증례를 해석할 때 나는 자제할 수밖에 없었다. 그것은 그 자서전을 출판하는 데 반대가 심해서 많은 부분이 출판에서 빠지게 되었기 때문이다. 아마도 그 빠진 부분들이 이 증례를 이해하는 데 가장 중요한 단서가 되었을 것 같다.[35] 예를 들면 그 책의 3장은 다음과 같이 기대할 만한 말로 시작된다.

〈이제부터 내 가족 중 다른 구성원에게 일어났던 사건들을 이야기하겠다. 그것들은 혹시 내가 생각해 보았던 영혼-살인과 연결되어 있을지도 모른다. 어쨌든 그들 모두에게 문젯거리가 있었고, 그것들은 보통 인간적인 경험으로 설명하기가 쉽지 않은 것들이었다.〉 그러나 바로 다음에 아래와 같은 문장으로 그 장을 마무리했다. 〈이 장의 나머지 부분은 출판에 적당하지 않기 때문에 빠졌다.〉 따라서 나는 우리가 이미 알고 있는 인간적 동기에서 그 망상 구조의 핵심을 어느 정도 확실하게 찾아낼 수 있다면 그것에 만족해야 할 것이다.

이런 목표를 염두에 두고 나는 병력 중에서도 베버 박사가 보고서에서 별로 중요하게 다루지 않은 부분을 이야기하고자 한다. 환자 자신은 앞으로 내세우려고 애를 많이 썼던 부분이다. 그것은 슈레버와 그를 처음 치료했던 라이프치히의 플렉지히 교수의 관계에 대한 것이다.

이미 우리가 아는 바와 같이, 슈레버의 병은 처음에는 피해망

35  다음은 베버 박사의 보고서에 써 있는 것이다. 〈이 기록을 살펴보면, 자신이나 기록에 등장하는 다른 사람들에 대해서 아주 무분별하게 썼고, 그의 미묘하고 심미적인 태도를 볼 때 전혀 있을 수 없는 상황이나 사건을 표현하면서도 부끄러움을 모르는 태도를 보이며, 강한 어조로 매우 무례한 말을 하는 등의 예를 볼 수 있다. 이 부분만 빼면 기지가 있고 세련된 사람으로 알려진 사람이 어떻게 다른 사람들에게 나쁜 평판을 받게 되는 일을 하려고 하는지 이해할 수 없다. 단, 한 가지 사실을 고려하면 이해가 될 수도 있겠다〉 등등. 그러나 혼란에 빠진 인간의 모습이나, 그 인간이 자신을 재활시키려 노력하는 모습을 보여 주려고 쓴 글에서 〈분별〉과 〈미적〉인 매력을 찾는 것은 거의 불가능한 일일 것이다 — 원주.

상을 보였고, 그의 병력상 전환기((화해)를 하게 되었을 때)가 되어서야 피해망상이 없어지기 시작했다. 그때 이후로 핍박은 점점 견디기 쉬워졌고, 그를 위협하고 있던 거세의 목적이 처음에는 비열한 것이었지만 이제는 만사의 법칙에 맞는 것으로 바뀌어 갔다. 그러나 처음 박해를 시작한 것은 플렉지히였고, 그가 병을 앓는 동안 내내 플렉지히는 박해하는 사람으로 남아 있었다.[36] 환자는 플렉지히의 흉악성이 실제로 어떻게 나타나는지, 또 그것의 동기가 실제로 무엇인지에 대해서는 매우 희미하고 모호하게 말한다. 만약 우리가 훨씬 잘 알고 있는 꿈이라는 정신 작용을 모델로 하여 편집증을 이해하는 것이 옳은 방법이라면 아마도 이것을 특히 강한 망상 형성 작업이 일어난 증거로 생각해도 될 것이다.[37] 환자에 의하면 플렉지히는 그를 영혼-살해했거나 하려고 했다. 환자는 그것이 악마나 악령이 영혼을 차지하는 것과 같으며, 오래전에 죽은 플렉지히 가문의 사람들과 슈레버 가문의 사람들 사이에서 일어났던 일에 그 원형을 둔 것이라고 생각했다. 〈영혼-살해〉가 무슨 의미인지 좀 더 알 수 있으면 좋겠지만, 그 부분 역시 출판에 적합하지 않다는 이유로 삭제되었다. 〈영혼-살해의 진정한 요점이 무엇인지, 또 그것은 어떤 방법으로 행해지는지에 대해서는 이미 이야기한 것 이상으로 더 할 말은 없다. 그러나 한가지 덧붙일 것이 있다면……(이하의 구절은 출판에 적합하지 않

---

36 〈지금도 나와 이야기하는 목소리는 당신의 이름을 하루에도 수백 번씩 큰 소리로 외친다. 그들은 항상 반복되는 어떤 관계에서 당신의 이름을 댄다. 특히 당신은 내가 받은 고통을 처음 시작한 사람이라고 한다. 그렇지만 우리 사이에 얼마 동안 있었던 개인적인 관계는 내 입장에서 보면 뒤켠으로 사라진 지 오래다. 그래서 나 자신은 당신을 기억해 낼 이유가 없으며, 특히 섭섭한 감정을 가지고 당신을 기억할 이유는 더더욱 없다.〉「플렉지히 교수에게 보내는 공개 서한」— 원주.

37 〈망상 형성 작업 *Wahnbildungsarbeit*〉이란 용어는 프로이트가 『꿈의 해석』 제6장에서 사용한 〈꿈-작업 *Traumarbeit*〉과 비교된다.

음).〉 그래서 우리는 〈영혼-살해〉가 무엇인지 알 수가 없다. 나중에 검열을 피해 실려 있는 이 주제에 관한 유일한 단서에 대해 이야기하겠다.

어쨌든 슈레버의 망상은 계속 발전하여 그와 플렉지히의 관계는 변하지 않고 그와 신의 관계만 변하게 되었다. 이제까지 그는 플렉지히만이(아니 플렉지히의 영혼만이) 그의 진짜 적이고, 전능한 신은 그의 편이라고 생각했다. 그러나 지금 그는 신 자신이 그에 대한 음모를 꾸민 자가 아니라면 최소한 보조자의 역할이라도 했으리라는 생각을 하지 않을 수 없었다. 그러나 플렉지히가 처음 계획한 사람이고, 신은 그의 영향을 받았을 뿐이라고 생각했다. 플렉지히는 죽거나 아니면 다른 순화 과정을 거치지 않고 자기의 영혼 전체 혹은 일부를 하늘로 올려가 〈빛살의 지도자〉가 되었다.[38] 슈레버가 라이프치히에서 피어존 박사의 요양소로 옮긴 후에도 플렉지히의 영혼은 이 역할을 계속했다. 새로운 환경의 영향을 받아 환자는 전에 자기와 같은 건물에 살았다고 생각한 수석 보조원의 영혼을 플렉지히의 영혼에 합쳤다. 이것을 W 경(卿)의 영혼이라고 불렀다.[39] 그리고 플렉지히의 영혼은 〈영혼-분할〉이라는 체계를 시도해서 많은 부분으로 나누었다. 어떤 때에는 플렉지히의 영혼이 40개에서 60개의 소분할 구역이 되었

38  의미심장하기는 하지만 곧 기각된 다른 망상에 의하면, 플렉지히 교수가 알자스 지방의 바이센부르크나 라이프치히의 감옥에서 총으로 자살을 했고, 환자는 그의 장례 행렬이 지나가는 것을 보았다는 것이다. 그러나 대학 병원과 묘지의 위치로 보아 행렬의 방향이 틀렸다. 어떤 때는 플렉지히가 경찰과 함께 그에게 나타나기도 했고, 또는 그(플렉지히)의 아내와 이야기하고 있기도 했다. 슈레버는 〈신경 연결〉을 통해 그들의 이야기를 들을 수 있는데, 이야기 중에 플렉지히가 자신을 〈신(神) 플렉지히〉라고 불렀기 때문에 그의 아내는 그가 미쳐 버렸다고 생각했다 ― 원주.

39  목소리가 환자에게 공식적으로 탐문하는 중에, 〈W 경이 일부러 그랬는지 혹은 경솔해서 그랬는지 모르지만 그가 자위행위를 했다는 이야기를 했다〉고 알려 주었다. 그것에 대한 벌로 그는 환자의 시중을 들어야 했다 ― 원주.

던 적도 있다. 이 중에 큰 편에 속하는 구역 두 개는 〈위쪽 플렉지히〉와 〈가운데 플렉지히〉라고 알려졌다. W 경(수석 보조원)의 영혼도 똑같이 행동했다. 이 두 영혼[40]은 동맹 관계이면서도 서로 싸움을 계속했는데, 그것은 매우 재미있을 때도 있었다. 그 싸움은 귀족의 자존심과 전문가의 명예의 싸움이었다. 그가 존넨슈타인으로 옮기고 나서(마지막으로 1894년 여름에 이곳으로 옮겼다) 처음 몇 주 동안은 새로운 담당 의사 베버 박사의 영혼도 포함되었다. 그리고 곧 그의 망상이 변화되었는데, 그것은 〈화해〉라고 볼 만한 것이었다.

존넨슈타인 입원 후기에는 신이 그의 진가를 더 평가해 주기 시작했는데, 그때에는 영혼이 너무 많이 분열되어 성가실 정도가 되어 있었다. 그래서 영혼들이 급습을 당했다. 그 결과 플렉지히의 영혼은 한두 개만 남았고, W 경의 영혼은 단 한 개만 남았다. W 경의 영혼은 후에 완전히 없어졌다. 플렉지히 영혼의 구역은 점점 그 지성과 힘을 잃었고, 하나는 〈뒤쪽 플렉지히〉, 다른 하나는 〈예-눈Je-nun 집단〉[41]이라고 불리게 되었다. 플렉지히의 영혼이 끝까지 그 중요성을 잃지 않았다는 사실은 슈레버가 쓴 전문에 해당하는 「플렉지히 교수에게 보내는 공개 서한」에 분명하게 나타나 있다. 슈레버는 이 굉장한 기록에 그에게 영향력을 행사한 그 의사도 그와 같은 환상을 보았고, 또 그에게도 자기에게와 마찬가지로 초자연적인 일들이 보였다고 단단히 믿었던 것을 적어 놓았다. 그는 바로 1면에서 이 자서전의 저자가 그 의사의 명예를 욕되게 하고자 하는 의도는 전혀 없었음을 주장하고 있고, 또 환자의 입장을 나타내는 구절에서 이 점을 여러 번 반복하며

40  플렉지히의 영혼과 W 경의 영혼
41  〈Je-nun〉의 사전적 의미는 〈글쎄, 그건 어쩔 수 없군〉이다.

진지하고 단호하게 밝히고 있다. 그가 살아 있는 플렉지히와 플렉지히의 영혼을 구별하려고, 즉 실제 플렉지히와 그의 망상에 있는 플렉지히를 구별하려고 애를 쓴 것이 명백하다.[42] 나도 그렇지만 다른 연구자들도 피해망상증 환자들을 연구한 결과, 환자와 그의 박해자의 관계는 단순한 규칙으로 설명할 수 있다는 견해를 가지게 되었다.[43] 망상 안에서 큰 힘과 영향력을 가지고 있고, 모든 음모의 실마리를 쥐고 있는 사람이 있다. 그의 이름이 명기되어 있다면, 그 사람은 환자가 발병하기 전에 환자의 감정에 중요한 역할을 하던 사람이거나, 아니면 그를 대치하는 사람이라는 것을 쉽게 알 수 있다. 감정의 세기는 외재적인 힘으로 투사되고, 감정의 내용은 반대로 바뀐다. 환자가 지금 박해자라며 미워하고 두려워하는 대상인 사람이, 전에는 사랑하고 존경하던 사람인 것이다. 환자의 망상이 주장하는 박해의 주목적은 그의 감정이 변한 것을 정당화하는 것이다.

이 견해를 염두에 두면서, 이제 슈레버와 그의 의사이며 박해자인 플렉지히가 전에 가졌던 관계를 살펴보겠다. 우리는 이미 1884년과 1885년에 슈레버가 처음 신경병을 앓았으며, 그 병은 〈초자연적인 범주에 속하는 사건 없이〉 치유되었다는 사실을 들었다. 그가 이런 상태에 있었을 때, 즉 〈심기증〉이라 불리고 신경증의 범위를 벗어나지 않았던 상태에 있었을 때 플렉지히가 그의

---

42  슈레버의 언급 참조. 〈그러므로 나는, 나의 자서전 앞쪽에 나오는 플렉지히라는 이름과 관련된 모든 것은 살아 있는 사람이 아니라 영혼 플렉지히를 의미할 수 있다는 가능성을 인정해야 한다. 왜냐하면 자연에 근거하여 설명할 수는 없지만 그의 영혼이 따로 존재한다는 사실은 확실하기 때문이다〉 — 원주.

43  아브라함Abraham, 「히스테리와 조발성 치매의 성 심리적 차이Die psychosexuellen Diffrenzen der Hysterie und der Dementia Praecox」(1908) 참조. 이 논문의 저자는 우리가 주고받은 편지를 언급하면서 그의 견해를 발전시키는 데 내가 영향을 끼쳤다고 성실하게 밝히고 있다 — 원주.

의사였다. 그 당시 슈레버는 라이프치히에 있는 대학 병원에서 6개월을 보냈다. 그가 회복된 후에 그는 의사에 대해 따뜻한 감정을 가지고 있었다고 우리는 들었다. 〈중요한 점은 내가 꽤 긴 회복기 동안에 여행을 하면서 보냈는데, 결국은 회복되었다는 것이다. 그러니 내가 플렉지히 교수에게 지극한 감사의 감정이 아닌 다른 감정을 느낀다는 것은 불가능했다. 나는 이 감정을 눈에 띄게 표현했다. 후에 그를 개인적으로 방문해서도 표현하고, 또 내가 생각하기에 적당한 사례도 했다.〉 슈레버가 그의 자서전에서 플렉지히의 치료에 대해 한 칭찬에는 유보할 마음이 전혀 없었던 것이 사실이다. 그러나 그 후 그의 태도가 바뀐 것을 감안하면 그의 마음을 쉽게 이해할 수 있다. 위에 인용한 구절 바로 다음에는 그를 성공적으로 치료한 의사에 대해 원래 느꼈던 따뜻한 감정이 나타나 있다. 〈아내는 진심으로 플렉지히 교수에게 감사를 느꼈다. 아내가 플렉지히 교수를 남편을 고쳐서 그녀에게 돌려준 사람이라고 존경하며, 수년간 책상에 그의 초상화를 놓아두었던 것을 보면 알 수 있다.〉

처음 발병하게 된 이유를 아는 것은 더 심하게 앓게 된 두 번째 병을 정확하게 밝히는 데 없어서는 안 되는 정보이나, 우리는 이에 대해 전혀 아는 바가 없다. 그래서 그 연관 관계를 알지 못하는 상황들을 두서없이 살펴보아야 한다. 우리가 알고 있는 것처럼, 그는 잠복기 동안에(즉 1893년 6월, 새 자리에 임명된 후부터 그 자리에서 일을 시작한 그해 10월 사이에) 예전의 신경병이 재발하는 꿈을 되풀이해서 꾸었다. 더욱이 한번은 성교 행위에 자신을 내맡기는 여자인 것도 좋을 것이라는 느낌도 들었다. 슈레버는 그 꿈과 환상을 곧바로 이어서 보고하고 있다. 그리고 그것들의 주제가 되는 내용을 함께 생각하면, 우리는 그의 마음에 병의 기억이 되살아난 것과 함께, 의사에 대한 기억이 되살아났다는 것을 가정할 수 있다. 그리고 환상 속에서 그가 가지게 된 여자 같은 태도는 처음부터 그 의사를 향한 것이었다고 가정할 수 있다. 혹은 그의 병이 재발했다는 꿈은 〈플렉지히를 다시 보았으면!〉하는 바람을 나타내는 것인지도 모른다. 첫 번째 병의 정신적 내용을 모르기 때문에 이쪽 방향으로는 진행할 수 없다. 아마 그 병은 그로 하여금 그의 의사에게 정겹게 의지하는 느낌을 지니고 있도록 만들어졌는지 모른다. 그런데 그것이 어떤 알 수 없는 이유로 해서 지금은 성욕 정도로 강하게 되어 버린 것이다. 이 여성스러움의 환상은 아직 의식에서는 인정받지 못했다. 그리고 환자는 곧 화를 내며 그것을 거부했다. 그것은 아들러의 표현을 이용하자면 〈남성 항거〉였는데, 어떤 면으로는 아들러가 말하는 뜻과 조금 달랐다.[44] 그러나 곧 심한 정신병이 시작되었고, 여성적 환상은 막힘없이 발전했다. 그리고 슈레버가 표현하는 방법에서 드러나는 편집증 특유의 모호함을 조금만 고치면, 환자는 그의 의사가 자기를 성폭행할 것이라는 두려움을 느끼고 있었다는 것을 간파할 수 있다. 그렇다면 그의 병을 일으킨 원인은 동성애적인 리비도이고, 그 리비도의 대상은 아마 처음부터 그의 의사인 플렉지히였을 것이다. 이 리비도의 충동에 그가 대항하여 싸우려 한 것이 갈등을 일으키고, 그 갈등이 증상을 나타나게 했을 것이다.

나는 여기서 태풍같이 밀려올 항의와 반대를 맞이하기 위해 잠시 멈추겠다. 정신과의 현 상태를 알고 있는 사람이라면 누구든지 분쟁에 맞설 준비가 되어 있어야 한다.

---

44  아들러, 「삶과 신경증에서의 심리적 자웅 동체」(1910). 아들러는 남성성의 항의가 증상을 생기게 하는 데 한몫한다고 했다. 그런데 이 환자의 경우에는 이미 형성되어 있는 증상에 항의하는 것이다 — 원주.

「항소심 법원의 재판장을 지낸 슈레버같이 높은 윤리를 갖춘 사람을 동성애자라고 비난하다니, 그것은 무분별하고 경솔한 비방이 아닙니까?」 아니다. 환자 자신이 전 세계에 여자로 변형되는 환상을 알렸고, 더 고상한 목적을 위해서 개인적인 고려는 뒤로 미뤄도 된다고 허락했다. 그러니 그 자신이 우리에게 그의 환상을 가지고 생각해 보는 권리를 준 것이고, 그것을 의학적 학술 용어로 바꾸어 쓴다고 해서 그 내용에 우리가 더한 것은 하나도 없다.

「그렇지만 그가 그렇게 했을 때 그는 정상이 아니었습니다. 그가 여자로 변형된다는 망상은 병적입니다.」 그것을 잊은 것은 아니다. 우리가 다루고 있는 것은 이 병적인 생각의 의미와 그 기원이다. 그 자신이 실제 인물 플렉지히와 〈플렉지히의 영혼〉을 구별한 것에 주목해야 한다. 우리는 그에 대해 어떠한 비난도 하고 있지 않다. 그가 동성애적 충동을 가졌던 것이나 그것을 억압하려고 애썼던 것에 대해서 말이다. 정신과 의사들은 이 환자에게 배워야 한다. 망상에도 불구하고 그는 무의식의 세계와 현실의 세계를 혼동하지 않으려고 애썼던 것이다.

「그렇지만 그가 그다지도 두려워한 여자로 변형되는 것이 플렉지히를 위해서라는 것은 어디에도 분명히 써 있지 않은데요.」 그것은 사실이다. 그러나 그 이유를 이해하는 것은 어렵지 않다. 슈레버는 그의 자서전을 준비할 때 〈인간 플렉지히〉를 모욕하지 않으려 애썼다. 그러니 그런 엄청난 비난은 피해야 했다. 그러나 말을 부드럽게 바꾸었어도 그의 비난의 진짜 의미를 감추지는 못했다. 사실은 다음과 같은 구절에서는 그것이 드러나 있다고 할 수도 있다.

〈이렇게 해서 나에 대한 음모가 실행되기 시작했다. 그 음모는 내 병이 고칠 수 없는 것이라든가 또는 고칠 수 없으리라는 확신이 들면 어떤 특정인에게 특정한 방법으로 나를 내주려는 것이 목적이다. 즉 나의 영혼을 그에게 주려는 것이다. 그러나…… 나의 몸은 먼저 여자로 변형되어야 한다. 그래서 그 상태로 문제의 그 사람에게 성폭행을 하라고 바쳐지는 것이다……〉

플렉지히 대신 그 자리에 넣을 수 있는 또 다른 사람의 이름이 거론된 적이 없다는 것을 말할 필요는 없다. 라이프치히 병원에 입원해 있던 후반에는, 그가 성폭행을 당하도록 〈보조원들에게 던져질 것〉이라는 두려움이 그의 마음에 떠올랐다. 망상의 후기에 슈레버가 신에 대해 여성적인 태도를 보인 것을 드러내 놓고 인정한 것을 보면, 그 의사에게 여자 역할을 하려고 했다는 것을 인정할 수 있다. 플렉지히에 대한 다른 비난들도 책 여기저기에서 찾아볼 수 있다. 그는 플렉지히가 그를 영혼-살해하려고 했다고 말한다. 이미 보았듯이 환자 자신은 그 죄악이 실제로 어떤 것인지 분명히 밝히지 않았다. 그러나 어쨌든 검열 과정에서 삭제될 정도로 심각한 어떤 사항과 관련되어 있다는 것은 틀림없었다. 여기서부터 우리를 앞으로 나아가게 하는 것은 한 가닥의 단서뿐이다. 슈레버는 괴테의 『파우스트』, 바이런의 「맨프레드」, 또 베버의 「마탄의 사수」 등에 나오는 전설을 언급함으로써 영혼-살해자의 성격을 설명한다. 또 이 예들 중 하나는 다른 구절에서 좀 더 인용된다. 신의 구분을 이야기하면서 슈레버는 그의 〈하위 신〉과 〈상위 신〉을 각각 아리만과 오르무즈드와 동일시한다. 그리고 조금 후에 우연한 각주가 나타난다. 〈더욱이 아리만이라는 이름도 역시 영혼-살해와 관련해서 나타난다. 예를 들면 바이런 경의 「맨프레드」이다.〉 여기에 언급된 연극에서는 파우스트가 영혼을 팔아넘긴 것에 비할 만한 것은 거의 없다. 그리고 나는 〈영혼-살해〉라는 표현을 찾아보았으나 찾지 못했다. 그러나 그 작품의 진수와 비밀은 남매간의 근친상간에 있다. 여기서 우리의 단서는 끊긴다.[45]

이 논문의 후반부에서 반대 의견에 대한 토론을 좀 더 하겠다. 그러나 일단 슈레버의 병의 원인은 동성애적인 충동이 터져 나온 것이라는 견해를 계속 주장하는 것이 정당하다고 생각한다. 이 가설은 이 병력의 주목할 만한 세부 사항과도 조화를 이룬다. 그런 세부 사항은 다른 방법으로는 설명이 안 되는 것들이다. 환자의 아내가 자신의 건강 문제로 짧은 휴가를 떠났을 때 그 환자에게 새롭게 〈신경 쇠약〉이 생겼다. 이것은 환자의 병의 진행에 결정적인 영향을 끼쳤다. 그전까지 그의 아내는 매일 그와 몇 시간씩을 함께 보냈고 점심을 함께 먹었다. 그녀가 나흘 후에 돌아와 보니 그는 몹시 달라져 있었다. 정말 너무 달라져서 그 자신이 아내를 쳐다보는 것조차 원하지 않을 정도였다. 〈특히 결정적으로 나의 정신 쇠약을 가져온 것은 어느 날 밤이었다. 그날 밤 나는 하룻밤 사이에 굉장히 여러 번, 그러니까 거의 여섯 번이나 사정을 했다.〉 그의 아내가 옆에 있다는 사실만으로도 그의 주위에 있던 남자들의 매력으로부터 그를 보호하는 작용을 했다는 것을 쉽게

45  위와 같은 주장을 보완하기 위해서 그 연극의 마지막 장면에 나오는 구절을 인용하겠다. 맨프레드가 그를 잡으러 온 악마에게 다음과 같이 말한다. 〈……내가 과거에 가졌던 힘은 당신의 부하에 의해 계약도 없이 팔렸다.〉 그러니 이것은 맨프레드가 팔아넘긴 것이 아니라 팔아넘겨졌다는 것을 직접 반증하는 것이다. 슈레버가 이런 실수를 했다는 것은 그 자체로 아마 의미가 있을 것이다. 맨프레드의 구성은, 그 시인과 배다른 여동생이 근친상간의 관계였다는 주장과 연결될 수도 있다. 그리고 바이런의 유명한 연극「카인」이 남매간의 근친상간을 반대하지 않는 원시 가족을 무대로 한다는 것은 조금도 놀랄 일이 아니다. 마지막으로 영혼-살해 이야기를 끝내기 전에 그의 자서전에서 한 구절을 더 인용해야겠다. 〈이것과 연관해서 전에는 플렉지히가 영혼-살해를 처음 시작한 사람이라고 알려졌으나, 과거에 얼마 동안 사실이 고의적으로 거꾸로 바뀌어서 내가 영혼-살해자라고 《내세우려는》 시도가 있었던 사실로 미루어……〉 — 원주.

154

이해할 수 있다. 그리고 성인에게는 정신적으로 동반되는 것 없이 사정이 일어나는 일이 없다는 것을 인정한다면, 그날 밤 환자가 사정했을 때 무의식에 남아 있던 동성애적 환상이 동반되었을 것이라고 추측할 수 있다.

왜 하필이면 이때(즉 임명이 되고 나서 드레스덴으로 옮길 때까지) 동성애적 리비도가 터져 나왔는지는 그의 인생에 대한 정확한 정보가 없이는 대답할 수 없다. 그런데 일반적으로 말하자면, 인간은 일생 동안 이성애적 감정과 동성애적 감정 사이를 오락가락한다. 그래서 어느 한쪽에서 좌절되거나 실망을 하면 다른한쪽으로 치우치게 되는 것이다. 우리는 슈레버의 경우에 해당되는 이런 요소를 알지 못한다. 그러나 관련이 있을지도 모르는 신체적 요소에 대해 주의를 환기시키는 것을 빼먹을 수는 없다. 발병했을 때 슈레버는 쉰한 살이었다. 그러니 성생활에 있어서는 중요한 나이에 도달한 것이다. 이 나이는 여자가 활동이 강화되는 단계를 거친 후 광범위한 퇴축(退縮)의 과정으로 들어가는 시기이다. 남자도 이 나이의 영향에서 제외되는 것 같지는 않다. 남자도 여자와 마찬가지로 〈갱년기〉의 영향을 받고, 이에 따라오는 병에 걸리기 쉽다.[46]

한 남자가 자기 의사에게 가졌던 친근한 감정이 8년[47]이 지난 후에 갑자기 더 강하게 나타나서 심한 정신병을 일으키는 원인이 된다는 가정이 얼마나 이상한 가설로 보일지 나는 상상할 수 있

[46] 슈레버의 발병 당시 나이는 드레스덴의 슈테크만Stegmann의 주선으로 환자의 친척이 나에게 준 정보에서 알아낸 것이다. 그러나 이 논문에서 사용된 자료 중 이 사실 외에는 모두 자서전에서 끌어낸 것이다 — 원주. 프로이트는 슈테크만 박사로부터 다른 정보도 얻었지만 출판된 논문에는 그것들을 사용하지 않았다. 쉰하나의 나이에 의미를 부여한 것을 보면, 프로이트가 플리스의 수 이론에 영향을 받았던 것을 분명히 알 수 있다.

[47] 슈레버의 첫 번째 발병과 두 번째 발병 시기 사이의 기간이다 — 원주.

다. 그러나 다른 관점에서 보면, 본래는 그런 일이 일어날 것 같지 않다는 이유로 하나의 가설을 포기하는 것이 정당하다고 볼 수는 없다. 즉 우리는 오히려 이것을 따라가면 어디까지 갈 수 있는지 물어보아야 할 것이다. 왜냐하면 그럴 것 같지 않아 보이는 것은 잠시뿐이고, 다른 지식과 그 가설의 관계가 확립되어 있지 않기 때문에 그렇게 보일 뿐이다. 또 이것이 문제에 접근하는 방법으로는 첫 번째 가설이기 때문에 부당하게 보이는 것인지도 모른다. 그렇지만 판단을 보류하지 못하는 사람들과 우리의 가설이 터무니없다고 생각하는 사람들을 위해서 하나의 가능성을 제안할 수는 있다. 그 가능성은 이 가설이 가진 애매한 성질을 없앨 것이다. 그 환자가 의사에게 친근하게 느끼는 감정은 〈전이〉라는 작용 때문이었을 것이다. 〈전이〉란 감정적인 리비도의 집중이, 자신에게 중요했던 사람으로부터 실제로 자신에게는 아무래도 좋은 사람에게로 옮겨 가는 것을 말한다. 즉 의사가 자기에게 훨씬 가까웠던 사람의 대리인 혹은 대행자로 선정된 것이다. 좀 더 구체적으로 말하겠다. 그 환자는 의사를 보고 그의 아버지나 형이 생각났다. 즉 의사 안에서 그들을 다시 발견한 것이다. 그렇다면 환자가 어떤 상황에 닥쳤을 때 그 대리인인 의사에 대한 갈망이 다시 나타나서 그에게 강력한 영향을 끼칠 수 있다는 것은 놀랄 일이 아니다. 그 갈망이 본래 어디에서 유래한 것인지, 또 본래 어떤 의미를 가졌던 것인지를 알면 이해할 수 있는 일인 것이다.

이렇게 설명하고자 하는 목적을 염두에 두니, 나는 자연히 그 환자의 아버지가 그가 발병했을 당시 살아 있었는지, 또 그에게 형이 있었는지, 그리고 형이 있었다면 그 당시 살아 있었는지 아니면 〈고인〉이 되었는지 알아볼 만하다고 생각했다. 그래서 그 자서전을 오랜 시간에 걸쳐 자세히 살펴본 결과, 그 의문을 풀어 주는 구절을 찾게 되어 기뻤다. 〈나의 아버지와 형에 대한 기억은 ······같이 나에게는 신성한 것이다〉 등등. 그가 두 번째 발병했을 당시에는 둘 다 죽은 뒤였다(그리고 아마도 첫 번째 발병 당시에도 그들은 살아 있지 않았을 것이다).[48] 그래서 내 생각에 그의 발병의 원인은 여성적(즉 수동적인 동성애자)이기를 바라는 환상이 그 마음에 나타난 데 있으며, 또 그 환상은 자기의 의사라는 인물을 대상으로 삼은 것이라는 데 더 이상 반론을 제기하지 않을 것으로 보인다. 슈레버의 인격에는 이 환상에 대해 강한 반발이 일어났고, 뒤따라 방어적인 싸움이 시작되었다. 이 방어적 싸움은 다른 모습을 가질 수도 있겠지만, 우리가 모르는 이유로 피해망상이라는 모습을 가지게 되었다. 그가 열망하던 사람은 이제 그를 박해하는 사람이 되었다. 그리고 그의 열망을 나타내던 환상은 그를 박해하는 내용이 되었다. 이와 같이 도식적인 공식은 다른 피해망상에도 적용할 수 있으리라고 가정할 수 있다. 그러나 슈레버의 경우가 다른 경우와 다른 점은, 그 망상이 더 발전하여 다른 모습으로 변했다는 것이다.

플렉지히가 더 상위의 존재인 신으로 대치된 것이 변한 것 중하나이다. 이것은 처음에는 갈등이 악화된 것으로 보인다. 즉 견딜 수 없이 박해가 심해진 것으로 보인다. 그러나 이것은 분명히 두 번째 변화와 그에 의해 갈등이 해결되는 길을 준비한 것이다. 슈레버는 자기 의사에 대하여 본인이 여자 바람둥이 역할을 한다는 것을 받아들일 수 없었다. 그러나 신이 요구하는 관능적인 느낌을 신에게 제공한다는 임무에 대해서는 그의 자아가 반발하지

48  1946년부터 1949년까지 드레스덴 근처의 병원 책임자였던 바우마이어 Baumeyer 박사의 논문 「슈레버의 증례」(1956)에서 슈레버의 병력 기록 중 많은 부분을 발견할 수 있다. 그에 의하면 환자의 아버지는 1861년에, 그리고 하나밖에 없던 형은 1877년에 죽었다.

않았다. 거세당하는 것은 이제 모욕이 아니었다. 그것은 〈만사의 법칙과 일치하는〉 것이었다. 즉 그것은 대우주의 사건 고리 중 한 자리를 차지했고, 인류가 멸종된 후 재창조되는 데 도움이 되었다. 슈레버는 이렇게 생각했다. 즉 〈슈레버의 영혼에서 태어난 새로운 인류〉는 자신이 박해의 피해자라고 믿었던 이 사람을 그들의 조상으로 공경할 것이다. 이렇게 해서 싸우고 있는 세력을 모두 만족시킬 수 있는 해결책이 마련된 것이다. 그의 자아는 과대망상에서 보상을 찾았고, 여성적이기를 바라는 환상은 겉으로 드러나 받아들여진 것이다. 투쟁과 병이 끝날 수 있게 된 것이다. 그런데 그동안 환자의 현실 검증 능력이 강해졌다. 그래서 환자는 이렇게 해결하는 것을 현재로부터 먼 미래로 연기할 수밖에 없었다. 그리고 소위 증세 없는 소원 성취[49]로 만족해야 했다. 그는 언젠가 자신이 여자로 변형될 것이라고 예측했다. 그때까지 슈레버라는 사람은 파괴되지 않을 것이다.

심리학 교재에 과대망상이 피해망상으로부터 발전한다고 써 있는 것을 자주 접한다. 그 과정은 다음과 같이 추정된다. 환자는 우선 전능한 힘의 위력에 의해 박해받고 있다는 망상의 피해자이다. 그러면 그는 이 현상을 자신에게 설명해야만 한다. 그래서 그는 자신이 그런 박해를 받아야 할 만큼 매우 고귀한 사람이라는 생각을 가지게 된다. 교재에서는 과대망상이 〈합리화〉라고 불리는 (어니스트 존스의 말을 빌려서) 과정에 의해 발전된다고 설명하고 있다. 그러나 우리가 보기에는 이렇게 중요한 감정적인 결과를 합리화로 설명하는 것은 너무 비심리학적인 일이다. 그래서

---

49  그는 그 책의 끝머리에 다음과 같이 썼다. 〈내가 거세당하는 것은 앞으로 이루어져야 할 일이고, 그렇게 되면 신성의 잉태에 의해 나의 자궁에서 새로운 세대가 태어나리라고 내가 말하는 것은 단지 가능성으로 고려되어야 한다〉 — 원주.

우리는 우리의 의견과 교재에서 인용한 의견을 철저히 구별하고자 한다. 우리는 지금 당장은 과대망상의 기원을 안다는 주장은 하지 않겠다.[50]

슈레버의 경우를 다시 살펴보면서 우리는 그의 망상이 변화된 것을 이해하는 데 굉장한 어려움이 있다는 것을 인정해야 한다. 어떤 형식으로, 또 어떤 방법으로 플렉지히에서 신으로 올라가게 되었을까? 어디에서 그가 박해를 받는 것과 화해할 수 있게 해준, 또는 분석적인 표현으로는 억압되어야만 했던 소망으로 가득 찬 환상을 받아들이게 해준 과대망상을 끌어온 것일까? 그의 자서전에서 첫 번째 단서를 찾을 수 있다. 환자의 마음에서는 〈플렉지히〉와 〈신〉은 같은 계급에 속하기 때문이다. 그가 한번은 그의 환상 속에서 플렉지히와 그의 아내가 대화하는 것을 엿듣는다. 거기에서 플렉지히는 자기가 〈신(神) 플렉지히〉라고 주장하고, 그의 아내는 그가 미쳤다고 생각한다. 슈레버의 망상이 발전하는 데 우리의 눈길을 끄는 모습이 또 있다. 망상들 전체를 살펴보면 박해자가 플렉지히와 신으로 나뉘어 있는 것을 알 수 있다. 그리고 마찬가지로 플렉지히도 〈상위〉 플렉지히와 〈가운데〉 플렉지히로, 또 신은 〈하위〉 신과 〈상위〉 신으로 나뉜다. 병의 후기에 가면 플렉지히는 더 갈라진다. 이렇게 분해되는 것은 편집증의 특징이다. 편집증은 분해하고, 히스테리는 압축한다. 아니 편집증은 무의식이 압축하고 동일화해 놓은 것을 그 성분 요소로 다시 분해하는 것이다. 융에 의하면, 슈레버의 경우에서와 같이 자주 분해를 반복하는 것은 문제의 그 사람이 환자에게 매우 중요하다는 것을 의미하는 것이다.[51] 플렉지히와 신을 분해하는 것은 박해자

---

50  이 문제는 뒤에서 자기애와 관련하여 다시 나온다.
51  융, 「소문의 심리학에 대하여Ein Beitrag zur Psychologie des Gerüchtes」(1910)

를 플렉지히와 신으로 분해하는 것과 같은 뜻이다. 그것은 모두 하나의 중요한 관계의 복제품인 것이다.[52] 그렇지만 세부적인 것을 모두 해석하려면, 먼저 박해자가 플렉지히와 신으로 분해된 것은 이미 동일화되었던 두 인물에 대한 피해망상적 반응이라는 우리의 견해에 주의를 돌려야 한다. 그 두 인물은 같은 계급에 속하는 사람이어야 한다. 만약 슈레버가 원래 사랑하던 사람이 플렉지히라면, 신은 그가 사랑하던 그리고 아마도 더 중요했던 다른 사람이 다시 출현한 것이라고 해야 할 것이다.

이 사고의 연상은 정당한 것 같다. 그래서 이렇게 따라가 보면 우리는 이 다른 사람이 그의 아버지라는 결론에 도달하게 된다. 그렇다면 플렉지히는 그의 남자 형제라는 것이 더 분명해진다. 그리고 그는 그의 형이었을 것이다.[53] 그에게 그토록 심한 반발을 일으켰던 여자다움의 환상은 성애적 사랑으로까지 발전한 아버지와 형에 대한 갈망에서 비롯된 것이다. 이 감정이 형에 대한 것일 때는 전이 과정을 통해 그의 의사인 플렉지히에게 옮겨 갔고, 그것이 아버지에게 옮겨졌을 때 그의 갈등의 양상은 틀이 잡혔던 것이다.

이 새로운 가설이 환자를 이해하는 데 도움이 되고 이제까지

참조. 다음과 같은 융의 주장은 아마 정당할 것이다. 그는 분해는 정신 분열증에서 보이는 분석 과정과 같은 경과를 따른다고 했다. 정신 분열증에서는 분석 과정을 통해 힘을 약하게 하는 효과를 가져오고, 따라서 너무 강한 감명이 일어나는 것을 방지한다. 〈아, 당신도 닥터 J세요? 오늘 아침에 자기가 닥터 J라고 하는 사람이 왔었는데요〉라는 환자의 말은 다음과 같이 해석해야 한다. 〈당신을 아침에 보았을 때는 어떤 사람이 연상되었는데, 지금은 다른 사람이 연상되는군요〉 — 원주.

52    오토 랑크Otto Rank는 전설 형성에 같은 과정이 일어나는 것을 발견했다. 『영웅 탄생의 신화Der Mythus von der Geburt des Helden』, (1909) 참조 — 원주.

53    그의 자서전에는 이에 대한 정보가 없다 — 원주. 그에게는 형제가 하나 있었는데, 그보다 세 살 위였다(바우마이어, 「슈레버의 증례」). 프로이트는 슈테크만 박사를 통해 그의 추측이 옳았다는 것을 알게 되었다.

알 수 없었던 망상의 세부를 밝히는 데 도움이 되지 않는다면, 슈레버의 아버지를 그의 망상에 끌어들이는 것은 정당화될 수 없을 것이다. 슈레버의 신과, 그 신에 대한 슈레버의 관계가 매우 흥미로운 모습을 보였던 것을 우리는 기억할 수 있다. 즉 한편으로는 불경스러운 비판과 반항적인 불복종을 보이고, 다른 한편으로는 공경하며 헌신하는 태도가 섞인 이상한 모습이었다. 그는 신이 플렉지히의 잘못된 인도를 그대로 따라갔다고 했다. 또 경험을 통해 배우지 못하고 시체만 상대했기 때문에 살아 있는 사람을 이해하지 못한다고 했다. 그리고 신은 기적을 계속 행해서 그의 힘을 나타냈지만, 그 기적들이 놀랄 만하기는 해도 결국은 실패였고 웃음거리였다고 했다.

재판장 슈레버 박사의 아버지는 보잘것없는 사람이 아니었다. 그의 이름은 다니엘 고틀로프 모리츠 슈레버Daniel Gottlob Moritz Schreber인데, 수많은 슈레버 협회에 의해 그에 대한 기억이 생생하게 살아 있으며, 특히 작센 지방에는 더 잘 알려져 있다. 더욱이 그는 의사였다. 그는 젊은이들의 잘 조화된 성장을 권장하며, 집과 학교에서 하는 교육을 조정하도록 하고, 또 건강 상태를 향상시키기 위해서 체육과 노동을 장려하는 등의 활동을 했는데, 이것은 그 시대 사람들에게 오랫동안 영향을 미쳤다.[54] 그는 독일에서 치료를 위한 체육을 기초한 사람으로서 좋은 평판을 받았는데, 의학계에는 아직도 그의 책『실내 체육 의학Ärztliche Zimmergymnastik』

54   동료인 드레스덴의 슈테크만 박사가『슈레버 협회의 친구Der Freund der Schreber-Vereine』라는 잡지를 보여 준 것에 대해 감사한다. 내가 본 잡지는 슈레버 박사의 탄생 100주년을 기념한 것이고, 거기에는 그의 인적 사항이 들어 있었다. 아버지 슈레버 박사는 1808년에 태어나서 1861년 겨우 쉰세 살로 죽었다. 내가 이미 이야기한 정보망에서, 나는 그 당시 환자의 나이가 열아홉 살이었다는 것을 알았다 — 원주. 슈레버의 아버지에 관한 인적 사항은 바우마이어의「슈레버의 증례」에서도 찾을 수 있다. 니더란트Niederland의 여러 논문들도 참조.

이 읽히고 있으며, 그 책이 수없이 재판[55]된 것만 보아도 그의 명성을 알 수 있다.

이런 아버지라면 아버지와 너무 일찍 사별했던 그의 아들이, 다정했던 기억 속에서 그의 아버지를 신으로 변형시키는 것도 무리가 아니다. 물론 그가 아무리 훌륭하다 해도 인간과 신의 인격 사이에는 건너지 못할 간격이 있다고 느낄 수밖에 없는 것은 사실이다. 그러나 항상 그랬던 것은 아니라는 것을 기억할 필요가 있다. 고대의 신들은 사람들과 좀 더 가까운 인간적인 관계를 가지고 있었다. 로마인들은 통상적으로 그들의 황제가 죽으면 그를 신격화했다. 그래서 분별력 있고 능력 있던 황제 베스파시아누스는 처음 병에 걸렸을 때 〈아! 내가 신이 되는 것 같구나!〉[56]라고 외쳤던 것이다.

우리는 남자아이들이 아버지에 대해 가지는 유아적인 태도를 잘 알고 있다. 그것은 슈레버와 신의 관계에서 본 것과 같이, 공경하며 복종하는 것과 반항적으로 불복종하는 것이 섞여 있는 것이다. 그리고 그것은 슈레버와 신의 관계의 원형이고, 슈레버는 그것을 충실하게 모방한 것이다. 그러나 슈레버의 아버지가 의사였다는 사실, 특히 가장 탁월한 의사로 환자들이 분명히 존경했을 그런 의사였다는 사실이 그의 신이 가진 특성 중에서도 가장 특이한 점들을 설명해 준다. 그리고 슈레버가 이 특이한 점들에 대해 심하게 비판적인 태도를 보인 것도 설명해 준다. 그런 명성 있는 의사에 대해, 살아 있는 사람은 이해하지 못하고 오직 죽은 사

---

55  거의 40판이다. 영어 번역판은 제목을 *Medical Indoor Gymnastics*이라 하여 1856년에 나왔고, 1899년과 1912년에 다시 출판되었다.

56  수에토니우스Suetonius, 『황제들의 생활』 23장. 이렇게 신격화하는 것은 율리우스 카이사르 때 시작되었다. 아우구스투스는 그의 비문에서 〈신의 아들Divi filius〉이라고 자칭했다 — 원주.

람만을 다룰 줄 안다고 선언하는 것처럼 심한 비난이 있을 수 있는가? 기적을 행하는 것은 없어서는 안 되는 신의 속성이다. 그리고 신은 기적을 보인다. 그러나 의사도 역시 기적을 행한다. 그를 추종하는 환자들이 주장하듯이, 그는 기적적인 치료를 시행하는 것이다. 그래서 바로 이 기적들이(환자의 심기증[心氣症]에서 보여 준 정보에 의함) 터무니없고, 모순되고, 또 어느 정도는 정말 어리석다고 판정되는 것을 보면, 나의 책『꿈의 해석』에서 주장했던 사실을 다시 생각하게 된다. 즉 꿈에서 모순이라고 나타나는 것은 비웃음과 조롱을 표현하는 것이라는 사실이다.[57] 그러므로 편집증에서도 그것은 같은 목적으로 쓰인 것이 분명하다. 예를 들어 신은 경험에서는 아무것도 배우지 못한다고 신에게 퍼부은 비난은, 아이들이 흔히 사용하는 〈너도 마찬가지 tu quoque〉 기제와도 유사하다.[58] 아이들은 꾸지람을 들으면 그것을 그대로 꾸지람을 한 사람에게 다시 내던지듯 반응하기 때문이다. 이와 같이 그가 들었던 플렉지히를 영혼-살해자라고 한 비난은 사실 슈레버를 향한 것이었고, 이는 슈레버가 반사적으로 신을 조롱한 것임을 짐작할 수 있다.[59]

슈레버의 신이 가진 특이한 성질을 설명하는 데 그의 아버지의 직업이 도움이 된다는 것을 알게 되어 우리는 용기가 생겼다. 그래서 우리는 그 존재의 희한한 구조를 밝히는 데 도움이 될지도 모르는 해석을 해보려 한다. 하늘의 세계는 〈신의 앞쪽 영역〉 혹

57  〈쥐 인간〉의 증례에서 프로이트는 강박 신경증에서도 같은 기제가 일어난다고 말했다.
58  환자가 어느 날 쓴 다음의 기록을 보면, 그것이 이런 종류의 복수와 아주 비슷하다고 생각된다. 〈교육적으로 영향을 주려고 하는 것은 가망 없으니 포기해야 한다.〉 여기에서 교육을 시킬 수 없는 사람이 바로 신이다 — 원주.
59  〈이전에 얼마 동안은 사실이 의도적으로 거꾸로 바뀌어 내가 영혼-살해자라고 알리려는 시도가 있었던 사실로 미루어……〉 등 — 원주.

은 〈하늘의 앞뜰〉로 불리우며 죽은 자의 영혼을 담고 있는 부분과, 〈하위 신〉과 〈상위 신〉이 함께 이루는 〈신의 뒤쪽 영역〉으로 되어 있다는 것을 우리는 알고 있다. 우리는 여기에서 설명할 수 없는 어떤 압축된 측면을 발견하게 되는데, 손안에 들어온 이 단서는 참고할 만한 것이다. 〈기적이 일어난〉 새들이 여자아이들이라는 것은 밝혀졌다. 그런데 그 새들이 하늘의 앞뜰이었다면, 신의 앞쪽 영역이나 하늘의 앞뜰[60]은 여성적인 것의 상징이고, 신의 뒤쪽 영역은 남성적인 것의 상징이 아니겠는가? 만약 우리가 죽은 슈레버의 형제가 그보다 나이가 많다는 것을 안다면, 신을 하위와 상위로 나눈 것은 아버지가 죽은 후 형이 그 자리를 대신했다는 기억을 표현한 것이라고 생각해도 될 것이다.

이와 관련해서 마지막으로 나는 해에 대해 생각해 보고자 한다. 해는 〈빛살〉을 통해 그의 망상을 표현하는 데 아주 중요시되었다. 슈레버와 해는 아주 이상한 관계를 가지고 있었다. 그것은 슈레버에게 인간의 언어로 이야기했다. 그래서 자신을 살아 있는 존재 혹은 그 뒤에 있는 보다 상위의 기관으로 나타냈다. 의학적 보고서에는, 그가 언젠가는 〈그것에게 큰 소리로 위협을 하고 욕도 하고 아예 고함을 질렀다〉[61]고 써 있다. 또 그것을 보고 그로부터 기어서 달아나 숨으라고 소리 질렀다고도 써 있다. 그 자신은 그 해가 자기 앞에서 하얘진다고 말하고 있다.[62] 해가 그의 운명

---

60  독일어 〈Vorhof〉의 문자 그대로의 뜻은 〈앞뜰〉이지만, 해부학에서는 여성 성기의 한 부분인 〈전정vestibulum〉과 같은 뜻으로 쓰인다.

61  그는 〈해는 창녀다〉라고 외치곤 했다 — 원주.

62  〈더욱이 해는 지금까지도 나의 눈에는 내가 병이 나기 전과 다른 모양을 보여 준다. 내가 그것을 바라보며 큰 소리로 말하면 그 빛살은 내 앞에서 하얘진다. 나는 아무 어려움 없이 또 눈도 조금밖에 부시지 않고 그것을 쳐다볼 수 있다. 내가 건강했을 때는 다른 사람들과 마찬가지로 한 번에 1분 정도밖에는 해를 쳐다볼 수 없었지만 말이다〉 — 원주.

과 어떻게 묶여 있는가 하는 것은, 그가 존넨슈타인에 입원한 초
기에 있었던 변화같이, 그에게 변화가 일어나자마자 그것이 함께
변화한 것을 보면 알 수 있다. 슈레버는 우리가 그의 해에 관한 미
신을 쉽게 이해하도록 해준다. 그는 해를 직접 신과 동일시한다.
어떤 때는 하위 신(아리만)[63]과 어떤 때는 상위 신과 동일시한다.
〈다음 날…… 나는 상위 신(오르무즈드)을 보았다. 이번에는 나의
영혼의 눈으로 본 것이 아니라 육체의 눈으로 보았다. 그것은 해
였다. 그러나 모든 인간에게 알려진 대로 보통 모양이 아니었다.
그것은……〉 등. 그러므로 그가 신을 다루듯이 해를 다루었다는
것은 일관성 있는 것이다.

그러므로 해도 역시 아버지를 나타내는 승화된 상징의 하나인
것이다. 이것을 지적하면서 나는 정신분석이 제공하는 해석의 단
조로움에 대한 모든 책임을 부인하겠다. 이 경우에는 상징적 표
현이 문법적 성을 무시한다. 적어도 독일어에서는 그렇다.[64] 왜냐
하면 대부분의 다른 언어에서 해는 남성이기 때문이다. 부모가
있는 장면에서 해에 상대되는 것은 〈어머니 대지〉이다. 정신분석
으로 신경증 환자의 병적인 환상을 해결하다 보면 위의 주장이
사실로 밝혀지는 경험을 자주 하게 된다. 나는 이 모든 것과 우주
신화의 관계에 대해 매우 조금밖에 이야기할 수 없다. 내 환자 중
한 사람은 어렸을 때 아버지를 잃었는데, 항상 자연의 웅장하고
고상한 것 중에서 아버지를 다시 찾으려 하고 있었다. 이것을 알
게 된 후 나는, 니체의 「해 뜨기 전에Vor Sonnenaufgang」는 같은 열
망[65]을 표현한 것이라고 생각하게 되었다. 신경증에 걸린 다른 환

---

63  〈1894년 7월 이후 나에게 이야기하는 목소리가 그(아리만)를 직접 해와 동일
시했다〉— 원주.

64  독일어에서 〈해die Sonne〉는 〈여성〉이다.

65  『차라투스트라는 이렇게 말했다』 제3부. 니체도 어렸을 때만 아버지가 있었

자는 아버지가 죽은 후에 정원에서 삽을 가지고 일을 하고 있었는데, 그에게 햇빛이 비치자 그때 처음으로 불안과 어지럼증이 생겼다. 그는 자기가 어머니에게 날카로운 연장을 가지고 일을 하고 있는 것을 아버지가 보았기 때문에 무서워졌다고 스스로 해석했다. 내가 가볍게 항의를 하자 그는 아버지가 살아 있을 때에도, 비록 비꼬는 뜻이기는 했지만, 아버지를 해에다 비유했다고 이야기하여 자기의 견해에 신빙성을 더했다. 아버지는 여름을 어디에서 보내려고 하는가 누가 물을 때마다, 그는 「하늘에서의 서시Prologs im Himmel」에서 인용한 격조 높은 말로 대답하곤 했다.

    그리고 천둥 같은 발걸음으로
    주어진 여정을 다한다.

그의 아버지는 의사의 권유로 해마다 마리엥바드로 가곤 했던 것이다. 이 환자가 가진 아버지에 대한 유아적 태도는 두 단계로 나타났다. 그의 아버지가 살아 있는 동안에는 반항과 다툼으로 나타났으나, 아버지가 죽은 후부터는 곧 아버지에게 비참하게 복종하거나 복종하는 것을 망설이는 데서 생긴 신경증의 형태로 나타났다.[66]

그래서 슈레버의 경우에 우리는 다시 이미 익숙한 아버지-콤플렉스[67]를 다루고 있다는 것을 알게 된다. 환자와 플렉지히의 싸움은 그에게는 신과의 갈등으로 나타났지만, 우리는 그것을 그가

다—원주.

66  〈꼬마 한스〉의 증례에서 〈복종을 뒤로 미루는 것〉에 대한 언급이 나오는 것을 참조할 것. 「다섯 살배기 꼬마 한스의 공포증 분석」 참조.

67  마찬가지로 슈레버가 가졌던 〈여성스러움을 소망하는 환상〉도 유아기 핵심 콤플렉스에서 전형적으로 나타나는 유형 중 하나일 뿐이다 — 원주.

사랑했던 아버지와 그 사이의 유아적 갈등이라고 해석해야 한다. 그 갈등의 세세한 내용이(우리는 그 내용을 하나도 모르지만) 그의 망상의 내용을 결정한 것이다. 다른 비슷한 환자의 경우에 분석을 통해 밝혀질 정보라면 이 경우에도 모두 빠짐없이 나타나 있다. 모든 요소의 단서가 이런저런 방법으로 나타나 있는 것이다. 이런 경우 유아기의 경험에서 아이가 얻으려는 만족을 방해하는 사람으로 아버지가 나타난다. 그 만족이란 대개는 자가 성애적인 것이다. 그런데 나중에는 이것이 종종 환상 속에서 좀 덜 수치스러운 종류의 만족으로 대치된다.[68] 슈레버의 망상 후기에는 이 유아기의 성 충동이 굉장한 성공을 거두었다. 즉 관능적인 것이 신을 두려워하는 태도가 되었고, 신 자신(그의 아버지)이 그에게 지치지 않고 관능적인 것을 요구했던 것이다. 그의 아버지가 했던 위협 중에 가장 두려웠던 거세 위협은, 실제로 그에게 여자로 변형되고자 하는 소망으로 가득 찬 환상을 제공했다. 그런데 그는 그 소망에 처음에는 저항했으나 나중에는 받아들였다. 그가 공격에 대해 넌지시 이야기한 것은 〈영혼-살해〉라는 대치 개념인데, 그것은 더할 수 없이 선명하다. 수석 보조원은 그의 이웃인 W 경으로 밝혀졌다. 목소리는 그가 자위행위를 했다고 W 경이 거짓으로 비난한다고 말했다. 목소리는 거세 위협의 근거라도 밝히듯이 다음과 같이 말했다. 〈왜냐하면 너는 너무 관능에 빠졌다고 알려질 것이기 때문이다.〉[69] 끝으로 우리는 강요된 생

---

68  〈쥐 인간〉의 분석에서 이 주제에 관해 언급한 것을 볼 것 — 원주.

69  〈~라고 알려진〉 또 〈기록하는〉 체계는 〈입증된 영혼〉과 합쳐서 생각해 보면 환자의 학교 시절의 경험을 되돌아보게 한다 — 원주. 죽은 다음에 영혼이 순화되는 과정은 〈근본 언어〉로는 〈조사Prüfung〉라고 한다. 이것은 독일어에서 보통 사용하는 〈학교 시험〉이라는 단어이다. 그런데 이 말은 일반적으로 〈시험하는〉 혹은 〈실험하는〉의 뜻으로 쓰이기도 한다. 아직 순화되지 않은 영혼은 〈시험되지 않은〉이라고 불릴 것으로 생각할 수도 있지만, 〈근본 언어〉가 완곡 어법을 쓰는 경향에 따라 〈시험된〉이

각에 대해 고찰해 보겠다. 강요된 생각은 환자가 스스로 자신에게 부과한 것인데, 그가 잠시 생각하는 것을 멈추면 신은 그가 바보가 되었다고 생각하고 그로부터 모든 것을 거두어들일 것이라고 생각했던 것이다. 이것은 성에 탐닉하거나, 특히 자위행위를 하면 이성을 잃는다는 위협이나 두려움[70]에 대한 반응이다. 이것은 다른 곳에서 우리가 이미 익힌 사실이다. 환자가 발전시킨 심기증적인 성질을 가진 망상이 매우 많은 점을 고려할 때,[71] 그들 중 몇 개가 자위행위를 하는 사람들이 가진 두려움과 같다는 사실을 너무 중요하게 생각하면 안 될지도 모른다.[72]

나는 구체적인 자료를 모두 알고 있어야 분석적인 해석이 가능하다고 믿는다. 그런데 나는 슈레버의 가족과 인연이 없었기 때문에, 그가 살았던 사회를 잘 아는 것도 아니고 그의 인생에 있었던 작은 사건들에 대해서도 개인적으로 아는 바가 없다. 그런데 출판된 그의 자서전에는 검열로 빠진 부분이 많이 있다. 그래서

라고 불린다. 〈~라고 알려진〉도 비슷하게 〈잘못 알려진〉이라는 뜻의 말이다.

70 〈이것이 목적이었다. 그것은 《우리는 너의 이성을 파괴하기를 원한다》는 말에서 분명히 알 수 있었다. 나는 그 구절이 상위 신으로부터 나오는 것을 수없이 들었다〉— 원주.

71 여기서 나는 편집증에 거의 빠지지 않고 함께 나타나는 심기증 증상을 다루지 않고 세운 편집증 이론은 믿을 만한 것이 못 된다고 생각한다는 말을 꼭 해야 한다. 나는 불안 신경증이 히스테리와 관계되는 것과 마찬가지로, 심기증은 편집증과 관계된다고 생각한다 — 원주. 프로이트는 자기애에 대한 그의 저술에서 심기증에 대해 논했다. 「나르시시즘 서론」(프로이트 전집 11, 열린책들) 참조.

72 〈이것 때문에 나의 척수를 퍼내려는 시도가 있었다. 이것은 소위 《작은 사람들》을 내 발에 놓는 방법으로 시행하려고 했다. 지금 이 《작은 사람들》에 대해 더 말할 것이 있다. 《작은 사람들》은 제6장에서 이미 이야기되었던 같은 이름을 가진 현상과 조금 비슷하다. 대체로 두 가지가 있었는데, 그것은 《작은 플렉지히》와 《작은 W 경》이다. 그리고 나는 그들의 목소리를 나의 발에서 듣곤 했다.〉 W 경은 슈레버가 자위행위를 했다고 비난한 것으로 생각되는 사람이다. 슈레버는 이 〈작은 사람들〉이 그의 병에 나타난 현상 중에서 가장 주목할 만하고, 또 어떤 면으로는 이상한 현상이라고 기술했다. 그것은 아이들과 정자들을 압축하여 만든 산물인 것같이 보인다 — 원주.

나에게는 그가 보인 망상들에 나타나는 수없이 많은 세세한 부분들을 일일이 그 근원을 찾아 의미를 캐는 일이 어려웠다. 그러나 상황이 그러하니 편집증에서 현재의 갈등을 표현하기 위해 끌어다 쓴 유아기에서 유래한 자료가 비록 명확하지 않지만 우리는 그 정도로 만족할 수밖에 없다.

여자가 되고자 하는 환상과 관련하여 생긴 갈등의 원인을 확정하기 위해 몇 마디 덧붙여도 되리라고 믿는다. 소원을 드러내는 환상이 나타나면 그것을 좌절, 즉 실생활에서 있었던 결핍과 연결시키는 것이 우리가 하는 일이다. 슈레버도 이런 결핍을 겪었다고 인정하고 있다. 그는 그의 결혼 생활이 행복했다고 서술했지만 그에게는 아이가 없었다. 특히 아들이 없었다. 아들이 있었으면 아버지와 형을 잃었을 때 위로가 되었을 것이고, 또 그가 만족시키지 못한 동성애적 사랑을 쏟을 수도 있었을 터이다.[73] 그의 가문은 단절될 위험에 처했다. 그런데 그는 자기의 혈통과 가문에 대해 여간 자랑스럽게 생각하는 것이 아니었다. 〈플렉지히 가문 사람들이나 슈레버 가문 사람들 모두《하늘에서 가장 고귀한 계급의 구성원》이었다. 슈레버 가문은 특별히《토스카나와 타스마니아의 마르크그라펜*Markgrafen von Tuscien und Tasmanian*》이라는 작위를 가지고 있었다. 왜냐하면 영혼들은 개인적인 허영 때문에 세상 사람들로부터 빌린, 고귀하게 들리는 작위로 자기들을 장식하는 습관이 있었기 때문이다.〉[74] 나폴레옹 황제는 조제핀이

73  〈첫 번째 병에서 회복된 후에 나는 아내와 8년을 함께 보냈다. 그것은 외적인 명예가 많았던 대체적으로 행복한 시절이었다. 그러나 우리도 아이를 갖는 축복을 받았으면 하는 바람이 무너져서 가끔 구름이 끼었다〉— 원주.

74  이 말은 망상 속에서 그가 미치지 않았던 시절에 가졌던 호의적인 풍자 어법을 그대로 가지고 있다. 그는 이 말로 시작하여 플렉지히 가문과 슈레버 가문의 관계를 전 세기까지 찾아 올라가고 있다. 한 젊은이가 약혼을 하고는 어떻게 그토록 긴 세월 동안 자기가 지금 사랑하고 있는 여자를 모르고 지낼 수 있었는지 이해할 수 없는

왕조를 번영시킬 수 없었기 때문에(물론 심한 내부 갈등을 치렀지만) 이혼을 할 수 있었다.[75] 슈레버 박사는 만약 자기가 여자였다면 아이를 가지는 일을 더 성공적으로 해낼 수 있었으리라는 환상을 만들었던 것 같다. 그렇게 해서 그는 아주 어렸을 때 아버지에게 그랬던 것처럼 여자다운 태도를 찾아가는 길을 발견했던 것인지 모른다. 만약 그것이 사실이라면, 그가 거세되어 세상에 〈슈레버의 영혼으로부터 태어난 새로운 인종〉이 살게 될 것이라는 망상은, 동시에 그로 하여금 아이가 없는 사실에서 벗어나게 하도록 계획되었다고 할 수 있다. 그런데 그는 그 망상이 현실화되는 것을 점점 더 먼 미래로 계속 연기하고 있었다. 만약 슈레버가 매우 이상하게 생각했던 〈작은 사람들〉이 아이들이라면, 왜 그들이 그의 머리에 그렇게 많이 모였는지 이해하기 어렵지 않을 것이다. 즉 그들은 사실 〈그의 영혼의 아이들〉이었던 것이다.[76]

나머지, 사실은 벌써 옛날부터 그 여자를 알고 있었다고 주장하려는 것과 같다 — 원주.

75  여기에서 의학적인 보고서의 일부에 반대하여 항의한 것을 언급하는 것이 좋을 것이다. 〈그 보고서에《내 아내가 원하면 이혼할 수 있다, 라는 답변을 나는 항상 준비하고 있다》고 써놓은 것을 보고 그렇게 생각하기 쉽지만, 나는 한 번도 이혼한다는 생각을 함부로 하거나 결혼 관계를 유지하는 데 무관심하게 군 적은 없다〉 — 원주.

76  내가 〈쥐 인간〉의 분석에서 부계 전승을 하는 방법과 아테나의 탄생에 대해 했던 말을 참조할 것 — 원주.

# 4. 편집증의 기제에 대하여

우리는 이제까지 슈레버의 경우에 강하게 드러나는 요소인 아버지-콤플렉스와 그의 병의 중심이었던 소망 환상에 대해 논의했다. 그렇지만 이 모두가 편집증만의 특성은 아니다. 즉 다른 종류의 신경증에서도 모두 찾을 수 있는(사실 이미 찾은) 특성이다. 편집증(혹은 편집 망상증)을 구별할 수 있는 특징은 다른 곳, 즉 그 증상이 가지는 특별한 형태에서 찾아야 한다. 그리고 우리는 그 형태가 콤플렉스의 본성에 의해 결정되는 것이 아니라 증상이 형성되는 기제 혹은 억압이 일어나는 기제에 의해 결정된다는 것을 알게 될 것이다. 이 병에서 편집증의 특징으로 볼 수 있는 것은, 그 환자가 동성애적인 소망 환상을 쫓아 버리기 위해 바로 이런 종류의 피해망상으로 대응했다는 사실이다.

이렇게 볼 때, 그동안의 경험에 의하면 동성애적인 소망 환상이 이 특별한 병과 밀접한(그리고 아마 변함없는) 관계가 있다는 사실은 더욱 중요해진다. 그러나 이 주제에 대한 나 자신의 경험에 확신이 없었기 때문에, 나는 지난 몇 년 동안 취리히의 융과 부다페스트의 산도르 페렌치Sándor Ferenczi와 함께 우리가 보게 된 편집증 환자들에게서 이것을 조사했다. 이 조사의 대상이 된 환자 중에는 여자도 있고 남자도 있었으며, 인종, 직업, 그리고 사회적 지위 등이 매우 다양했다. 그런데도 모든 환자에게서 동성애적 소망에 대한 방어가 병의 기본이 되는 갈등의 중심에 있다는 것을 발견하고 우리는 놀랐다. 또 그들 모두가 부딪치게 되었던 무의식적으로 강화된 동성애적 흐름을 극복하려고 시도하는 데서 그러한 방어가 나타났던 것이었다.[77] 편집증은 성적인 이유가 병의 원인으로 드러나지 않는 병이다. 오히려 편집증의 원인과 관련해서 놀랄 만큼 눈에 띄는 것은 사회적인 수치나 경멸 등이다. 특히 남자의 경우에 그렇다. 그러나 조금만 더 깊이 살펴보면, 이렇게 사회적으로 상처를 입는 데 실제로 영향을 미치는 요소는 정서 생활 중 동성애적인 면이 작용하는 부분에 있다는 것을 알 수 있다. 한 사람이 정상적으로 기능을 하고 있어서 그의 정신세계를 깊이 볼 수 없는 경우에, 사회에서 그가 가지는 이웃과의 감성적 관계가 그 발생 기원에 있어서 성과 어떤 관계가 있을까 의심할 수 있다. 그러나 망상이 있는 경우에는 항상 그 사회적 관계의 내막이 드러나게 되고, 그 사회적 감정의 뿌리가 관능적·성적 소망에 있음이 드러난다. 슈레버 박사의 망상은 부인할 수 없는 동성애적 소망 환상이었으나, 그가 건강했을 때에는 어떤 면으로도 동성애라는 말 자체가 의미하는 그런 동성애의 징조를 보인 적이 없었다.

이제 나는(이런 시도가 필요하고 정당하다고 생각해서) 우리가 정신분석을 통해 알고 있는 심리학적인 정보가, 편집증이 생기는 데 동성애적 소망이 하는 역할을 우리가 이해할 수 있도록 해준다는 것을 보여 주려고 한다. 최근에 실시한 조사 결과, 리비

---

77  메더Maeder가 편집증 환자 J. B.를 분석한 자료는 이것을 더 확신하게 했다(「조발성 치매 환자에 대한 심리 연구Psychologische Untersuchungen an Dementia praecox-Kranken」[1910]). 내가 메더의 작업을 읽어 볼 기회를 가지기 전에 이 논문이 끝난 것은 애석한 일이다 — 원주.

도가 자가 성애적 단계에서 대상-사랑[78]의 단계로 발달해 가는 중에 지나가게 되는 한 단계에 특별히 주목하게 되었다. 이 단계는 자기애 단계라고 명명되었다.[79] 그 과정을 살펴보면 이렇다. 즉 한 사람의 발달 과정에는 그가 사랑-대상을 얻기 위해서 (그때까지 자가 성애적 성생활을 하고 있던) 자기의 성적 본능을 통합하는 시기가 있다. 그런데 그는 자신의 몸을 사랑-대상으로 삼는 것으로 시작한다. 그다음에서야 자신이 아닌 다른 사람을 대상으로 선택하게 되는 것이다. 자가 성애적 사랑과 대상-사랑의 중간에 있는 단계는 정상 과정에서 없어서는 안 되는 단계일 것이다. 그러나 많은 사람이 이 상태에서 보통 이상으로 길게 머물러 그 단계의 특징이 그들의 발달 단계 후반에까지 남아 있는 것 같다. 그렇게 선택된 자신 안에 있는 사랑-대상 중 가장 중요한 것은 아마 성기일 것이다. 그 후의 발전 단계는 외부의 대상 중에서 비슷한 성기를 가진 대상을 택하는 것이다. 즉 동성애적인 대상-선정인 것이다. 그러고 나서 이성애적 성으로 발달한다. 성인이 되어서도 동성애를 보이는 사람은 그들이 택하는 대상이 같은 성기를 가지고 있어야 한다는 조건에 아직도 매여 있는 상태라고 추측할 수 있다. 여기에는 남자나 여자가 모두 같은 종류의 성기를 가지고 있다고 믿는다는 유아기의 성에 대한 이론이 미치는 영향이 크다.[80]

이성애적인 대상-선정의 단계에 도달한다고 해서 동성애적 경향이 아주 없어지거나 끝나는 것은 아니다. 단지 그것은 성적

78 「성욕에 관한 세 편의 에세이」 참조 — 원주.
79 원본에는 이 문장이 다음과 같이 써 있다. 〈이 단계는 나르치시스무스 *Narzissismus*라고 표현되었다. 나는 이것을 나르치스무스*Narzissmus*라고 부르고 싶다. 이것은 그다지 정확하지 않을지도 모르나 더 짧고 귀에 덜 거슬린다.〉
80 「어린아이의 성 이론에 관하여」 참조.

인 목표물에서 벗어나 새로운 사용처에 작용되는 것이다. 그들은 이제 자아-본능의 부분들과 합쳐져서 〈부착되는〉[81] 요소로서 사회적인 본능을 조성하는 것을 돕는다. 그래서 우정과 동지애, 또 단결심과 모든 인류를 사랑하는 것에 성적인 요소를 더해 주는 것이다. 인간의 정상적인 사회적 관계에서 사실 얼마나 많은 부분이 성적인 원천을 가지고 있는지는(성적인 목표는 억제된 채로) 추측하기 힘들다. 그렇지만 겉으로 드러난 동성애자, 그중에도 선정적인 행동에 탐닉하는 사람들이 인류의 일반적인 이익을 위해 적극적으로 일하는 것으로 유명하다는 사실을 새겨 보는 것도 무의미하지는 않을 것이다. 그런데 그 이익 자체도 성 본능이 승화되어 생기는 것이다.

「성욕에 관한 세 편의 에세이」에서 나는 성 심리적 발달의 각 단계는 〈고착〉되어 〈기질의 기점〉[82]이 될 가능성이 있다는 의견을 말했다. 자기애의 단계에서 완전히 벗어나지 못한 사람, 다시 말해 그 지점에서 나중에 병에 걸리는 기질로 작용하는 고착이 생긴 사람은 보통 이상으로 강한 리비도가 다른 출구를 찾지 못하고, 사회적 본능이 성적인 경향을 띠게 될 위험이 있다. 그렇게 되면 발달 과정 중에 이루어졌던 승화가 없었던 것으로 되는 것이다. 무엇이든 리비도를 뒤로 흐르게 하는 것(즉 〈퇴행〉을 일으키는 것)이면 이런 결과가 생기게 할 수 있다. 이런 일이 일어나게 되는 상황에는 두 가지가 있다. 즉 리비도가 여자 관계에서 실망

81  이 논문보다 3년 뒤에 쓰인 「나르시시즘 서론」에서 프로이트는 〈성적 본능은 처음에는 자아-본능에 부착되어 있다〉고 그의 견해를 밝혔다. 이 논문에서부터 그는 〈부착 혹은 애착〉이나 〈의존적〉 대상-선정이라는 개념을 가져온 것이다.

82  이 문단에서 제기된 주제, 즉 성적 발달 단계에서 고착이 일어나는 순간과 나중에 생기는 신경증의 관계, 다시 말해서 〈신경증의 선택〉이라는 문제는 「강박 신경증에 잘 걸리는 기질」에서 더 자세하게 다루어진다.

을 하게 되어 부수적으로 강화되었거나, 혹은 다른 남자와의 사회적 관계가 원만하지 못하여 직접 길이 막히거나 하는 상황이다. 이것들은 모두 〈좌절〉의 예이다. 또 하나는 리비도가 전체적으로 너무 강해져서 이미 열려 있는 길로 가기에는 너무 강하게 된 경우이다. 이때에는 가장 약한 곳으로 둑을 무너뜨리고 흘러넘치게 되는 것이다.[83] 우리가 분석한 바로는, 편집증 환자들은 그들의 사회적 본능의 집중이 성적으로 변하는 것을 막으려고 애를 쓴다. 그래서 우리는 그들의 발달 단계에서 약한 점은 자가 성애 단계, 자기애 단계, 그리고 동성애 단계 사이의 어디엔가 있을 것이라고 생각하게 된다. 그리고 그들이 병에 걸리게 되는 기질은(이것에 대해서는 좀 더 자세한 정의를 내릴 필요가 있겠지만) 바로 그 부근에 있어야 한다. 크레펠린Kraepelin이 말하는 조발성 치매*Dementia praecox*, 혹은 (블로일러Bleuler가 이름 붙인) 정신 분열증*Schizophrenie*을 앓는 환자들의 기질도 비슷한 곳에 있다고 해야 할 것이다. 우리는 후에 이들 두 가지 병에 다른 점(그들이 갖는 병의 형태나 진행 과정에서)이 있는 이유는 환자의 기질적 고착점이 각각 다르기 때문이라는 것을 보여 줄 단서를 찾을 수 있기를 바란다.

남자 편집증 환자가 갖고 있는 갈등의 중심에는 사랑하는 남자에 대한 동성애적 소망의 환상이 있다는 견해를 받아들이는 데 있어서, 우리는 모든 종류의 편집증 환자들의 사례를 다수 조사한 후에나 가설을 확인할 수 있다는 것을 잊으면 안 된다. 그래서 필요하다면 우리의 주장을 한 가지 편집증에만 국한시킬 준비가 되어 있어야 한다. 그렇더라도 편집증 중에서 익숙하고 주요한

83   이 문제와 〈좌절〉이라는 개념은 조금 후에 나온 프로이트의 논문 「신경증 발병의 유형들」(프로이트 전집10, 열린책들)에서 훨씬 더 자세하게 다루어진다.

형태들을 한 개의 명제에 대한 부인으로 나타낼 수 있다는 것은 주목할 만한 사실이다. 그 명제는 〈나(남자)는 그(남자)를 사랑한다〉라는 것이고, 그것에 대한 부정을 나타내는 방법은 매우 다양하다.

명제 〈나(남자)는 그(남자)를 사랑한다〉는 우선 다음과 같이 부정된다.

### (1) 피해망상

피해망상은 〈나는 그 남자를 사랑하지 않는다 — 나는 그 남자를 미워한다〉고 소리 높여 주장한다.

무의식에서[84] 일어난 이 같은 부정은, 이 형태 그대로는 편집증 환자의 의식 세계로 들어올 수 없다. 편집증에서 증상-형성의 기제는 내부의 지각 — 감정들 — 이 외부의 지각으로 대체될 것을 요구한다. 그래서 〈나는 그 남자를 미워한다〉는 명제는 투사의 기제로 〈그 남자는 나를 미워한다(박해한다), 그래서 내가 그를 미워하는 것은 정당하다〉는 것으로 바뀐다. 그래서 강요하는 무의식의 감정은 그것이 외부 인식의 결과인 것처럼 등장한다.

〈나는 그 남자를 사랑하지 않는다 — 나는 그를 미워한다, 그가 나를 박해하기 때문이다.〉

관찰해 보면 그 박해자가 한때는 사랑의 대상이었던 사람이라는 데에는 의심의 여지가 없다.


### (2) 색정광

여기서는 다른 요소가 부정을 위해 선택된다. 그것은 다른 견해로는 전혀 이해되지 않는다.

84　혹은 〈근본 언어로는〉이라고 슈레버는 말할 것이다.

〈나는 그 남자를 사랑하지 않는다 — 나는 그 여자를 사랑한다.〉

그리고 마찬가지로 투사해야 되기 때문에 그 명제는 〈내가 보니 그 여자는 나를 사랑한다〉로 바뀐다.

〈나는 그 남자를 사랑하지 않는다 — 나는 그 여자를 사랑한다. 그 여자가 나를 사랑하니까.〉

색정광은 많은 경우에 과장되거나 왜곡된 이성애적인 고착이라고 설명해도 될 듯한 인상을 줄 수 있다. 그러나 그들의 사랑은 내부에서 인식된 사랑으로부터가 아니라 언제나 사랑을 받고 있다는 외부 인식에 의해 시작된다는 것을 주의해서 보면 알 수 있다. 그러나 이런 종류의 편집증에서는 중간 명제인 〈나는 그 여자를 사랑한다〉는 것이 의식될 수 있다. 왜냐하면 이것과 원래의 명제는 정반대가 아니어서 사랑과 미움같이 서로 전혀 섞일 수 없는 것은 아니기 때문이다. 즉 그 여자도 그 남자만큼 사랑하는 것이 가능한 것이다. 그래서 투사되어 대치되었던 명제(〈그 여자가 나를 사랑한다〉)가 〈근본 언어〉의 명제인 〈나는 그 여자를 사랑한다〉에 양보하는 것이 가능한 것이다.

### (3) 질투 망상

세 번째로 원래의 명제는 질투 망상에 의해 부정될 수 있다. 그것은 여자와 남자에게서 나타나는 특징적인 형태를 연구해 보면 알 수 있다.

1) 알코올성 질투 망상

이 병에서 술이 하는 역할은 어떻게 보더라도 이해가 된다. 즐기기 위해 마시는 술은 억제를 풀고 승화를 취소한다. 남자가 여자 때문에 실망해서 술을 마시는 것은 드문 일이 아니다. 그런데 그것은 보통 선술집으로 가서 남자와 같이 있게 된다는 것을 뜻한다. 즉 그는 집에서 아내로부터 얻지 못한 감정적인 만족을 남자에게서 얻는 것이다. 만약 이 남자들이 강한 리비도 집중의 대상이 되면, 그는 세 번째 부정을 가지고 그것을 없애려 할 것이다.

〈그 남자를 사랑하는 것은 내가 아니다 — 그 여자가 그 남자를 사랑한다.〉 그리고 그가 사랑하고 싶은 유혹이 생기는 모든 남자들과 관련하여 그 여자를 의심하게 되는 것이다.

이 경우에는 투사를 하여 왜곡하는 것은 없다. 사랑을 하는 주체를 바꾸어서 모든 과정이 자아의 밖으로 던져졌기 때문이다. 그 여자가 그 남자들을 사랑한다는 사실은 그에게는 외부 인식에 속하는 일인 것이다. 반면에 그가 사랑을 하는 것이 아니고 미워한다거나 혹은 이 사람이 아니라 저 사람을 사랑한다는 것 등은 내부 인식에 속하는 일이다.

2) 여자의 경우

〈여자들을 사랑하는 것은 내가 아니다 — 그 남자가 그들을 사랑한다.〉 질투하는 여자는 그녀 자신이 자기의 동성애적 성향과 자기애가 너무 강한 나머지 끌리게 되는 여자들 모두와 관련하여 남편을 의심한다. 고착이 일어난 시기의 영향은 남편과 연결시키는 사랑-대상들을 보면 분명히 나타난다. 즉 그들은 종종 나이가 많고 사랑하기에는 적당하지 않은 경우가 많다. 그들은 유모거나 하인, 유년 시절의 여자 친구들과 비슷한 사람들, 혹은 진짜 경쟁자인 자매 등이다.

이제 〈나는 그를 사랑한다〉처럼 세 단어로 구성된 명제를 부정하는 방법은 세 가지밖에 없다고 추측할 수도 있을 것이다. 질투 망상은 주어를 부정하고, 피해망상은 동사를 부정하고, 또 색정광은 목적어를 부정한다. 그러나 사실은 네 번째로 부정하는 방법이 있다. 즉 명제 전체를 부정하는 방법이다.

〈나는 전혀 사랑하지 않는다 — 나는 아무도 사랑하지 않는다.〉그런데 리비도는 어디로든 향해야 되기 때문에, 이 명제는 〈나는 오직 나만을 사랑한다〉는 명제와 심리학적으로 동격이라고 볼 수 있다. 그래서 이런 식의 부정은 과대망상을 가져온다. 과대망상은 자아를 성적으로 과대평가하는 것이라고 생각해도 좋다. 그것은 우리에게 익숙한 사랑-대상을 과대평가하는 것과 나란히 두어도 좋을 것이다.[85]

대부분의 편집증에서 과대망상의 요소를 발견할 수 있다는 것은 편집증에 대한 이론의 다른 부분과 연관해서 중요하다. 과대망상은 본질적으로 유아적 속성을 가지고 있고, 성장하면서 사회를 고려하여 희생되었다고 추정하는 것은 정당하다고 생각한다. 비슷하게 한 개인의 과대망상은 넘치는 사랑의 손아귀에 있을 때처럼 억압될 때는 없다.

> 사랑의 불꽃이 타오르면,
> 나, 우울한 폭군은 사라지므로.[86]

위에서는 편집증에서 동성애적 소망 환상이 의외로 중요한 역할을 하고 있다는 것을 논의했다. 이제 두 가지 요소에 대해 이야기하겠다. 그중 첫 번째 요소에서 우리는 편집증을 다른 것들과 구별하는 표식, 즉 증상이 형성되는 기제와 억압이 일어나는 기제를 발견하리라 기대한다.

85  내가 이미 언급한 아브라함과 메더의 논문을 보면 같은 견해와 같은 해석을 볼 수 있다 — 원주.

86  13세기 페르시아의 신비주의 시인 루미(Jalal al-Din)Rumi의 시「Ghazals of Muhammad ibn Muhammad」중에서 인용함. 뤼케르트Rückert의 번역임 — 원주.

우리는 이들 두 가지 기제가 동일한 것이라 추측하고, 증상-형성과 억압이 같은 길에서 서로 반대 방향으로 진행되는 것이라고 추측할 근거가 없다. 그리고 그런 동일성이 있으리라는 가능성이 크지도 않은 것 같다. 그렇지만 우리가 조사를 마칠 때까지 이 문제에 대한 의견은 발표하지 않도록 하겠다.

편집증의 증상-형성에서 가장 두드러지는 특징은 투사라고 불러야 할 과정이다. 내부 인식이 억압되고 그 내용이 왜곡되어 외부의 인식으로 의식 세계에 나타나는 것이다. 피해망상에서 왜곡은 감정이 변형되는 것이다. 즉 내부에서 사랑으로 느껴졌어야 할 감정이 외부에서 오는 미움으로 인식되는 것이다. 우리가 다음의 두 가지 사실을 때마침 기억해 내지 않는다면, 우리는 이 과정이 편집증에서 가장 중요한 요소이며 절대적으로 그 병만의 특징이라고 생각하게 될 것이다. 그러나 첫째, 모든 형태의 편집증에서 투사의 역할이 같지 않다는 것과 둘째, 이것은 편집증뿐 아니라 다른 심리적 상태에서도 나타난다는 것을 기억해야 한다. 사실 우리가 바깥 세상에 대해 가지는 태도에는 투사가 항상 자리를 차지하고 있다. 즉 우리가 어떤 감각의 원인을 바깥 세상에서 찾으려 하고 자신의 속을 들여다볼 생각은 하지 않을 때(다른 경우에는 그렇게 하면서), 이것은 정상적인 과정이지만 투사라고 불러야 할 것이기 때문이다. 그래서 우리는 투사의 속성에는 일반적인 심리적 문제들이 포함되어 있다는 것을 알게 되었다. 다음 기회가 올 때까지 당분간 이것을(또 일반적인 편집증 증상-형성 기제도 함께) 조사하는 것을 연기하도록 하겠다. 지금은 편집증에서 억압의 기제에 대해 어떤 개념을 얻을 수 있는가 생각해 보도록 하자. 투사와 증상-형성 기제에 대해 조사하는 것을 잠시 미루어 두는 이유는, 억압이 일어나는 과정이 증상이 형성되는 과정보다 리비도의 발달 역사와 더 밀접하게 연관이 있으며 또 억압 때문에 생기는 기질과도 관계가 더 깊기 때문이다.

정신분석에서는 병적인 현상을 보통 억압으로부터 생기는 것이라고 보는 습관이 있다. 그런데 〈억압〉이라고 말하는 것을 자세히 조사해 보면, 이것을 개념적으로 쉽게 구별할 수 있는 세 단계로 나눌 수 있다는 것을 알게 된다.

### (1) 고착

모든 〈억압〉이 일어나는 데 선행하는 것이고 꼭 있어야 되는 첫 단계인 고착을 설명하자면 이렇다. 한 본능 혹은 본능 구성 요소가 예정되어 있는 정상 발달의 길을 나머지 본능과 함께 가지 못한다. 이렇게 발달이 억제된 결과, 그것은 유아기에 좀 더 남아 있게 된다. 문제의 리비도의 흐름은 나중에 발달된 심리적 구조와의 관계에서 무의식에 속하는 리비도의 흐름처럼 행동한다. 즉 억압된 것과 같이 작용하는 것이다. 우리는 이미 이렇게 본능들이 고착되는 것이 나중에 병이 발생하는 기질이 된다는 것을 증명했다. 그리고 이제 고착되는 것은 무엇보다도 억압의 셋째 단계의 결과를 결정한다는 사실을 더해야겠다.

### (2) 후압박

이 단계는 지금까지 가장 주목받아 온 단계이다. 이것은 좀 더 발달된 자아의 체계에서 나온다. 이 자아의 체계는 의식화될 수 있다. 그리고 사실 〈후압박〉의 과정이라고 해도 될 것이다. 고착이 수동적으로 뒤로 처지는 모습으로 나타나는 반면, 후압박은 능동적으로 보이므로 비교된다. 억압이 되는 것은 우선 원래 뒤떨어졌던 본능의 심리적 파생물일 수 있다. 이것은 강화되어 자

아(혹은 자아-동조적 본능)와 갈등 관계를 이루기 때문에 억압된
다. 또 억압되는 것은 다른 이유로 강한 거부감을 일으킨 심리적
경향이다. 그러나 거부감만으로는 억압이 되지 않는다. 억압되어
야 할 반갑지 않은 경향과 이미 억압되어 있는 경향이 서로 연결
되어야 억압이 일어난다. 연결이 되면 의식 구조에서 밀어내는
것과 무의식에서 끌어당기는 것이 같은 방향으로 작용하여 억압
이 일어나는 것이다. 위에서 두 가지 가능성을 따로따로 이야기
했지만, 실제 임상에서는 그렇게 분명하게 구별되지는 않는다.
그 두 가지는 원래 억압되었던 본능이 결과에 얼마나 많이 혹은
적게 관계했는가에 따라 구분되는 정도이다.

### (3) 억압 실패

이 단계는 병적인 현상과 관련해서 제일 중요한 단계이다. 그
것은 억압되었던 것이 돌발하는 것, 즉 돌아오는 것이다. 이 돌발
은 고착점에서 시작된다. 그리고 이것은 리비도의 발달이 고착점
으로 퇴행하는 것을 뜻한다.

우리는 이미 고착이 가능한 점이 여러 개라는 것을 시사했다.
사실 고착이 가능한 점의 수는 리비도의 발달 단계 수만큼 된다.
그리고 억압 자체와 돌발(즉 증상-형성)의 기제도 비슷하게 여러
가지가 있다. 이렇게 다양한 기제들의 기원을 리비도 발달력에서
만 찾는 것은 불가능하다고 생각될 것이다.

이 토론이 점점 〈어떤 신경증이 발생하는가〉 하는 문제에 접근
하기 시작하고 있다는 것을 알아차렸을 것이다. 그러나 이 문제
는 종류가 다른 준비 작업을 한 후에나 다룰 수 있는 것이다. 지금
은 우리가 이미 고착에 대해 토론했고, 또 증상-형성에 대해서는
뒤에 토론하기로 미루었다는 것을 유념하도록 해야겠다. 우선

〈슈레버〉 증례를 분석하는 것이 편집증에서 가장 현저한 억압 자체의 기제를 이해하는 데 도움이 되는지 하는 문제만 생각해 보기로 한다.

슈레버는 그의 병이 가장 심했을 때 〈부분적으로는 무섭지만 또 부분적으로는 말로 표현할 수 없이 웅대한〉 환영의 영향을 받았다. 그 영향으로 슈레버는 큰 재난, 즉 세상의 끝이 가까웠다고 확신하게 되었다. 목소리는 그에게 지난 1만4천 년간 있었던 일은 모두 허사가 되었고, 지구에게 남아 있는 시간은 단지 212년 뿐이라고 말했다. 그런데 슈레버는 플렉지히의 병원에 입원해 있던 후반에 그 남은 기간이 이미 다 끝났다고 믿었다. 그 자신만이 〈아직 살아 있는 단 한 명의 진짜 사람〉이고, 그에게 아직 보이는 몇몇 사람, 즉 의사, 보조원, 또 다른 환자들은 〈기적에 의해 조잡하게 임시변통으로 만들어진 사람들〉이라고 설명했다. 가끔 감정의 역류도 나타났다. 그 자신의 사망 기사가 실린 신문이 그의 손에 쥐어졌다. 즉 그 자신이 열등한 두 번째의 형태로 존재했고, 그렇게 있다가 어느 날 조용히 죽은 것이었다. 그러나 그의 자아가 지탱이 되고 세계가 희생된 망상이 더욱 강력했다. 그는 재난의 원인에 대해 여러 가지 이론을 가지고 있었다. 어떤 때는 해를 거두어들여서 세상이 빙하로 덮인다고 생각했다. 또 어떤 때는 지진에 의해 파괴된다고 했다. 그 지진이 일어나면 그는 〈영혼의 선지자〉의 역량으로 인도하는 역할을 할 것이다. 마치 1755년의 리스본 지진에서 다른 선지자가 그랬다고 알려진 것처럼 말이다. 혹은 플렉지히가 죄인이었다. 그가 마술로 인간에게 두려움과 공포를 심어 놓았고, 종교의 기초를 망가뜨렸으며, 또 일반 신경증과 부도덕성을 퍼뜨려서, 그 결과 인류에게 파괴적인 해악이 내린 것이다. 그 어떤 경우라도 세상의 끝이 오는 것은 그와 플렉지히 사이의 갈등 때문이었다. 혹은 그의 망상 두 번째 단계에서 받아들인 이유에 따르자면, 그것은 그와 신 사이에 끊을 수 없는 유대가 형성되었기 때문이다. 즉 그것은 그의 병에 따른 피할 수 없는 결과였던 것이다. 수년 후에 슈레버 박사가 다시 인간 사회로 돌아왔을 때, 그의 손에 다시 들어온 책이나 음악, 또 매일 보는 다른 기사들에서 인류의 역사에 큰 공백이 있었다는 그의 이론을 뒷받침할 만한 증거는 전혀 찾을 수 없었다. 그러자 그는 그의 견해를 더 이상 지지할 수 없다고 인정했다. 〈……나는 더 이상 겉으로 보기에는 모든 것이 예전과 다를 바 없다는 것을 인식하는 것을 피할 수 없다. 그렇지만 심오한 내부의 변화가 있지 않았는가 하는 문제에 대해서는 다음에 다시 생각해 보겠다.〉 그는 자신이 병을 앓고 있는 동안에 세상이 끝났으며, 그가 지금 보고 있는 세상은 다른 세상이라는 것을 의심할 수가 없었다.

　이런 종류의 세상-재난은 다른 편집증 환자의 경우에도 흥분되어 있는 상태에서 드물지 않게 볼 수 있다.[87] 우리가 리비도 집중의 이론을 근거로 하고, 또 슈레버가 다른 사람들을 〈조잡하게 임시변통으로 만들어진 사람들〉이라고 본 견해에서 잡은 단서를 따라가면, 이러한 재난들을 설명하는 것이 어렵지 않다는 것을 알게 된다.[88]

　환자는 지금까지 주위의 사람들과 외부 세계를 향해 있던 리비도 집중을 거두어들였다. 그래서 모든 것이 그에게는 무관심하고

---

87　다른 동기에서 오는 〈세상의 끝〉은 사랑의 황홀경이 최고에 달했을 때 나타난다(바그너의 「트리스탄과 이졸데」 참조). 이 경우에 외부 세상으로 향하던 집중을 전부 흡수하는 것은 자아가 아니라 하나의 사랑-대상이다 — 원주.

88　아브라함, 「히스테리와 조발성 치매의 성 심리적 차이」(1908)와 융, 「조발성 치매의 심리학」(1907) 참조. 아브라함의 짧은 논문에는 〈슈레버〉의 증례를 연구하여 내놓은 중심적 견해가 거의 다 나와 있다 — 원주.

무관한 것으로 되어 버린 것이다. 그래서 이차적 합리화로 모든 것이 〈기적에 의해 조잡하게 임시변통으로 만들어졌다〉고 설명해야 했던 것이다. 세상의 끝은 이런 내부의 재난을 투사한 것이다. 그가 사랑을 거두어들이자 그의 주관적인 세상이 끝난 것이다.[89]

파우스트가 그를 세상으로부터 자유롭게 하는 주문을 내뱉자, 영혼들의 합창단이 노래한다.

> 비통! 비통!
> 당신이 그것을 파괴했다,
> 그 아름다운 세상을,
> 센 주먹으로
> 그것은 파멸로 던져졌다,
> 반신반인의 후려침에 산산히 부서졌다!
> ......
> 더 강하게
> 인간의 아이들을 위하여,
> 더 화려하게
> 다시 지어라,
> 당신 자신의 가슴에 새로 지어라![90]

그리고 편집증 환자는 그의 세계를 다시 짓는다. 더 화려하게 세우지 않는 것은 사실이지만, 적어도 그가 그 안에서 다시 살 수는 있도록 짓는다. 그는 자신의 망상으로 세계를 건설하는 것이

---

89  그는 세상으로부터 그의 리비도 집중만을 거두어들인 것이 아니라 일반적인 관심도 거두어들였다. 즉 그의 자아에서 나오는 집중도 거두어들인 것이다. 이 문제는 아래에서 논의할 것이다 ─ 원주.

90  괴테, 『파우스트』 1막 4장.

다. 우리는 망상의 형성을 병적이라고 하지만, 실상은 회복하려는 노력인 것이다. 즉 재건축의 과정인 것이다.[91] 재난 후에 어느 정도까지는 이렇게 재건축하는 것이 가능하다. 그러나 전체를 재건축할 수는 없다. 슈레버는 세상에 〈심오한 내부의 변화〉가 있었다고 했다. 그러나 인간은 세상 사람들과 사물들과의 관계를 다시 맺었다. 그런데 그 관계는 매우 강렬하고 이제는 적대적인 관계였다. 그 이전에는 혹시 사랑의 관계였더라도 말이다. 그렇다면 우리는 억압 자체가 전에는 사랑했던 사람(그리고 사물)으로부터 리비도를 떼어 내는 과정이라고 말할 수 있다. 그것은 소리없이 일어난다. 그래서 우리는 그것에 대해 아무 정보도 얻을 수 없다. 다만 이어서 일어나는 사건을 보고 추측할 뿐이다. 시끄럽게 굴어 우리의 관심을 끄는 것은 회복의 과정이다. 회복의 과정은 억압이 한 일을 되돌리고, 자신이 버렸던 사람에게 리비도를 다시 가져온다. 편집증에서는 이 과정이 투사에 의해 수행된다. 내부적으로 억제되었던 인식이 바깥으로 투사된다고 하는 것은 틀린 것이다. 사실은 지금 보듯이 내부적으로 없앴던 것이 외부로부터 돌아오는 것이다. 다음 기회로 미루었던 투사 과정을 끝까지 조사하는 일을 마치면 이 주제에 대해 남아 있던 의심이 사라질 것이다.

어찌 되었든 간에 우리가 새로 얻은 지식으로 더 발전된 토론을 하게 된 것은 만족스러운 일이다.

(1) 우선 생각해 보게 되는 것은 리비도의 분리가 편집증에서만 일어나지는 않을 것이라는 사실이다. 그리고 다른 경우에서 일어날 때는 그렇게 파괴적인 결과를 초래하지 않을 것이라는 사

91  프로이트는 아래에서 이 개념을 다시 언급하면서 다른 정신병의 증상에까지 이 개념을 적용했다.

실이다. 리비도의 분리는 모든 억압에 꼭 있어야 되고 또 항상 있는 기제일 가능성이 많다. 그러나 억압이 기초가 되어 생기는 모든 병들을 비슷한 정도로 조사해 봐야 그것에 대해 확실히 알 수 있다. 그렇지만 정상적인 정신생활에서(애도 기간만이 아니라) 우리는 늘상 사람이나 사물에서 리비도를 분리하면서도 병이 나지 않는다는 것은 확실하다. 파우스트가 주문을 외워서 세상으로부터 자신을 자유롭게 했을 때, 그 결과는 편집증이나 다른 어떤 신경증이 아니라 단지 어떤 전체적인 마음의 상태였다. 그러므로 리비도의 분리, 그 자체가 편집증이 생기는 원인적 요소는 될 수 없다. 즉 편집증적인 리비도의 분리와 다른 경우를 구별할 수 있는 특징이 있을 것이다. 그 특징이 무엇일까 추정하는 것은 어렵지 않다. 분리되는 과정에 의해 자유롭게 된 리비도가 어떤 용도에 쓰였는가? 정상적인 사람은 곧 잃어버린 대상을 대신해 줄 대상을 찾기 시작한다. 그리고 그 대치물을 찾기 전까지는 자유로워진 리비도가 마음속에 보류 상태로 남아 있게 된다. 그래서 긴장감을 일으키고 또 기분의 색깔을 결정하는 것이다. 히스테리에서 자유로워진 리비도는 신체의 신경 감응이나 불안으로 변형된다. 그러나 임상적인 증거를 보면 편집증에서는 대상에서 거두어들인 리비도가 특별하게 쓰이는 것을 알 수 있다. 편집증에서는 대부분 과대망상의 흔적을 보이며, 과대망상만으로도 편집증이 될 수 있다는 것을 기억해야 한다. 이것을 보면 자유로워진 리비도는 자아에 부착되어 자아를 과장하는 데 쓰인다고 결론을 내려도 될 것이다.

자신의 성적 대상으로 자신의 자아밖에 없는 자기애의 단계(리비도의 발달 단계에서 알게 된)로 돌아간 것이다. 이 임상적인 증거에 의해서 우리는 편집증 환자들은 자기애 단계에 고착되어 있었다고 가정할 수 있다. 그리고 승화되었던 동성애에서 자기애로 뒷걸음질한 거리는 편집증에서 특징적인 퇴행의 양이라고 주장할 수 있다.

(2) 〈슈레버〉의 증례뿐 아니라 많은 다른 증례를 근거로 똑같이 진실일 수 있는 반대 의견이 나올 수 있다. 즉 플렉지히에 대한 피해망상이 세상이 끝난다는 환상보다 의심할 여지 없이 먼저 나타났다고 주장할 수도 있기 때문이다. 그래서 억압되었던 것이 돌아온 것이라고 가정했던 것이 사실은 억압보다 더 먼저 있었다는 것이다. 이것은 명백하게 터무니없는 소리이다. 이 반대에 대응하려면, 우리는 일반화라는 고지에서 내려와 실제 있었던 상황을 자세히 살펴보아야 할 것이다. 실제 상황은 훨씬 더 복잡하다는 것은 의심의 여지가 없다. 우리가 논의 중인 리비도의 분리는 총체적일 수도 있지만 부분적일 수도 있다는 것을 인정해야 한다. 부분적이라 함은 하나의 콤플렉스에서 끌어냈다는 것을 말한다. 두 가지 중에서 더 흔한 것은 부분적으로 분리되는 경우이다. 그리고 그것은 총체적인 것보다 먼저 생긴다. 그 이유는 무엇보다도 생활에서 받는 영향이 제공하는 동기는 리비도가 부분적으로 분리되도록 할 뿐이기 때문이다. 그래서 그 과정은 리비도가 부분적으로 분리되는 데서 끝날 수도 있고, 전체적인 것으로 퍼질 수도 있다. 전체적으로 퍼지면 과대망상이라는 증상이 나타나 겉으로 확실히 드러나게 된다. 그래서 슈레버의 경우 플렉지히라는 인물에서 리비도가 분리된 것이 초기 단계였을 것이다. 뒤따라 곧 망상이 나타나 리비도를 다시 플렉지히에게 부착시켜서(부정의 표지가 있어서 억압이 일어났다는 사실을 나타냈지만) 억압의 작업을 소멸시켰다. 이제 억압의 전쟁이 더 강력한 무기를 가지고 새로 벌어진 것이다. 싸움의 목표가 외부 세계에서 중요한

자리를 차지하는 것인 만큼, 한편으로는 모든 리비도를 그것에 끌어들이려 하고 다른 한편으로는 그것에 대한 모든 저항을 불러 일으켜서, 이 하나의 목표물을 두고 벌어지는 싸움은 점점 전면전이 되어 갔다. 끝에 가서는 억압의 힘이 승리했는데, 그것은 세상이 끝나고 자아만이 홀로 살아남았다는 확신으로 표현되었다. 슈레버의 망상이 종교 영역에서 만들어 낸 독창적인 구조물, 즉 신의 계급 체계, 확인된 영혼, 하늘의 앞뜰, 또 하위 신과 상위 신 등을 다시 살펴보면, 우리는 그의 리비도가 전반적으로 분리됨에 따라 재난에 의해 얼마나 많은 승화가 파괴되었는지 알 수 있다.

(3) 이 논문에서 발전시킨 견해로부터 생기는 고려해야 할 것 중 세 번째는 다음과 같다. 리비도가 외부 세상으로부터 전반적으로 분리되는 것이 〈세상의 끝〉을 가져올 정도로 효과적인 요소라고 가정해야 하나? 아니면 존재에 아직 남아 있는 자아 리비도 집중[92]이 외부 세상과 친밀한 관계를 유지할 만큼 충분하지 않았을까? 이 어려움을 해결하기 위해서 우리는 리비도 집중(즉 성적인 원천에서 나오는 흥미)이 일반적인 흥미와 동일하다고 가정하거나, 혹은 리비도의 분포에 광범위한 문제가 생기면 자아-집중에 그만큼 광범위한 문제가 생길 수 있다는 가능성을 고려해야 한다. 그러나 이것들은 우리가 아직 해결할 능력이 안 되는 문제들이다. 충분한 근거를 가지고 있는 본능 이론에서부터 시작할 수 있다면 문제는 달라질 것이다. 그러나 사실 우리는 아직 그런 것을 가지고 있지 않다. 우리는 본능이란 신체적인 것과 정신적인 것 사이의 경계에 있는 개념이라고 생각한다. 그리고 그 안에

92 〈자아 리비도 집중〉이라는 말은 뜻이 모호하다. 그러나 여기에서는 〈자아에 의한 리비도 집중(자아로부터 나오는)〉이라는 뜻으로 쓰인 것은 의심할 여지가 없다. 이 말은 다른 곳에서 쓰인 〈자아-흥미〉와 같은 뜻의 말이다.

유기체의 힘들을 나타내는 심리적 대리자가 있다고 생각한다. 그리고 우리는 보통 자아-본능과 성적 본능을 구별하는 것을 인정한다. 왜냐하면 그렇게 구별하는 것이 한 개체는 두 가지 방향성을 가진다는 생물학적 개념과 잘 맞기 때문이다. 그 두 가지 방향성이란 한편으로는 자신을 보존하려 하고, 다른 한편으로는 종족을 보존하려고 한다는 것이다. 그러나 이것 이상은 단지 가설일 뿐이다. 따라서 모호한 정신 작용의 혼란 속에서 방향을 찾는 데 도움을 얻기 위해 취한 것이므로 언제라도 버릴 준비가 되어 있는 것이다. 우리가 병적인 정신 작용을 정신분석적으로 연구해서 얻으려 하는 것은 본능의 이론에 관계되는 문제에 대한 결론이다. 이런 연구들은 아직 초기 단계에 있으며, 연구자들은 각자 따로따로 일을 하고 있다. 그래서 우리가 그들에게 바라는 것은 아직 만족되지 않고 있다. 우리는 리비도가 가지고 있는 문제가 자아-집중에 반응을 일으킬 것이라는 가능성을 배제하지 못한다. 또 그 반대의 경우, 즉 자아에 비정상적인 변화가 생겨서 리비도의 문제가 이차적으로 파생되어 생기는 가능성도 배제할 수 없다. 사실은 후자와 같은 과정은 정신병이 가진 독특한 성질일 수도 있다. 이런 것들이 얼마나 편집증과 관계가 있는지 지금은 말할 수 없다. 그러나 한 가지는 강조하고 싶다. 편집증 환자는 억압이 최고조에 달했을 때라 하더라도 외부 세상에서 그의 흥미를 완전히 거두어들인다고 볼 수 없다는 것이다. 환각을 일으키는 어떤 정신병(예를 들어 마이네르트의 정신 박약같이)에서는 외부 세상에서 흥미를 완전히 거두어들인다고 생각되는 것과 비교된다. 편집증 환자는 외부 세계를 인식하면서 그 안에서 달라진 점을 고려하고, 그것이 자신에게 미치는 영향에 자극받아 외부 세계를 설명하는 이론들을 만들어 낸다. 슈레버가 만들어 낸 〈조잡하게 임시변통으로 만들어 낸 인간들〉은 그 한 예이다. 그래서 나에게는 편집증 환자와 세상의 관계가 달라지는 것은 대개 그에게서 리비도의 흥미가 없어진 것으로 설명되어야 한다고 보인다.[93]

(4) 편집증과 조발성 치매는 밀접한 관련이 있다. 그렇게 보면 편집증에 대한 이 개념이 조발성 치매에 대한 개념에 얼마나 영향을 미칠 것인가 하는 질문을 피할 수 없다. 나는 크레펠린이 그때까지 편집증이라고 불리던 것 중 많은 부분을 떼어 내어, 긴장증과 또 어떤 다른 병들과 합쳐서 새로운 임상적 단위를 만들어 낸 것은 정당하다고 본다. 조발성 치매는 그것에 붙이기에는 아주 부적절한 이름이기는 하지만 말이다. 블로일러가 같은 집단을 위해 정한 이름 〈정신 분열증〉에 대해서는, 문자 그대로의 뜻[94]을 잊기만 한다면 적당한 이름이라는 생각에 반대할 수 있다. 그 이름은 이론적으로 추정한 병의 특성에 근거를 두고 만든 이름이기 때문에 편견을 가지게 할 수 있다. 더욱이 그 특성은 그 병에만 있는 성질도 아니고, 또 다른 면을 고려해 보면 그 병에 꼭 있어야 되는 성질도 아니기 때문이다. 그러나 전반적으로 우리가 임상적 증상들에 어떤 이름을 붙이는가 하는 것은 크게 중요한 일이 아니다. 내가 보기에 더 중요한 것은, 편집증은 독립된 임상 단위로 있어야 한다는 것이다. 그것이 자주 정신 분열증적인 현상으로 복잡하게 되는 경우가 있기는 하지만 그래도 하나의 병으로 남아 있어야 한다는 것이다. 왜냐하면 리비도 이론의 관점에서 보자면 정신 분열증과 편집증은 서로 구분되기 때문이다. 즉 억압 자체의 주된 모습은 두 가지 병에서 같지만 ─ 리비도가 분리되어 자

93  이 문단이 융의 비판의 근거가 되었다. 프로이트는 자기애에 대한 논문의 제1장 끝에서 융의 비판에 대해 반박했다(「나르시시즘 서론」).
94  〈분열된 마음〉.

아로 퇴행한다는 점 — 편집증에서는 기질이 되는 고착점이 정신 분열증의 고착점과 다르고, 또 억압되었던 것이 돌아오는 기제 (즉 증상이 형성되는 기제)도 서로 다르기 때문이다. 내가 보기에 는 조발성 치매를 이상 정신이라고 부르면 가장 편리할 것 같다. 이 단어는 특별히 따르는 의미가 없다. 그리고 편집증(이 이름은 바꿀 수 없다)과의 관계를 나타내기도 하고, 지금은 조발성 치매 와 합쳐진 단위지만 파과병*Hebephrenie*을 연상시킬 수도 있다. 이 이름이 이미 다른 목적으로 제안되기는 했지만, 다른 쓰임새가 일반적으로 통용되고 있지 않기 때문에 걱정할 필요는 없다.[95]

아브라함은 외부 세계에서 리비도가 돌아서는 것이 조발성 치 매에서 특히 분명하게 나타나는 현상이라는 것을 설득력 있게 보 여 준 바 있다.[96] 이 현상을 보고 우리는 리비도가 분리됨으로써 억압이 일어난다고 추측한다. 우리는 다시 한번, 심한 환각이 나 타나는 단계는 억압과 리비도를 그 대상에게 다시 가져와서 회복 시키려는 시도 사이의 싸움이라고 생각할 수 있다. 비상한 분석 적 재능을 가지고 있던 융은 이 병에서 볼 수 있는 망상[97]과 상동 증(常同症)은 이전의 대상 리비도 집중이 끈질기게 매달려 남아

95  프로이트의 제안은 이 구절에서 처음으로 소개되었다. 이 제안은 분명히 〈조 발성 치매〉나 〈정신 분열증〉 대신 〈이상 정신〉이라는 말을 쓰자는 것이고, 또 비슷한 병인 〈편집증〉과는 구별되어야 한다는 것이다. 그러나 3년쯤 후에 그는 이 말을 더 광 범위한 뜻으로 사용하기 시작했다. 즉 〈조발성 치매〉와 〈편집증〉 모두를 가리키는 말 로 쓰기 시작한 것이다. 「강박 신경증에 잘 걸리는 기질」의 한 구절에서 이 말의 뜻을 고의로 바꾸었다는 사실을 발견할 수 있다. 1913년에 출판된 초판에서 프로이트는 〈내가 이상 정신과 편집증이라고 이름 붙인 두 개의 다른 정신 신경증〉이라고 말한다. 그러나 이 논문이 1918년에 다시 출판되었을 때는 〈내가 《이상 정신》이라는 제목으 로 합친〉으로 바뀌었다. 그러나 1918년 이후의 저술에서는 이 단어를 사용하려는 시 도를 포기한 것 같다.

96  「히스테리와 조발성 치매의 성 심리적 차이」 참조 — 원주.

97  프랑스어와 독일어에서는 〈*delirium*〉이 망상의 상태를 나타내는 용어로 쓰인 다. 〈쥐 인간〉 증례에서 같은 용어가 쓰인 것을 참조.

있는 잔재라고 인식했다. 이러한 회복의 시도는 다른 사람이 보기에는 병 자체라고 오해할 수 있다. 이것은 편집증에서와 같이 투사 기제를 사용하지 않고 환각적(히스테리적) 기제를 사용한다. 이것이 조발성 치매를 편집증과 구별하는 두 가지 성질 중 하나이다. 그리고 이것은 다른 각도에서 발생적으로 설명할 수 있다.

두 번째 다른 점은 그 진행 과정이 너무 제한되지 않은 경우에 병의 결과로 나타난다. 예후는 대개 편집증의 경우보다 나쁘다. 편집증에서는 재건축이 승리하지만 조발성 치매에서는 억압이 승리한다. 조발성 치매에서 퇴행은 자기애까지만 가는 것(과대망상의 형태로 나타나는데)이 아니라 대상-사랑을 완전히 내버리고 유아기의 자가 성애로 돌아간다. 그러니 기질적 고착점이 편집증의 경우보다 더 멀리, 즉 자가 성애 단계에서 대상-사랑으로 가는 발달 단계의 시작 부근에 있을 것이다. 더욱이 편집증에서는 동성애적 충동이 자주 — 아마도 빠지지 않고 — 발견되지만, 훨씬 더 포괄적인 병인 조발성 치매에서는 동성애적 충동이 편집증과 비슷한 정도로 중요 원인으로 작용하지는 않는 듯하다.

편집증과 망상 분열증Paraphrenie의 기질적 고착점에 대한 우리의 가설에 따르면, 한 환자가 편집증의 증상으로 시작하여 조발성 치매로 발전할 수 있으며, 또 편집증과 정신 분열증의 증상이 어떤 비율로 섞여서도 나타날 수 있다는 것을 쉽게 알 수 있다. 그리고 어떻게 해서 슈레버의 경우 같은 임상적 현상이 나타날 수 있는지, 또 왜 편집증적 치매라는 이름을 붙여도 좋은지 이해할 수 있다. 즉 슈레버의 경우에는 소망하는 환상을 만들어 낸 점으로는 망상 분열증의 성질을 보이고, 그 발병 원인, 투사 기제를 사용하는 것, 그리고 나중의 결과에서는 편집증적인 성질을 보인다는 사실로부터 그 이름을 편집증적 치매라고 부를 수 있는 것이다. 왜냐하면 발달 과정에서 여러 개의 고착점이 생길 수 있고, 그것들이 차례로 밀려났던 리비도를 침입하게 할 수 있기 때문이다. 아마 리비도의 침입은 나중에 생긴 고착점에서 시작하여 병이 진행됨에 따라 출발점에 가까운 제일 처음 생긴 고착점으로 진행될 것이다.[98] 슈레버의 경우 비교적 좋은 결과가 어떤 조건 때문인지 알면 도움이 될 것이다. 왜냐하면 우리는 좋아진 이유를 단지 〈거주지를 바꾸어서 좋아졌음〉[99]과 같이 건성으로 대는 것으로 만족할 수는 없기 때문이다. 환자가 플렉지히의 병원에서 옮겨진 후에 좋아진 것은 사실이다. 그렇지만 우리는 이 환자의 병력에 관계되는 자세한 사정을 잘 모르기 때문에 이 재미있는 질문에 대답을 할 수 없다. 그러나 슈레버가 동성애적 환상과 화해하여 그의 병을 거의 회복이라고 할 만한 상태로 끝나게 할 수 있었던 것은 그의 아버지-콤플렉스가 주로 긍정적인 영향을 끼쳤으며, 실생활에서 훌륭한 아버지와의 관계가 나중에도 나빠지지 않았다는 사실이었을 것이다.

나는 다른 사람의 비판을 두려워하지도 않고, 또 나 자신을 비판하는 것을 피하지도 않는다. 그래서 나는 리비도 이론에 대한 나의 독자들의 평판을 나쁘게 할지도 모르는 유사성을 언급하는 것을 피할 이유가 없다. 슈레버의 〈신의 빛살〉은 해의 빛살과 신경줄, 그리고 정자가 통합된 것인데, 사실 리비도 집중이 바깥으로 향하여 뻗은 것을 구체적으로 나타내는 것일 뿐이다. 그렇게 보면 그의 망상은 우리 이론에 놀랄 정도로 들어맞게 된다. 자아

98  히스테리에서 강박 신경증으로 변해서 이런 형태를 보인 증례가 「강박 신경증에 잘 걸리는 기질」에 대한 논문에서 많은 역할을 한다.

99  리클린Riklin, 「전위 회복에 관하여Über Versetzungsbesserungen」(1905) 참조 — 원주.

194

가 모든 빛살을 끌어들이기 때문에 세상이 끝장날 것이라고 믿는 것, 또 후기에 재건축하는 과정에 있었던 불안, 즉 신이 그에게 닿아 있는 빛살-연결을 끊으면 어쩌나 하는 불안한 걱정 등, 슈레버의 망상 구조의 다른 자세한 면들은 그 과정들을 정신 안에서 인식하는 것과 거의 비슷하다. 그 과정들이란 이제까지 내가 편집증을 설명하는 근거로 가정했던 것들이다. 그렇지만 나는 슈레버의 자서전을 보기 전에 편집증에 대한 이론을 이미 발전시키고 있었다는 것을 친구와 동료 전문가들에게 증언해 달라고 할 수 있다. 내 이론에 내가 인정하고 싶은 것보다 많은 망상이 섞여 있는지, 혹은 슈레버의 망상에 다른 사람들이 아직 믿을 준비가 되어 있지 않은 진실이 더 있는지는 나중에 가서 밝혀질 것이다.

마지막으로 더 큰 전체의 한 조각일 뿐인 이 논문을 끝내기 전에, 나는 신경증과 정신병의 리비도 이론이 발전하여 확립하려고 하는 전제 두 가지에 대해 미리 암시하려고 한다. 그것은 신경증은 주로 자아와 성적 본능 사이의 갈등으로부터 일어나며, 신경증이 취하는 형태는 리비도, 그리고 자아가 발달하는 과정의 흔적을 가지고 있다는 것이다.

# 5. 후기

재판장 슈레버의 증례를 다룰 때 나는 의도적으로 해석을 적게 하려고 했다. 그리고 나는 정신분석에 대한 지식이 있는 독자들은 누구나 내가 제시한 자료에서 명백하게 진술한 것보다 더 배웠으리라고 믿는다. 또 그들이 실마리를 모아서 내가 그냥 단서만 제시한 결론에 스스로 도달하는 데 어려움이 없었을 것이라고 믿는다. 그리고 내 논문이 실린 바로 그 잡지의 같은 호에 다른 기고자들도 슈레버의 자서전에 흥미를 보인 글들을 실었다는 것은 행복한 우연이다.[100] 그것 때문에 이 재능 있는 편집증 환자의 환상과 망상의 상징적 내용으로부터 얼마나 더 많은 자료를 얻을 수 있을지 추측하기가 쉬워졌다.

슈레버에 대한 나의 논문이 출판된 후에 우연히 얻게 된 정보를 가지고 나는 그의 망상적 믿음 중 하나를 더 충분히 이해하고, 또 그것이 신화와 많은 관계가 있다는 것을 알게 되었다. 앞에서 나는 환자가 해에 대해 가진 이상한 관계를 언급했다. 그리고 나는 해를 〈아버지-상징〉이 승화된 것이라고 설명했다. 그 해는 그

---

100   융, 「리비도의 변화와 상징Wandlungen und Symbole der Libido」, 그리고 슈필라인Spielrein, 「정신 분열증의 심리적 내용에 관하여Über der psychologischen Inhalt eines Falles von Schizophrenie」(1911) 참조 — 원주.

에게 사람의 언어로 이야기했고, 따라서 그에게 살아 있는 존재로 나타났다. 슈레버는 그것에게 욕을 하고 위협하는 소리를 지르곤 했다. 더욱이 그가 해를 쳐다보며 큰 소리로 이야기하면 해의 빛살이 자기 앞에서 창백해진다고 주장했다. 〈회복〉된 후에 그는 해를 응시해도 아무 어려움이 없고 조금밖에 눈이 부시지 않는다고 자랑했다. 그것은 당연히 그가 전에는 할 수 없었던 일이었다.

눈부시지 않고 해를 응시할 수 있다는 망상적인 특권은 신화적인 흥미를 끄는 부분이다. 우리는 라이나흐의 글을 통해,[101] 고대의 박물학자들이 이 힘은 독수리만이 가지고 있다고 믿었다는 것을 알고 있다. 독수리는 공중의 가장 높은 곳에 사는 존재로 하늘과 해, 그리고 번개와 특히 가까운 관계를 가지게 된 것이다.[102] 우리는 같은 책에서 독수리들이 새끼를 정통의 자손으로 받아들이기 전에 시험을 한다는 것을 알게 된다. 즉 새끼들이 눈을 깜빡이지 않고 해를 바라보지 못하면 둥지에서 내쫓는 것이다.

이 동물 신화의 의미는 의심의 여지 없이 확실하다. 그것은 사람들 사이에서 신성시되는 습관을 동물에게 부여한 것일 뿐이다. 독수리가 그들의 새끼들에게 겪게 하는 호된 시련, 즉 혈통의 시험은 고대의 여러 인종에서 보고된 것과 같다. 라인강 주변에 살던 켈트인은 정말 자기들의 혈통을 타고났는지 확인하려고 새로 태어난 아기들을 강물에 맡겼다. 지금의 트리폴리 지방에서 살았던 프실리Psylli 부족은 그들의 조상이 뱀이라고 자랑했으며, 그

---

101 라이나흐, 『제례, 신화, 그리고 종교Cultes, mythes et religion』(1905~1912), 켈러Keller, 『문화사적 관점에서 본 고대의 동물들Die Thiere des classischen Alterthums in culturgeschichtlicher Beziehung』(1887)을 인용했다 — 원주.

102 사원에서 제일 높은 곳에 독수리상을 세워서 〈마술적〉인 피뢰침 역할을 하도록 했다(라이나흐, 앞의 책 참조) — 원주.

들의 아기들을 뱀과 접촉시켰다. 그 부족의 적출인 아기들은 뱀에게 물리지 않거나 물리더라도 빨리 회복되었다.[103]

이런 시험들의 밑에 깔린 가정은 원시인들의 생각에 있는 토템적인 습관으로 우리를 이끌어 간다. 부족이 자신들의 기원이라고 생각하는 동물이나 물활론적인 자연의 힘을 의미하는 토템은, 부족의 구성원을 자신의 자식이라고 여겨 해치지 않았고, 마찬가지로 그것도 부족의 조상이라고 여겨져 구성원들이 해치지 않았던 것이다. 우리는 여기에서 종교의 기원을 정신분석적으로 설명하는 것을 가능하게 해줄 자료를 고려하게 된 것이다.[104] 나에게는 그렇게 보인다.

자기 새끼로 하여금 해를 응시하게 하고 눈부셔 하지 않을 것을 요구하는 독수리는, 자신이 해의 자손인 것처럼 행동하는 것이고 새끼들의 조상을 시험하는 것이다. 슈레버가 자기는 피해를 입지 않고 또 눈도 부시지 않고 해를 응시할 수 있다고 자랑할 때, 그는 자신이 해와 자식의 관계에 있음을 표시하는 신화적 방법을 다시 발견한 것이다. 그래서 해는 그의 아버지의 상징이라는 우리의 견해를 다시 한번 확인하게 해준 것이다. 슈레버는 병을 앓는 동안에 그의 가문에 대한 자랑을 마음껏 이야기했고,[105] 또 그가 여자가 되는 소망 환상을 증상으로 병을 앓게 된 데는 그가 자식이 없었다는 인간적인 동기가 있다는 것을 발견했던 사실을 기억할 것이다. 그래서 그의 망상적인 특권[106]과 그의 병의 근거가

103  라이나흐, 앞의 책 참조 — 원주.
104  프로이트는 얼마 지나지 않아서 그의 저서 「토템과 터부」에서 이 생각을 더 발전시켰다.
105  슈레버 가문은 〈하늘의 가장 고귀한 귀족의 성원〉이다 — 원주. 〈Adel〉은 〈Adler〉와 관계되어 있다. 〈Adel〉은 〈신분이 높음〉 혹은 〈귀족〉을 뜻하고, 〈Adler〉는 〈독수리〉를 뜻한다.
106  해를 응시할 수 있는 특권.

연결되어 있는 것이 확실해진 것이다.

　나의 편집증 환자의 분석에 대한 후기는 융의 다음 주장에 충분한 근거를 더해 줄지도 모른다. 융은 인류가 신화를 만들어 내는 힘은 사라지지 않았고, 바로 지금도 신경증에서 먼 과거에 그랬던 것과 같은 정신적 산물을 만들어 내고 있다고 주장했다. 나는 내가 얼마 전에[107] 제시한 것을 다시 내놓아 종교를 만드는 힘에 대해서도 같은 이야기를 할 수 있다고 말하고 싶다. 나는 오랫동안 정신분석가들이 주장해 왔던 명제의 범위를 넓힐 때가 곧 오리라고 생각한다. 이제까지는 개인적으로나 개체 발생적으로만 적용되었으나 인류학에도 적용하게 되어 그 명제를 완성하게 될 것이다. 인류학에서는 이 명제를 계통 발생적으로 인식하게 될 것이다. 우리의 명제는 다음과 같이 표현되었다. 즉〈꿈과 신경증에서 우리는 아이를 다시 만나게 된다. 그리고 아이와 함께 그가 생각하는 방법과 정서 생활을 특징짓는 독특함을 만나게 된다.〉이제 우리는 다음을 더하게 될 것이다. 〈우리는 야만인, 즉 원시인도 만나게 된다. 원시인은 고고학과 민족학의 연구를 통해서 우리에게 실체를 드러내고 있는 것이다.〉

107 「강박 행동과 종교 행위」 참조 — 원주.

# 늑대 인간

— 유아기 신경증에 관하여

# 늑대 인간
— 유아기 신경증에 관하여

Aus der Geschichte einer infantilen Neurose(1918[1914])

1910년 2월부터 1914년 7월까지 계속된 돈 많은 러시아 청년에 대한 분석 결과로 나온 이 논문은, 유아의 성욕에 대해 부정적인 견해를 지녔던 융에 대한 프로이트의 비판을 뒷받침해 주는 중요한 증거이다. 더 나아가 이 글은 구순기 리비도에 대한 생각이나 환자의 여성적 충동이 신경증의 주요한 원인이었다는 임상적 발견 등으로 더욱 의의가 있다. 또한 새롭고 복잡한 심리적 사건을 과학적으로 설명하는 가운데 작업의 혼돈이나 모호함에 빠지지 않고 독자를 매혹시키는 능력에서, 그의 비상한 문학적 역량을 엿볼 수 있다.

이 논문은 1918년 『신경증에 관한 논문집』 제4권에 처음 수록되었으며, 1922년 제5권에 실렸다. 1924년에는 국제 정신분석 출판사에서 출간되었으며, 『저작집』 제8권(1924), 『신경증 이론과 정신분석 자료*Schriften zur Neurosenlehre und zur psycho-analytischen Technik*』(1931), 『전집』 제12권(1947)에도 실렸다. 영어 번역본은 1925년 앨릭스 스트레이치와 제임스 스트레이치가 번역하여

"From the History of an Infantile Neurosis"라는 제목으로 『논문집』 제3권에 수록되었으며, 『표준판 전집』 제17권(1955)에도 실렸다.

# 1. 서론적인 논평

앞으로 내가 보고하려고 하는(역시 단편적으로 할 수밖에 없는데) 증례[1]는 사실 그 자체를 논하기 전에 강조해야 할 많은 독특한 면을 지니고 있다. 이것은 열여덟 살 때 임질을 앓고 나서 건강이 망가진 한 젊은이에 관한 것이다. 이 젊은이는 발병하고 나서 수년 후에 정신분석 치료를 시작했는데, 그때에는 완전히 무능력해져 있었으며 다른 사람들에게 전적으로 의존하고 있었다. 그는 병이 나기 전 10년간은 비교적 정상적인 소년 시절을 보냈다. 그리고 고등학교를 별 탈 없이 마쳤다. 그러나 그보다 어린 시절에는 심한 신경증에 시달렸다. 그 신경증은 네 살이 되는 생일

---

1  이 증례는 치료가 끝난 직후, 즉 1914년에서 1915년 겨울에 쓰였다. 그 당시 나에게는 아들러와 융이 정신분석을 통해 발견한 것들을 열심히 꼬아서 다시 해석한 것들에 대한 인상이 아직 생생하게 남아 있었다. 그래서 이 논문은 1914년의 『정신분석 연보Jahrbuch der Psychoanalyse』에 실린 나의 소논문 「정신분석 운동의 역사」(프로이트 전집 15, 열린책들)와 연관되어 있다(이것은 그 소논문에 있는 논쟁을 보완해 준다. 그런데 그 소논문은 분석적 자료의 객관적인 평가로는 본질적으로 개인적인 성격을 가진다). 이것은 원래 다음 연보에 실릴 예정이었으나 제1차 세계 대전으로 출판이 무기한 연기되었다. 그래서 나는 이것을 이번 논문집 『신경증에 관한 논문집』 제4권에 넣기로 했다. 이 논문집은 새 출판인의 이름으로 내는 것이다. 그사이에 나는 이 논문에서 거론했어야 할 주제들을 『정신분석 강의』(1916년과 1917년에 발표했음)에서 주로 다룰 수밖에 없었다. 중요한 내용은 초고에서 변한 것이 없다. 더해진 것은 [ ]로 묶어서 표시했다 — 원주. 이 원주에 나오는 〈꼬아서 다시 해석했다〉는 말은 독일어 〈umdeutungen〉을 뜻한다.

직전에 불안-히스테리로 시작되어 종교적 색채를 띤 강박 신경증으로 변했고, 그 곁가지 증상들은 그가 열 살[2]이 될 때까지 지속되었다.

이 논문에서는 이 유아기 신경증에 대해서만 이야기하겠다. 환자가 직접 요청했지만 나는 그의 병과 치료, 그리고 회복을 다 포함하는 완전한 보고서를 쓰지 않기로 했다. 그렇게 하는 것은 기술적으로 실행이 불가능하고 또 사회적으로 허가될 수 없는 작업이라는 것을 인정하기 때문이다. 그런데 유아기 신경증에 대해서만 이야기하면, 그의 유아기의 병과 나중에 생겨 일생 동안 앓게 된 병의 관계를 설명할 가능성이 없어지게 된다. 나중에 생긴 병에 대해 말하자면, 이 환자는 그 병 때문에 독일의 요양원에 오랫동안 입원해 있었으며, 그 방면으로 가장 권위 있는 곳[3]에서 〈조울증〉이라고 분류되었다. 이 진단은 그의 아버지에게는 확실히 적용할 수 있었다. 매우 활동적이고 다방면에 관심을 가졌던 그의 아버지의 삶은 심한 우울증 발작의 반복으로 방해를 받았다. 그의 아들인 나의 환자는 내가 수년 동안 치료했지만, 그동안에 자신이 처한 심리적 상황에 어울리지 않거나 그 강도가 지나친 감정 반응을 보인 적이 없었다.[4]

정신과 임상에서 가장 다양한 진단을 받고 또 그 진단이 자주 변하는 다른 많은 경우와 마찬가지로, 이 환자의 경우는 저절로 병이 낫게 되지만 회복 후에 결함을 남기는 강박 신경증의 후유

---

2  1924년 이전에 나온 판들에는 〈여덟 살〉이라고 되어 있다.

3  〈늑대 인간〉 자신의 회고록을 보면, 환자가 본 정신과 의사 중에는 뮌헨의 크레펠린과 베를린의 치헨 같은 이 분야의 지도자들이 있었다는 것을 알 수 있다. 가디너 Gardiner 편, 『늑대 인간과 프로이트 *The Wolf Man and Sigmund Freud*』(1971) 참조.

4  크레펠린은 〈늑대 인간〉의 아버지도 치료했으며, 그 아버지는 〈조울증〉으로 진단했었다. 그런데 〈늑대 인간〉 자신이 회고록에 쓴 대로, 크레펠린은 환자 자신에게 〈늑대 인간〉의 경우에는 진단을 잘못했다고 인정했다. 가디너의 앞의 책 참조.

증이라고 나는 진단을 내렸다.

그래서 나는 유아기 신경증이 진행되고 있을 때 분석한 것이 아니라, 그 증세가 사라진 지 15년 지난 후에 분석한 것을 기술하는 것이다. 이렇게 하는 것은 좋은 점도 있고 나쁜 점도 있다. 신경증이 있는 아이를 그 당시에 분석하는 것이 당연히 더 믿을 수 있는 것 같지만, 거기에서 나오는 자료는 풍부하지 못하다. 왜냐하면 말과 개념을 아이에게 너무 많이 빌려주어야 하고,[5] 그렇게 한다 하더라도 가장 깊은 단층은 의식이 파고들지 못하는 경우가 있기 때문이다. 이성적으로 성숙한 어른의 기억에 의존하여 유아기의 병을 분석하는 경우에는 이런 한계가 없다. 그러나 우리가 나중에 과거를 돌아볼 때는 그것을 왜곡하고 새로 꾸민다는 사실을 고려해야 한다. 첫 번째 방법을 따르면 더 신뢰할 만한 결과가 나올지 모르지만, 두 번째 방법을 따르면 훨씬 더 배울 바가 많다.

어떤 방법으로 하든 아이들의 신경증을 분석할 경우에 특히 이론적인 흥밋거리가 많다고 주장할 수 있다. 대략 말하자면, 그것들은 아이의 꿈이 어른의 꿈을 이해하는 데 도움이 되는 것만큼 어른의 신경증을 이해하는 데 도움이 된다. 그것이 더 알기 쉽다거나 그 내용이 단순하다는 것은 아니다. 사실 아이의 정신세계로 길을 찾아 들어가기는 매우 어렵다. 그래서 그것은 의사에게 특히 어려운 작업을 요하는 것이다. 그렇지만 아이의 신경증에는 나중에 쌓이는 것이 별로 없기 때문에 신경증의 요점이 피할 수 없이 눈앞에 또렷하게 튀어나온다. 요즈음 정신분석을 둘러싸고 벌어지는 논란 속에서 분석을 통한 연구 결과에 대한 저항이 새로운 형태를 띠고 있다. 사람들은 전에는 분석에 의해 주장된 사

---

5  프로이트는 아이를 분석하는 것의 증거적인 가치에 대해 〈꼬마 한스〉의 증례에서 토론했다. 「다섯 살배기 꼬마 한스의 공포증 분석」 참조.

실들이 실제 그럴 것인가 하는 것을 논란거리로 삼았다. 그리고
이 목적을 위해서 가장 좋은 방법은 그것들을 조사하는 것을 피
하는 일이었다. 그런 절차는 점차 퇴색하고 있는 것 같다. 그리고
사람들은 사실은 인정하되 그것을 꼬아서 해석하여 그 사실에 따
르는 결과를 없애는 새로운 계략을 시작하고 있다. 그래서 비판
가들은 못마땅하게 여겨지는 새로운 사실들을 여전히 효과적으
로 피할 수 있는 것이다. 아이들의 신경증을 연구하면 이렇게 얄
팍하고 독단적으로 재해석하려는 시도가 완전히 부적당하다는
것이 드러난다. 이 연구를 통해 신경증이 형성되는 데 그들이 그
토록 열심히 부인하는 리비도의 동기적 힘이 주된 역할을 한다는
것이 드러난다. 그리고 동시에 그것은 성인이 된 후에 교양 있는
사람이 되려는 목표를 향한 열망이 없다는 것을 드러낸다. 교양
있는 사람이 되려는 목표에 대해서 아이는 아무것도 모르고, 그
렇기 때문에 그에게는 아무 의미도 없는 것이다.

　이 환자의 분석이 주목할 만한 가치가 있다고 여기게 되는 또
하나의 특징은, 그 병의 정도가 심하다는 사실과 치료 기간과 관
련되어 있다. 짧은 기간 내에 좋은 결과를 가져오는 분석의 경우
에는 치료를 한 의사의 자긍심을 높이고, 정신분석이 의학적으로
중요하다는 것을 증명한다. 그러나 그것은 과학적인 지식을 발전
시키는 데는 아무런 의미가 없다. 그들이 그렇게 빨리 성공할 수
있는 이유는 사실 성공에 필요한 것이 모두 알려져 있기 때문이
다. 새로운 결과는 특히 어렵게 진행되는 분석에서 얻을 수 있다.
그리고 그러한 어려움을 극복하는 데는 많은 시간을 들여야 한다.
그런 경우에만 우리는 정신 발달 단계에서 가장 깊이 있는 원시
적인 단계에까지 내려갈 수 있으며, 거기에서 나중에 형성된 문
제의 해결책을 얻을 수 있는 것이다. 그리고 엄밀히 말하자면, 그

런 깊이까지 들어간 분석의 경우에만 분석이라고 불려야 한다고 느끼게 된다. 당연히 한 증례가 우리가 알고 싶어 하는 모든 정보를 주는 것은 아니다. 그러나 더 정확하게 말하면, 우리가 모든 것을 이해할 수 있는 위치에 있거나 경험이 부족하기 때문에 적은 정보만으로 만족하도록 강요되지만 않는다면, 우리는 훨씬 더 정확하게 많은 정보를 얻을 수 있을 것이다.

내가 이제부터 논의하려는 증례는, 이처럼 분석이 어려운 대신 많은 성과를 거둘 수 있다는 점에서는 더 이상 바랄 것이 없는 증례이다. 치료가 시작되고 처음 몇 년간은 변화가 거의 없었다. 그렇지만 운이 좋아서 모든 외부의 상황이 합쳐져 치료적 실험을 계속할 수 있게 되었다. 상황이 이처럼 좋지 않았다면 나는 얼마 가지 않아 치료를 포기했을 것이다. 의사의 입장에서 이런 환자를 볼 때는 무엇이라도 연구하기를 원하거나 무엇이라도 성취하기를 원한다면, 무의식에 시간 개념이 없듯이[6] 의사도 시간 개념 없이 일을 해야 한다고 주장할 수밖에 없다. 그리고 그가 근시안적인 치료에 대한 야망을 버릴 수만 있다면, 끝에 가서는 무엇을 배우거나 성취하는 데 성공할 것이다. 환자와 환자의 가족들이 가져야 할 인내, 적응성, 통찰력, 그리고 신임을 그만큼 가진 가족이 또 있으리라는 기대는 하지 않는 것이 좋다. 그러나 분석가는 한 환자를 그렇게 오래 보아서 얻은 결과로, 다음에 비슷하게 심한 환자를 볼 때는 치료 기간을 많이 단축시키는 데 도움이 될 것이라고 생각해도 된다. 또 한번 무의식에 시간 개념이 없다는 것에 복종함으로써 나중에는 그것을 극복하는 데 좀 더 가까이 갈

6   프로이트의 이론에서는 무의식적인 과정은 시간별로 정리되어 있지 않고, 시간이 지나도 변하지 않으며, 또 사실 시간과도 전혀 관계가 없다. 「무의식에 관하여」(프로이트 전집 11, 열린책들) 참조.

수 있을 것이라고 생각해도 된다.

　내가 지금 이야기하고 있는 환자는 매우 오랫동안 순응하는 듯하면서도 무관심한 태도를 굳게 지키고 있었다. 그는 경청하고 이해했으나, 여전히 접근할 수 없는 상태에 머물렀다. 자신의 지성은 나무랄 데 없었지만, 그것은 그의 삶과 관련된 얼마 남지 않은 관계 중에서 자신의 행동을 조정하는 본능의 힘과는 연결이 끊어져 있었다. 이 작업을 하는 데 그가 자기의 몫을 수행하도록 하기 위해서 그를 오랫동안 교육해야 했다. 이런 작업의 결과, 처음으로 고통이 경감되는 것을 느끼기 시작했다. 그러자 그는 더 이상 변화되는 것을 피하려고, 또 그렇게 얻어진 상황에 안주하려고, 분석에 협조하는 작업을 곧 멈추었다. 그가 스스로 존재하기를 피하려고 하는 힘은 병이 주는 고통을 다 합친 것보다 강했다. 그것을 극복하는 길은 한 가지밖에 없었다. 나에 대한 그의 애착이 모든 회피 심리를 극복할 수 있을 만큼 강해지기를 기다리는 수밖에 없었다. 그리고 그 애착을 피하려는 경향과 대결시켰다. 나는 치료가 어디까지 진전이 되었든 상관없이 특별히 정한 날에 치료를 끝내야 한다고 결정했다. 물론 적당한 때가 되었다고 판단할 만한 징표가 나타난 후에 그렇게 했다. 나는 그 날짜를 지키기로 결심했다. 그리고 결국 환자는 내가 진지하다는 것을 인정하게 되었다. 이 정해진 한계가 주는 냉혹한 압력하에서 그의 저항과 병에 대한 고착은 무너졌다. 그리고 이제 비교가 안되게 짧은 시간 동안에 분석이 진행되어 그의 억압을 없애고 증상을 없어지게 한 모든 자료가 나왔다. 내가 그의 유아기 신경증을 이해할 수 있게 된 정보도 모두 이 마지막 작업 기간 동안에 나온 것이다. 이 마지막 기간 동안에는 저항이 잠시 동안 사라졌고, 환자는 최면 상태에서나 얻을 수 있을 투명한 정신 상태를 보여

주었다.[7]

작업을 하는 동안 부딪치게 되는 저항이 얼마나 큰가와 비교하면, 환자와 함께해야 할 분석의 과정이 얼마나 오래 걸리는지, 또 그 과정에서 얼마나 많은 자료를 필요로 하는지 등은 별로 중요하지 않다. 또 그것은 당연히 저항의 크기와 비례한다는 관점에서만 중요성을 가진다. 그 사정은, 시골에서 한 구간을 지나는데, 평화 시에는 급행 기차로 몇 시간이면 지날 수 있고, 얼마 전에는 아군이 수일에 걸쳐서 지나간 길이지만, 적군은 지금 몇 주나 몇 달이 걸려서야 지나갈 수 있는 것과 같다.

이 논문에서 다루고자 하는 분석의 세 번째 특징은, 내가 이것을 보고하려고 결심하는 것을 어렵게 만들기만 했다. 전반적으로 분석 결과는 우리가 전에 가지고 있던 지식과 아주 만족스럽게 일치했다. 다시 말하면 쉽게 통합되었다. 그러나 자세한 내용 중 많은 부분이 나에게도 아주 이상하고 거짓말같이 보여서 다른 사람들에게 믿으라고 하기가 꺼려졌다. 나는 환자에게 그의 기억을 가장 엄하게 비판해 보도록 요구했는데, 환자는 자신의 이야기에서 일어나지 않았을 것 같은 일을 전혀 발견하지 못했고, 자기의 말을 그대로 고수했다. 어쨌든 독자들은 내가 분석에서 기대하는 것으로부터 전혀 영향을 받지 않은 독립적인 경험을 보고할 뿐이라는 것을 믿고 안심해도 된다. 그래서 내가 해야 할 남아 있는 일은, 하늘과 땅에는 인간의 철학으로 꿈을 꿀 수 있는 것보다 많은 것들이 있다는 금언을 기억하는 것뿐이다. 자기가 이미 가지고 있는 확신을 더 철저하게 없앨 수 있는 사람은 의심할 여지 없이 그런 것을 더 많이 발견할 것이다.

7  분석 치료에 시간 제한을 두는 것은 프로이트가 이 경우에 처음으로 사용한 기술적 방편이다.

## 2. 환자의 환경과 병력에 대한 전반적인 조사

나는 내 환자의 이야기를 순전히 역사적으로만 이야기할 수도 없고, 순전히 주제별로만 이야기할 수도 없다. 또 나는 치료의 역사를 쓸 수도 없고, 병의 역사를 쓸 수도 없다. 그 두 가지 방법을 합쳐서 써야 할 것이다. 분석 자체에서 얻어지는 확신을 어떻게 해서라도 분석을 재생하는 데 나타나게 하는 방법이 아직 발견되지 않았다는 것은 잘 알려진 사실이다. 분석 시간에 진행된 것을 하나도 빼지 않고 말 그대로 보고하는 것은 분명히 도움이 되지 않는다. 그리고 어쨌든 그렇게 하는 것은 치료의 기술상 불가능하다. 그래서 이 증례와 같은 분석을 보고하는 것은, 분석적 치료에 대해 이제까지 완강하게 복종하지 않고 회의적인 태도를 가진 사람들의 마음에 확신을 심어 주기 위한 것은 아니다. 그 의도는 단지 자신들의 임상 경험을 통해서 확신을 가지고 있는 연구자들에게 새로운 사실을 몇 개 보여 주려는 것이다.

그러면 그 아이의 세계를 보여 주는 것으로 시작하겠다. 그의 어렸을 때 이야기를 덧붙이지 않고 들은 대로만 이야기하겠다. 사실 그의 이야기가 불완전하고 모호한 윤곽을 벗어나기까지는 여러 해가 걸렸다.

그의 부모는 젊어서 결혼했다. 그리고 아직 행복하게 살고 있을 때 그들의 건강이 나빠져서 결혼 생활에서 처음으로 그림자가 드리우게 되었다. 그의 어머니는 장이 안 좋아 고생하기 시작했고, 그의 아버지는 우울증이 발병해서 집을 떠나 있게 되었다. 당연히 환자가 아버지의 병에 대해서 알게 된 것은 아주 나중의 일이지만, 그는 어머니의 건강 문제에 대해서는 어려서부터 알고 있었다. 병 때문에 어머니는 아이들을 거의 돌보지 않았다. 그것은 확실히 그가 네 살이 되기 전이었는데,[8] 하루는 어머니가 의사를 배웅하는 길에 그는 어머니의 손을 잡고 옆에서 걷고 있었다. 그때 그는 어머니가 자기의 병에 대해 한탄하는 것을 엿들었다. 어머니의 말은 그에게 깊은 인상을 주었고, 그는 나중에 그것을 자기에게 적용했다. 그에게는 두 살 위인 누나가 있었는데, 누나는 활동적이었고, 재주가 많았으며, 또 나이보다 조숙해서 행실이 좋지 않았다. 누나는 그의 인생에서 중요한 역할을 한다.

그가 기억하는 한 오래전부터 유모가 그를 돌보았다. 그녀는 교육받지 못한 농부 출신의 늙은 여자로 그를 몹시 사랑했다. 그녀에게 그는 어려서 잃은 자기 자식의 대신이었다. 그의 가족은 시골에 있는 넓은 농장에서 살았다. 그들은 여름에는 다른 농장으로 옮기곤 했다. 그 농장들은 모두 큰 도시에서 멀지 않았다. 그의 부모가 이 농장들을 팔고 도시로 이사했을 때 그의 어린 시절에는 단절이 생겼다. 가까운 친척들이 그 농장들에 놀러 와서 오래 머물곤 했는데, 그들은 아버지의 형제들이나 어머니의 자매들과 그들의 아이들, 또 외가 쪽의 조부모였다. 여름에는 그의 부모가 몇 주일씩 집을 떠나 있곤 했다. 그의 덮개-기억에서 그는, 가정 교사와 함께 그의 아버지와 어머니와 누나를 태우고 떠나는 마차를 배웅하고 평화롭게 집으로 들어가는 자신을 보았다. 그

8  1924년 이전에 나온 판에는 〈아마 그가 여섯 살이 되었을 때〉라고 되어 있다.

당시 그는 아주 어렸을 것이다.[9]

이듬해 여름에는 누나도 집에 남았다. 그리고 영국인 가정 교사를 고용해서 아이들을 돌보게 했다.

그가 더 자란 후에 그는 자신의 유년 시절에 대해 많은 이야기를 들었다.[10] 그중에는 그 자신이 아는 것도 많았다. 그러나 그것은 당연히 그 날짜나 주제가 된 일과는 연결이 되어 있지 않았다. 이런 구전된 이야기 중 하나는 그가 나중에 발병했을 즈음에 그가 있는 자리에서 여러 번 반복되었는데, 그것은 우리가 해결하려고 하는 문제를 제시하고 있다. 그는 처음에는 성격이 좋고, 온순하고, 또 조용하기까지 한 아이였던 것 같다. 그래서 사람들은 그가 여자이고 누나가 남자여야 한다고 말하곤 했던 것이다. 그런데 어느 여름, 부모가 여름휴가에서 돌아왔을 때 그는 변해 있었다. 그는 불만이 많았고, 신경질을 냈고, 또 파괴적이었다. 그리고 기회가 있을 때마다 화를 냈다. 그러고는 분노에 차서 야만인같이 악을 썼다. 이런 일이 계속되자 부모는 나중에 그를 학교에 보낼 수 있을지 걱정했다. 이것은 그 영국인 가정 교사가 그들과 있었던 여름에 일어난 일이었다. 그 여자는 성격이 이상하고 말다툼을 잘하는 사람인 것으로 드러났다. 게다가 그 여자는 알코올에 중독되어 있었다. 그래서 아이의 어머니는 아이가 변한 것이 그 영국 여자 때문이고, 그 여자가 아이를 다룰 때 그를 화나게

9  두 살 반이었다. 나중에 가면 거의 대부분의 날짜를 분명하게 찾을 수 있게 된다―원주.

10  이런 종류의 정보는 보통 절대적으로 믿을 만한 것으로 생각되기도 한다. 그래서 환자가 기억하지 못하는 것을 가족 중에 나이가 더 많은 사람에게 물어보아서 쉽게 채워 넣는 것이 좋을 것처럼 보인다. 그러나 나는 그런 방법은 절대 반대한다. 질문과 요구 사항들에 대한 가족들의 답변에는 그들의 마음에 떠오르는 걱정과 불안이 끼어들기 쉽기 때문이다. 그런 정보에 의존하게 된 것을 결국은 후회하게 된다. 또 분석에서 비밀 보장의 약속이 흔들리게 되고, 그것에 대해 나중에 환자의 항의를 받게 된다. 기억할 수 있는 것이면 모두 분석이 진행되면서 나타나게 된다―원주.

했기 때문이라고 생각하게 되었다. 빈틈없는 안목을 가진 할머니는 그 여름을 아이들과 함께 보냈는데, 아이가 영국 여자와 그의 유모 사이의 불화 때문에 화가 난 것이라는 의견이었다. 영국 여자는 유모를 마귀라고 불러 댔고 방에서 내쫓았다. 작은 소년은 노골적으로 자기가 좋아하는 유모의 편을 들었고, 가정 교사를 미워한다는 것을 숨기지 않았다. 무엇이 사실이었든 간에 그 영국 여자는 부모가 돌아온 후에 곧 해고되었다. 그러나 소년의 참을 수 없는 행동은 변하지 않았다.

환자는 행실이 나쁘던 이 시기를 기억하고 있었다. 그는 처음 자기가 울고불고 야단법석을 떤 것은 크리스마스 때였다고 믿고 있었다. 크리스마스는 동시에 자기의 생일[11]이었기 때문에, 그는 선물을 두 배로 받아야 한다고 믿고 있었는데 그렇게 받지 못했기 때문이었다. 그는 자기가 좋아하던 유모에게조차 끈질기게 조르고 떼를 썼다. 그리고 아마 그 누구보다도 유모를 더 사정없이 못살게 굴었을 것이다. 그러나 그는 다른 이상하고 병적인 현상들과 그의 성격이 바뀐 이 단계를 연결하여 기억하고 있었다. 그런데 그는 그런 현상들을 일어난 순서대로 정리할 수는 없었다. 그는 내가 이제부터 이야기하고자 하는 이 모든 사건들이, 자신이 〈아직 첫 번째 농장에 있을 때〉라고 규정한 어느 한 시기에 일어난 것으로 말했다. 그러나 이 사건들이 도저히 같은 시기에 일어난다는 것은 불가능할 정도로, 그것들은 내재적인 모순으로 가득 차 있었다. 그는 자기가 다섯 살 때 그 농장을 떠났을 것이라고 생각했다.[12]

11  그는 율리우스력으로 1886년 12월 24일에 태어났다. 그날은 러시아에서는 크리스마스이다. 이 날짜는 그레고리우스력으로는 1887년 1월 6일에 해당한다. 러시아 이외의 유럽 전역에서는 이 달력을 썼다. 가디너 편, 『늑대 인간과 프로이트』 참조.
12  환자는 아마 가족이 1년의 대부분을 지내던 농장을 말했던 것 같다. 원래 가

그래서 그는 무섭증으로 고생했다는 것을 기억했다. 그의 누나
는 그것을 이용해서 그를 못살게 굴었다. 늑대가 똑바로 서서 걸
어가는 그림이 있는 그림책이 있었는데, 그는 그 그림만 보면 그
늑대가 와서 자기를 잡아먹을까 봐 무섭다고 미친 사람처럼 악을
쓰기 시작했다. 그런데 그의 누나는 항상 그가 그 그림을 볼 수밖
에 없는 상황을 만들어 놓는 데 성공했고, 그가 공포에 질리는 것
을 보며 즐거워했다. 동시에 그는 크든 작든 상관없이 다른 동물
들에게도 겁을 먹었다. 어느 날 그는 줄무늬가 있고 끝이 뾰족한
날개를 가진 아름답고 큰 나비를 잡으려고 쫓아가고 있었다. (그
것은 분명히 〈산호랑나비〉[13]였다.) 그는 갑자기 그 동물이 무섭다
는 생각에 사로잡혀서 악을 썼고 쫓아다니기를 그만두었다. 그는
딱정벌레와 애벌레들도 무서워했다. 그렇지만 그는 같은 시기에
딱정벌레를 못살게 굴고 애벌레를 토막 내기도 했다고 기억했다.
말도 그에게 두려움을 주었다. 그는 말이 매를 맞으면 소리를 질
렀는데, 한번은 그것 때문에 서커스 구경을 하다가 나와야 했다.
다른 때는 자신이 말을 때리는 것을 즐기기도 했다. 이렇게 동물
들에 대해 상반되는 태도가 동시에 있었는지 ── 그랬을 확률이
더 높지만 ── 혹은 한 가지 태도가 없어지고 나서 다른 태도가 나
타났는지, 만약 그랬다면 어느 태도가 먼저 나타났는지 등의 질
문에 그의 기억은 결정적인 대답을 해줄 수 없었다. 또 그는 이 행

지고 있던 농장 두 개를 팔고 나서 좀 지난 후에, 프로이트가 번역자들(스트레이치 부
부)에게 이야기했듯이 그 가족은 새 농장을 샀다. 가디너 편, 『늑대 인간과 프로이트』
를 보면 처음 두 농장을 팔고 나서 곧 〈늑대 인간〉의 아버지는 오데사에 있는 저택과
남러시아에 있는 큰 농장을 사서 환자의 어머니에게 주었다는 것을 알 수 있다. 수년
후에 그의 아버지는 폴란드와 인접한 벨라루스 지방의 황량하고 개발되지 않은 곳에
있는 농장을 샀는데, 그 숲속에는 늑대가 돌아다녔다.
13  1924년판 이전에는 이곳과 제8장 첫머리에서 〈네발나비과의 나비 *Admiral*〉라
고 되어 있다.

실이 나쁜 시기가 지나가고 발병을 했는지, 혹은 나쁜 행실이 병이 있는 시기에도 계속되었는지 이야기할 수 없었다. 그것이 어찌 되었든 다음에 그가 한 말은 그 시절에 쉽사리 알아볼 수 있는 강박 신경증 발작이 그에게 있었다는 가정을 할 수 있게 했다. 그는 오랫동안 신앙심이 아주 깊었다고 이야기했다. 잠들기 전에 그는 오랫동안 기도를 하고 끝없이 십자가를 그어야 했다. 저녁에는 방에 걸려 있는 성화들을 모두 둘러보았는데, 의자를 가지고 다니며 기어올라 가서 그림마다 헌신적으로 입맞춤했다. 이렇게 신앙심 깊은 의식을 행하는 반면에, 악마로부터 온 영감처럼 불경한 생각들이 머리에 떠올랐던 것을 기억한다는 것은 이런 신앙심 깊은 의식과 잘 일치하지 않는다. 아니 아마도 매우 잘 일치한다고 하겠다. 그는 〈신-돼지〉 혹은 〈신-똥〉 같은 생각을 하게 되었다. 한번은 그가 독일의 건강 요양소에 가 있었을 때인데, 길에서 말똥이나 다른 동물의 배설물 세 덩어리가 있는 것을 볼 때마다 성 삼위일체를 떠올리게 되는 강박증에 시달렸다. 그 당시에 그는 불쌍하게 여겨지는 사람들, 즉 거지나 장애인, 그리고 늙은이들을 보면 또 다른 이상한 의식을 수행하곤 했다. 그는 그들처럼 되지 않기 위해 숨을 거칠게 내쉬어야 했다. 그리고 어떤 상황에서는 세차게 숨을 들이쉬어야 했다. 나는 당연히 이런 분명한 강박증의 증상들은 불안 증상이나 동물들을 잔인하게 다루는 것보다 좀 더 나중의 단계에서 나타났다고 추정했다.

환자가 더 성장한 뒤에는 아버지와의 관계가 아주 좋지 않았던 것이 특징이다. 우울증 발작이 반복된 후에 아버지는 자신의 성격에 있는 병적인 면을 더 이상 숨길 수 없었다. 환자가 아주 어렸을 때는 아버지와 매우 정다운 관계였다. 그리고 그 기억이 환자에게 남아 있었다. 그의 아버지는 그를 매우 좋아했고 그와 놀기를 좋아했다. 어렸을 때부터 그는 아버지를 자랑했고, 언제나 아버지 같은 신사가 되고 싶다고 말했다. 그의 유모는, 누나는 어머니의 아기이고 그는 아버지의 아기라고 말했다. 그는 그 말에 매우 만족했다. 유아기가 끝나 갈 무렵 그와 아버지 사이는 멀어지기 시작했다. 그의 아버지가 누나를 더 좋아하는 것은 명백했다. 그는 이것 때문에 심하게 모욕당했다고 느꼈다. 나중에는 아버지에 대한 두려움이 그들의 관계를 지배하는 요소가 되었다.

환자가 그의 나쁜 행실이 시작된 인생의 시기와 연관하여 이야기했던 모든 현상은 그가 여덟 살쯤 되었을 때 없어졌다. 그것들은 단번에 없어진 것이 아니고, 가끔씩 나타나곤 하다가 결국은 없어졌다. 환자의 의견으로 그것들은 그때까지 그를 돌보던 여자들을 대신해서 온 남자 스승과 가정 교사들의 영향으로 없어졌던 것이다. 그러면 여기에 분석으로 해답을 찾아야 하는 수수께끼들의 윤곽이 간단하게나마 드러나 있다. 소년의 성격이 갑자기 변한 원인은 무엇일까? 그의 공포증과 비뚤어진 행동의 의미는 무엇일까? 그는 어떻게 해서 강박적 신심을 가지게 되었을까? 이런 모든 현상은 서로 어떻게 연결되어 있을까? 나는 다시금 우리의 치료 작업은 그 후에 생긴 최근의 신경증을 치료하는 것이고, 분석의 과정이 당분간 현재를 떠나서 기억할 수 없는 유아기로 돌아가도록 해야만 더 어릴 때의 이런 문제를 밝혀낼 수 있다는 것을 상기시켜야 하겠다.

# 3. 유혹과 그 직접적인 결과

소년에게 변화가 생긴 것은 영국인 가정 교사가 있을 때였기 때문에 그 여자를 우선 의심하게 되는 것은 이해하기 어려운 일이 아니다. 그 여자와 관계되는 덮개-기억 두 개가 계속 남아 있었는데, 그 자체로는 이해가 안 되는 것이었다. 한번은 그녀가 그들 앞에서 걸어가고 있다가 〈나의 작은 꼬리를 보아라!〉라고 말했던 것이고, 다른 하나는 여행을 갔는데 그녀의 모자가 날아가서 두 아이가 매우 좋아했던 것이다. 이것은 거세 콤플렉스와 관계있다고 생각되며, 그녀가 이 소년에게 말한 위협이 그가 비정상적인 행동을 보이게 된 중요한 원인이라는 해석을 할 수도 있을 것이다. 분석받고 있는 사람과 이 점에 대해 이야기를 해도 하등의 위험은 없다. 즉 이 가정이 틀렸다 하더라도 그것은 분석에 아무런 지장을 주지 않는다. 그리고 그 가정을 통해서 진실에 조금이라도 근접할 수 있을 것 같지 않다면 그것을 내놓지도 않았을 것이기 때문이다. 이 가정을 내놓은 다음 처음으로 나타난 효과는 환자가 꿈을 몇 개 꾼 것이었다. 그 꿈들을 완전히 해석할 수는 없었지만, 그것들은 같은 내용을 중심으로 하고 있는 것 같았다. 그 꿈들을 이해한 만큼의 시각에서 보자면, 그것들은 소년이 누나나 가정 교사에게 보인 공격적인 행동과 그 행동 때문에 심하게 야단맞고 벌을 받은 것에 대한 꿈이었다. 〈그것은…… 그녀가 목욕을 한 후에…… 내가…… 누나의 옷을 벗기려고 했거나…… 그녀가 덮고 있는 것이나 베일을 찢으려 했다〉는 것 등이었다. 그러나 해석을 가지고 실제 내용을 알아내는 것은 불가능했다. 그리고 그 꿈들은 같은 자료를 가지고 여러 가지 다른 방법으로 다시 작업한다는 인상을 주었다. 그래서 이렇게 겉으로 드러난 추억들을 정확하게 읽을 수 있었다. 즉 이것은 환상의 문제일 수밖에 없었다. 꿈을 꾼 사람이 어렸을 때의 일을 가지고 나중에 ─ 아마도 사춘기에 ─ 만들어 낸 환상일 것이다. 그리고 그것은 이렇게 알아볼 수 없는 형태로 지금 다시 나타난 것이다.

그것은 단번에 설명되었다. 환자가 갑자기 자기가 아직 어렸을 때, 〈처음 농장에서〉 누나가 그를 유혹하여 성적인 놀이를 했던 것을 기억해 냈던 것이다. 처음에는 아이들이 자주 함께 가던 변소에서 누나가 〈우리 엉덩이 보여 주기 하자〉라고 말하면서 그렇게 했던 것을 기억해 냈다. 그 뒤에 유혹의 더 중요한 부분이 시간과 장소까지 함께 상기되었다. 그때는 봄이었는데, 아버지는 집에 없었다. 아이들은 방바닥에서 놀고 있었고, 어머니는 옆방에서 일을 하고 있었다. 그의 누나가 그의 성기를 잡고 장난치고 있었다. 그리고 동시에 누나는 설명이라도 하려는 듯이 유모에 대해 이해할 수 없는 이야기를 했다. 누나는 유모가 아무나 데리고 자기와 똑같은 일을 했었다고 말했다. 예를 들면 정원사하고는 그를 물구나무서게 해놓고 그의 성기를 잡았다고 말했다.

이것이 우리가 있으리라고 예상했던 환상들에 대한 설명이다. 그것들은 나중에 환자가 자기의 남성적 자존심이 상했을 법한 사건에 대한 기억을 희미하게 만들기 위한 환상들이었다. 그리고 그것들은 역사적 사실 대신, 상상 속에서 반대가 되는 바람직한 상황을 그 자리에 넣음으로써 그런 형태를 가지게 되었던 것이다. 이 환상들은 그가 누나에게 수동적인 역할을 한 것이 아니라 적극적이었으며, 그가 누나의 벗은 모습을 보려고 했고, 그가 퇴짜 맞고 벌을 받았으며, 또 그 이유로 가족들에게서 그렇게 많이 이야기되던 분노가 폭발했다고 말하고 있다. 이 상상의 작품에 가정 교사를 넣는 것도 적당할 것이다. 왜냐하면 그의 어머니와 할머니는 그의 분노 발작이 주로 그 여자 때문이라고 생각했기 때문이다. 그래서 이 환상들은 한 국가가 위대해지고 자부심을 가지게 된 후에, 나라가 세워지기 시작할 때 있었던 보잘것없음과 실패를 숨기려고 하는 방법인 전설과 정확하게 일치한다.[14]

가정 교사는 실제로 그 유혹과 그에 따른 결과에 별로 책임이 없었을 것이다. 그의 누나와 있었던 일은 그 영국 여인이 한여름에 부모 대신 아이들을 돌보려고 왔던 그해 초반에 일어난 일이었다. 그 소년이 가정 교사에게 적대감을 가지게 된 것은 다른 이유였다. 가정 교사가 유모를 욕하고 마녀라고 비방했기 때문에, 유모에 대해 처음으로 그런 지독한 말을 한 누나와 그 가정 교사가 소년에게는 마찬가지 사람으로 보였다. 이렇게 해서 누나가 그를 유혹했기 때문에 가졌던 그의 누나에 대한 반감 — 앞으로 이야기될 것이다 — 이 노골적으로 가정 교사에게 표현되었다.

그러나 누나가 그를 유혹한 것은 환상이 아니다. 그가 성인이 된 후에 알게 된 것으로 그가 한 번도 잊은 적이 없는 정보가 그 신빙성을 높여 준다. 그보다 열 살은 위인 사촌과 그의 누나에 대해 이야기하는 가운데, 사촌은 누나가 얼마나 적극적이고 호색적인 작은 소녀였는지 잘 기억하고 있다고 그에게 말했다. 그녀가

---

14 「레오나르도 다빈치의 유년의 기억」(프로이트 전집 14, 열린책들) 중 제2장 참조.

네다섯 살이었을 때 그녀는 그의 무릎에 앉아서 그의 바지 지퍼를 열고 성기를 잡았던 것이었다.

　나는 여기서 환자의 어릴 적 이야기를 중단하고 이 누나에 대해 말하고자 한다. 그녀의 성장 과정과 나중의 운명, 그리고 그녀가 그에게 미친 영향에 대해서 조금 이야기하고자 한다. 그녀는 그보다 두 살 위였고, 항상 그보다 앞서 있었다. 어렸을 때에는 사내 같아서 다루기 어려웠다. 그러나 곧 그녀의 눈부신 지적 능력이 발달하기 시작했고, 예민하고 현실적인 지성의 힘은 남달랐다. 그녀는 학문으로는 자연 과학을 좋아했지만 문학적 재능도 있었고, 아버지는 이를 대견하게 여겼다. 그녀는 어린 시절 그녀를 사랑했던 어떤 숭배자들보다 지적으로 뛰어났고, 그들을 우습게 여겼다. 그러나 20대 초반에 그녀는 우울해지기 시작했고, 자기가 예쁘지 않다고 불평하면서 모든 사회적 접촉을 끊었다. 그래서 부모는 그녀를 친지인 나이 많은 귀부인과 함께 여행하도록 보냈다. 그녀는 여행에서 돌아와 함께 갔던 사람이 자기를 어떻게 잘못 대했는지에 대해 도저히 있을 것 같지도 않은 이야기를 계속했다. 그러나 그녀는 소위 그녀를 괴롭힌 사람을 여전히 사랑했다. 그녀는 곧 두 번째 여행을 떠났는데, 그 여행 도중에 음독하여 집에서 멀리 떨어진 곳에서 죽었다. 그녀의 병은 아마 조발성 치매의 초기라고 생각해야 할 것이다. 그녀는 그 가족에게 현저한 신경증적 유전이 있다는 하나의 증거였다. 그러나 증거는 그녀 하나만이 아니었다. 아버지의 형제 중 한 사람도 오랫동안 기인으로 살다가 죽었는데, 그에게 심한 강박 신경증이 있었다는 단서가 있다. 그리고 예전에도 그랬고 지금도 방계 친척 중에 많은 사람이 그보다는 덜하긴 하지만 신경성 증상으로 시달리고 있다.

　유혹에 대한 문제와는 별도로, 우리 환자에게 누나는 부모의 애정을 독차지하는 데 방해가 되는 경쟁적 존재였다. 그리고 그는 누나가 사정없이 우월성을 과시하는 것 때문에 억압을 받는 기분이었다. 나중에는 특히 아버지가 누나의 지성과 그 성취를 대견해하는 것을 시샘했다. 그 자신은 강박 신경증 때문에 지적으로 억제되어 있었고, 낮은 평가를 받는 것에 만족해야 했다. 그가 열네 살이 되고부터는 남매간의 관계가 좋아지기 시작했다. 비슷한 기질을 가지고 있는데다 부모에 대해 함께 반항하게 되어. 그들은 아주 가까워져서 제일 친한 친구같이 잘 지냈다. 사춘기의 폭풍우 같은 성적 흥분 상태에서 그는 누나에게 신체적으로 밀접하게 접근해 보려고 했다. 누나는 결연하고 기민하게 그를 거부했다. 그리고 그는 곧 누나를 떠나서 어린 시골 처녀에게 갔다. 그 처녀는 누나와 이름이 같은 집안의 하녀였다. 이렇게 함으로써 그는, 그가 이성 대상을 선택하는 데 결정적인 영향을 미친 한 걸음을 내디딘 것이다. 왜냐하면 그 후에 그가 사랑에 빠진 여자들은 ― 종종 강박적으로 사랑에 빠졌다는 단서가 분명히 있었는데 ― 역시 하녀들이었다. 그들은 당연히 교육도 지적인 능력도 그보다 훨씬 못한 사람들이었다. 만약 그의 사랑의 대상 모두가 그가 포기해야 했던 누나를 대신한 것이라면, 누나의 가치를 떨어뜨리고 또 그녀의 지적 능력이 우세한 것을 없애려는 의도가 그의 대상-선택에 결정적인 영향을 끼쳤음에 틀림없다.

알프레트 아들러는 인간의 성적 행위는 물론 다른 모든 행위도 권력을 향한 의지, 개인이 자기를 주장하려는 본능에서 나오는 동기의 힘에 종속된다고 했다. 나는 이런 권력과 특권을 향한 동기의 중요성을 한 번도 부정하지 않았다. 그러나 나는 위와 같은 동기들이 대상-선택에 지배적인 역할을 한다거나 그것들만이 대상-선택에 영향을 미친다는 것을 수긍하지 않았다. 만약 내가 이 환자의 분석을 마치지 않았다면, 이 환자를 그동안 관찰한 것만 가지고 아들러의 의견에 동의했을지도 모른다. 분석을 완료하자 예상하지 못했던 자료가 나왔다. 이러한 권력을 향한 동기는(이 환자의 경우에는 가치를 떨어뜨리려는 의도) 단지 보조적인 이유로서, 그리고 합리화의 수단으로서만 대상-선택에 작용했고, 실제로 결정적으로 작용한 것을 통해 내 확신을 다시 확인할 수 있었다.[15]

환자는 누나가 죽었다는 소식을 들었을 때 거의 슬픔을 느끼지 않았다고 말했다. 그는 억지로 슬퍼 보이려 했고, 꽤 차분하게 유산을 상속받을 사람이 자기밖에 없다는 것을 즐거워했다. 이 사건이 일어난 것은 그가 아픈 지 몇 년이 지난 후였다. 이 한 가지 정보 때문에 나는 오랫동안 내가 이 환자를 제대로 진단했는지 확신할 수 없었다는 것을 고백해야겠다. 물론 가족 중에서 가장 사랑하던 사람을 잃은 데 대한 슬픔의 표현이 억제되었으리라고 추측할 수 있다. 왜냐하면 그는 아직도 그녀에 대해 질투하고 있었으며, 게다가 지금은 무의식적이지만 아직 그녀에 대해 근친상간적인 사랑을 가지고 있었기 때문이다. 그렇지만 슬픔이 터지는 것에 대한 대치물은 있어야 한다. 그런데 드디어 그것을 찾아냈다. 그것은 환자 자신에게는 설명이 되지 않던 다른 느낌으로 나타나 있었다. 그의 누나가 죽은 지 수개월이 지난 후에 환자는 그녀가 죽은 마을과 가까운 곳으로 여행을 갔다. 거기에서 그는 당시 자기의 우상이었던 위대한 시인의 무덤을 찾아갔다. 그리고 그의 무덤에서 슬픔에 찬 눈물을 흘렸던 것이다. 이 반응은 그 자신이 보기에도 이상했다. 그가 숭배하던 시인이 죽은 지 두 세대

---

15 프로이트가 아들러의 견해를 자세하게 토론한 것은 「정신분석 운동의 역사」 중 제3장에 있다.

이상 지났기 때문이었다. 그는 그의 아버지가 죽은 누나의 작품을 바로 이 위대한 시인의 작품과 비교하곤 했다는 것을 기억해 냈을 때야 그것을 이해할 수 있었다. 이 시점에 와서야 나는 그가 이 이야기를 할 때 실수한 것이 있었다는 것을 알았다. 그런데 그 실수 때문에 겉으로는 이 시인에게 경의를 표한 것이 된 그의 행동을 올바르게 해석하는 단서가 잡혔다. 그는 전에 몇 번씩이나 누나가 총으로 자신을 쏘았다고 명확하게 지적해서 말했다. 그러나 지금 그는 실수를 바로잡아 누나가 음독했다고 이야기해야 했다. 그런데 그 시인은 결투에서 총에 맞았던 것이었다.[16]

이제 남동생의 이야기로 돌아가서 주제를 따라 조금 진행하겠다. 누나가 유혹을 했을 때 환자는 세 살 반이었다.[17] 이미 이야기한 대로 이 사건은 봄에 일어났고, 그해 여름에 영국인 가정 교사가 왔으며, 또 그해 가을에 그의 부모가 집에 돌아왔을 때 그는 기본적으로 달라져 있었다. 그렇다면 이렇게 변한 것과 그간에 그가 성적 행동을 개시했다는 사실을 연결시키는 것은 당연하다.

누나가 유혹하는 것에 대해 그는 어떻게 반응했을까? 대답은 거절이었다. 그러나 그것은 사람에 대한 거절이었지 유혹에 대한 거절은 아니었다. 그에게는 누나가 성적 대상으로 마음에 들지 않았다. 아마 부모의 사랑을 얻는 데 경쟁 관계여서 누나에게 적대적이었기 때문일 것이다. 그는 그녀에게 가까이 가지 않았다. 더욱이 누나의 유혹은 곧 멈추었다. 그러나 그는 누나 대신에 자기가 좋아했던 사람을 얻으려고 했다. 그의 누나가 그에게 이야기했던 것, 즉 자기가 유모가 하는 짓을 보고 배웠다고 주장한 것

---

16  시인의 이름은 레르몬토프Lermontov였다. 가디너 편, 『늑대 인간과 프로이트』(1971)에 있는 〈늑대 인간〉의 「회고록」을 참조할 것.
17  1924년 전에 나온 판에는 〈세 살 3개월에서 세 살 반 사이〉라고 되어 있다.

을 들었기 때문에 그는 그쪽으로 눈을 돌렸다. 그래서 그는 유모가 있을 때 자기 성기를 가지고 놀기 시작했다. 아이들이 자위행위하는 것을 숨기지 않을 때는 그들이 유혹하려 하는 것이라고 생각해야 한다. 그의 유모는 그를 꿈에서 깨어나게 했다. 즉 유모는 심각한 얼굴을 하고는 그것은 좋지 않다고 설명했다. 그리고 그런 짓을 하는 아이들은 그곳에 〈상처〉가 생긴다고 덧붙였다.

이 정보는 말하자면 위협이었는데, 여러 방향으로 영향을 미쳤다. 그 결과로 그는 유모에게 덜 의존하게 되었다. 그리고 그녀에게 화가 났던 것이 틀림없다. 후에 그가 분노 발작을 일으키기 시작하자, 그가 그녀에게 정말 격분해 있었다는 것이 분명해졌다. 그러나 그는 어느 리비도의 위치를 포기해야 한다고 깨닫게 되면, 언제나 새로운 발전에 반대하여 그것을 고집스럽게 방어했다. 가정 교사가 그때 나타나서 유모를 욕하고 방에서 내쫓으며 유모의 권위를 파괴하려 했다. 그러면 그는 이런 공격을 받은 피해자에 대한 사랑을 과장했고, 또 공격적인 가정 교사에게 퉁명스럽고 반항적인 태도를 취했다. 그렇지만 비밀스럽게 그는 다른 성적 대상을 찾기 시작했다. 그는 유혹을 받았기 때문에 누군가 자기 성기를 만져 주기 바라는 수동적인 성적 목표를 가지게 되었다. 이제 그가 누구를 통하여 이 목표를 달성하려고 했으며, 또 어떤 길을 따라 그것을 선택하게 되었는지에 대한 이야기를 듣게 될 것이다.

그가 처음으로 성기의 자극에 의한 흥분을 경험한 후에 성적인 탐구가 시작되었고, 곧 거세라는 문제에 봉착하게 되었다는 사실은 우리가 예측하던 바와 완전히 일치한다. 그 당시 그는 여자아이 둘이서 ─ 누나와 그녀의 친구 ─ 오줌을 누고 있는 것을 보게 되었다. 그는 이 장면에서 사실을 알아차릴 수 있을 정도의 지능은 있었음에 틀림없다. 그러나 그는 같은 상황에서 다른 남자아이들이 보통 하는 것같이 행동했다. 즉 그는 유모가 위협한 것 같은 상처가 있는 것을 확인했다는 생각을 거부하고, 자신에게 그것은 여자아이들의 〈앞 엉덩이〉라고 설명했던 것이다. 이렇게 결정했다고 거세라는 주제가 해결된 것은 아니었다. 그는 무엇을 듣든지 거세에 대한 새로운 암시를 발견했다. 한번은 아이들에게 설탕 막대를 주었을 때였다. 병적인 기호가 있었던 가정 교사는 그것이 뱀을 토막 낸 것이라고 했다. 그 후에 그는 아버지가 길을 걷다가 뱀을 만나서 지팡이로 때려 조각냈던 것을 기억했다. 또 그는 낚시하러 간 늑대 이야기 「여우 라이네케Reineke Fuchs」[18]를 읽어 주는 것을 들은 적이 있다. 늑대 한 마리가 겨울에 낚시를 매우 하고 싶어 했다. 늑대는 자기 꼬리를 낚싯밥으로 썼는데, 꼬리가 얼어서 떨어졌다는 이야기이다. 그는 말들이 성기가 온전한가 아닌가에 따라 다르게 불린다는 것을 알게 되었다. 즉 그는 거세라는 생각에 사로잡혀 있었다. 그러나 아직 그것을 믿지 않았고 무서워하지도 않았다. 이 당시 그가 잘 알게 된 동화에서 그에게 다른 성적인 문제가 일어났다. 「빨간 모자」와 「늑대와 일곱 마리 아기 염소」 이야기에서는 늑대의 몸에서 아이들을 꺼낸다. 그렇다면 늑대가 여자인가, 아니면 남자도 몸 안에 아이들을 가질 수 있는 것인가? 그 당시에는 그 문제가 해결되지 않았다. 더욱이 이런 의문을 가지고 있을 당시에는 늑대를 무서워하지 않았다.

환자에 대한 다음과 같은 정보 한 가지는, 부모가 없을 때 생긴 그의 성격 변화가 그의 유혹에서 비롯된 다소 간접적인 결과라는

18  이것은 유럽에서 가장 유명한 동물 서사시이다. 10세기 이후에 여러 가지 형태로, 또 여러 언어로 존재해 왔다. 독일어판 「여우 라이네케」는 괴테가 표준 독일어로 쓴 것이다.

것을 이해하기 쉽게 도와줄 것이다. 그는 유모가 그를 거부하고 위협한 이후 곧 자위행위를 그만두었다고 말했다. 그래서 성기 성감대의 지배권에 들어가기 시작했던 그의 성생활은 외부의 방해물에게 항복했다. 즉 외부 방해물의 영향으로 성기 성감대 이전 구조의 단계로 되돌아간 것이다. 자위행위를 억제했기 때문에 그 소년의 성생활은 가학적-항문기의 성격을 띠게 되었다. 그는 화를 잘 내게 되었고, 남을 괴롭히는 사람이 되었으며, 또 동물과 인간을 희생시키는 식으로 만족을 얻었다. 주로 그의 대상이 된 것은 그가 좋아하는 유모였다. 그는 그녀가 울음을 터뜨릴 때까지 괴롭히는 방법을 알고 있었다. 이렇게 해서 그는 그를 거절했던 유모에게 복수를 했고, 동시에 당시 그가 퇴행하여 도달해 있었던 단계에 일치하는 방법으로 성 충동을 만족시켰던 것이다. 그는 작은 동물들에게 잔인한 행동을 하기 시작했다. 그는 파리를 잡아 날개를 떼어 버리기도 하고, 풍뎅이를 짓밟기도 했다. 상상 속에서는 큰 짐승[말]을 때리는 것을 좋아했다. 이런 것들은 모두 적극적이고 가학적인 행동이었다. 이 기간 동안에 그가 보인 항문기의 충동은 다음에 살펴보겠다.

그 당시에 같이 일어났던 아주 다른 종류의 환상을 환자가 역시 기억해 냈다는 것은 매우 중요한 사실이다. 그 내용은 소년들이 벌을 받고 매를 맞는데, 특히 성기에 매를 맞는다는 것이었다. 또 다른 환상에서는 왕위 계승자가 좁은 방에 갇혀서 매를 맞는다는 것을 보여 주었다. 이름 없는 인물들이 매를 때리는 소년들의 역할을 하는 것은 누구를 위한 것인지 추측하기가 쉽다. 왕위를 계승할 사람은 분명히 그 자신이었다. 즉 그의 가학증이 환상 속에서는 자기 자신을 대상으로 삼은 것이다. 그래서 피학증으로 변환된 것이다. 성기 자체에 매를 맞는다는 자세한 묘사를 보면,

자위행위에 관련된 죄책감이 이 변형과 연결되어 있다고 결론을 내리는 것이 정당하다고 생각된다.[19] 분석 과정에서 이런 수동적인 경향이 적극적-가학적인 경향과 동시에 나타났거나 그것 바로 뒤에 나타났다는 것에는 의심할 여지가 없어졌다.[20]

이것은 보통 이상으로 명확하고 강력하며, 또 항상 존재하는 환자의 양가감정[21]과 일치한다. 이 양가감정은 여기에서 처음으로 서로 반대인 구성 본능의 짝이 둘 다 똑같이 발달한 것으로 나타났다. 그는 자란 후에도 그런 행동 양식을 보였다. 그리고 한번 확립된 리비도의 위치는 다음의 위치로 완전히 바뀌지 않는 그런 기질도 계속되었다. 그것은 다른 것들과 함께 공존하고 있어서 그가 끝없이 오락가락하는 것을 가능하게 했다. 그런데 이렇게 오락가락하면 안정된 성격을 형성하는 것은 불가능하다.

그 소년의 피학적인 경향은 또 다른 점으로 이동해 간다. 나는 그것에 대해 이야기하는 것을 이제까지 피했는데, 이유는 발달 단계의 다음 단계를 분석해야 확신할 수 있었기 때문이다. 나는 이미 유모가 그를 거절한 후에, 그의 리비도의 기대는 유모에게서 떨어져 나와 다른 사람을 성적 대상으로 생각하기 시작했다고 이야기한 바 있다. 그 다른 사람은 그의 아버지였다. 아버지는 그때 집에 없었다. 그가 아버지를 선택하게 된 것은 여러 가지 요인의 작용이 모아졌기 때문이라는 것은 의심할 여지가 없다. 예를 들면 뱀이 조각나는 것을 기억하는 등의 우발적인 요소이다. 그

19  「〈어떤 아이가 매를 맞고 있어요〉」(프로이트 전집 10, 열린책들) 참조.

20  수동적인 경향이라 함은 〈수동적인 성적 목표를 갖는 경향〉이라는 뜻이다. 그러나 이때 나는 본능이 변형된다고 하는 것이 아니라, 단지 본능의 목표가 변형된다는 것을 말하고자 하는 것이다 — 원주.

21  〈양가감정Ambivalenz〉을 수동성과 적극성을 나타내는 말로 쓰는 것은 예외적이다. 프로이트는 이 말을 보통 감정이 사랑과 미움 사이를 오락가락한다는 의미로 사용했다.

러나 무엇보다도 그는 이렇게 해서 첫 번째이고 가장 원시적인 대상-선택을 되살릴 수 있었다. 그것은 동일화의 과정에서 있었던 대상-선택이었는데, 어린아이의 자기애에 맞추어서 생긴 것이다. 우리는 이미 그의 아버지는 그가 숭배하는 본보기였으며, 무엇이 되고 싶으냐고 누가 물으면 그는 아버지 같은 신사가 되고 싶다고 대답했다는 이야기를 들었다. 그의 적극적 흐름의 동일화 대상이 그가 처한 가학적-항문기 단계에서는 수동적 흐름의 성적 대상으로 된 것이다. 누나가 그를 유혹한 것이 그에게 수동적 역할을 하게 만들었고, 그로 하여금 수동적 성적 목표를 가지게 한 것처럼 보인다. 이 경험이 계속적으로 영향을 미치는 가운데, 그는 누나로부터 유모를 거쳐 아버지에게 도달한 것이다. 여자에 대한 수동적인 태도에서 남자에 대한 수동적인 태도로 옮아간 것이다. 그리고 이런 방법으로 먼저 있었던 자연스러운 발달 과정과 연결시켰던 것이다. 그의 아버지는 다시 한번 그의 대상이 되었다. 즉 더 높은 발달 단계에 맞추어서 동일화는 대상-선택으로 대치된 것이다. 그런데 적극적 태도가 수동적 태도로 바뀐 것은 그때 일어났던 유혹의 결과이자 증거이다. 가학적 단계에서 전능한 아버지에 대해 적극적인 태도를 가지게 된다는 것은 쉽지 않았을 것이 당연하다. 늦은 여름이나 가을에 아버지가 집에 돌아왔을 때 환자의 분노 발작은 새롭게 이용되었다. 그것들은 유모에게 적극적-가학적 목적으로 이용되었다. 그와 아버지의 관계에서 그것들의 목적은 피학적인 것이었다. 그의 나쁜 행실을 드러내어 아버지로부터 벌과 매질을 끌어내려 한 것이었다. 그렇게 해서 아버지로부터 자기가 원하는 피학적인 성적 만족을 얻으려 했던 것이다. 말하자면 그가 악을 쓰는 발작은 단지 유혹하려는 방편이었던 것이다. 더욱이 그의 심층에 깔려 있는 동기에 따라 매를 맞는 것은 그의 죄책감을 만족시키기도 했다. 그는 이런 나쁜 행실을 보이고 있던 중에 아버지가 가까이 오면 소리를 두 배로 질렀던 기억을 간직하고 있었다. 그러나 그의 아버지는 그를 때리지 않고, 아기 침대에서 베개를 꺼내 그의 앞에서 공놀이를 하며 그를 달래려고 했다.

부모들이나 교육자들이 아이가 설명할 수 없는 나쁜 행실을 보일 때 얼마나 자주 이런 전형적인 상황을 마음에 담았을지 나는 모르겠다. 이렇게 행동하는 아이는 고백을 하는 것이고 벌을 받으려고 하는 것이다. 그는 동시에 그의 죄책감을 해결하고 피학적인 성적 경향을 만족하는 방법으로 매질을 당하려 하는 것이다.

그가 아주 명확하게 기억 한 가지를 되살렸기 때문에, 우리는 이 증례를 더 많이 설명할 수 있게 되었다. 그것은 환자의 성격이 변했다는 단서는 있었지만, 어떤 특정한 사건이 벌어지기 전에는 불안 증상이 함께 나타나지는 않았다는 것이다. 전에는 불안이 없었던 것 같은데, 그 사건이 있은 직후 불안이 가장 괴로운 형태로 나타났다. 그는 그 날짜까지 확실하게 말할 수 있었다. 그것은 그의 네 번째 생일 바로 전이었다. 이날을 기준으로 해서 우리가 고려하는 대상인 그의 어린 시절을 둘로 나눌 수 있다. 첫 번째 시기는 세 살 3개월에서 네 살까지로 유혹 때문에 나쁜 행실과 심술궂음을 보인 시기이고, 두 번째는 더 긴 기간인데 신경증의 증상이 주로 있었던 시기이다. 이렇게 나누는 것을 가능하게 한 사건은 외부의 상처가 아니라 꿈이었다. 그는 그 꿈을 꾸고 불안 상태에 눈을 떴다.

# 4. 꿈과 최초의 성교 장면

    이 꿈은 동화에서 유래된 소재가 많아서, 나는 이미 다른 곳에서 이 꿈을 소개했다.[22] 그때 쓴 것을 그대로 되풀이하는 것으로 이 글을 시작하려 한다.

    《《꿈에서 나는 침대에 누워 있었는데, 그때는 밤이었다. (내 침대는 발쪽이 창문을 향하게 놓여 있었다. 창문 앞에는 오래된 호두나무가 한 줄로 서 있었다. 내가 그 꿈을 꾼 것은 겨울이었고 밤이었다는 것을 나는 알고 있다.) 갑자기 창문이 저절로 열렸다. 그리고 나는 창문 앞에 있는 큰 호두나무에 하얀 늑대들이 앉아 있는 것을 보고 무서웠다. 늑대는 예닐곱 마리가 있었다. 그 늑대들은 아주 하얬다. 그리고 늑대가 아니라 여우나 양치기 개처럼 보였다. 왜냐하면 그들은 여우같이 큰 꼬리가 있었고, 개들이 어디에 주의를 집중할 때처럼 귀를 바짝 세우고 있었기 때문이다. 나는 매우 무서웠다. 분명히 늑대들에게 먹힐까 봐 그랬을 것이다. 나는 소리를 지르고 깨어났다. 유모가 나에게 무슨 일이 벌어졌는지 보려고 내 침대로 달려왔다. 그것이 단지 꿈이었다고 확신하는 데는 꽤 시간이 걸렸다. 나에게는 창문이 열리고 늑대들이 나무에 앉아 있는 모습이 아주 선명하고 생생하게 느껴졌다. 마

22 「꿈에 나타나는 동화 속의 내용·Märchenstoffe in Träumen」— 원주.

232

침내 나는 조용해지고 어떤 위험에서 벗어난 것처럼 느꼈다. 그리고 다시 잠들었다.

꿈에서 움직인 것은 창문이 열린 것뿐이었다. 늑대들은 나뭇가지에서 조금도 움직이지 않고 아주 가만히 앉아 있었다. 그들은 나무줄기의 왼쪽과 오른쪽에 앉아서 나를 쳐다보고 있었다. 그들은 모든 주의를 나에게 집중하고 있는 것처럼 보였다. ── 나는 이것이 나의 첫 번째 불안-꿈이라고 생각한다. 그때 나는 서너 살, 기껏해야 다섯 살이었다. 그때부터 열한 살이나 열두 살이 될 때까지 나는 꿈에서 무서운 것을 볼까 봐 두려웠다.》

그는 늑대가 있는 나무 그림을 그렸는데, 그가 설명했던 것과 똑같았다(그림 2). 그 꿈을 분석하여 나온 자료는 다음과 같다.

그는 이 꿈을, 그즈음에 특히 동화책에 있는 늑대 그림을 무척 무서워했다는 기억과 언제나 연결시켰다. 그의 누나는 그보다 아주 똑똑했는데, 무슨 핑계를 대서라도 바로 그 그림을 펴 보여서 그를 놀리곤 했다. 그러면 그는 무서워져서 악을 쓰기 시작했다. 그림에서 늑대는 뒷발로 서서 한 발을 성큼 앞으로 내딛고 있었고, 발톱을 펴서 내놓고 귀를 쫑긋 세우고 있었다. 그는 이 그림이 「빨간 모자」의 삽화였을 것이라고 생각했다.

어째서 늑대가 하얬을까? 이것은 그에게 양을 생각하게 했는데, 그의 농장의 이웃에서 양을 많이 기르고 있었다. 그의 아버지는 가끔 그를 데리고 양 떼를 보러 갔다. 그는 그때마다 매우 자랑스럽고 행복하다고 느꼈다. 나중에 ── 물어본 바에 의하면, 그것은 그 꿈을 꾸기 얼마 전이었던 것 같다 ── 양 떼에게 전염병이 돌았다. 그의 아버지는 파스퇴르의 제자를 불러왔다. 그가 양들에게 예방 주사를 놓았는데, 양들은 그전보다 오히려 더 많이 죽었다.

어떻게 늑대가 나무에 올라가게 되었을까? 이것은 그에게 그

그림 2

의 할아버지가 들려준 이야기를 생각나게 했다. 그는 그 이야기를 들은 것이 그 꿈을 꾸기 전인지 그다음인지 기억하지 못했다. 그러나 그 내용을 보면 꿈을 꾸기 전에 들었을 것이 분명했다. 그 이야기는 다음과 같이 진행된다. 한 양복장이가 방에 앉아서 일을 하고 있었는데, 창문이 열리며 늑대 한 마리가 뛰어들었다. 그 양복장이는 그의 자로 늑대를 치며 쫓아갔다 — 아니(그는 고쳐서 말했다), 그는 늑대의 꼬리를 붙잡아서 잘라 버렸다. 늑대는 겁에 질려서 달아났다. 얼마 후에 그 양복장이가 숲속으로 갔는데, 갑자기 늑대 한 무리가 그를 향해서 달려왔다. 그는 그들을 피해서 나무 위로 올라갔다. 처음에는 늑대들이 당황했다. 그런데 그 중에 섞여 있던 상처 입은 늑대가 그에게 원수를 갚고 싶어 했다. 그 늑대는 양복장이에게 닿을 때까지 하나씩 등 위로 올라가자고 했다. 그 늑대는 늙었지만 활기찬 모습이었는데, 자기가 피라미드의 제일 아래가 되겠다고 말했다. 늑대들은 그의 말대로 했다.

그러나 양복장이는 자기 방에 들어와서 벌을 받았던 그 늑대를 알아보았다. 그리고 갑자기 그가 전에 했듯이 《저 회색 놈의 꼬리를 잡아라!》하고 소리 질렀다. 꼬리가 없는 늑대는 꼬리가 잘렸을 때의 기억이 나서 겁을 먹고 달아났다. 그러자 다른 늑대들도 모두 무너져 내렸다.

이 이야기에는 꿈속에서 늑대가 앉아 있던 나무가 나온다. 그러나 여기에는 또 부인할 수 없는 거세 콤플렉스에 대한 암시가 나온다. 그 늙은 늑대는 양복장이에게 꼬리를 잘렸던 것이다. 그 꿈에 나온 늑대들이 여우의 꼬리를 가지고 있었던 것은, 아마 이렇게 꼬리가 없어진 것에 대한 보상이었을 것이다.

어째서 늑대는 예닐곱 마리가 있었을까? 그가 무서워했던 그림이 「빨간 모자」와 관계가 있지 않을까 내가 생각할 때까지는 답이 없었다. 이 동화는 삽화를 그릴 수 있는 장면이 둘밖에 없다. 하나는 숲에서 빨간 모자가 늑대를 만나는 장면이고, 또 하나는 늑대가 할머니의 잠옷 모자를 쓰고 침대에 누워 있는 장면이다. 그렇기 때문에 그가 기억하는 그림은 다른 동화에서 나온 것이어야 했다. 그는 오래지 않아서 그것이 「늑대와 일곱 마리 아기 염소」이야기일 수밖에 없다는 것을 발견했다. 여기에 숫자 일곱, 그리고 여섯이 나온다. 늑대는 여섯 마리 아기 염소를 잡아먹었고, 일곱 번째 염소는 시계 상자 뒤에 숨었던 것이다. 이 이야기에는 흰색도 나온다. 늑대는 처음에 왔을 때 아기 염소들이 자기의 회색 발을 보고 늑대인 줄 알아차리자 빵집에 가서 자기 발을 하얗게 만들었던 것이다. 더욱이 두 동화는 비슷한 점이 많다. 둘 다 먹어 버리는 것이 나오고, 배를 가르고, 잡아먹혔던 사람을 꺼내고, 무거운 돌을 대신 넣는 것이 나오고, 또 두 이야기에서 모두 결국은 나쁜 늑대가 죽는다. 이것 말고도 아기 염소들 이야기에는 나무가 나온다. 늑대가 밥을 먹은 후에 나무 밑에 누워서 코를 골았던 것이다.

나는 특별한 이유로 이 꿈을 다른 곳에서 다시 다루어야 할 것이다. 그것을 해석하고 그 의미를 더 자세하게 생각해 보아야 한다. 왜냐하면 이것이 환자가 어린 시절로부터 기억하는 최초의 불안-꿈이고, 또 이 꿈을 꾸고 나서 바로 꾸었던 다른 꿈들과 아주 어렸을 때 있었던 어떤 사건들을 고려하면 이 꿈의 내용이 아주 이상하게 흥미롭기 때문이다. 우리는 여기에서는 이 꿈과 서로 아주 비슷한 두 동화, 즉 「빨간 모자」와 「늑대와 일곱 마리 아기 염소」가 어떤 관계를 가지는지만 생각하기로 한다. 이 이야기들이 꿈꾸는 작은 소년에게 끼친 영향은 보통의 동물 공포증으로 나타났다. 이 공포증이 다른 비슷한 경우들과 다른 점은 불안-동물이 쉽게 볼 수 있는 동물(말이나 개같이)이 아니라 이야기나 그림책에서 알게 된 동물이라는 사실이다.

나는 이들 동물 공포증과 그것들이 가지는 의미에 대해 다른 기회에 논의하겠다. 나는 그저 이 설명이 꿈꾸는 사람이 나중에 앓게 되는 신경증에서 보인 주요 특징과 완전히 어울린다는 것만을 미리 이야기하겠다. 아버지를 두려워하는 것이 그가 병이 나게 된 가장 강력한 동기다. 그리고 모든 아버지-대리들에게 양가감정적인 태도를 보이는 것은 그가 일생 동안 보인 현상이었고, 치료하는 동안에도 역시 그러했다.

내 환자의 경우, 만약 늑대가 단지 처음 나타난 아버지-대리라고 가정하면, 다음과 같은 질문을 할 수 있다. 즉 늑대가 아기 염소를 잡아먹는 동화와 「빨간 모자」의 숨겨진 내용이 단순히 아버지에 대한 유아적 두려움이 아닌가 하는 질문이다.[23]

23  랑크Rank가 지적했듯이(「유아기 성 이론에 대한 민족 심리학적 비교」, 1912),

더욱이 내 환자의 아버지는 《애정 어린 학대》를 좋아하는 특징이 있었다. 이런 것은 많은 사람이 아이들을 다룰 때 가지는 특징이다. 그러니 환자가 어렸을 때 아버지는 (나중에는 엄해지기는 했지만) 한 번 이상은 이 작은 소년을 얼싸안거나 혹은 소년과 함께 놀다가 놀리느라고 《그를 먹어 버린다》고 위협했을 수 있다. 내 환자 중에 한 사람은 그녀의 두 아이가 할아버지를 좋아할 수 없었다고 이야기한 적이 있다. 왜냐하면 할아버지는 아이들과 자애롭게 뛰어놀다가 애들 배를 가르겠다고 말해서 무섭게 만들었기 때문이었다.〉

이제까지 인용된 자료에는 이 꿈이 가지는 함축된 내용을 의미하는 것들이 많다. 그것들은 금방 알 수 있는 것이 아니다. 그것들은 한옆으로 미루어 놓고, 즉시 해석이 되는 사항부터 보도록 하자. 이 해석은 몇 년에 걸쳐 질질 끌어 온 작업이었다는 것을 말해도 될 것이다. 환자는 분석 초기에 이 꿈 이야기를 했다. 그리고 이 꿈 뒤에 그의 유아기 신경증의 원인이 숨어 있다는 나의 확신에 곧 동의하게 되었다. 치료하는 동안에 우리는 이 꿈 이야기를 자주 했다. 그러나 분석 말기의 몇 달 동안에 이것을 완전히 이해할 수 있게 되었다. 그리고 그것은 환자 스스로 작업을 한 덕택이었다. 그는 항상 그 꿈에서 두 가지가 그에게 가장 인상적이었다고 말했다. 첫째는 늑대들이 움직이지 않고 완벽하게 가만히 있었다는 것이고, 둘째는 늑대들이 그를 바라볼 때 아주 긴장하여 주의를 기울인 점이었다. 그리고 꿈에서 깬 후에 지속되었던 현실감도 주의를 기울일 부분이었다.

이 마지막 발언을 출발점으로 하자. 우리는 꿈을 분석해 본 경

이 두 동화와 크로노스Kronos 전설 사이의 유사점을 비교할 것 — 원주.

험에서 이 현실감이 특별한 의미를 가지고 있다는 것을 알고 있다. 그것은 그 꿈에 잠재되어 있는 소재의 일부가 꿈꾼 사람의 기억 속에서 사실성을 가지고 있다는 것을 우리에게 확신시킨다. 다시 말하면, 그 꿈은 단순히 상상한 것은 아니라 실제 일어난 일과 관계있다는 것이다.

그것은 당연히 알려지지 않은 어떤 것의 현실성이란 문제일 뿐이다. 예를 들면 그의 할아버지가 양복장이와 늑대 이야기를 실제로 해주었다는 확신이나, 「빨간 모자」와 「늑대와 일곱 마리 아기 염소」의 이야기를 실제로 누가 그에게 크게 읽어 주었다는 확신 같은 것은, 꿈이 깬 후에도 지속되는 현실감으로 대치될 성질의 것은 아니다. 동화는 비현실적인 데 비하여 아주 대조적으로 어떤 일이 실제로 있었다는 사실을 그 꿈은 나타내는 것이다.

그 꿈의 내용 뒤에 그런 알려지지 않은 장면 — 그 꿈을 꾸었을 때는 이미 잊었던 장면 — 이 숨어 있다고 가정하면, 그 장면은 매우 어릴 때 일어났어야 한다. 꿈을 꾼 사람이 〈그 꿈을 꾸었을 때가 아마 서너 살, 기껏해야 다섯 살이었을 거예요〉라고 말한 것을 기억할 것이다. 그리고 우리는 〈그 꿈 때문에 더 어린 시절에 일어났던 일을 기억하게 되었어요〉라는 말을 덧붙여도 된다.

그 꿈에서 나타난 소재 중에 환자가 강조한 요소 — 주의 깊게 바라보는 것과 움직임이 없는 것 — 는 이 알려지지 않은 장면의 내용으로 우리를 인도해야 할 것이다. 우리는 당연히 이 장면의 소재가 알려지지 않은 장면의 소재를 변형시켜서, 아마 반대로 변하게 해서 새로 만들어 낸 것이라는 사실을 발견하리라고 기대해야 할 것이다.

환자가 처음 그 꿈을 분석해서 나온 가공되지 않은 자료들로부터 몇 가지 결론을 끌어낼 수 있다. 그리고 이 결론들을 우리가 찾고자 하는 이야기 안에서 마땅한 자리에 넣어야 한다. 양을 번식시키는 이야기의 뒤에는 그의 성적인 연구와 흥미에 대한 증거가 있을 것으로 예측해야 한다. 그는 성적인 흥미를 아버지와 함께 양 떼를 방문하는 중에 만족시킬 수 있었던 것이다. 그러나 죽음에 대한 공포의 암시도 있었음에 틀림없다. 대부분의 양들이 전염병으로 죽었기 때문이다. 이 꿈에서 가장 눈에 띄는 나무 위의 늑대들은 곧장 할아버지의 이야기로 연결되었다. 그 이야기에서 매혹적이고 꿈을 꾸게 할 수 있는 것은 거세라는 주제와 관련이 있다는 것 말고는 아무것도 없다.

처음에 꿈의 분석이 완전하지 않았을 때, 우리는 늑대가 아버지-대리라고 결론지었다. 그렇다면 이 첫 번째 불안-꿈은 그때 이후로 그의 인생을 지배했던 아버지에 대한 두려움을 나타냈을 것이다. 이 결론은 아직 확실한 것은 아니다. 그러나 잠정적으로 분석한 결과, 그 꿈을 꾼 사람이 내놓은 자료를 합쳐 보면 다음과 같은 조각들이 재조합을 위해 우리 앞에 있는 것을 발견할 것이다.

실제로 일어난 일 — 아주 어렸을 때의 일 — 바라보기 — 움직이지 않음 — 성적인 문제 — 거세 — 그의 아버지 — 무엇인가 지독한 것.

하루는 환자가 그 꿈의 해석을 계속하기 시작했다. 그는 그 꿈에서 〈갑자기 창문이 저절로 열렸다〉는 부분이, 그 양복장이가 앉아 있었고 늑대가 방으로 들어왔던 창문과 연결시켜도 완전히 설명이 되지 않는다고 생각했다. 〈그것은 《나의 눈이 갑자기 떠졌다》라는 뜻이어야 한다. 그러므로 그것은 다음을 의미한다. 나는 자고 있었다. 그리고 갑자기 깨어났다. 그리고 깨어나면서 나는 무엇을 보았다. 즉 늑대가 있는 나무를 본 것이다.〉 이것에 대해서는 어떤 이의도 있을 수 없었지만, 이 방향으로 이야기를 더 발전시킬 수는 있었다. 그는 깨어나서 무엇을 보았다. 주의 깊게 바라보는 것을 꿈에서는 늑대가 하는 것으로 되어 있지만, 주의 깊게 본 주체는 그가 되어야 한다. 결정적인 순간에 자리바꿈이 일어난 것이었다. 더욱이 그 꿈의 외현적 내용이 자리바꿈이 있었음을 뒷받침해 주고 있다. 즉 늑대가 나무에 앉아 있는 것이 그 자리바꿈이다. 할아버지의 이야기에서는 늑대들이 나무에 올라갈 수 없었던 것이다.

그런데 그 꿈을 꾼 사람이 강조했던 다른 요소들도 역시 자리바꿈이나 뒤집기에 의해 변형되었다면 어떻게 될까? 그런 경우에 그 의미는 움직이지 않는 것(늑대들은 거기에 움직이지 않고 앉아 있었다. 즉 그들은 그를 바라보았으나 움직이지는 않았던 것이다)이 아니라 맹렬하게 움직이는 것이라야 한다. 다시 말하면, 그는 갑자기 깨어나서 그의 앞에서 벌어지고 있는 맹렬한 움직임을 보았고, 그것을 애를 쓰며 주의해서 바라보았던 것이다. 이 경우에 주체와 객체가 바뀐 것이다. 즉 능동성과 수동성이 바뀐 변형, 자기가 보는 것이 아니라 남이 나를 보는 것으로 변형이 일어난 것이다. 다른 부분은 반대로 변형되었다. 즉 움직임이 아니라 멈춤으로 나타난 것이다.

다른 기회에 그에게 갑자기 연상이 일어나 그 꿈을 이해하는 데 한 걸음 가까이 가게 된 일이 있었다. 〈그 나무는 크리스마스 트리였다〉라는 것이 그 연상이었다. 그는 이제 크리스마스 바로 전에 그날을 기대하면서 그 꿈을 꾸었다는 것을 알게 되었다. 크리스마스는 그의 생일이기도 했으므로 이제 그 꿈을 꾸었던 날을 확실히 알게 되었고, 또 그 꿈으로 인해 성격의 변화가 시작된 날짜도 알게 되었다. 그러니까 그는 선물을 두 배로 받을 날을 기다리면서 긴장한 채 잠이 들었다. 우리는 그런 경우에, 아이들은 쉽게 자기의 소망이 이루어질 것으로 기대한다는 것을 알고 있다. 그래서 그의 꿈속에서는 이미 크리스마스 날이었다. 그 꿈의 내용은 그에게 크리스마스 상자를 보여 주었다. 그의 것이 될 선물들이 나무에 걸려 있었던 것이다. 그런데 선물 대신 그것들은 늑대로 변한 것이다. 그 꿈은 늑대(아마 그의 아버지)에게 먹히지 않을까 하는 무서움이 그를 휩싸면서 끝났고, 그는 두려움을 피해 유모에게 안겼다. 이 꿈을 꾸기 전에 환자가 처해 있던 성적 발달 단계를 알고 있기 때문에, 우리는 그 꿈에서 빠진 부분을 채울 수 있고, 또 만족이 불안으로 변했다는 것을 설명할 수 있다. 꿈을 꾸게 하는 데 관계되는 소망 중에 가장 강력한 소망은, 그 당시 그가 아버지로부터 얻기를 갈망하던 성적 만족을 바라는 소망이었을 것이다. 이 소망의 힘은 오래전에 잊었던 한 장면의 기억을 되살렸다. 그 장면은 그의 아버지로부터 얻는 성적인 만족이 어떤 것인가를 그에게 보여 주었다. 그리고 그 결과는 공포, 소망의 충족에 대한 두려움, 소망을 통해 드러난 충동의 억압, 그리고 아버지로부터 덜 위험한 유모에게로 달아나는 것이었다.

그 크리스마스 날은 그가 크리스마스 선물에 불만을 품어 처음으로 분노 발작을 일으킨 날로 기억되어 중요하게 여겨졌다. 그 기억은 사실적 요소와 거짓 요소가 합해진 것이다. 그것이 모두 진실은 아니라는 근거는, 그의 부모가 되풀이해서 이야기했듯이, 그의 나쁜 행실은 그들이 가을에 돌아왔을 때 이미 시작되었고, 그들이 크리스마스까지 돌아오지 않았다는 것은 사실이 아니기 때문이다. 그러나 그는 자신의 채워지지 않은 사랑, 분노, 크리스마스 사이의 본질적인 연결을 없애지 않고 보존했던 것이다.

그런데 그의 성적 욕구가 밤마다 작용하여 어떤 장면을 만들어 냈길래, 그를 두려워하게 만들고 그렇게 맹렬하게 그가 바라던 것의 만족으로부터 달아나게 했을까? 분석에서 나온 자료는 이 장면이 만족시켜야 하는 조건이 하나 있음을 보여 준다. 그것은 그로 하여금 거세가 현실적으로 존재한다는 확신을 가지도록 계산되었을 것이다. 그래서 거세에 대한 두려움이 감정을 변형시킨 동기가 되었을 것이다.

나는 이제 분석 과정으로부터 받아 왔던 지원을 포기해야 하는 시점에 도달했다. 여기가 독자들의 신임도 역시 나에게서 멀어지는 시점이 될 것 같다.

그날 밤 그 꿈을 꾼 사람의 무의식에 있는 혼란스러운 기억의 흔적들 중에서 활동을 개시한 것은 그의 부모가 성교를 하고 있는 장면이었다. 그것은 보통 있는 상황의 성교가 아니었고, 관찰하기 좋은 모습이었다. 이 장면과 연결되어 생긴 모든 질문에 대해 점차 만족할 만한 대답을 찾을 수 있게 되었다. 치료를 하는 동안에 이 첫 번째 꿈은 수없이 여러 번 변형되고 다시 편집되어 나타났기 때문이다. 그리고 분석을 통해 그것들과 관련하여 필요한 정보들을 찾아냈다. 그래서 우선 그 장면을 관찰했을 때 그 아이의 나이는 한 살 반가량이었을 것으로 입증되었다.[24] 그는 그 당시 말라리아를 앓고 있었는데, 열 발작이 하루 중 특정한 때에 심해지곤 했다.[25] 열 살이 넘은 후로 그는 우울한 기분에 빠지는 일이 가끔 있었는데, 그것은 오후에 시작해서 다섯 시경에 가장 심해지곤 했었다. 분석 치료를 받을 당시에도 그 증상은 아직 계속되고 있었다. 우울증 발작이 되풀이해서 일어나는 것이 어렸을

24  생후 6개월이었을 가능성도 고려해 보았으나 훨씬 그럴듯하지 못했고, 사실 거의 이치에 맞지 않는다고 생각되었다 — 원주.

25  신경증 증상이 있는 동안 이 요소가 어떻게 변신했는지 비교해 볼 것. 치료하는 동안 환자의 꿈에서는 난폭한 바람으로 대치되었다(1924년에 추가한 내용). *Aria*(공기, 미풍) — 원주. *Mal-aria*(나쁜 공기).

때 있었던 열 발작이나 무기력 발작의 자리를 차지한 것이다. 다섯 시가 열이 가장 높았던 시간이거나 성교를 관찰한 시간이었다. 두 가지가 동시에 일어나지 않았다면 말이다.[26]

아마 그가 병에 걸렸기 때문에 부모의 방에 있게 되었을 것이다. 그가 병에 걸렸었다는 사실은 직접 구두로 확인되었고, 그 병으로 보아 그 사건이 여름에 일어났으리라고 추측하는 것이 이치에 맞는다. 그리고 그는 크리스마스 날에 태어났으니까 그 당시 그의 나이는 $n+1\frac{1}{2}$이라고 할 수 있다.[27]

그는 부모의 침실 안에 있던 아기 침대에서 자고 있었다. 그리고 아마 열 때문에 일어났을 것이며 오후 다섯 시쯤이었을 것이다. 그는 나중에 그 시간이면 우울증이 표나게 드러났다. 그의 부모가 반쯤 옷을 벗고[28] 오후의 낮잠을 자려고 누웠다고 가정하면, 우리가 그때를 한여름이었을 것이라고 추측한 것과 일치한다. 그가 깨었을 때 뒤에서 하는 성교를 목격했는데, 그것은 세 번 되풀이되었다.[29] 그는 어머니의 성기를 볼 수 있었을 뿐 아니라 아버지의 성기도 볼 수 있었다. 그는 그 과정도 이해했고, 그 의미도 이해했다.[30] 마지막으로 그는 부모의 성교를 방해했는데, 그 방법

26  꿈에 나온 숫자는 여섯이나 일곱이었는데, 환자가 그린 그림에는 늑대가 다섯 마리밖에 없었던 것을 이와 연관 지을 수 있다 ─ 원주.

27  〈$n+\frac{1}{2}$〉이라고 말하는 것이 더 명확할지도 모르겠다. 무슨 말인가 하면 환자의 생일과 여름은 6개월 사이니까, 그 쇼크를 받은 나이는 0살+6개월, 혹은 1살+6개월, 혹은 2살+6개월 등이었음에 틀림없다는 것이다. 그러나 0+6개월은 각주 24에서 이미 제외되었다 ─ 원주.

28  하얀 내의를 입고, 즉 하얀 늑대들 ─ 원주.

29  어째서 세 번일까? 그는 어느 날 갑자기 내가 해석하는 동안 이 사실을 발견했다는 말을 했다. 그러나 이것은 사실이 아니다. 그것은 저절로 나온 연상이었다. 저절로 나온 연상은 더 이상 비판할 수 없는 것이다. 그것을 나에게 미룬 것은 그가 늘 하는 방식이었다. 이렇게 투사하여 그는 그것을 더 믿을 만한 것처럼 보이게 하려 했다 ─ 원주.

30  내 뜻은 그가 관찰했을 당시에 이해했다는 것이 아니고, 그 꿈을 꾸었던 네 살

은 나중에 토론하겠다.

결혼한 지 몇 년밖에 되지 않은 젊은 부부가 더운 여름 오후의 낮잠을 사랑-장면으로 끝을 맺었고, 또 아기 침대에서 자고 있던 한 살 반짜리 아들이 있다는 것을 무시했다는 사실에는 근본적으로 특이할 것이 없다. 즉 엄청난 상상력의 산물이라는 인상을 줄 것이 없다. 반대로 그런 사건은 아주 보통으로 일어나는 흔해 빠진 일이라는 것이 나의 생각이다. 그리고 성교의 체위도 이 판단을 전혀 바꾸게 할 수 없다. 특히 세 번 다 뒤에서 성교를 했다는 증거가 있어야 되는 것이 아니기 때문이다. 뒤에서 성교하는 것을 한 번만 보아도 볼 것은 충분히 볼 수 있다. 다른 체위로 성행위하는 것을 보았다고 하더라도, 뒤에서 하는 성행위를 보았을 때와 같은 것을 보는 것은 어렵거나 불가능하다. 그러므로 그 장면의 내용 때문에 그것을 믿을 수 없다고 할 수는 없다. 그것이 가능한 일인가 하는 의심은 다음 세 가지 사항에 대한 의문으로 바뀐다. 첫째로 한 살 반이라는 어린 나이에 그렇게 복잡한 과정을 감지해서 무의식에 정확하게 저장할 수 있는가. 둘째로 그렇게 받아들여졌던 인상이 네 살 때 뒤늦게 개정되어 이해되는 것이 가능한가. 마지막으로 그런 상황에서 경험했고 이해되었던 위와 같은 장면의 자세한 내막을 이치에 맞고 확신이 가게 의식 세계로 가져올 수 있는 방법이 있는 것일까.[31]

때 이해했다는 것이다. 그는 한 살 반일 때 인상을 받았는데, 그것을 이해하는 것은 뒤로 미루어졌던 것이다. 꿈을 꾸었을 때는 그가 더 성장해 있었고, 성적으로 흥분되어 있었고, 또 성적인 연구를 했기 때문에 그것을 이해할 수 있게 되었던 것이다 — 원주.

31  그 당시 아이의 나이가 한 살 더 많은 두 살 반이라고 생각해도 이런 어려움은 조금도 줄어들지 않는다. 두 살 반이면 말을 할 줄 아는 나이이다. 환자에 대한 소소한 사정들을 감안할 때 그 날짜를 1년 뒤로 옮기는 것은 거의 불가능하다. 더욱이 부모의 성교 장면을 보게 되는 것이 분석 도중에 밝혀지는 일이 드물지 않다는 것을 염두에 두어야 한다. 그러나 그 장면이 벌어지는 것은 바로 아이가 아주 어렸을 때라야 한다. 아이의 나이가 많아질수록 위의 부모와 같이 사회적 지위가 있는 경우에는 더 조심스

나는 나중에 위의 의문과 기타 다른 의문들에 대해서도 자세히 조사하겠다. 그러나 나는 독자에게 나도 이 아이의 관찰을 사실로 인정하는 데 독자만큼 비판적이라는 것을 장담할 수 있다. 그러면서도 독자에게 나와 함께 그 장면이 사실이라고 잠정적으로 믿도록 하자고 권하고 싶다. 우리는 먼저 이 〈최초의 성교 장면〉[32]과 이 환자의 꿈, 증상, 그리고 그의 인생 역정의 관계를 조사하는 것으로 시작하겠다. 그리고 우리는 그 장면의 중심적인 내용이 그에게 미친 영향과 그것에 대한 시각적 인상에서 오는 영향을 따로 추적하겠다.

　　그것에 대한 시각적 인상이란 그가 본 부모의 체위를 말한다. 그 체위는 남자가 서 있고, 여자가 동물같이 구부리고 있는 자세이다. 우리는 이미 그가 불안 증상을 보이던 시절에 그의 누나가 동화책의 그림을 가지고 그에게 겁을 주었던 이야기를 들었다. 그 그림은 늑대가 꼿꼿이 서서 발톱을 뻗친 발을 내밀고 귀를 쫑긋 세우고 있는 그림이었다. 그는 치료받는 동안에 지치지 않고 헌책방을 뒤져, 그가 어렸을 때 보았던 그림 동화책을 찾아냈다. 그리고 그를 괴롭히던 도깨비를 「늑대와 일곱 마리 아기 염소」 이야기에 실린 그림에서 찾아냈다. 그는 그 그림에 있는 늑대의 자세가 그가 구성해 낸 최초의 성교 장면에서 아버지의 자세를 연상하게 되었을지도 모른다고 생각했다. 어쨌든 그 그림은 불안 증세가 더 나타나게 되는 시발점이 되었다. 그가 일곱 살인가 여덟 살 때, 한번은 다음 날 새 가정 교사가 온다는 이야기를 들었다. 그날 밤 그는 사자 모양을 한 가정 교사가 그 그림에 있는 늑

럽게 아이가 이런 관찰 기회를 갖지 못하도록 할 것이기 때문이다 — 원주.
　　32 〈최초의 성교 장면Urszene〉이라는 말이 출판물에 쓰인 것은 이것이 처음인 것 같다. 그러나 프로이트는 1897년 5월 2일 플리스에게 보낸 편지에서 거의 같은 뜻으로 이 말을 사용한 바 있다.

대의 자세를 하고 그의 침대를 향해 큰 소리로 으르렁거리며 다가오는 꿈을 꾸었다. 그리고 그는 다시 한번 불안에 떨며 잠에서 깨었다. 그때 그는 늑대 공포증은 극복한 상태로, 새로운 불안-동물을 자유롭게 선택할 수 있는 상태였다. 그는 이 나중 꿈에서 가정 교사를 아버지의 대리로 알아보고 있는 것이다. 유아기의 후기에 모든 가정 교사와 스승들은 아버지의 역할을 했다. 그리고 긍정적인 면에서나 부정적인 면에서나 그들은 아버지의 영향력을 가지고 있었다.

그가 중등학교에 다니고 있을 때, 운명의 세 여신은 그가 늑대 공포증을 다시 갖게 되는 기회를 제공했다. 그리고 그것은 그 뒤에 숨어 있는 관계를 이용하여 심한 억제를 하게 되는 기회가 되었다. 그에게 라틴어를 가르치는 스승의 이름이 〈늑대Wolf〉였던 것이다. 처음부터 그는 그 스승에게 위협을 느꼈다. 그리고 그는 한번은 라틴어로 번역을 하다가 그 스승에게 바보 같은 실수를 했다고 심하게 꾸중을 들은 적이 있었다. 그 후로 그는 계속 이 스승을 매우 무서워했고, 그 무서움은 다른 스승들에게도 퍼졌다. 그러나 그가 번역을 잘못한 경우도 역시 의도에 맞았다. 그는 라틴어 〈filius〉을 번역해야 했었는데, 자기 나라 말이 아니고 프랑스 말로 〈fils(아들)〉라고 번역했다. 늑대는 사실 아직도 그의 아버지였던 것이다.[33]

33  학교 선생님-늑대에게 꾸중을 들은 뒤에, 그는 그 스승을 달래려면 돈을 주어야 한다는 것이 그의 친구들의 일반적인 의견임을 알게 되었다. 이 점에 대해서는 나중에 다시 이야기하겠다. 그가 늑대를 두려워하는 것은 전부 이 라틴어 스승의 이름에서 유래되었고, 이것이 어린 시절로 투사되었으며, 또 이것이 동화의 삽화에 의존하여 최초의 성교 장면에 대한 환상을 가지게 했다고 가정하면, 이와 같은 아이의 발달력에 대한 합리적 견해를 크게 진작할 수 있다는 것을 나는 이해한다. 그러나 이것은 이치에 맞지 않는다. 늑대 공포증이 시간적으로 먼저 있었으며, 그 증상이 있었을 당시 첫 번째 농장에 살고 있었다는 사실이 아주 확실히 입증되었기 때문이다. 그리고 네 살 때 꾼 그의 꿈은 어떻게 설명하겠는가? ─ 원주.

치료 도중 처음 환자에게 생긴 〈지나가는 증상〉[34]은 늑대 공포증과 동화 「늑대와 일곱 마리 아기 염소」로 다시 돌아갔다. 첫째 치료 시간에 환자는 나에게 등을 돌리고 소파에 누웠는데, 환자의 반대편에는 큰 괘종시계가 있었다. 나는 때때로 그가 비위를 맞추려고 하는 듯이 다정하게 나를 돌아보고는 시선을 돌려 시계를 보는 걸 알아차렸다. 그때 나는 그가 시간이 끝나기를 간절히 기다리는 것을 이런 방식으로 표현하고 있다고 생각했다. 한참 지난 후에, 환자가 나에게 이 무언극을 상기하게 하고 그것에 대해 설명했다. 그는 일곱 마리 아기 염소 중 가장 어린 염소가 형들 여섯 마리가 늑대에게 먹히는 동안에 괘종시계 속에 숨었던 사실을 상기했다. 그래서 그 행동의 의미는 다음과 같은 것이었다. 〈친절히 대해 주세요! 당신을 무서워해야 되나요? 나를 잡아먹을 건가요? 당신을 피해 막내 아기 염소처럼 시계 상자에 숨을까요?〉

그가 무서워한 늑대는 의심할 바 없이 그의 아버지였다. 그러나 그의 늑대에 대한 두려움은 그 동물이 꼿꼿이 서 있는 자세로 있을 때만 나타나는 것이었다. 그는 「빨간 모자」에 나오는 늑대처럼 네 발로 다니거나 누워 있는 늑대는 무섭지 않았다고 확실히 기억했다. 우리가 구성한 최초의 성교 장면에 따라 그가 보게 된 여자의 자세도 의미가 있었다. 그러나 이 경우에는 성적인 영역에서만 의미가 있었다. 그가 성인이 된 이후, 신체적으로 사랑에 빠지는 강박적인 발작이 쉽게 나타난다는 것이 그의 성생활에서 가장 특징적인 현상이었다. 이런 발작은 아주 이해하기 어렵게 연속하여 나타났다가 사라지곤 했다. 이런 발작이 있을 때는 다른 면에서는 억제되어 있어도 성적으로는 굉장한 힘이 그 안에서

---

34  페렌치Ferenczi, 「분석 과정에 지나가는 증상에 관하여Über passagère Symptombildung während der Analyse」(1912) 참조 — 원주.

방출되었다. 그리고 그것은 그가 통제할 수 없었다. 이런 강박적인 사랑에 대해 완벽하게 고려하는 것은 특별히 중요한 이유 때문에 뒤로 미루어야 한다. 그렇지만 이것은 어느 확정된 조건이 있어야 나타났다는 것만은 말해 두겠다. 이 조건은 그의 의식 세계로부터는 숨겨져 있었고 치료를 진행하는 중에 발견되었는데, 즉 그의 어머니가 최초의 성교 장면에서 취했다고 생각되었던 그 자세를 여자가 취해야 한다는 것이었다. 사춘기부터 그는 엉덩이가 크고 잘 드러나는 것이 여자에게 있어서 가장 강렬한 매력이라고 느꼈다. 뒤에서 성교하는 것이 아니면 그는 거의 즐겁지 않았다. 이 시점에서 정당하게 비판이 일어날 수 있다. 이렇게 신체의 뒷부분을 성적으로 좋아하는 것은 강박 신경증의 경향이 있는 사람들이 일반적으로 보이는 특성이고, 그런 기호가 있다고 해서 그것이 어릴 적에 생긴 특별한 인상에서 온 것이라고 추정하는 것은 정당하지 않다는 반론이 일어날 수 있다. 그것은 항문-성애적 기질을 이루는 요소 중 하나이며, 이 기질을 구별하는 고대적 특징 중의 하나인 것이다. 사실 뒤에서 성교하는 것은 — 동물처럼 — 계통 발생학적으로 더 오래된 형식이라고 생각해도 된다. 이 점에 대해서는 그를 사랑에 빠지게 하는 무의식적인 조건의 근거를 보여 주는 보충적인 자료를 밝힌 후에 다시 토론하겠다.

이제 우리는 그의 꿈과 최초 성교 장면의 관계에 대한 논의를 시작하겠다. 이제까지 우리는 그 꿈이 아이에게(크리스마스에 그의 소원이 이루어지리라는 기대에 즐거워하고 있던 그에게), 그가 최초의 성교 장면에서 보았던 것처럼 그의 아버지라는 매체를 통해 성적 만족을 얻는 장면을 보여 주리라고 기대했었다. 그것은 그가 아버지에게서 얻고 싶은 만족의 모델이었다. 그러나 이 장면 대신에 얼마 전에 할아버지가 들려준 이야기 속의 소재가 나타났다. 그것들은 나무, 늑대들, 그리고 꼬리가 없는 것이었다. 꼬리가 없는 것은 상상의 늑대들이 털이 많은 꼬리를 가지고 있는 과도하게 보상된 모습으로 나타났다. 이 시점에서 연결이 안된다. 즉 최초 성교 장면의 소재에서 늑대 이야기로 가는 길에 연상에 의한 다리가 없는 것이다. 이 연결은 다시 그 자세가 만든다. 그리고 그 자세 말고는 연결을 해줄 것이 아무것도 없다. 할아버지의 이야기에서 꼬리가 없는 늑대는 다른 늑대들에게 자기 위에 올라타라고 말한다. 이 사실이 최초 성교 장면의 기억을 불러온 것이다. 그리고 이렇게 해서 최초 성교 장면의 자료가 이 늑대 이야기의 자료로 나타날 수 있었던 것이다. 그리고 동시에 부모 두 사람이 늑대 여러 마리로 나타날 수 있었다. 또 그것이 더 바람직했다. 그 꿈의 내용은 더욱 변형되었다. 늑대 이야기의 자료가 「늑대와 일곱 마리 아기 염소」에서 일곱이라는 숫자를 빌려 오면서 그 동화와 맞게 만들어진 것이다.[35]

자료가 변형된 단계, 〈최초의 성교 장면 — 늑대 이야기 — 동화 「늑대와 일곱 마리 아기 염소」, 이 단계들은 꿈을 꾸는 사람의 생각이 꿈을 만드는 중에 진행된 과정을 보여 주는 것이다. 즉 〈아버지로부터 성적 만족을 얻기를 열망함 — 그에 필요한 조건이 거세라는 것을 알게 됨 — 아버지를 두려워함〉의 과정이다. 이 제서야 우리는 네 살짜리 소년의 불안-꿈을 완전히 설명했다고 생각할 수 있다.[36]

35  꿈에서 〈여섯인가 일곱〉이라고 했다. 여섯은 잡아먹힌 염소들의 숫자이고, 일곱 번째는 시계 상자로 달아난 염소이다. 꿈을 해석할 때는 모든 요소에 대해 설명을 찾아야 하는 것이 철저한 원칙이다 — 원주.

36  그 꿈을 합성하는 데 성공했으니, 외형적 꿈 내용과 잠재적 꿈 사고 사이의 관계에 대해 포괄적으로 설명하도록 해보겠다.
〈밤이었다. 나는 내 침대에 누워 있었다.〉 둘째 문장이 최초의 성교 장면을 재생하

이미 많이 이야기했으니 최초의 성교 장면이 가지는 병적인 영
향과, 그것이 다시 나타난 후에 그의 성적 발달이 달라진 것에 대

기 시작하는 부분이다. 〈밤이었다〉는 〈나는 자고 있었다〉를 변형시킨 것이다. 〈내가
그 꿈을 꾼 것은 겨울이었고, 밤이었다는 것을 나는 안다〉라고 한 말은, 환자가 그 꿈
을 상기했던 것을 가리키는 말이고 꿈의 내용은 아니다. 그것은 그의 생일, 즉 크리스
마스 며칠 전의 밤이었으니까 맞는 말이다.

〈갑자기 창문이 저절로 열렸다.〉 이것은 다음과 같이 번역해야 한다. 〈나는 저절로
잠에서 깨었다.〉 최초의 성교 장면을 상기한다. 창문으로 뛰어들어 온 늑대 이야기가
변형시키는 요소로 작용했음을 느끼게 한다. 즉 직설적인 표현을 왜곡된 표현으로 바
꾼 것이다. 창문을 등장시킨 것은 다음에 나타나는 꿈의 소재를 동시에 언급하고자 하
는 목적을 달성하는 것이다. 크리스마스 전날 밤 문이 갑자기 열리고 눈앞에는 선물이
달린 나무가 나타나는 것이다. 그러므로 여기에서 실제로 크리스마스에 대한 기대(성
적 만족의 소망을 포함하는)가 느껴지는 것이다.

〈큰 호두나무.〉 크리스마스 트리를 대신하는 것으로 현재의 상황에 속한다. 그러
나 이것 역시 늑대 이야기에 나오는 나무이기도 하다. 그 양복장이가 늑대가 쫓아오는
것을 피해서 올라갔던 나무, 또 늑대들이 그 아래에서 지키던 나무이다. 더욱이 나는
전에도 높은 나무는 관찰하는 것의 상징, 즉 관음증의 상징이라는 것을 발견하고 만족
한 일이 자주 있다. 나무에 앉아 있는 사람은 자기 밑에서 일어나는 일을 모두 볼 수
있으나 다른 사람이 자기를 볼 수는 없는 것이다. 잘 알려진 보카치오Boccaccio의 이
야기와 이와 비슷한 익살스러운 책을 비교해 볼 것.

〈늑대들. 그들의 숫자. 여섯 혹은 일곱.〉 늑대 이야기에는 한 떼가 나오고 숫자는
주어져 있지 않다. 숫자가 주어진 것은 동화 「늑대와 일곱 마리 아기 염소」의 영향을
보여 주는 것이다. 거기에서 여섯 마리가 잡아먹혔다. 최초의 성교 장면에 나오는 숫
자는 둘인데, 그것이 그 장면에서 어처구니없이 큰 숫자로 바뀐 것은 저항에 의해 왜
곡된 것이다. 꿈에 관해 그린 그림에서 꿈을 꾼 사람은 다섯이라는 숫자를 가져온다.
아마 이것은 〈밤이었다〉라는 진술을 바로잡으려는 의도였을 것이다.

〈그들은 나무 위에 앉아 있었다.〉 우선 그들은 크리스마스 트리에 걸려 있는 선물
을 나타낸다. 그러나 그들이 나무 위로 옮겨진 것은 그들이 보고 있다는 뜻을 나타내
기 위해서이다. 할아버지의 이야기에서 그들은 나무 아래에 위치한다. 그러므로 꿈에
서는 그들과 나무의 관계가 뒤바뀐 것이다. 그래서 이 꿈의 내용에는 숨겨진 소재가
뒤바뀌어 나타난 것이 더 있으리라고 결론을 내려도 될 것이다.

〈그들은 나를 아주 주의 깊게 바라보고 있었다.〉 이 장면은 모두 최초의 성교 장면
에서 온 것이다. 그리고 그것은 완전히 반대로 돌려지는 대가를 치르고 꿈으로 들어온
것이다.

〈그들은 아주 하얬다.〉 이 장면은 그 자체로는 꼭 있어야 하는 것은 아니다. 그러나
꿈꾸는 사람의 이야기에서는 강조되어 있다. 그것이 강조된 이유는 소재의 모든 단계
에서 온 요소들이 많이 합쳐졌기 때문이다. 그리고 그것은 그 꿈의 다른 원천에서 나
온 별로 중요하지 않은 부분들을 좀 더 의미 있는 최초 성교 장면의 한 조각과 합친 것

해서는 짧게 다루기만 해도 될 것이다. 우리는 그 꿈이 표현했던 결과 중 하나만을 따라가 보겠다. 나중에 우리는 최초의 성교 장

이다. 이 꿈에 하얀색이 나타나도록 결정하는 데 영향을 미친 최초 성교 장면의 한 조각은 부모의 침대보와 속옷의 하얀색이다. 그리고 여기에 양 떼의 흰색과 양치기 개의 흰색이 합쳐졌는데, 그것은 그가 동물들을 보고 성적인 연구를 했던 것을 미루어 나타내는 것이다. 또 합쳐진 것은 동화 「늑대와 일곱 마리 아기 염소」에서 하얀 손으로 엄마를 알아보는 부분에 나오는 하얀색이다. 나중에 우리는 하얀 옷이 죽음을 암시한다는 것을 보게 될 것이다(사실 이 점에 대해서 분명하게 언급한 것은 더 이상 없는 것 같다. 아마 수의에 관한 사건과 연결될 것이다).

〈그들은 거기에 꼼짝도 하지 않고 앉아 있었다.〉 이것은 그가 본 장면에서 가장 중요한 요소인 흥분된 움직임과 반대된다. 그리고 그 움직임은 그때의 자세 때문에 최초의 성교 장면과 늑대 이야기가 연결되게 한다.

〈그들은 여우 같은 꼬리를 가졌다.〉 이것은 늑대 이야기의 결론의 반대이다. 그 결론은 최초의 성교 장면에서 가져온 것이었다. 그리고 우리는 이것이 꿈꾼 사람이 행한 성적 연구의 가장 중요한 결론이라고 인정해야 한다. 그 결론은 〈거세라는 것이 정말 있기는 하구나〉라는 것이었다. 이 결론에 이르자 공포가 생겼고, 그것이 마침내 꿈에 나타났고, 꿈을 깨게 만든 것이었다.

〈늑대에게 잡아먹히는 것에 대한 두려움.〉 이 꿈을 꾼 사람에게는 이 두려움이 꿈의 내용에서 온 것은 아닌 것처럼 보였다. 그는 늑대들이 여우나 개처럼 보였고, 그를 물 것처럼 달려들지도 않고 가만히 있었으며, 또 전혀 무섭지 않았기 때문에 그들을 두려워할 필요가 없었다고 말했다. 우리는 꿈-작업은 괴롭히는 내용을 그 반대로 바꾸어 해가 없는 것으로 만들려고 얼마 동안 노력한다는 것을 본다(〈그들은 꼼짝도 하지 않는다. 그리고 보기만 한다. 그들의 꼬리는 아주 사랑스럽다!〉). 그러나 결국 이 수단은 실패하고 두려움이 터져 나온다. 그것은 동화의 도움으로 표현된다. 즉 염소-아이들이 늑대-아버지에게 먹히는 것이다. 동화의 이 부분이 아마 그에게, 아버지가 그를 데리고 놀면서 우스개로 했던 위협을 기억나게 했을지도 모른다. 그러므로 늑대에게 먹힌다는 두려움은 전치에 의한 대치일 뿐만 아니라 추억일지도 모른다.

이 꿈에서 동기적 힘으로 작용한 소망들은 뚜렷하다. 첫째로 그날의 표면적인 소망들이 있다. 즉 크리스마스 선물이 여기에 있었으면 하는 소망이고(조급함의 꿈), 이것과 함께 있는 더 깊은 소망은 아버지로부터 성적 만족을 얻고자 하는 이제 영구히 존재하는 소망이다. 이것은 즉시 매우 매혹적이었던 장면을 다시 보고 싶은 소망으로 바뀌었다. 그리고 정신 작용이 제 갈 길로 나아가는 것이다. 최초의 성교 장면을 불러내어 이 마지막 소망을 만족시키는 것을 시작으로 하여, 이제는 피할 수 없게 된 것으로 옮겨 간다. 즉 그 소망을 부정하고 억압하는 일로 옮겨 간다.

이 주석은 이렇게 장황하고 정교하게 될 수밖에 없었다. 비슷하게나마 스스로 진행한 분석이 가지는 설득력을 독자에게 전달하고 싶었기 때문이다. 그리고 독자가 이것을 보면 수년 동안 진행되었던 분석을 출판하라는 요구를 아마 하고 싶지 않게 될지도 모르기 때문이다 — 원주.

늑대 인간 **251**

면에서 시작된 것이 단 한 가지의 성적 흐름이 아니라 일련의 경향이었다는 것을 분명히 해야 할 것이다. 그리고 그의 성생활은 그것 때문에 완전히 조각났다는 것을 밝혀야 한다. 그리고 그 장면을 활성화하는 것은(의도적으로 〈상기〉한다는 말을 피했다) 그것이 최근의 경험인 것처럼 영향을 미친다는 것을 더욱 기억해야 한다. 그 장면의 영향이 나타나는 것은 뒤로 미루어졌다. 그러나 한 살 반에서 네 살이 되는 기간 동안에 그것은 생생함을 전혀 잃지 않았다. 우리는 그 뒤에 일어난 일을 보고 그 장면을 보았을 당시에도, 즉 한 살 반일 때와 그 뒤에도 계속하여 어떤 영향을 끼쳤다고 가정할 만한 이유를 발견할 것이다.

환자가 최초의 성교 장면으로 더 깊숙이 들어가자 다음과 같은 자기-성찰을 발견했다. 그는 처음에는 자기가 본 장면이 폭력적인 행동이라고 추측했다고 말했다.[37]

그러나 그가 어머니의 얼굴에서 보았던 즐거운 표정은 이것과 맞지 않았다. 그는 그 경험이 만족스러운 경험이라는 것을 인정할 수밖에 없었다.[38] 부모의 성교 장면에서 그에게 새로웠던 사실

---

37   프로이트는 「어린아이의 성 이론에 관하여」에서 성교를 가학적으로 보는 견해에 대해 더 이야기하고 있다.

38   환자의 이 말을 가장 정당하게 해석하려면, 처음에는 정상 체위로 성교하는 장면을 보았다고 가정하면 된다. 그것은 가학적이라는 인상을 주지 않을 수 없기 때문이다. 그리고 그다음에 체위를 바꾸어서 그가 다른 것을 보고 다른 판단을 할 기회를 가졌다고 가정해야 한다. 그러나 이 가설은 확실히 확인된 것은 아니다. 더욱이 꼭 그래야만 하는 것처럼 보이지도 않는다. 우리는 원래의 꿈에서 주어진 표현 뒤에 생략된 실제 상황을 잊으면 안 된다. 분석을 받고 있는 환자는 스물다섯 살이 넘은 뒤에 네 살 때의 인상과 충동을 말로 나타내고 있는 것이다. 그 당시에는 표현할 말을 절대로 찾지 못했을 것이다. 이것을 알아차리지 못하면 네 살짜리 아이가 그렇게 기술적인 판단을 할 수 있고, 또 그런 학구적인 개념을 가질 수 있다는 것이 되어 희극적이고 터무니없는 것처럼 보이기 쉽다. 이것은 미루어진 활동의 또 다른 예에 불과하다. 한 살 반일 때 아이는 어떤 인상을 받는다. 그러나 그것에 대해 적당하게 반응할 수는 없다. 그는 그 인상이 네 살 때 되살아나자, 그것을 이해하고 그것에 의해 영향을 받을 수 있게 된다. 그리고 20년 뒤 분석을 받는 도중에 그 당시 자기 안에서 무엇이 벌어지고 있었는

은 거세가 현실이라는 확신을 가지게 된 것이었다. 그것의 가능성은 이미 이전에 그의 생각을 지배하고 있었다(여자아이 둘이서 오줌 누는 것을 본 것, 그의 유모의 위협, 가정 교사가 설탕 막대를 뱀의 토막이라고 해석했던 것, 그리고 아버지가 뱀을 때려서 조각냈던 것의 기억). 그는 이제 유모가 이야기했던 상처를 자기의 두 눈으로 보았고, 아버지와 성교하려면 그 상처가 있어야 한다는 것을 이해했다. 그가 여자아이들을 보았을 때처럼 그는 그 상처와 엉덩이를 더 이상 혼동할 수 없었다.[39]

그 꿈은 불안 상태에서 끝이 났고, 그는 유모가 그의 곁에 왔을 때까지 그 불안을 떨치지 못했다. 그러므로 그는 아버지로부터 유모에게로 달아난 것이다. 그의 불안은 아버지로부터 성적 만족을 얻고자 하는 소망을 부인하는 것이다. 그런데 그의 그런 소망이 그에게 그 꿈을 꾸게 했던 것이었다. 그 불안은 〈늑대에게 잡아먹히지 않을까〉 하는 두려움이라는 모습으로 나타났는데, 그것은 단지 아버지가 어머니에게 했듯이 자기에게 성교해 주기를 바라는 소망의 위치를 바꾼 것뿐이었다(알게 되겠지만 퇴행하여 이루어진 치환이다). 그의 마지막 성적 목표는 아버지에 대한 수동적인 태도인데, 그것은 억압되었다. 그리고 아버지에 대한 두려

지 의식적인 정신 작용으로 이해할 수 있게 된다. 환자는 당연히 시간이 세 구간으로 나뉘어 있다는 것을 무시하고, 현재의 자아를 아주 오래전에 지나간 상황에 있게 한다. 그리고 우리는 그가 그렇게 하는 대로 그를 따라간다. 왜냐하면 정확하게 자신을 관찰하고 해석하면 두 번째 시간과 세 번째 시간 사이의 거리가 없는 것 같은 결과가 생길 것이기 때문이다. 게다가 우리는 두 번째 기간 동안에 있었던 사건을 표현할 방법이 없다 — 원주. 프로이트는 이미 『히스테리 연구』(프로이트 전집 3, 열린책들)에서, 그 당시에 그가 사용하던 용어인 〈보유 히스테리〉를 토론하면서 미루어진 활동에 대한 이론을 내놓았다. 그러나 이 이론을 처음 이야기했을 당시에는 최초 성교 장면의 영향이 나타나는 것은 적어도 사춘기까지 미루어진다고 했고, 또 최초의 성교 장면 자체도 이 증례에서처럼 어린 나이에 일어난다고는 상상도 하지 않았다.

39 우리는 나중에 그의 항문 성애에 대한 유래를 밝히게 될 때, 그가 이 문제를 어떻게 해결했는지 알게 될 것이다.

움이 늑대 공포증의 모습으로 그 자리에 나타났다.

그러면 이 억압을 일으킨 힘은 무엇일까? 이 환자의 상황을 보면, 그것은 그의 자기애적인 성기 리비도였을 수밖에 없다. 자기애적인 성기 리비도는 자기의 남성 기관에 대한 염려의 모습을 하고 있었는데, 그것은 만족을 얻지 않도록 싸우고 있었다. 만족을 얻으려면 그 기관을 포기해야 하는 것으로 보였기 때문이었다. 그리고 그는 자기애가 위협을 받았기 때문에 생겨난 남성성을 가지고 아버지에 대해 수동적 태도를 가지는 것으로부터 자신을 지킬 수 있었다.

이제 우리는 이 시점에서 용어를 바꿔야 한다는 것을 발견했다. 그 꿈을 꾸는 동안에 그는 성적 구조의 새로운 단계에 도달했다. 그때까지 그에게는 성적인 대립이라고 하면 능동적인 것과 수동적인 것뿐이었다. 그가 유혹을 받은 뒤에 그의 성적 목표는 수동적인 것, 즉 누군가 성기를 만져 주는 것이었다. 그리고 그것은 그보다 먼저 있었던 단계인 가학적-항문 구조의 단계로 퇴행하여 매질을 당하거나 벌을 받는 피학적 목표로 변형되었다. 그 목표에 도달하는 데 있어 남자와 하는지 여자와 하는지는 그에게 상관없는 일이었다. 그는 그들의 성이 다르다는 것을 고려하지 않고 유모에게서 아버지에게로 움직여 갔다. 그는 유모가 자신의 성기를 만져 주기를 바랐고, 또 아버지가 자기를 때리게 만들려고 노력했다. 여기서 그의 성기는 무시되었다. 그러나 퇴행 때문에 가려져 있었던 연결은 성기에 매를 맞는다는 환상 속에 표현되어 있다. 꿈에서 최초의 성교 장면을 활성화해서 그는 다시 성기 구조로 되돌아왔다. 그는 질을 발견했고, 남성과 여성의 생물학적 의미를 발견했던 것이다. 그는 이제 능동적인 것은 남성적인 것과 같고, 수동적인 것은 여성적인 것과 같다는 것을 이해했

다. 그의 수동적인 성적 목표는 여성적인 것으로 변형되었어야
했다. 즉 〈아버지에게 성기나 엉덩이에 매를 맞는〉 것이 아니고
〈아버지가 자기에게 성교를 하는〉 것으로 표현이 되었어야 했다.
그러나 이 여성적 목표는 억압되고 늑대를 두려워하는 것으로 대
치되어야 했다.

　　우리는 그 후 그의 내력에서부터 앞 단계를 더 밝혀 주는 자료
가 나오기까지 그의 성적 발달에 대한 토론을 중단해야 한다. 단
지 늑대 공포증을 제대로 평가하기 위해서 아버지와 어머니가 모
두 늑대가 되었다는 것만을 더 이야기하겠다. 어머니는 다른 늑
대들에게 자기 위에 올라타라고 했던 거세된 늑대의 역할을 맡
았고, 아버지는 올라탄 늑대의 역할을 맡았다. 그러나 그가 우리
에게 단언했듯이 그의 두려움은 서 있는 늑대, 즉 아버지하고만
관계가 있었다. 그 꿈을 끝나게 했던 두려움은 할아버지의 이야
기에 그 본보기가 있었다는 것이 더욱 우리의 주의를 끈다. 그 이
야기에서 거세당한 늑대는 다른 늑대들을 자기 위로 올라타게 하
는데, 자기가 꼬리가 없다는 사실을 상기하게 되자 두려움에 사
로잡혔다. 그래서 그는 꿈에서 거세된 어머니와 자신을 동일시했
던 것으로 보인다. 그리고 이제 그 사실에 대항하여 싸우고 있는
것이다.

　　우리는 그가 자신에게 다음과 같이 말하고 있다고 생각해도 될
것이다. 〈아버지에게 성적 만족을 얻고 싶으면 너는 어머니같이
거세되어야 한다. 그러나 그건 안 되지.〉 간단하게 말하자면, 그의
남성성이 분명하게 반대를 한 것이다. 그러나 지금 우리가 조사
하고 있는 환자의 성적 발달은 연구 목적으로 보면 대단히 불리
한 점을 가지고 있다는 것을 똑똑히 이해하자. 그것은 절대 방해
받지 않고 진행된 것이 아니기 때문이다. 그것은 우선 유혹에 의

해 결정적으로 영향을 받았다. 그리고 그것은 성교 장면을 관찰하는 것으로 돌려졌는데, 그 장면은 나중에 활성화되었기 때문에 두 번째로 유혹받은 것과 같은 작용을 했다.

# 5. 몇 가지 토론

　고래와 북극곰은 서로 싸움을 할 수 없다고들 한다. 각자 자기가 사는 영역을 벗어날 수 없어서 서로 만날 수 없기 때문이다. 그와 마찬가지로 심리학이나 신경증을 다루는 사람들이 정신분석의 근본 원리를 인정하지 않고 분석의 결과를 인위적이라고 보면 나는 그들과 논쟁을 할 수 없다. 그런데 최근 몇 년 동안에 다른 종류의 반대 의견이 나타났다. 그것은 어쨌든 자기들이 생각하기에는 분석의 기반에 서 있고, 또한 분석의 기술이나 결과에 대해서 반대하지는 않지만, 단지 같은 자료를 가지고 다른 결론을 내리고, 다른 해석을 한다고 생각하는 사람들 가운데서 자라고 있는 의견인 것이다.

　그러나 이론적인 논쟁은 소득이 없는 것이 보통이다. 해석을 할 때는 자료에 의거하는 것이 원칙인데, 그 자료를 근거로 하지 않으면 누구든지 곧 자기 자신의 주장에 현혹되어 결국은 실제 관찰에 의해 반박될 의견을 지지하게 된다. 이런 이유로 나는 나의 해석에 반대되는 해석에 대항하기 위해서는 그것을 특정한 증례나 문제에 적용해 보는 것이 절대적으로 유용하다고 본다.

　나는 위에서 다음 세 가지는 확실히 있을 것 같지 않은 일로 생각될 것이라고 말한 바 있다. 첫째는 〈한 살 반이라는 어린 나이에 아이가 그렇게 복잡한 과정을 인식하고, 그것을 그렇게 정확하게 자기의 무의식에 저장할 수 있다는 것〉이고, 둘째는 〈네 살까지 그 자료가 미루어져서 개정되어 이해되는 것이 가능하다는 것〉이고, 마지막으로 〈그런 상황에서 경험되고 이해되었던 이런 종류의 장면을 세세한 부분까지 이치에 맞고 확신이 갈 만큼 의식 세계로 가져올 수 있는 방법이 있으리라는 것〉이다.

마지막 질문은 순전히 사실에 대한 것이다. 누구든지 주어진 기술에 따라 이런 깊이까지 분석하는 수고를 하면, 그것은 분명 가능하다는 것을 확신하게 될 것이다. 이것을 무시하고 더 얕은 단계에서 분석을 멈추는 사람은 이 일에 대해 판단할 권리를 포기하는 것이다. 그러나 심층-분석에서 얻어진 것을 해석하는 것은 얻어진 사실 자체와는 다르다.

다른 두 개의 의문은 유아기의 인상이 별로 중요하지 않다고 평가하며, 또 그것이 지속적인 영향을 끼칠 수 있다는 것을 인정하지 않으려는 데에서 온다. 이런 견해를 지지하는 사람들은 신경증의 원인을 자란 후에 생긴 심각한 갈등에서만 찾으려고 한다. 그들은 분석 과정에서 어린 시절이 중요한 것으로 보이는 이유는, 신경증 환자들이 그들의 현재의 흥미를 추억이나 오래된 과거에서 유래한 상징으로 표현하는 경향이 있기 때문이라고 추측한다. 유아기의 중요성을 그렇게 평가하면 분석의 가장 근본적인 특징을 이루는 것들이 대부분 없어지고, 또 의심할 여지 없이 다른 사람들이 분석에 대해 저항을 일으킬 이유도 없어지며, 그리고 그들의 신뢰를 잃을 이유도 없어진다.

이제 우리가 논의하려는 견해는 다음과 같다. 즉 환자의 인생과 증상-형성에 영향을 끼쳤다고 할 수 있는 초기 유아기의 장면은, 우리 환자의 경우와 같이 신경증을 끝까지 분석하여 나오는 자료인데, 이것을 실제 일어난 사건의 재생이 아니라고 주장하는 견해이다. 그들은 그것들이 오히려 상상의 산물이며, 성인 생활에서 그것을 부추기는 것이 있다고 본다. 그리고 그것들은 실제의 소망과 흥미를 상징적으로 나타내는 역할을 하도록 되어 있고, 퇴행하려는 경향, 즉 현재 당면한 일로부터 돌아서는 것에서 기인한다고 보는 견해이다. 만약 이 견해가 맞다면, 물론 우리는 어린아이의 정신생활과 지적 능력이 그렇게 놀랄 만큼 많은 일을 할 수 있다고 가정할 필요가 없게 된다.

우리는 모두 어려운 문제를 단순하게 만들고 합리화하고 싶어 하는 욕망을 지니고 있는데, 그런 욕망 외에도 위에 언급한 견해를 지지하게 하는 많은 사실이 있다. 또 특히 분석 치료를 실제로 하고 있는 분석가들의 마음에 생길 반대 의견을 미리 없앨 수도 있다. 유아기에서 유래한 장면들에 대한 이러한 견해가 맞는 것이라고 하더라도, 분석을 시행하는 것에는 어떤 면으로 보든지 달라질 것이 없다는 점은 인정해야 한다. 신경증 환자들이 흥미를 현재로부터 돌려서 자기들의 상상의 산물인 퇴행적인 대용물에 붙이는 나쁜 특징이 있다면, 그러한 심리적 과정을 따라가서 무의식에 있는 산물을 의식 세계로 나오게 하는 것밖에는 절대로 다른 도리가 없다. 그것들이 실제의 일이 아니라는 관점에서 보면 가치가 없다고 치더라도, 우리의 견해로 보면 그들은 가장 가치가 있기 때문이다. 즉 현재 모든 흥미가 그쪽으로 쏠려 있는데, 우리는 그 흥미를 자유롭게 만들어 현재 해야 할 일로 향할 수 있게 하고 싶기 때문이다. 즉 이 경우에도 분석은 그 환상이 사실이라고 순박하게 믿고 분석을 하는 경우와 마찬가지 경로를 거쳐 가야 하는 것이다. 차이점은 분석이 끝나서 그 환상들이 다 드러난 다음에야 나타난다. 우리는 그때 환자에게 다음과 같이 말할 것이다.

「자, 이제 봅시다. 당신의 신경증은 당신이 어린 시절에 이런 인상을 받았고 그것으로 이야기를 만들어 낸 것처럼 진행됐습니다. 물론 당신도 그것이 확실하다는 것을 알 수 있을 겁니다. 그것들은 당신의 상상의 산물이었습니다. 그리고 그것들은 당신 앞에 놓여 있는 정말 해야 할 일들로부터 당신의 주의를 돌리려는 목적으로 만들어졌습니다. 이제는 그 해야 했던 일들이 무엇인지 물어보도록 합시다. 그리고 그 일들과 당신의 환상들 사이에 어떤 연락 체계가 있었는지 물어보도록 합시다.」 유아기의 환상들을 이런 방법으로 해결한 후에는 치료의 두 번째 단계를 시작하는 것이 가능해진다. 치료의 두 번째 단계란 환자의 실제 생활에 관계되는 것을 말한다.

정신분석 치료에서 이 과정을 단축하는 것은, 즉 지금까지 해왔던 과정을 조금이라도 바꾸는 것은 기술적으로 용납되지 않을 것이다. 환자에게 그 환상들이 완전히 의식화되지 않으면, 환자는 그것에 결부된 흥미를 마음대로 쓸 수 있는 힘을 얻지 못한다. 환상의 실재나 그 윤곽을 파악하자마자 그것들에서 다른 곳으로 주의를 돌리면, 억압하는 작업을 도와주는 것이 된다. 환상들은 사실 억압되어 있었기 때문에, 자신이 고통받고 있음에도 불구하고 환자는 어떻게 할 수가 없었던 것이다. 환자에게 그것들은 물론 실제로는 의미가 없는 환상일 뿐이라고 이야기하면, 너무 일찍 그것들이 중요하지 않다는 인상을 갖게 할 수 있다. 그러면 절대로 그것들을 의식화하는 작업에 환자가 협조하리라는 보장을 받을 수 없다. 그러므로 유아기에서 온 장면들에 대해 어떤 평가를 하든지, 분석의 기술을 바꾸지 않는 것이 올바른 방법이다.

나는 이미 이런 장면들이 퇴행적인 환상들이라고 보는 견해를 지지하게 하는 사실들을 몇 개 들어 보일 수 있다고 말한 바 있다. 무엇보다 먼저 다음의 사실이 있다. 이제까지 내가 경험한 것을 보면, 이런 유아기에서 온 장면들은 치료 중에 기억으로 재생되는 것이 아니다. 그것들은 재구성된 것들이다. 이것 한 가지만 인정해도 분명히 많은 사람이 더 이상 논쟁할 것이 없다고 생각할 것이다.

오해하지 말기 바란다. 모든 분석가들은 치료가 성공적으로 진행되고 있을 때 환자가 스스로 어릴 적 기억을 많이 떠올리게 된다는 것을 알고 있다. 의사는 그런 기억이 나온 것에 대해 (아마 처음 나왔을 때는) 자기는 전혀 책임이 없다고 느낀다. 그가 환자의 머릿속에 그런 자료를 집어넣었을지도 모르는 구성 작업을 하려고 한 적이 없었기 때문이다. 분석가는 위와 같은 경험을 수도 없이 한다. 무의식에 있던 이런 기억들이 사실일 수도 있지만, 항상 사실은 아니다. 진실은 왜곡되어 있고 다른 상상의 요소들이 여기저기 섞여 있다. 저절로 보존된 소위 덮개-기억 같은 것이 그 예이다. 내가 하려는 말은 다음과 같다. 이 환자에게서 본 것같이, 아주 어린 나이에 생겼고 비슷한 내용을 가지고 있으며 환자의 병력에 심각한 의미를 가지는 장면들은, 보통 기억에서 통째로 재생되는 것이 아니라 단서를 모아서 점진적으로 고된 작업을 통해 이야기를 만들어 가야 하는 것이다.[40] 즉 구성 작업을 해야 한다. 더욱이 내가 이런 장면들이 기억의 모습으로 의식화되는 것이 아니라는 사실이 강박 신경증에만 해당된다고 하거나, 또는 우리가 연구하고 있는 이 환자의 경우에만 그렇다고 주장의 범위를 좁히더라도 논쟁을 하는 데는 부족할 것이 없을 것이다.

40  「쥐 인간」과 「여자 동성애가 되는 심리」에서 프로이트가 구성 작용을 분석의 보조 기술로 토론한 것을 참조할 것.

그러나 나는 그것들이 기억으로 다시 나타나는 것이 아니라고 해서 그것들을 꼭 환상이라고 생각하지는 않는다. 나는 기억이 이 환자의 경우와 같이 꿈들로 대치되었다면, 그것은 기억한 것과 절대로 동일한 것이라고 생각된다. 이 환자의 경우에는 그 꿈들을 분석하면 변함없이 같은 장면에 도달하며, 또 그 꿈들 속에서 그 장면을 구성하는 모든 요소가 여러 가지 다른 모습으로 다시 만들어졌던 것이다. 꿈을 꾸는 것은 밤을 지배하는 어떤 조건과 꿈을 형성하는 법칙에 따른 것이기는 하지만, 분명 기억의 또 다른 방법임에 틀림없다. 이런 꿈이 되풀이되는 동안에 환자들 자신은 이런 최초의 성교 장면이 현실이었다는 확신을 얻게 되는 것이다. 그 확신은 기억에 근거해서 확신하는 것과 비교해 부족함이 없다.[41]

그러나 반대 의견을 가지고 있는 사람들이라고 해서 희망이 없다고 생각하여 그런 논쟁에 대해 싸우는 것을 포기할 필요는 없다. 꿈을 인도할 수 있다는 것은 잘 알려진 사실이다.[42] 분석을 받는 사람이 느끼는 확신은 암시의 결과일 수도 있다. 분석 치료를 할 때 작용하는 힘들이 활동하는 데 있어서, 암시의 역할에 대한 새로운 의견이 계속 대두되고 있다. 구식 정신 치료자는 환자에게 〈병이 다 나았다, 억압을 벗어났다〉는 등등의 암시를 주곤 했다. 분석가는 환자에게 어렸을 때 이러저러한 경험을 했고, 병이 나으려면 그것들을 지금 기억해 내야 한다고 암시를 준다. 두 치

---

41 『꿈의 해석』 초판에 있는 구절을 보면 내가 얼마나 일찍부터 이 문제를 생각하고 있었는지 알 수 있다. 그 책에는 꿈에 나오는 〈더 이상 얻을 수 없다〉는 말을 분석한 것이 있다. 그 구절은 나에게서 나왔다고 설명되어 있다. 〈며칠 전에 나는 환자에게 어릴 적 기억 중 가장 최초의 기억은 《더 이상 기억 자체로는 얻을 수 없다》, 그러나 그것은 분석에서 《전이》와 꿈으로 대치된다고 설명했었다〉 — 원주.
42 꿈의 기제에는 영향을 줄 수 없다. 그러나 꿈의 내용은 어느 정도 명령에 따를 수 있다 — 원주.

료자의 다른 점이란 이것이다.

나의 견해에 반대하는 사람들이 위와 같이 설명하지만, 그 설명을 따르면 유아기에서 유래한 장면들은 애초에 의도했던 것보다 더 근본적으로 없어진다는 사실을 명확하게 이해하도록 해야 한다. 처음에는 그것들이 실제가 아니고 환상이라고 말했다. 그런데 지금은 그것들이 환자의 환상이 아니고 분석가 자신의 환상이라고 말하는 것이다. 즉 분석가가 자신의 콤플렉스 때문에 분석을 받는 사람에게 그것들을 강제했다는 것이다. 사실 이런 비난을 듣는 분석가는 소위 그가 만들어 냈다는 환상이 얼마나 점진적으로 구성되었는지 기억하는 것으로 자신을 안정시킬 것이다. 그리고 그는 이 환상이 발전되는 과정이 결국은 의사의 의도와는 상관없이 진행되었다는 것을 기억할 것이다. 즉 치료가 어느 정도 진행된 뒤에 모든 것이 이 환상으로 모이는 것 같았으며, 또 나중에 합성을 하는 과정 중에 얼마나 서로 다르고 주목할 만한 결과들이 그것에서 퍼져 나왔는지, 또 환자의 병력에 있는 큰 문제뿐 아니라 아주 소소한 이상한 점까지 이 하나의 가정만으로 어떻게 해결이 되었는지 기억할 것이다. 그리고 그는 이런 요구 조건을 다 충족할 만한 사건을 만들어 낼 재주는 가지고 있지 않다고 주장할 것이다. 그러나 이 항변조차도 자신이 분석을 경험해 보지 못한 상대에게는 아무 소용이 없을 것이다. 그들은 한편으로는 미묘하게 자신을 속이고 있다고 할 것이고, 다른 한편으로는 판단이 둔하다고 할 것이다. 이러한 경우에 어떤 결론을 내리는 것은 불가능할 것이다.

유아기에서 유래한 장면들에 대해 반대하는 견해를 지지하는 조건 중 다른 것을 살펴보기로 하자. 그것은 다음과 같다. 이 의심쩍은 환상의 구조를 설명하기 위해 이야기한 모든 과정이 실제로 존재한다는 것에는 의심의 여지가 없다. 그리고 그것들이 중요하다는 것은 인정해야 한다. 실생활의 일에서 흥미를 돌리는 것,[43] 실행하지 않은 행동의 대리 역할을 하는 환상이 있다는 것, 이런 산물에 표현된 퇴행적인 경향 — 퇴행적이란 한 가지 이상의 의미를 가지는데, 즉 생활에서 움츠러드는 것과 동시에 과거로 돌아가는 것이다 — 등 모든 것들이 실재하며, 또 분석에 의해 항상 확인된다. 그것들은 우리가 지금 토론하고 있는 초기 유아기에서 유래한 것이라고 가정된 기억을 설명하기에 충분하다고 생각할 수도 있을 것이다. 그리고 과학에서 경제의 원칙[44]에 따르자면, 그렇게 설명하는 것이 새롭고 놀라운 가정을 내세워 지지하지 않으면 불완전한 설명보다는 유리할 것이다.

나는 여기에서 오늘날 정신분석학의 논문에 나오는 적대적인 견해들은 주로 부분을 전체로 생각하는 원칙에 의존하여 만들어진 것이라고 감히 말하겠다. 매우 여러 가지 요소가 합쳐져 만들어진 것에서 한 가지 요소만 꺼내어 그것이 진실이라고 주장하는 것이다. 그리하여 그 외의 모든 각각의 요소나 통합적 전체 또한 부정될 수밖에 없다. 그런 견해에서는 어떤 요소들이 대접을 받는지 좀 더 자세히 살펴보면, 우리는 그것들이 다른 원천으로부터 이미 알려진 것이나 혹은 이미 알려진 것에 가장 쉽게 적용될 수 있는 요소들이라는 것을 발견할 것이다. 그래서 융은 실상과 퇴행을 뽑아내고, 아들러는 자기 본위의 동기를 뽑아낸 것이다. 그러나 뽑히지 않은 것, 그리고 틀린 것이라고 제외된 것이 바로 정신분석에서는 새로운 것이며 또 특이한 것이다. 이것은 정신분

---

43  내가 〈리비도를 현재의 갈등에서 돌리는 것〉이라고 표현하기를 더 좋아하는 데는 그럴 만한 이유가 있다 — 원주.
44  보통 〈오컴의 면도날〉이라고 알려져 있음 — 원주.

석이 혁명적으로 발전하여 귀찮게 되는 것을 저지하는 데 가장 쉬운 방법인 것이다.

반대하는 견해를 가진 사람들이 이런 유아기에서 온 장면들을 설명하기 위해 제시한 요소들은, 융에 의해 새로운 것으로 발표되기 전에도 이미 인정을 받고 있었다. 현재의 갈등, 현실로부터 돌아섬, 환상에서 대리 만족을 얻음, 과거의 자료로 퇴행함 등등의 개념은 이미 수년 동안 (용어는 조금씩 달라도 의미는 같은 맥락에서) 나 자신의 이론을 구성하는 한 부분이었던 것이다. 그러나 그것이 이론의 전체는 아니었다. 그것은 신경증을 형성하는 원인의 일부였을 뿐이다. 즉 현실에서 시작하여 퇴행의 방향으로 작용하는 부분이었다. 그러나 이에 병행하여 신경증에 이르는 다른 영향도 있을 것으로 생각했다. 어릴 때의 인상에서 시작하여 앞을 향해 작용하는 힘, 인생에서 멀어지고 있는 리비도에게 갈 길을 보여 주는 힘이 있을 것이라고 생각한 것이다. 이것을 통해 다른 방법으로는 설명되지 않는 어린 시절로의 퇴행을 이해할 수 있게 된다. 그래서 이 두 가지 요소가 증상-형성에 함께 작용한다는 것이 나의 견해다. 그러나 두 요소가 초기에 협력하는 것도 똑같이 중요하다고 나는 생각한다. 나의 의견은 이렇다. 즉 어린 시절의 영향은 신경증이 형성되기 시작할 때 이미 영향을 미치고 있다. 왜냐하면 그것이 어느 시점에서 그 인간이 실제 인생의 문제를 극복하지 못할 것인가를 결정하는 데 가장 중요한 역할을 하기 때문이다.

그러므로 논쟁이 되고 있는 것은 유아기적 요소가 가지는 의미이다. 문제는 그 의미를 의심할 여지 없이 확립해 줄 증례를 찾는 것이다. 그런데 지금 우리가 이렇게 철저하게 다루고 있는 이 증례가 바로 그런 것으로, 이 증례는 성인기의 신경증에 현저하게 앞서 초기 아동기에 신경증이 있었다는 것을 특징으로 한다. 바로 이러한 이유 때문에 이 환자의 예를 보고하려고 결정했던 것이다. 동물 공포증이 심한 것은 아니었냐는 생각으로 이 예를 거부하고 싶은 사람이 있을까 염려되어, 그 공포증 바로 뒤이어서 강박증적인 의식과 강박증적 행동과 생각들이 나타났었다는 것을 이야기하겠다. 강박증적인 현상들에 대해서는 이 논문 다음 장에서 토론할 것이다.

아동기인 네다섯 살 때 신경증이 생겼다는 것은, 우선 유아기의 경험 자체가 현실 생활로부터의 도피 과정 없이도 신경증을 일으킬 수 있다는 것을 증명한다. 아이조차도 항상 피하고 싶은 일에 부닥친다고 이의를 제기할 수도 있다. 그렇기는 하다. 그러나 취학하기 이전 아이들의 생활은 관찰하기가 쉽다. 그리고 우리는 신경증이 생기게 할 만한 〈일〉을 그 생활에서 발견할 수 있나 살펴볼 수 있다. 그러나 우리는 그 아이가 만족시킬 수 없고, 또 그것을 극복하기에는 너무 어린 그런 본능적 충동과 그 충동이 생긴 원천 이외에는 아무것도 발견하지 못했다.

예측했던 대로 퇴행을 신경증의 원인이라고 보기에는 우리가 토론하고 있는 아동기의 경험과 신경증이 생긴 시간 사이의 간격이 너무 짧아서, 오히려 어릴 때의 인상이 원인으로 크게 부각되는 것이다. 나는 이 증례의 병력이 이런 상황을 분명히 나타내 주기를 바란다. 이 환자에게서 분석 과정 중에 밝혀진 가장 이른 아동기의 경험은 최초의 성교 장면인데, 이런 장면의 본질에 대한 질문에 대해 아동기의 신경증이 결정적인 답을 해준다고 보는 데는 다른 이유도 있다.

분석의 모든 실마리가 최초의 성교 장면으로 이끌어 주었다는 것과 함께, 이런 장면이 기술적으로 옳게 끌어낸 것이며, 또 유아기 질병의 증상이 보이는 모든 수수께끼에 대해 완벽한 해답을 하는 데 꼭 필요하고, 모든 결과가 그것에서부터 나온다는 것을 모순 없는 전제라고 가정하자. 그렇게 하면 그 내용으로 보아 그 것이 아이가 경험한 실제를 재생한 것이라고 생각할 수밖에 없다. 아이는 어른과 마찬가지로 어디에서 얻었든 자기가 얻은 자료를 가지고만 환상을 만들어 낼 수 있기 때문이다. 그리고 아이들은 독서를 한다든가 하는 방법을 이용하여 자료를 얻을 수 없다. 또 아이들의 경우에는 그런 자료를 얻기 위한 시간이 짧아서, 그 자료의 원천을 찾기 위해 그 시간 동안을 살펴보는 것은 쉬운 일이다.

이 환자의 기억 속에 있는 최초의 성교 장면은 소년이 관찰을 통해 무엇인가를 확인하기에 좋은 체위로 성교하는 부모의 모습이었다. 이에 따른 증상, 또는 그 장면의 효과가 그의 인생의 후반 기쯤 나타났다고 하더라도, 그것을 그런 장면이 실제 있었다는 증거로 볼 수는 없다. 그런 경우에는 그 긴 기간 동안에 그런 인상, 개념, 그리고 정보를 얻을 수 있는 기회가 얼마든지 있었을 것이기 때문이다. 그리고 그는 그것들을 상상의 장면으로 변형시키고, 어린 시절로 투사하고, 부모에게 가져다 붙였을 수도 있다. 그러나 이런 장면의 효과가 네다섯 살에 나타났다면, 그보다 어린 나이에 그 장면을 목격했음이 틀림없다. 그러나 이 경우에도 우리는 이 유아기 신경증을 분석하여 생긴 혼란스러운 결과를 역시 직면해야 한다. 그것을 피하는 방법은 오직 환자가 최초의 성교 장면을 무의식적으로 상상했을 뿐 아니라, 자기의 성격을 변하게 하고, 늑대 공포증과 종교적인 강박증도 만들어 냈다고 가정하는 길뿐이다. 그러나 그가 다른 면으로는 진지한 성격을 가지고 있다는 점과 가족들이 전하는 말을 들으면, 그런 편법은 인정할 수 없다. 그래서 다음과 같은 결론에 도달할 수밖에 없다(나는 다른 가능성을 찾을 수 없다). 즉 아동기의 신경증에 근거한 분석은 처음부터 끝까지 전부 황당한 것이거나, 아니면 모든 것이 내가 위에 기술한 대로 일어났다는 결론이다.

이 토론의 시작 단계에서 환자가 여자 엉덩이를 좋아하고, 특히 엉덩이가 드러나는 체위로 성교하는 것을 좋아하는 데 대해 확실하지 않은 점이 있었다. 그가 본 부모 사이의 성교에서 이 기호의 원천을 찾는 것이 필요할 것 같다. 그러나 이런 것을 좋아하는 것은 강박 신경증이 생기기 쉬운 원래 기질의 일반적인 특성이기도 하다. 그런데 이것을 복합 결정의 경우라고 간주하면 모순은 쉽게 해결된다. 환자가 보았을 때 이런 자세로 성교를 한 주체는 바로 그의 아버지의 육신이었다. 그리고 그는 이런 기질적인 경향을 아버지로부터 물려받았을지도 모른다. 후에 아버지가 앓게 된 병이나 그의 가족들의 병력은 모두 이것을 부정하지 못한다. 이미 이야기했듯이, 아버지의 형제 중 하나는 심한 강박증의 결과라고 해야 할 상태에서 죽었다.

이것과 연결하여 우리는 다음의 사실을 기억할 것이다. 그가 세 살 3개월 되었을 때,[45] 그의 누나가 그를 유혹하면서 마음씨 좋은 그의 유모에 대해 굉장한 악담을 했다. 유모가 온갖 종류의 남자들을 물구나무서게 하고는 그들의 성기를 잡았다는 것이었다. 우리는 누나도 아마 그녀의 동생이 나중에 본 것과 같은 장면을 비슷한 어린 나이에 목격했을 것이라고 추측할 수밖에 없다. 그래서 그녀가 성행위를 할 때 〈사람들이 물구나무서서〉 한다는 생각을 하게 되었을 것이다. 이렇게 가정하면 그녀 자신이 성적으로 조숙했던 까닭을 짐작할 수 있다.

45  1924년 이전 판에는 세 살 반이라고 되어 있다.

[원래는46 〈최초의 성교 장면〉이 실제 있었던 일인지에 대한 토론을 여기에서 더 이상 하지 않을 예정이었다. 그러나 내가 그동안에 『정신분석 강의』에서 이 주제에 대해 논쟁을 하려는 목적 없이 일반적인 관점에서 다룬 적이 있기 때문에, 그때 내가 고려했던 점들을 현재 우리가 보고 있는 환자에게 적용해 보지 않는다면 오해를 받을 것이다. 그래서 나는 보충하고 교정하는 의미에서 다음과 같이 하려고 한다 — 그 꿈의 기초가 되는 최초의 성교 장면에 대해 또 다른 견해를 가질 가능성이 남아 있다. 더욱이 그 견해는 위에서 도달한 결론을 거의 대부분 제거해 주고, 우리가 가진 어려움을 많이 없애 준다. 그러나 유아기의 장면을 퇴행적인 상징의 수준으로 축소시키려는 이론은 이렇게 변경해도 얻는 것이 없다. 그리고 내가 보기에 그 이론은 이 유아기 신경증의 분석을 통해 드디어 없어질 것이다. 다른 어떤 유아기 신경증에 대해 분석을 해도 마찬가지 결과일 것이다.

　　내가 생각하고 있는 이 다른 견해는 그 상태를 다음과 같이 설명할 수 있다는 것이다. 그 아이가 부모의 성교는 아니더라도 성교를 목격했다는 가정을 우리가 저버릴 수 없다는 것은 사실이다. 성교를 보았기 때문에 그는 거세가 괜한 위협이 아닐 수 있다는 것을 확신하게 되었던 것이다. 더욱이 나중에 그는 남자와 여자의 체위에 의미를 부여했다. 그 의미는 한편으로는 불안이 생긴 것과 연관이 있고, 또 다른 면으로는 그가 사랑에 빠지게 되는 조건으로 의미가 있다. 그래서 우리는 그 체위가 뒤에서 하는 동물적인 행위였던 것이 틀림없다고 결론지을 수밖에 없다. 그러나 다른 요소 하나는 대치할 수 있거나 또는 아예 없어도 되는 것이다. 아마 그 아이는 부모가 성교하는 것을 본 것이 아니라 동물이

46　[　] 안의 내용은 나중에 프로이트가 추가한 내용이다.

하는 것을 보았는데, 나중에 그것을 부모가 한 것으로 옮겨 놓았을 수도 있다. 마치 그가 부모도 같은 방식으로 할 것이라고 추측하는 것처럼 말이다.

무엇보다도 그 꿈에 나온 늑대들이 사실은 양치기 개들이었을 수 있다. 그가 그린 그림에서도 그렇게 보인다는 사실이 이 견해를 그럴듯하게 보이게 한다. 그 꿈을 꾸기 얼마 전에 그 소년은 여러 번 양 떼를 보러 가게 되었다. 그리고 거기에서 그렇게 크고 하얀 개들을 볼 수 있었고, 아마 그들이 교접하는 것을 보기도 했을 것이다. 이것과 관련하여 나는 꿈을 꾼 사람이 다른 동기를 제시하지 않고 내놓은 숫자인 3을 생각해 보려 한다. 그리고 나는 그가 양치기 개가 교접하는 것을 세 번 보았다는 사실을 기억하고 있었다고 제의하겠다. 꿈을 꾸었던 밤에 그가 기대에 차서 흥분해 있을 때 잇달아 일어난 일이 있었으니, 그것은 그가 최근에 보고 사진을 찍은 듯이 기억한 장면에서 얻은 자세한 부분까지 모두 부모에게 전이된 것이었다. 그렇게 되었기 때문에 그다음에 나온 강렬한 감정적 효과가 가능해졌던 것이다. 그는 수 주일이나 수개월 전에 받았던 인상을 이제서야 뒤늦게 이해하게 되었던 것이다. 우리 모두 이런 과정을 경험한 적이 있을 것이다. 개들이 교접하는 것을 보고 부모가 성교하는 것을 본 것으로 전이하는 것은 그가 말로써 추론하여 성취하게 된 것은 아니었다. 그것은 부모가 실제로 같이 있었고 성교의 상황과 일치시킬 수 있는 장면을 기억 속에서 찾아내는 것에 의해 성취되었다. 분석을 통해서 확인된 그 장면의 자세한 부분들은 모두 정확하게 재생되었음이 틀림없다. 한여름날 오후에 아이는 말라리아를 앓고 있었고, 부모 모두 함께 있었다. 그들은 흰옷을 입고 있었는데, 아이가 잠에서 깨었다. 그러나 그 장면에 그 외에는 아무 일도 없었다. 나머지는 호기심 많은 아이가 나중에 덧붙인 것이었다. 아이는 개들을 본 경험을 바탕으로 하여 자기 부모가 성교하는 장면을 보고 싶은 소망이 있었던 것이다. 그리고 그렇게 상상으로 만들어진 장면은, 그것이 마치 사실이고 두 가지 구성 요소가 합쳐져서 생긴 것이 아닌 양 우리가 작성한 목록에 있는 모든 결과를 만들어 냈다. 그 구성 요소 중 하나는 먼저 일어났으며 환자가 무심하게 지나쳤던 것이고, 또 하나는 나중에 일어났으며 심오하게 인상적인 것이었다.

우리가 쉽게 믿어야 할 필요가 많이 줄어든 것이 당장 확실해진다. 우리는 더 이상 부모가 아이와 함께 있는데 (아이가 매우 어렸던 것은 사실이지만) 성교를 했다고 가정하지 않아도 된다. ― 많은 사람들이 그런 것을 싫어한다. 그리고 이러한 추정으로 미루어 본다면, 그 장면의 결과가 나타나기까지의 기간이 매우 짧아졌다. 즉 아이가 네 살 무렵의 몇 달 정도이므로 그전처럼 철모르는 한 살 무렵까지 거슬러 갈 필요가 없게 되었다. 아이가 개로부터 부모에게 전이하는 행동과 아버지 대신 늑대를 무서워하는 것에는 이상한 점이 거의 남아 있지 않다. 그는 세계에 대한 태도의 발달 단계 중 토테미즘으로 돌아가는 단계에 있었던 것이다. 세계에 대한 태도의 발달 단계에 대해서는 「토템과 터부」에서 설명했다. 신경증에서 발견되는 최초의 성교 장면을 나중에 나타나는 회고적인 환상이라고 설명하려는 이론에 대해, 지금의 환자를 관찰한 결과는 강력한 지지를 보내는 것 같다. 우리 환자가 네 살이라는 어린 나이인데도 그렇다. 그가 어리기는 했지만 네 살 때받은 인상을 한 살 반 때 받은 상상의 상처로 대치할 수 있었던 것이다. 그러나 이 퇴행이 불가사의하거나 특별한 목적을 가진 것처럼 보이지는 않는다. 그러나 어떤 장면이 완성되기 위해서는

늑대 인간 **271**

최소한의 조건이 설정되어야 한다. 그 조건은 꿈꾸는 사람의 상황의 결과로, 바로 이렇게 어린 시기에만 발견될 수 있는 것이었다. 예를 들어 그가 부모의 침실에 있는 침대에 있어야 한다는 조건 같은 것 말이다.

그러나 내가 다른 환자들을 분석한 결과 얻은 것을 증거로 제시하면, 대부분의 독자들은 우리가 이제까지의 분석을 통해 제시한 견해가 옳다는 데 결정적으로 동의할 것이다. 아주 어렸을 때 부모가 성교하는 것을 목격하는 장면은(그것이 실제 기억이든 환상이든) 사실 신경증이 있는 인간을 분석할 때 그렇게 드물게 나타나는 일이 아니다. 아마 신경증 환자가 아닌 사람들에게도 드문 일은 아닐 것이다. 아마도 그것들은 그들 기억 속에 있는—의식에 있든 무의식에 있든—보고에 보통 비축되어 있는 부분일 것이다. 그러나 분석을 통해서 이런 종류의 장면을 자주 밝혀내는데, 그것들은 공통적으로 지금 우리가 보고 있는 환자의 경우와 같이 우리를 놀라게 하는 이상한 면을 보인다. 즉 그것은 뒤에서 하는 성교와 연관이 되어 있다는 것이다. 그리고 그 체위만이 성기를 볼 수 있는 가능성을 제공한다. 우리가 다루고 있는 것이 단지 환상이라는 것을 더 이상 의심할 필요는 정말 없다. 그리고 그 환상은 동물들이 성적 행위를 하는 것을 보면 항상 생겨나는 것이었다. 그리고 나는 내가 〈최초의 성교 장면〉을 표현한 것이 아직 완전하지 않다고 단서를 단 적이 있다. 아이가 자기 부모가 성교하는 것을 중단시킨 방법에 대한 이야기를 뒤로 미루었기 때문이었다. 이 중단시키는 방법도 모든 환자에게서 동일하다는 이야기를 해야겠다.

나는 이 증례를 읽는 독자들이 나에게 상당한 비난을 보내리라고 짐작한다. 〈최초의 성교 장면〉에 대해 그런 견해를 지지하는 논쟁을 내가 할 수 있었다면, 어째서 그렇게 이상하게 들리는 논쟁을 내세우는 것으로 시작할 수 있었을까? 아니면 이 증례를 처음 준비했을 때와 지금 이 논문을 쓴 시점 사이에 새로운 것을 관찰하여, 내가 원래 가졌던 견해를 바꿀 수밖에 없었으면서도 무슨 이유인지 그 사실을 인정하고 싶지 않은 것인가? 나는 대신 다른 것을 인정하겠다. 나는 최초의 성교 장면이 실제 있었던 일인가 하는 토론을 이번에는 〈확실하지 않다non liquet〉[47]라는 말로 끝내려고 한다. 이 증례는 아직 끝나지 않았다. 앞으로 진행되면서 한 가지 요소가 더 나올 텐데, 그러면 지금 우리가 만족스럽게 확신하고 있는 사실을 흔들어 놓을 것이다. 그때는 독자들에게 나의 『정신분석 강의』에 있는 구절을 읽어 보라고 말하는 것밖에는 할 일이 없으리라고 생각한다. 거기에서 나는 최초의 성교 환상과 최초의 성교 장면의 문제를 다루었다.][48]

---

47  〈확실하지 않다〉는 말은 재판에서 증거가 결정적이 아닐 때 내리는 판결이다.
48  『정신분석 강의』 참조. 〈쥐 인간〉 증례에서 아동기의 〈기억〉이 실제 있었던 일인가에 대해 길게 토론한 것도 참조할 것.

## 6. 강박 신경증

　자, 이제 세 번째로 환자는 새로운 영향을 받아서 그의 발달 방향이 결정적으로 바뀌게 되었다. 그가 네 살 반이 되었을 때도 신경질적이고 불안한 상태가 좋아지지 않고 있었다. 그런데 그의 어머니가 그의 주의를 딴 데로 돌려 기분이 좋아지게 하기 위해서 그에게 성서 이야기를 들려주기로 결심했다. 그리고 그 방법은 성공적이었다. 그가 종교를 알게 되자 이전 단계가 끝났다. 그러나 동시에 불안 증상이 강박증적 증상으로 바뀌게 되었다. 그때까지 그는 크리스마스 전날 밤 꾸었던 꿈같이 무서운 꿈을 꾸게 될까 봐 쉽게 잠들지 못했다. 이제 그는 자러 가기 전에 방 안에 있는 성화들 전부에 입맞춤을 하고 기도를 해야 했으며, 자신과 침대에 수없이 여러 번 십자가를 그어야 했다.

　그의 아동기는 분명히 다음과 같은 시기들로 나뉜다. 첫 시기는 아주 어릴 때부터 생후 3년 3개월까지, 즉 그가 유혹을 받았던 때까지이다. 이 동안에 최초의 성교 장면이 일어났다. 둘째는 성격이 변했을 때부터 불안 꿈을 꾸었을 때까지이다(네 살). 셋째는 동물 공포증이 있던 시기부터 종교를 알게 될 때까지이다(네 살 반). 그러고는 그때부터 강박 신경증의 시기인데, 그가 열 살이 지난 시기까지이다. 한 단계가 끝나고 다음 단계가 시작될 때 갑자기 분명하게 갈라지는 것은 사물의 본질이 아니거나 우리 환자의 본질이 아니다. 반대로 전에 진행되던 것이 모두 그대로 남아 있으면서 굉장히 다른 흐름들이 공존하는 것이 그의 특징이었다. 그의 나쁜 행동은 불안이 시작되었을 때 사라지지 않았고, 신앙심이 깊어진 시기에도 천천히 힘이 약해지면서 남아 있었다. 그러나 이 마지막 단계에서는 더 이상 늑대 공포증은 없었다. 강박 신경증은 사라졌다 다시 나타났다 하면서 진행되었다. 처음 발작은 가장 길면서 가장 심했다. 다음 발작은 여덟 살 때와 열 살 때 있었다. 발작할 때마다 발작 원인이 있었는데, 그 원인들은 신경증의 내용과 분명히 연관되어 있었다.

그의 어머니는 직접 그에게 성스러운 이야기를 들려주었고, 유모에게는 삽화가 들어 있는 책에서 그 이야기를 읽어 주도록 했다. 그 이야기에서 가장 강조되었던 것은 당연히 예수의 수난에 대한 것이었다. 그의 유모는 매우 신앙심이 깊고 미신적이었는데, 그 이야기에 자신의 주석을 덧붙였다. 그러나 유모는 이 작은 비평가의 반대와 의문을 모두 들어 주어야 했다. 이제 그의 마음에서 태동하기 시작한 투쟁이 결국은 신앙의 승리로 끝나는 데에는 그의 유모가 끼친 영향이 한몫했다.

그가 처음 종교 이야기를 들었을 때 보인 반응을 기억해서 이야기했을 때, 나는 처음에는 전혀 믿지 않았다. 나는 네 살 반이나 다섯 살밖에 되지 않은 아이가 그런 생각을 할 수 있었으리라고 생각할 수 없었던 것이다. 나는 30이 되어 가는 어른이 생각한 것을 먼 과거로 투사했을 것이라고 생각했다.[49]

49  나는 또 환자가 한 이야기를 전부 그가 얘기한 것보다 1년 뒤에 일어났을 것이라고 여러 번 정정하려고 해보았다. 그렇게 하면 유혹받은 것은 네 살 3개월 때의 일이 되고 그 꿈을 꾼 것은 다섯 번째 생일이 된다. 그렇지만 사건들 사이의 기간은 전혀 길어지지 않는다. 환자는 자기가 맞다고 완고하게 버텼지만, 나는 의심을 다 떨쳐 버

그러나 환자는 내가 이렇게 정정한 것을 들으려 하지 않았다. 나는 그를 확신시킬 수 없었다. 이것은 그와 나 사이에 의견이 다를 때 자주 있는 일이었다. 그리고 나중에는 그가 기억했던 생각들과 그가 내용을 밝힌 증상들이 서로 일치하고, 또 그의 생각들이 그의 성적 발달과 들어맞았기 때문에 반대로 그를 믿게 되었다. 그리고 나는 아이가 한 것이라고 인정하고 싶지 않았던 이 종교의 교리에 대한 비판을 아주 극소수의 어른들만이 가질 수 있게 되는 것에 대해 곰곰이 생각했다.

이제 그가 기억한 자료를 발표하겠다. 우선 이야기를 마친 다음에 설명할 길을 찾아보도록 하겠다.

그가 보고한 바에 의하면, 그가 성스러운 이야기에서 받은 인상은 처음에는 절대로 기분 좋은 것이 아니었다. 그는 처음에는 예수의 그림에 있는 고통의 장면에 대해 반감을 가졌고, 다음에는 예수의 이야기 전체에 대해 반대했다. 그는 아버지인 신에게 비판적으로 불만을 나타냈다. 신이 전능하다면, 사람들이 사악한 것이나 다른 사람들을 괴롭히는 것, 또 그것 때문에 지옥으로 보내지는 것은 모두 신의 잘못이다. 신은 사람들을 착하게 만들었어야 했다. 즉 신 자신이 모든 사악함과 고통에 대해 책임이 있는 것이다. 환자는 오른뺨을 맞거든 왼뺨을 내어 주라는 명령에 항의했다. 그리고 그리스도가 십자가에서[50] 그 잔이 그를 지나쳐 가게 할 수 있을까 소망했다는 사실에도 항의했다. 또 그가 신의 아들이라고 증명할 기적이 일어나지 않았다는 사실에도 항의했다. 그의 예민함이 방심하지 않고 성스러운 이야기의 약점을 사정없

릴 수가 없었다. 이렇게 1년 뒤로 미룬다고 해도 그의 이야기를 듣고 느끼는 인상이나 그 이야기에 대한 논의와 그 이야기가 지니는 의미는 달라지지 않는다 ― 원주.

50  물론 이것은 올리브산이라야 한다. 프로이트는 번역자들에게 이 실수는 환자 자신이 한 것이라고 말했다.

이 혹독하게 찾아낼 수 있었던 것이다.

그러나 이런 합리적인 비판에 곧 꼼꼼한 생각과 의문이 더해졌다. 그것들은 감추어져 있지만 어떤 충동이 함께 작용하고 있었다는 것을 나타내는 것이다. 그가 유모에게 먼저 물어본 질문 중하나는 그리스도도 엉덩이가 있었느냐는 것이었다. 유모는 그는 신이기도 하고 사람이기도 했다고 말했다. 사람으로서 그는 다른 사람들과 똑같은 것을 가지고 있었고 똑같은 일을 했다고 말했다. 그는 이것에 만족하지 않았다. 그러나 그는 엉덩이는 단지 다리가 계속되는 부분이라고 스스로 이야기하여 위안을 찾았다. 그런데 그가 성스러운 존재를 창피하게 만들어야 한다는 근심을 안정시키자마자 다른 의문이 떠올라 다시 걱정하게 되었다. 그 의문은 그리스도도 똥을 누는가 하는 것이었다. 그는 이 문제를 신앙심이 깊은 유모에게 물어보려고 하지 않았다. 그리고 스스로 벗어날 길을 발견했다. 유모라도 더 좋은 길을 가르쳐 주지는 못했을 것이다. 그리스도는 아무것도 없는 것에서 포도주를 만들어 냈으니, 그는 역시 아무것도 아닌 것으로 음식을 만들었을 것이다. 이렇게 해서 그는 똥을 눌 필요가 없었을 것이다.

이런 생각들은 그의 성적 발달의 한 부분을 보면 더 잘 이해할 수 있다. 그의 성적 발달에 대해서는 우리가 이미 이야기했던 바 있다. 그의 유모가 거절한 후에 성기 활동이 시작되던 것이 억제되었고, 그의 성생활은 가학적이고 피학적인 방향으로 발달되었다는 것을 우리는 알고 있다. 그는 작은 동물들을 괴롭히고 못살게 굴었으며, 자기가 말을 때린다고 상상했고, 또 반면에 왕관의 상속자가 매를 맞는다고 상상했다.[51] 그는 가학적일 때 아버지와 예전에 동일시했던 것을 그대로 유지했고, 피학적일 때는 아버지

51　특히 성기에 ─원주.

를 성의 대상으로 선택했다. 그는 성기기 이전 구조의 단계에 깊이 빠져 있었다. 나는 그것에서 강박 신경증이 될 기질을 발견했다.[52] 그 꿈으로 인해 그는 최초 성교 장면의 영향을 받게 됐다. 그런데 그 꿈은 그를 성기기 구조로 나아가도록 하고, 아버지에 대한 피학적 태도를 여성적인 태도로 — 즉 동성애로 — 바꾸도록 이끌 수도 있었다. 그러나 그 꿈은 이렇게 진행되지 않고 불안 상태에서 끝이 났다. 아버지에 대한 그의 관계는 그에게 매를 맞는 성적인 목표에서 다음 목표, 즉 여자처럼 아버지가 성교해 주기를 바라는 목표로 진행되리라고 기대될 수 있었다. 그러나 실제로는 그의 자기애적인 남성성이 반대했기 때문에 이 관계는 더욱 원시적인 단계로 돌아갔다. 그것은 아버지-대리에게 전치되었다. 그리고 동시에 늑대에게 먹히는 두려움의 형태로 분열되었다. 그러나 그렇게 해서 그것이 다 없어진 것은 아니었다. 반대로 이 매우 복잡한 상태를 제대로 평가하려면, 그 아이가 아버지를 향해 가지고 있던 성적인 경향은 세 가지가 공존하고 있었다는 것을 마음에 꼭 새겨 두어야 한다. 그 꿈을 꾸고 난 이후로 무의식에서 그는 동성애자였다. 그리고 그의 신경증 안에서는 식인(食人)의 단계에 있었다. 그러면서 그전부터 있었던 피학적인 태도가 우세하게 남아 있었다. 이 세 가지 흐름 모두가 수동적인 성적 목표를 가지고 있다. 그리고 대상도 같고, 성 충동도 같다. 그러나 그 충동은 이 세 가지 다른 층에 따라 갈라져 있었다.

성스러운 이야기에 대해 알게 되자, 그는 아버지를 향한 주로 피학적인 태도를 승화할 수 있는 기회를 가지게 되었다. 그는 그리스도가 되었다 — 그들은 생일이 같아서 그가 이렇게 하는 것

---

52  이 논문을 쓰기 조금 전에 같은 주제에 대해 프로이트가 쓴 논문(「강박 신경증에 잘 걸리는 기질」) 참조.

은 특히 쉬웠다. 그래서 그는 위대한 무엇이 되었고, 또 남자(지금은 충분히 강조되지 않은 사실이다)가 되었던 것이다. 그에게 동성애적인 태도가 억압되어 있다는 것은, 그가 그리스도에게 엉덩이가 있는지 의문을 가지는 것을 보면 조금 알아차릴 수 있다. 이런 생각은 자신이 아버지에게 여자처럼 — 최초의 성교 장면에서 어머니처럼 — 사용될 수 있는가 하는 의문 이외에는 다른 뜻을 가질 수 없기 때문이다. 우리가 다른 강박증적 관념들을 해결하고 나면 이 해석이 확증되는 것을 알게 될 것이다. 성스러운 존재를 그렇게 교묘한 암시와 연결하는 것은 모욕하는 것이라고 그가 생각한 것은, 그의 수동적 동성애를 억압한 것에 해당한다. 그가 새로 승화한 것에 억압된 원천에서 끌어낸 혼합물이 섞이지 않도록 노력하고 있었다는 것을 주목해야 한다. 그러나 그는 실패했다.

우리는 그가 왜 그리스도의 수동적인 성격에 반항했고, 그의 아버지인 신이 그를 나쁘게 대접하는 것을 반대했는지, 그리고 이렇게 해서 그가 전에 가졌던 피학적 이상을 승화된 상태에서조차 포기하기 시작했는지 아직 모른다. 우리는 이 두 번째 갈등이 첫 번째 갈등에서부터 창피한 강박증적 관념이 나오는 데 특히 호의적이었다고 가정할 수 있다. (첫 번째 갈등이란 우세한 피학적 흐름과 억압된 동성애적 흐름 사이의 갈등을 말한다.) 왜냐하면 정신의 갈등에서는, 어느 쪽에 속해 있든 모든 흐름은 그 기원이 아주 다르더라도 서로 합쳐지는 것이 당연하기 때문이다. 우리는 새로운 정보를 얻게 되어 그가 반항한 동기와 종교에 대해 퍼부은 비판의 동기를 동시에 알게 되었다.

성스러운 이야기는 그의 성적인 연구에도 역시 보탬이 되었다. 그때까지 그는 아이가 여자에게서만 나온다고 가정할 이유가 없었다. 오히려 그의 유모는 그는 아버지의 아이이고, 누나는 그의 어머니의 아이라고 믿게 만들었다. 그리고 그가 아버지와 더 가깝다는 것은 그에게 아주 소중했다. 이제 그는 마리아가 신의 어머니로 불린다는 것을 들었다. 그래서 모든 아이는 여자에게서 나오며, 유모가 그에게 한 말은 더 이상 타당하지 않다는 것을 알았다. 더욱이 그가 들은 이야기 때문에, 그는 누가 정말 그리스도의 아버지인지 혼란스러워했다. 요셉과 마리아가 함께 살았다고 들었으니까, 그는 그리스도의 아버지는 요셉이라고 생각하려고 했다. 그러나 유모는 요셉은 그의 아버지 〈같을 뿐이고〉, 그의 진짜 아버지는 신이라고 말했다. 그는 그것을 이해할 수 없었다. 그는 단지 이 문제가 논쟁의 대상이 될 수 있는 성질의 것이라면, 아버지와 아들의 관계는 그가 항상 상상했던 것처럼 긴밀한 것일 수 없다는 정도로만 이해했다.

그 소년은 모든 종교에 깔려 있는 기본 요소인 아버지에 대한 양가감정이 자신에게도 있다는 것을 어렴풋이 알고 있었다. 그리고 그는 이 아들과 아버지의 관계가 암시하는 느슨함 때문에 그의 종교를 공격했던 것이었다. 당연히 그는 교리가 사실인가를 의심하여 반대하는 것은 곧 그만두었다. 그리고 직접 신을 반대하기 시작했다. 신은 자기 아들을 무자비하고 잔인하게 대했다. 그러나 그는 사람에게 더 잘하지도 않았다. 그는 자기 아들을 희생하고, 그리고 아브라함에게도 같은 희생을 명령했던 것이다. 그는 신을 두려워하기 시작했다.

그가 그리스도라면 그의 아버지는 신이다. 그러나 종교가 그에게 강요한 신은 아버지를 진정으로 대치할 수 없었다. 그는 아버지를 사랑했고, 누가 아버지를 도둑질해 가는 것을 원치 않았다. 인간 아버지를 사랑하기 때문에 그는 비판적으로 예리해졌다. 그는 아버지에게 매달리기 위하여 신에게 저항했다. 그리고 이렇게 하는 것은 사실 새아버지에게 대항하여 예전 아버지를 지지하는 것이었다.

어릴 적에 분명했던 아버지에 대한 옛 사랑이, 그가 신에 대항하는 힘의 원천이자 종교를 비판하는 예리함의 원천이었던 것이다. 그러나 다른 한편으로 새로운 신에 대한 적대감도 처음부터 생긴 것은 아니었다. 그것의 원형은 불안-꿈의 영향으로 나타나게 된 자기 아버지에 대한 적대적인 충동이었다. 그리고 신에 대한 적대감은 근본적으로 이 충동이 되살아난 것이었다. 반대로 향하는 두 가지 느낌의 흐름이 그의 후반기 인생을 전부 지배했다. 그리고 종교에 대한 양가감정의 갈등 속에서 서로 만난 것이다. 더욱이 이 갈등이 증상이라는 모습(불경한 생각들, 즉 〈신-똥〉이나 〈신-돼지〉같이 강박증적으로 나오는 생각들)으로 만들어 낸 것은 진정한 협상의 산물이었다. 이런 생각을 그의 항문 성애와 관련하여 분석할 때 이에 대해 알게 될 것이다.

분명히 위에 나온 것보다 덜 전형적인 강박증 증상들도 마찬가지로 아버지를 가리키고 있다. 그리고 이와 동시에 강박 신경증과 어릴 적에 일어났던 일 사이의 관련성을 보여 주고 있다.

그는 결과적으로 자기의 불경함을 속죄하는 방법으로, 어떤 조건이 생겼을 때 의식적으로 숨을 쉬라는 명령을 내림으로써 종교적 의례로 삼았다. 그는 십자가를 그을 때마다 숨을 깊게 들이마시거나 혹은 강제로 숨을 내쉬어야 했다. 그의 모국어로 〈숨을 쉬다〉는 〈영혼〉이라는 말과 같았다. 그래서 여기에 성령이 끼어드는 것이다. 그는 성령을 들이마셔야 했다. 또는 그가 들었거나 읽었던 악령을 숨을 내쉼으로써 뱉어내야 했다.[53]

---

53   나중에 듣게 되겠지만 이 증상은 그가 여섯 살이 넘은 다음에, 즉 그가 글을 읽을 줄 알았을 때 생긴 것이다―원주.

그는 불경스러운 생각들 때문에 자신에게 심한 고행을 가했는데, 그 불경스러운 생각들을 악령의 탓으로 돌렸다. 그런데 그는 거지나 장애인, 미운 사람, 늙은 사람, 또는 비참하게 보이는 사람을 보면 역시 숨을 내쉬어야 했다. 그러나 그는 이 강박증이 어떻게 영혼들과 연관이 있는지 알 수 없었다. 그가 자신에게 설명할 수 있는 것은 단지, 자기가 그런 사람들같이 되지 않기 위해서 그렇게 한다는 것뿐이었다.

꿈과 관련하여 분석한 결과, 불쌍한 사람을 보면 숨을 내쉬는 현상은 여섯 살이 지난 후에야 시작되었고, 아버지와 관계가 있다는 것을 알 수 있었다. 그는 아버지를 몇 달 동안이나 보지 못하고 있었다. 그런데 하루는 어머니가 아이들을 시내에 데리고 나가서 그들이 매우 좋아할 만한 것을 보여 주겠다고 말했다. 그러고는 그들을 요양소로 데리고 갔다. 그들은 거기에서 아버지를 다시 보았는데, 아버지는 아파 보였다. 그리고 소년은 아버지가 불쌍해 보였다. 그때부터 그의 아버지는 그가 만나면 숨을 내쉬어야 했던 모든 장애인, 거지, 그리고 불쌍한 사람의 원형이었던 것이다. 그것은 사람들이 불안 상태에서 보는 도깨비의 원형이 아버지이며, 또 어떤 사람을 비웃기 위해 그리는 풍자화의 원형이 아버지인 것과 마찬가지이다. 우리는 이 동정을 보이는 태도가 최초의 성교 장면 중 특별한 한 부분에서 따온 것이라는 사실을 다른 곳에서 알게 될 것이다. 그것은 이렇게 늦게서야 강박 신경증에서 활성화되었던 것이다.

그래서 그가 장애인처럼 되지 않으려고 결단한 것은 — 이것은 그가 숨을 내쉬는 동기가 되었던 것인데 — 그가 전에 아버지와 동일시했던 것이 반대로 변한 것이었다. 그러나 그렇게 하는 것은 아버지를 그대로 따라 하는 것도 되었다. 왜냐하면 숨을 거칠게 쉬는 것은 성교할 때 아버지가 내던 소리를 모방한 것이기 때문이다.[54] 그는 남자의 관능적인 흥분을 나타낸 것에서 성령을 끌어냈던 것이다. 억압이 이 숨쉬기를 악령으로 만들었다. 악령은 또 다른 족보도 가지고 있다. 즉 최초의 성교 장면 당시에 그가 앓고 있었던 말라리아가 그것이다.

그가 이런 악령을 부정한 것은 그에게 있었던 분명한 금욕주의의 고행과 일치한다. 이 고행은 다른 반응에서도 역시 나타난다. 그는 그리스도가 한번은 악령을 돼지 떼에게 던져서 돼지들이 벼랑으로 내달았다는 이야기를 들었다. 그 이야기를 들으면서 그는 기억이 가물가물할 정도로 아주 어렸을 때, 누나가 항구 위에 있는 절벽에서 해변으로 굴러 내려갔던 것을 생각했다. 누나도 역시 악령이었고, 돼지였던 것이다. 여기에서 〈신-돼지〉까지의 거리는 한 걸음밖에 안 된다. 그의 아버지 자신도 역시 그 못지않은 관능의 노예라는 것을 보여 주었다. 그가 최초의 인류에 대한 이야기를 들었을 때, 그는 자기 운명이 아담의 운명과 비슷한 것에 놀랐다. 유모와 이야기하면서 그는 아담이 여자에게 끌려서 자신을 불행으로 떨어지게 내버려 두었다는 것에 대해 위선적으로 놀란 척했다. 그리고 자기는 절대 결혼하지 않겠다고 약속했다. 누나가 유혹했기 때문에 생긴 여자에 대한 적개심이 이때 강하게 표현된 것이다. 그리고 이것은 그 뒤 그의 성생활에 자주 방해가 될 요소였다. 누나는 그에게 유혹과 죄의 영원한 화신이 되었다. 고해를 하고 나면 그에게는 자기가 깨끗하고 죄가 없는 것처럼 보였다. 그러나 그에게는 누나가 자기를 다시 죄로 끌어들이려고 기다리는 것처럼 보였다. 그리고 곧 그는 누나와 말다툼을 벌였고, 그래서 그는 다시 죄인이 되었던 것이었다. 그래서 그는 유혹

54  최초의 성교 장면이 현실이라고 가정하면 그렇다 — 원주.

받았던 사건을 자꾸 되풀이해서 만들어 내야만 했다. 더욱이 그는 고해할 때 그 불경한 생각들이 자기 마음을 그토록 짓누르고 있음에도 불구하고 그것에 대한 이야기는 하지 않았다.

우리는 알지 못하는 사이에 후반에 나타난 강박 신경증의 증상을 고찰하게 되었다. 그리고 우리는 그 중간에 있었던 일들을 건너뛰어 신경증 증상이 끝난 것을 이야기하기로 하겠다. 우리는 신경증 증상이, 그것이 영원히 가지는 힘과는 별도로, 가끔 강화되었다는 것을 이미 알고 있다. 한번은 같은 동네에 사는 어떤 소년이 죽었을 때이다. 지금은 이 사건에 대해 더 이야기하지 않겠지만, 그 소년은 그가 동일시할 수 있었던 사람이었다. 그가 열 살 때 그에게는 독일인 가정 교사가 있었다. 그 가정 교사는 곧 그에게 큰 영향을 미치게 되었다. 그는 이 아버지-대리가 신앙을 중요하게 여기지 않았고, 또 종교의 진리를 크게 존경하지도 않는다는 것을 알아차렸다. 그리고 그와 나눈 마음을 밝혀 주는 대화를 통해서도 그 사실을 알게 되었다. 그 후로 그의 엄격한 종교적 경건함이 모두 사라져서 다시는 돌아오지 않았다는 것을 관찰하는 것은 상당히 교훈적이다. 그의 신심은 아버지에 대한 의존심과 함께 가라앉아서 없어졌다. 그의 아버지는 이제 새롭고 보다 사교적인 아버지로 대치되었던 것이다. 그러나 대치되기 전에 마지막으로 강박 신경증이 잠시 나타나지 않을 수 없었다. 그는 이것과 관련해서 특히 한 가지 강박증을 기억했다. 즉 길에 똥 세 덩어리가 같이 있는 것을 볼 때마다 성 삼위일체를 생각해야 하는 강박증이었다. 사실 그는 새로운 개념을 받아들이기 전에는 반드시 그에게 가치가 없어진 것에 한 번 더 매달리려고 시도했다. 그의 가정 교사가 작은 동물들에게 잔인하게 구는 것을 그만두라고 했을 때, 그는 실제로 그런 짓을 그만두었다. 그러나 그러기 전에 마지막으로 애벌레를 자기가 만족할 때까지 토막 냈다. 그는 분석 치료 중에도 아직 그렇게 행동했다. 즉 그는 일시적인 〈반대 반응〉을 보이는 버릇이 있었다. 어떤 것이 완벽하게 해결될 때마다, 그는 잠시 동안 그 해결되었던 증상을 악화시켜서 그 효과를 부정하려 했다. 우리가 알고 있듯이, 아이들이 이와 같은 방법으로 금지를 다룬다는 것은 거의 규칙이나 다름없다. 그들은 무엇에 대해 꾸중을 들으면(예를 들어 그들이 견딜 수 없이 시끄럽게 굴어서), 금지를 당한 후에 꼭 한 번 더 하고 그만 한다. 이렇게 해서 겉보기에는 그들 스스로 그만두었다는 효과와 금지에 불복하는 효과를 얻는 것이다.

이 독일인 가정 교사의 영향을 받아서, 그는 보다 새롭고 건전한 방법으로 가학증을 승화시키게 되었다. 그리고 그것은 그의 피학증보다 우위에 섰다. 그는 군대에 대해, 즉 그 복장과 무기와 말에 대해 열중하게 되었다. 그리고 그것들을 계속되는 공상의 재료로 썼다. 그래서 그는 한 남자의 영향으로 그의 수동적인 태도를 벗어 버릴 수 있었다. 그리고 얼마 동안은 비교적 정상적인 선상에 있게 되었다. 그 가정 교사는 그 후 얼마 지나지 않아서 그를 떠났다. 그가 성인이 되어 그의 모국(아버지를 나타냄)에 속하는 것보다 독일적인 것(예를 들면 의사, 요양소, 여자)을 좋아했던 것은, 이 가정 교사에 대한 그의 사랑의 여파였다. 그 사실은 치료하는 동안에 우연히 감정 전이에 아주 유리하게 작용했다.

또 다른 꿈이 하나 있었는데, 그것은 이 가정 교사가 그를 자유롭게 하기 전에 꾼 것이다. 그리고 이것은 잊혀져 있다가 치료하는 동안에 나타났기 때문에 내가 이야기하는 것이다. 그는 자기가 말을 타고 있는 것을 보았는데, 거대한 애벌레가 그를 쫓아오고 있었다. 그는 이 꿈에서 그 가정 교사가 오기 전에 꾸었던 꿈을 암시한다는 것을 알아차렸다. 그 꿈은 오래전에 우리가 해석했던 것이었다. 그 오래전 꿈에서 그는 까만 옷을 입은 악마를 보았었다. 그 악마는 그가 동물 공포증이 있을 때 그렇게도 무서워하던 늑대나 사자가 서 있는 것과 같은 자세를 하고 있었다. 그는 손가락을 펴서 거대한 달팽이를 가리키고 있었다. 환자는 이 악마가 잘 알려진 시[55]에 나오는 마신이라고 곧 추측했다. 그리고 그는 그 꿈이 마신이 소녀와 사랑을 나누는 장면을 그린 유행하던 그림의 한 변형이라고 추측했다. 달팽이는 완벽한 여성성의 상징으로서 여자의 위치에 있었다. 마신이 가리키는 자세에 의거하여 우리는 그 꿈의 의미를 곧 알게 되었다. 그것은 그의 아버지가 오래전에 최초의 성교 장면에서 그랬던 것처럼, 누군가가 성교라는 수수께끼에서 아직 얻지 못한 마지막 정보를 주었으면 하고 환자가 바라고 있다는 것이었다.

여성 상징이 남성 상징으로 바뀌어 있는 나중의 꿈과 연관하여, 그는 그 꿈을 꾸기 얼마 전에 일어났던 특별한 사건을 기억했다. 하루는 농장에서 말을 타고 있었는데, 아들과 나란히 누워 잠자고 있는 농부 곁을 지나가게 되었다. 농부의 아들이 아버지를 깨워서 무어라고 이야기했다. 그러자 그 아버지가 말을 타고 있는 그에게 욕을 하면서 쫓아와, 그는 말을 달려 급하게 달아났다. 그리고 두 번째 기억은 같은 농장에 있는 하얀 나무에 애벌레가 온통 줄을 쳐놓은 것이었다. 우리는 그가 아버지와 함께 아들이 누워 있는 환상이 현실화되는 것으로부터 달아났고, 호두나무에 하얀 늑대들이 앉아 있었던 불안-꿈을 넌지시 빗대어 이야기하기 위해 하얀 나무를 들여왔다는 것을 알 수 있다. 그래서 그것은 남자가 여성적인 태도를 가지게 되는 것에 대한 두려움이 직접

55  레르몬토프의 「악령」.

나타난 것이었다고 할 수 있다. 그는 여성적인 태도가 나오는 것을 처음에는 종교적인 승화로 방지했고, 곧 군대와 관계되는 승화 작용으로 더 효과적으로 방지하게 되었다.

그러나 강박증적인 증상이 없어진 후에 강박 신경증이 남긴 항구적인 결과가 하나도 없다고 가정하면 큰 실수일 것이다. 그 과정은 비판적인 탐구로 생긴 반항적인 태도를 종교적인 믿음으로 이기게 했는데, 그렇게 하기 위해서 동성애적 태도를 억압했다. 이 두 가지 요소는 각각 불이익을 가져왔는데, 그것들은 지속될 것이었다. 첫째 패배 이후에 그의 지적인 활동은 심하게 손상을 입었다. 그는 배우려는 열의를 보이지 않았다. 그가 다섯 살이라는 어린 나이에 종교의 교리를 비판하고 분석하던 그런 예민함을 더 이상 보이지 않은 것이다. 너무 힘이 셌던 동성애는 그가 불안-꿈을 꿀 때 억압되었다. 그래서 그 중요한 충동이 무의식에 남아 있게 되었고, 그것의 원래 목표를 향하도록 했으며, 그리고 다른 경우라면 승화되었을 텐데 승화도 되지 못하게 되었다. 이런 이유로 환자는 인생에 다양한 내용을 부여할 사회적인 관심이 전혀 없었던 것이다. 분석 치료 도중에 묶여 있던 그의 동성애를 풀어놓는 것이 가능해지고 나서야 이 영역이 조금이나마 개선되었던 것이다. 그리고 의사가 직접 충고하지 않았는데도 동성애적 리비도가 한 조각씩 자유롭게 될 때마다, 그것이 생활에 적용되고 또 인간의 위대한 공동 관심사에 흥미를 보이게 되는 것을 관찰하는 것은 매우 놀랄 만한 경험이었다.

# 7. 항문 성애와 거세 콤플렉스

나는 독자들에게 이 유아기 신경증의 병력은 성인이 되어 생긴
병을 분석하는 과정에서 얻게 된, 소위 부산물임을 염두에 두어
달라고 당부하고 싶다. 이것이 부산물이기 때문에 일반적인 합성
의 경우보다 더 작은 부분들도 같이 합성해야 했다. 이 작업은 다
른 면에서는 어렵지 않았지만, 다양한 차원의 구조를 이차원의
묘사적 차원으로 한정시켜야 할 때는 자연히 한계를 가진다. 그
래서 나는 조각나 있는 부분들만을 보여 주고, 독자들이 그것들
을 모아서 하나의 살아 있는 전체를 만들기 바란다. 이제까지 이
야기했던 강박 신경증이 가학적-항문적 기질에 근거하여 자라난
다는 것은 이미 여러 번 강조한 바 있다. 그러나 우리는 이제까지
두 개의 중심적 요소 중 하나, 즉 환자의 가학증과 그것의 변형에
대해서만 토론했다. 그의 항문 성애에 대한 것은 모두 나중에 함
께 이야기하려고 일부러 한쪽으로 미루어 놓았다.

분석가들은 항문 성애라는 용어에 포함되어 있는 다양한 본능
적 충동이 성생활과 일반적인 정신 활동을 건립하는 데 매우 중
요한 역할을 한다는 점에 오랫동안 의견을 같이하고 있다. 이 역
할은 정말 굉장히 중요하다. 이러한 바탕에서 형성된 성애가 변
형된 것 중 가장 두드러진 것이 돈에 대한 태도라는 것은 대체로

알려진 바이다.[56] 왜냐하면 살아가는 동안에 이 귀중한 물질은 원래 항문 성감대의 산물인 똥에 대해서 적당했던 정신적 흥미를 자신에게 끌어당기기 때문이다. 돈에 대한 흥미가 합리적인 것이 아니라 리비도와 관련된 것처럼 보일 때는, 그 기원을 배설하는 즐거움에서 찾는 것에 우리는 익숙하다. 그리고 정상적인 사람들은 그들이 가진 돈에 대한 흥미가 리비도의 영향을 전혀 받지 않도록 하고, 또 현실의 요구에 따라 그것을 조절할 것이라고 기대한다.

우리 환자는 후기의 병에 걸렸을 당시 이런 관계에서 특히 심하게 장애를 보였다. 그리고 이 사실은 그가 독립적이지 못하고, 세상을 어떻게 살지 모른다는 점과 적잖이 관계가 있었다. 그는 아버지와 삼촌의 유산을 받아서 굉장히 부자가 되었다. 그가 부자 대접을 받는 것을 매우 중요하게 생각했던 것은 분명하다. 그리고 다른 사람이 그의 부를 과소평가하면 쉽게 마음이 상했다. 그러나 그는 자기 재산이 얼마나 되는지, 자기가 얼마를 쓰고 있는지, 또 수지 계산이 어떻게 되어 있는지를 몰랐다. 그를 구두쇠라고 불러야 할지 씀씀이가 헤픈 사람이라고 해야 할지 판단하기가 어려웠다. 그는 때에 따라 이랬다저랬다 했다. 그의 태도에는 일정한 방향성 같은 것이 없었다. 어떤 눈에 띄는 성질을 보고 그가 비정한 부자이고, 부를 자신의 가장 큰 이점이라고 생각하는 사람이며, 또 한순간이라도 감정상의 관심이 금전상의 관심보다 중요한 자리를 차지하는 일이 없는 사람이라고 생각하게 될 수도 있다. 그런가 하면 그는 다른 사람들을 그들이 가진 부에 따라 평가하지 않았다. 반대로 그는 많은 경우에 겸손하고, 도움을 주고, 자선을 행하는 태도를 보였다. 사실 돈은 그의 의식 조절에서 벗어나 그에게는 사뭇 다른 무엇이 되어 있었다.

56  프로이트의 「성격과 항문 성애」 참조.

나는 이미 그가 누나를 잃은 것에 대해 자신을 달랜 방법을 심각한 의심을 가지고 보았다고 말한 바 있다. 그의 누나는 죽기 전 몇 년간은 그에게 가장 가까운 친구가 되어 있었다. 그런데 그는 이제 부모의 유산을 그녀와 나누지 않아도 되겠다고 생각하며 자신을 달랬던 것이었다. 그러나 더 놀라웠던 것은 이 이야기를 할 때 그가 냉정했다는 것이다. 그는 그렇게 해서 자기의 감정이 거칠다는 것을 고백하고 있었지만, 그 감정에 대해 전혀 이해하지 못하는 듯했다. 분석을 통해 그의 누나를 잃은 슬픔이 전치되었을 뿐이라는 것을 보임으로써 그의 명예를 회복시킨 것은 사실이다. 그러나 그렇게 하니 그가 어째서 부자가 되었다는 사실을 가지고 누나를 잃은 자리를 메우려고 했는지는 더욱 설명하기가 어려워졌다.

　그 자신은 다른 면에서 자기의 행동에 더 의문을 품었다. 그의 아버지가 죽은 후에 남겨진 재산은 그와 어머니가 나누어 상속했다. 그의 어머니가 재산을 관리했는데, 그도 인정했듯이 그가 돈을 달라고 할 때는 나무라지 않고 넉넉하게 주었다. 그래도 그들이 돈에 대해 토론이라도 하게 될 경우에는 언제나 그가 어머니를 심하게 비난하는 것으로 끝나곤 했다. 그는 어머니가 자기를 사랑하지 않기 때문에 자신에게 인색하게 굴고 돈을 아끼는데다가, 그 돈을 혼자 다 차지하기 위해 자기가 죽기를 바란다며 어머니를 비난했다. 그러면 그의 어머니는 눈물을 흘리면서 자기는 공평무사하다고 항의했다. 그러면 그는 자신이 부끄러워져서 그녀를 그렇게 생각하지 않았다고 고쳐 말했다. 그러나 그는 기회가 있을 때마다 똑같은 일을 되풀이했다.

　분석 치료를 시작하기 전에 오랫동안 그에게는 똥이 돈의 의미를 가지고 있다는 것을 보여 주는 사건이 여러 번 있었다. 그중에 두 가지를 이야기하고자 한다. 그가 아직 장에 문제가 생기기 전에, 그는 큰 도시에 사는 가난한 사촌을 한번 방문했었다. 그를 떠나면서 환자는 이 친척에게 경제적 도움을 주지 않은 것에 대해 자신을 꾸짖었다. 그리고 즉시 〈급하게 똥이 마려웠는데, 태어나서 그렇게 급하게 느낀 것은 처음이었다.〉 2년 뒤에 그는 그 사촌에게 연금을 지불했다. 두 번째 경우는 다음과 같다. 열여덟 살이었을 때 그는 학교 졸업 시험 준비를 하고 있었다. 그는 한 친구를 찾아갔는데, 둘 다 시험에 실패하면 어쩌나[57] 하는 두려움을 가지고 있었다. 그래서 그들은 계획을 하나 세웠다. 학교에서 일하는 사람을 매수하기로 했는데, 자연스럽게 환자가 내야 할 돈이 더 많았다. 집으로 가는 길에 그는 시험에 통과하기만 한다면 돈을 더 내도 좋다고 생각했다. 만약에 시험에서 아무 일도 일어나지 않으리라고 확신할 수만 있다면 말이다 — 그리고 그가 현관에 도착하기 전에 〈다른 종류의 사고〉[58]가 실제로 생겼던 것이다.

그는 병의 막바지에 내장 기능의 이상으로 고생했다. 내장 기능의 이상은 좀처럼 좋아지지 않았고, 여러 가지 상황에 따라 더 심해지기도 하고 좀 나아지기도 했다. 나에게 치료받으러 왔을 당시 그는 관장을 하는 것이 습관화되어 있었다. 관장은 간호사가 했다. 몇 달씩이나 계속 그는 정상적인 자연 배변을 하지 못했다. 그러다가 어떤 특정한 방향에서 갑작스럽게 흥분할 일이 생기면, 그 결과로 며칠 동안 정상적인 배변이 일어났다. 그의 불평

---

57  환자는 내게 그의 모국어에는 장의 이상을 나타내는 말로 독일어에서는 익숙한 〈Durchfall〉 같은 단어가 없다고 말했다 — 원주. 〈Durchfall〉은 글자 그대로 〈사이가 떨어지다〉라는 뜻이다. 그것은 시험에 〈떨어지다〉의 의미와 〈설사〉의 의미로 쓰였다.

58  이 표현은 독일어에서와 마찬가지로 환자의 모국어에서도 같은 뜻으로 쓰인다 — 원주. 이 독일어 숙어는 배변하는 일을 완곡하게 표현한다.

의 주된 주제는 자신에게 세상은 베일에 가려 있다 혹은 자기가 세상으로부터 베일로 차단되어 있다는 것이었다. 이 베일은 오직 한순간만 열렸다 — 그것은 관장을 하고 나서 장의 내용물이 장을 떠났을 때였다. 그때 그는 다시 건강하고 정상이라고 느꼈다.[59]

나는 환자의 속 상태를 알아보려고 동료 의사에게 환자를 보냈다. 그 동료는 통찰력이 있어서, 환자의 내장병은 기능적인 것이고 확실히 정신적으로 영향을 받은 것이라고 설명하며, 어떤 약도 쓰지 말라고 말했다. 더욱이 어떤 약도 식이 요법도 효과가 없었다. 분석 치료를 받고 있는 수년 동안에, 위에서 이야기한 바와 같이 갑자기 일어난 경우를 빼고는 한 번도 저절로 배변을 한 적이 없었다. 환자는 이 고치기 어려운 기관이 더 강력한 치료를 받는다면 상태가 오히려 악화될 것이라는 확신을 가지게 되었다. 그리고 환자가 1주일에 한 번이나 두 번씩 관장을 하거나 설사약을 먹어서 장을 비우는 것으로 만족할 수 있었다.

내장의 이상을 설명하고 보니 이 작업의 다른 곳에서 내가 예정했던 것보다 많은 지면을 할애했다. 이 작업은 유아기 신경증에 대한 고찰을 하는 것이다. 내가 그렇게 한 데는 두 가지 이유가 있다. 첫째는 내장의 증상은 사실 유아기 신경증에서 시작하여 후기까지 변하지 않고 지속되었던 것이며, 둘째로 그것이 치료를 마감하는 데 중요한 역할을 했기 때문이다.

우리는 강박 신경증을 분석하고 있는 의사에게 의심이 얼마나 중요한지 알고 있다.[60] 그것은 환자가 가진 가장 강한 무기이며,

---

59  관장을 다른 사람이 해주었거나 자기가 스스로 했거나 효과는 마찬가지였다 — 원주. 이 증상과 연관하여 프로이트가 〈현실감 소실〉과 〈이인증(離人症)〉 현상에 대해 고찰한 「아크로폴리스에서 일어난 기억의 혼란」(프로이트 전집 11, 열린책들)을 볼 것.

60  〈쥐 인간〉 증례의 병력 참조.

가장 좋아하는 저항의 수단이다. 이 의심 때문에 우리 환자는 수년간이나 공손하면서도 무관심한 태도의 뒤에 참호를 파고 누워 있을 수 있었고, 또 치료하려는 노력이 그를 살짝 지나가도록 내버려 둘 수 있었던 것이다. 아무것도 변하지 않았고, 그가 믿도록 하는 방법도 없었다. 마침내 나는 내장의 문제가 내 목적에 중요함을 깨달았다. 그것은 강박 신경증의 기저에 항상 남아 있는 히스테리 기질이었다.[61] 나는 환자에게 그의 내장 활동을 완전히 회복시키겠다고 약속했다. 이렇게 약속을 해서 그의 불신이 겉으로 나타나도록 했다. 그리고 나는 그의 의심이 점차 사라지는 것을 보고 만족감을 느꼈다. 작업을 하는 동안에 그의 내장이 히스테리에 걸린 기관처럼 〈대화에 참가〉[62]하기 시작하고, 수 주일이 지나자 오랜 이상을 딛고 정상 기능을 회복했던 것이다.

이제 다시 환자의 아동기로 돌아가겠다. 아동기는 그에게 똥이 돈의 의미를 가질 수 없었던 시기이다.

내장의 병은 아주 일찍 시작되었다. 특히 그것은 가장 흔하고, 아이들에게는 가장 정상적인 똥 싸기의 모습으로 시작되었다. 그가 처음에 똥을 싸기 시작한 것을 병적이라 설명하지 않고, 단지 환자가 장을 비우는 기능과 관련된 즐거움을 방해받거나 저지당하고 싶지 않다는 의도가 있었다는 증거로 생각하는 것은 확실히 정당할 것이다. 그는 항문에 관한 농담과 노출을 매우 즐겼다(이것은 그가 속한 계급에서는 그렇지 않았지만 다른 계급들의 상스러움과 일치하는 것이었다). 그리고 그는 후기 병을 앓기 시작한 다음에도 이 즐거움을 계속 누렸다.

---

61  프로이트는 「억압, 증상 그리고 불안」 제4장에서 이 점에 대해 다시 언급했다.
62  〈대화 속에 끼어들기 mitsprechen〉라는 구절은 『히스테리 연구』에서 처음 쓰였다.

영국인 가정 교사가 있었을 때, 그와 그의 유모가 이 지독한 여인과 방을 함께 써야 하는 일이 종종 있었다.[63] 그의 유모는 바로 그런 날 밤에는 그가 이부자리를 더럽힌다는 사실을 알아차렸다. 사실 그런 일은 그런 날 밤만 빼고는 오래전에 끝난 일이었다. 그는 조금도 부끄러워하지 않았다. 그것은 가정 교사에 대한 반항이었던 것이다.

그런데 1년 뒤(그가 네 살 반이 되었을 때) 불안증이 있었던 시기에, 그는 낮에 똥을 바지에 싼 적이 있었다. 그는 지독하게 부끄러워하면서 하인이 그를 씻기는 동안 계속 그렇게 살 수는 없다고 끙끙거리며 말했다. 그동안에 무엇인가 달라졌던 것이다. 그리고 그의 슬픔을 추적해 가면 우리는 그 무엇의 흔적을 만나게 된다. 그가 〈계속 그렇게 살 수는 없다〉라고 한 말은, 어떤 다른 사람이 한 말을 되풀이한 것임이 밝혀졌다. 그의 어머니가 한번은 자기를 보러 왔던 의사를 배웅하면서 그를 데리고 갔던 일이 있었다.[64] 그때 걸으면서 어머니는 자신의 통증과 출혈에 대해 괴로워하며 〈나는 계속 이렇게 살 수는 없다〉고 말했던 것이다. 그녀는 손을 잡고 있는 그 아이가 그것을 기억해 두리라고는 상상도 하지 못했을 것이다. 그래서 그의 비탄은 (후기 병을 앓는 동안에 수없이 되풀이할) 어머니와 동일시했다는 의미가 있는 것이다.

그는 곧 그 날짜로 보나 또 그 내용으로 보나 이 두 사건 사이에 없어졌던, 연결 고리에 해당하는 것을 기억해 냈다. 언젠가 한번 그의 불안 시기 초반에, 걱정 잘 하는 그의 어머니가 아이들이 이질에 걸리지 않도록 주의하라고 명령을 내린 적이 있었다. 이

63 이 영국 여자 가정 교사에 대해서는 3장 〈유혹과 그 직접적인 결과〉 참조.
64 이 일이 정확하게 언제였는지는 확실하지 않다. 그러나 그가 네 살 때 꾸었던 불안-꿈보다는 이전이고, 그의 부모가 집에 없었던 시기보다는 나중일 것이다 — 원주.

웃 농장에 이질이 돌았던 것이다. 그는 그것이 무엇이냐고 물었다. 이질에 걸리면 똥에 피가 섞인다는 이야기를 듣고 그는 매우 불안해졌다. 그리고 자기 똥에 피가 있다고 주장했다. 그는 자기가 이질에 걸려 죽을까 봐 무서웠다. 그러나 조사를 해보고 나서 자기가 잘못 알았고 무서워할 필요가 없다고 확신했다. 우리는 그가 이렇게 무서워함으로써 자기를 어머니와 동일시하려 했던 것을 알 수 있다. 어머니가 의사와 이야기할 때 그녀의 출혈에 관해 들었던 것이다. 그가 나중에 동일시하려고 시도했을 때는(그가 네 살 반이었을 때) 그는 피 이야기는 전혀 하지 않았다. 그는 더 이상 자신을 이해하지 못했다. 그는 자신이 부끄럽다고 상상했고, 또 그의 비탄에는 뚜렷이 나타나 있음에도 불구하고 자신이 죽음의 공포로 떨었다는 사실을 모르고 있었기 때문이다.

그 당시 그의 어머니는 배에 병이 나서 고통스러워하면서, 일반적으로 자신과 아이들에 대해 불안해하고 있었다. 그 자신의 불안은 다른 이유도 있지만 어머니와 동일시한 데서 왔을 가능성이 매우 높다.

그러면 이러한 어머니와의 동일시가 지닌 의미는 무엇이었을까?

그가 세 살 반일 때 똥 싸기를 뻔뻔스럽게 이용했던 것과 네 살 반일 때 똥 싸기에 대해 가졌던 무서움 사이에는, 그의 불안 시기를 시작하게 한 꿈이 있다. 그 꿈은 그가 한 살 반일 때 경험한 장면을 뒤늦게 이해하도록 해주었고, 또 성행위에서 여자가 하는 역할을 설명해 주었다. 이때의 강한 혐오감과 그가 똥 누기에 대한 태도를 바꾼 것을 연결하기 위해서는 한 단계만 더 가면 된다. 어머니가 슬퍼하며 이야기하는 것을 들었던 병, 그리고 그것을 가지고는 계속 살 수 없는 그 병을 그가 이질이라고 불렀던 것은 분명하다. 그리고 그는 어머니의 병이 배에 있는 것이 아니라 내장에 있다고 생각했다. 최초의 성교 장면의 영향을 받아 그는 어머니가 아프게 된 이유가 아버지가 그녀에게 한 짓 때문이라고 결론지었다.[65] 그리고 그가 자기 똥에 피가 있을까 두려워하는 것, 즉 어머니처럼 아플까 두려워하는 것은 이 성행위 장면의 그녀와 동일시되는 것을 거부하는 것이었다. 즉 그를 꿈에서 깨어나게 했던 바로 그 거부였던 것이다. 그러나 이 두려움은 또 그가 나중에 최초의 성교 장면을 한층 더 상세하게 말할 때, 자신을 어머니의 자리에 놓았으며 그녀와 아버지의 관계를 부러워했다는 증거이기도 하다. 그의 여자와의 동일시, 즉 남자에 대한 수동적인 동성애적 태도가 표현될 수 있는 기관은 항문대였다. 이 항문대의 기능 장애는 부드러움이라는 여성적 충동의 의미를 가지게 되었던 것이다. 그리고 그것은 후기 병에서도 그렇게 지속되었다.

여기에서 우리는 반대 의견을 고려해야 한다. 이에 대한 논의를 통해 외견상 혼란스러워 보이는 상황을 바로잡는 데 많은 도움을 얻을 수 있을 것이다. 그가 꿈을 꾸는 동안에, 여자는 거세되어 있으며 남자의 기관 대신 성교할 때 사용되는 상처가 있고, 또 거세되어야 여성성을 가질 수 있다는 것을 이해했다고 가정해 왔다. 또한 이러한 상실의 위협 때문에 그는 남자에 대한 여성적인 태도를 억압했고, 동성애적 열정으로부터 불안 상태로 깨어났다고 가정해 왔다. 성교에 대해 이렇게 이해한 것, 즉 질이 있다는 것을 알아차렸던 것과 내장이라는 기관을 이용하여 여자와 동일시하려 했던 것을 어떻게 조화시켜 설명할 것인가? 그 내장의 증상은 아마 더 오래전에 가졌던 생각, 즉 성교가 항문에서 행해진다는, 거세의 위협과는 완전히 모순되는 생각에 근거한 것이 아닐까?

65  이 결론은 아마 진실에서도 그리 멀지 않을 것이다 — 원주.

확실히 이와 같은 모순이 존재한다. 그리고 이 두 견해는 서로 완전히 맞지 않는다. 단 하나 질문의 이유는, 그것들이 일치해야 하느냐 하는 것이다. 우리가 당황하게 되는 것은 항상 무의식의 정신 작용을 의식의 정신 작용과 똑같이 취급하고, 그 두 정신 체계 사이에 심오한 차이가 있다는 것을 잊는 경향이 있기 때문이다.

흥분과 기대에 찬 그의 크리스마스 꿈이 그가 보았던 (혹은 그랬다고 생각한) 부모의 성교 장면을 떠오르게 했을 때, 처음 나타난 장면은 먼저 있었던 것이었음에 틀림없다. 그 먼저 있었던 것이란 여자의 몸에서 남자의 기관을 받아들인 것이 항문이었던 그 장면이다. 그리고 사실 그가 그 장면을 보았을 때는 한 살 반이었으니 그 밖에 무슨 다른 생각을 할 수 있었겠는가?[66] 그러나 이제 그가 네 살이 되었을 때 새로운 사건이 생긴 것이다. 그는 그동안에 알게 된 것, 즉 거세에 관해 들은 것 때문에 〈배설강(排泄腔) 이론〉을 의심하게 되었다. 그리고 그는 양성 간에 다른 점을 알아차리게 되었고 여자의 성적 역할을 알게 되었다. 이 우연한 사건 속에서 그는, 아이들이 성적이든 다른 것이든 간에 원치 않는 정보를 얻게 될 때 보통 하는 식대로 행동했다. 그는 새로운 것을 거부하고(우리 환자의 경우에는 거세에 대한 두려움과 관련된 동기에서) 오래된 것에 꼭 매달렸다. 그는 질이 아니라 장이 맞다고 결정했다. 그것은 비슷한 동기에서 그가 신을 거부하고 아버지의 편을 든 것과 마찬가지이다. 그는 새로운 정보를 부정하고 오래된 이론에 매달렸다. 그 오래된 이론이 그가 여자와 동일시하는 데 필요한 자료를 제공했음이 분명하다. 그가 여자와 동일시한 것은 내장과 관계 있는 죽음에 대한 두려움으로 나타났다. 또 그 이론은 그가 처음 가진 종교적인 의심, 즉 그리스도에게 엉덩이가 있

66  개들의 교접에 대한 생각에 매달리지 않는 한—원주.

는가 등을 의심할 자료도 제공했을 것이다. 그가 새로 알게 된 것이 아무 영향도 끼치지 않았다는 것은 아니다. 사실은 정반대이다. 그것은 굉장히 강력한 효과를 가져왔다. 그것은 그 꿈의 전 과정을 억압하여, 그 꿈이 나중에 의식에서 해석되지 못하게 되는 동기가 되었기 때문이다. 그러나 그것이 그 효과의 전부이다. 즉 그것은 성적 문제에는 아무 영향을 끼치지 않았던 것이다. 그때부터 거세에 대한 공포와 내장을 통해서 여자와 동일시하는 것이 공존할 수 있었다는 것은 모순이라고 볼 수 있다. 그러나 그것은 단지 논리적인 모순일 뿐이다. 그러나 이런 말은 별 의미가 없다. 이 전 과정은 무의식이 일하는 전형적인 방법인 것이다. 억압은 거부와는 매우 다른 것이다.

늑대 공포증의 생성을 연구하고 있을 때, 우리는 그가 새로운 것을 알게 된 결과가 성행위에 나타나는 것을 보았다. 그러나 지금 우리는 예전의 배설강 이론에 근거해서 내장 기능의 장애를 조사하고 있는 것이다. 이 두 견해는 억압이라는 단계에 의해 서로 떨어져 있게 된 것이다. 그의 남자에 대한 여성적 태도는 억압에 의해 거부되었다. 그런데 그것은 뒷걸음질 쳐서 내장의 증상으로 들어가 설사, 변비, 내장의 통증 등으로 자신을 드러냈다. 이 증상들은 환자가 어렸을 때 자주 겪었던 증상들이다. 그가 후에 가졌던 성적 환상은 정확한 성적 지식에 근거한 것이었는데, 그렇게 해서 퇴행적으로 내장의 증상이라고 표현될 수 있었던 것이다. 그러나 우리는 아동기 초기에 시작하여 똥이 가지는 의미가 변화되는 것을 설명하지 않으면 그것을 이해할 수 없다.[67]

나는 이미 이야기의 첫머리에서 최초 성교 장면의 내용 중 한

---

67 「항문 성애로 본 충동의 변화」(프로이트 전집 7, 열린책들) — 원주. 그 논문은 이 증례보다 먼저 출판되었지만 아마 나중에 썼을 것이다.

부분이 숨겨져 있다고 단서를 준 적이 있다. 이제 나는 그 빠진 부분을 제시할 수 있게 되었다. 그 아이는 결국 똥을 싸서 부모의 성교를 끝나게 한 것이다. 똥을 쌌기 때문에 그가 소리 지를 이유가 생겼던 것이다. 위에서 같은 장면의 다른 요소들을 논의할 때 내가 고려했던 것들은, 모두 이 새로운 사실에 대해 비판할 때도 고려되어야 한다. 내가 부모의 성교를 방해한 이 행동을 궁리해 냈을 때 환자는 그것을 받아들였다. 그리고 〈일시적인 증상〉을 만들어 내어 그것을 확인하는 것처럼 보였다. 나는 그의 아버지가 이렇게 방해를 받은 것에 화가 나서 그를 꾸짖거나 화풀이했다는 장면을 하나 더 생각해 냈는데, 환자는 그것은 받아들이지 않았다. 분석에서 나온 자료 중 그것에 대한 반응이 없었던 것이다.

이제 이야기한 새로운 사실을 그 장면의 다른 요소와 같이 취급할 수는 없다. 그것은 밖에서 온 인상의 문제가 아니고, 아이 자신의 반응의 문제인 것이다. 만약 이 행동이 일어나지 않았었다거나 혹은 후에 일어난 일인데 그 장면에 끼워 넣었던 것이라 하더라도, 이 이야기 전체는 달라지지 않는다. 그러나 우리가 이것을 어떻게 생각해야 하는가 하는 것은 문제가 될 수 없다. 그것은 (가장 광범위한 의미에서) 항문대가 흥분한 상태라는 표시이다. 다른 비슷한 경우에는 성교 장면을 보다가 오줌을 싸서 끝내기도 한다. 성인 남자라면 발기가 될 것이다. 우리의 어린 소년이 성적으로 흥분되었다는 표시로 똥을 쌌다는 사실은, 그가 유전적으로 타고난 성적 기질의 특징이라고 생각해야 한다. 그는 즉시 수동적인 태도를 보였고, 그 후 남자보다는 여자와 동일시하는 경향을 보였다.

아이들에게는 내장의 내용물이 제일 먼저, 그리고 가장 원시적으로 갖는 의미가 있는데, 그도 역시 그런 의미로 그것을 이용하고 있었다. 똥은 아이들이 주는 첫 번째 선물이다. 똥은 아이가 자기의 사랑을 대신하여 처음으로 희생하는 것이고, 자신의 몸의 일부인데도 불구하고 헤어지려고 하는 것이다. 그러나 그는 자기가 사랑하는 사람을 위해서만 그렇게 한다.[68]

우리 환자가 세 살 반일 때 가정 교사에게 했듯이, 똥을 반항의 표현으로 쓰는 것은 일찍이 있었던 〈선물〉의 의미가 반대로 변한 것뿐이다. 범인들이 잘못을 저지른 현장에 〈똥 더미〉를 남기는 것은 이 두 가지 뜻을 다 가지는 것 같다. 즉 모욕과 잘못을 보상하는 두 가지 의미를 퇴행적으로 표현한 것이다. 높은 단계에 다다른 후에라도 낮은 단계를 반대의 뜻이면서 가치를 떨어뜨리는 의미로 계속 쓸 수 있는 것이다. 반대로 나타나는 것은 억압이 일어났음을 보여 주는 것이다.[69]

나중의 성적 발달 단계에서 똥은 아기의 의미를 가지게 된다. 아기들도 똥과 마찬가지로 항문으로 나온다고 생각되기 때문이다. 똥이 가지는 〈선물〉의 의미는 이렇게 변형될 여지가 많다. 또 우리는 아기를 보통 〈선물〉이라고 말하기도 하고, 여자가 남자에게 아기를 〈주었다〉라는 표현도 자주 쓴다. 그러나 무의식에서 사

68  유아들은 자기들이 알고 또 좋아하는 사람들에게만 똥을 묻힌다는 말을 증명하는 것은 어렵지 않다. 그들은 자신이 모르는 사람들은 이런 특별 대우를 받을 가치가 없다고 생각한다. 나의 책 「성욕에 관한 세 편의 에세이」에서 나는 똥이 가장 먼저 가지는 목적에 대해 이야기했다. 즉 그것은 내장의 점막을 자가 성애적으로 자극하는 것이다. 다음 단계에 이르면 똥을 누는 과정에 아이가 어느 사람에 대해 가지는 태도가 결정적인 역할을 한다. 똥을 누는 것으로 그 사람에게 순종하고 말을 잘 듣는 아이라고 자신을 알리는 것이다. 이 관계는 계속된다. 즉 좀 더 나이가 든 아이들도 똥을 누거나 오줌을 눌 때는 어떤 특권을 가진 사람만 시중을 들게 한다. 그러나 이때에는 다른 종류의 만족도 포함되어 있다 — 원주.

69  무의식에는 〈아니요〉가 없다. 그리고 반대되는 것들 사이를 구별하지도 않는다. 반대라는 개념은 억압 기제에 의해서 생기는 것이다 — 원주. 이것의 예를 보려면 〈도라〉의 증례와 〈쥐 인간〉의 증례를 참조. 「무의식에 관하여」 제5장, 그리고 「부정」(프로이트 전집 11, 열린책들)에 있는 이론적인 토론도 볼 것.

용될 때는 이 관계의 다른 면, 즉 여자가 남자로부터 아이를 선물로 〈받았다〉는 것에도 똑같이 관심을 가지는 것이 정당하다.[70] 똥이 돈의 의미를 가지는 것은 〈선물〉의 뜻에서 곁가지로 나간 것이다.

우리 환자가 가지고 있는 덮개-기억, 즉 어느 크리스마스에 선물을 충분히 받지 못해서 처음 분노 발작이 일어났다는 기억이 가지는 보다 깊은 의미가 이제 우리 앞에 나타났다. 그가 원한다고 느꼈던 것은 성적 만족이었다. 그는 성적 만족이 항문과 관련되어 있다고 생각했다. 그 꿈을 꾸기 전에 성적인 탐구를 통해 그가 발견하려고 했던 것, 즉 성적 행위가 아기는 어디서 오는가에 대한 해답을 주었다는 것을 꿈을 꾸는 동안에 알게 되었다. 그 꿈을 꾸기 전에도 그는 아기를 싫어했다. 한번은 둥지에서 떨어진 깃털이 아직 덜 자란 작은 새를 본 적이 있었다. 그는 그것이 사람의 아기라고 생각하여 무서워했다. 그는 애벌레나 곤충같이 작은 동물들에게 화를 내곤 했는데, 분석 결과 그 작은 동물들은 그에게 아기의 의미가 있었다는 것이 발견되었다.[71]

그는 손위 누이가 있어서 나이에 따른 아이들 사이의 관계에 대해서는 생각할 기회가 많이 있었다. 한번은 그의 유모가, 그의 어머니는 그가 막내이기 때문에 아주 좋아한다고 말했다. 그래서 그는 자기 다음으로 더 이상 어린아이가 없기를 바라는 소망을 갖게 되었다. 그래서 부모가 성교하는 것을 그에게 보게 했던 그 꿈의 영향으로 어린아이를 두려워하는 마음이 그에게 다시 나타났던 것이다.

그러므로 이미 우리가 알고 있는 성적 흐름에 한 가지를 더해

70 독일어 〈empfangen〉은 〈받다〉라는 뜻과 〈임신하다〉의 뜻으로 쓰인다.
71 기생충이 꿈이나 공포증에서는 자주 아기를 나타내는 것과 같다 — 원주.

야 한다. 그것은 다른 것들과 마찬가지로 꿈에서 재생된 최초의 성교 장면에서 시작되었다. 여자(즉 그의 어머니)와 동일시하여 그는 아버지에게 아기를 주려고 했다. 그리고 이미 아버지에게 아기를 주었고 아마 또 줄 수 있을 어머니를 질투했다.

〈돈〉과 〈아기〉가 모두 〈선물〉의 의미가 있으니 간접적으로 돈이 아기의 뜻을 가지게 될 수 있다. 그래서 여성적인(동성애적인) 만족감을 표현하는 방법이 될 수 있다. 그와 누나가 독일의 요양소에 있었을 때, 그는 아버지가 누나에게 큰 수표 두 장을 주는 것을 보았다. 그때 바로 위에서 말한 일이 그에게 일어났다. 상상 속에서 그는 항상 아버지와 누나의 관계를 의심했었는데, 그것을 보고 질투심이 깨어났던 것이다. 둘만 남게 되자마자 그는 누나에게 달려갔다. 그리고 어찌나 격렬하고 심하게 비난하면서 자기 몫을 달라고 했는지, 누나는 울면서 돈을 전부 그에게 던졌다. 그를 흥분하게 만든 것은 단순히 그 돈이 아니었다. 오히려 그 〈아기〉, 즉 아버지로부터 항문을 통한 성적 만족을 얻는 것이었다. 그리고 아버지가 살아 있을 때 누나가 죽었기 때문에, 그는 이것으로 자기를 위로할 수 있게 되었다. 그녀가 죽었다는 소식을 들었을 때 그가 하게 된 구역질나는 생각은, 사실 〈이제 나는 하나밖에 없는 아이다. 아버지는 나만 사랑해야 된다〉라는 생각일 뿐이었다. 그의 생각은 그 자체로 의식화될 수도 있었으나 그것이 동성애적 배경을 가지고 있었기 때문에 받아들여지지 못하고, 가장 더러운 탐욕이라는 모습으로 위장되어 재산을 나누지 않아도 된다며 크게 안심하는 것으로 나타났다.

아버지가 죽은 뒤에, 어머니가 자기를 속여서 돈을 갈취하려한다거나 자기보다 돈을 더 사랑한다며 어머니를 근거 없이 비난한 것도 역시 마찬가지 경우이다. 그가 어머니에게 예전에 느꼈던 질투 때문에, 자신도 근거가 없는 줄 알면서 어머니를 비난하게 되었던 것이다. 예전에 그는 어머니가 자기 말고 다른 아이를 사랑한다고, 즉 자기 다음에 다른 아이를 가지고 싶어 했을 가능성을 가지고 어머니를 질투했었다.

똥이 가지는 의미를 이렇게 분석하니, 똥과 신을 연결해야 했던 그의 강박증적 생각이 스스로 볼 수 있었던 멸시의 의미 외에 다른 의미를 가지고 있다는 것이 분명해졌다. 그것은 사실 진정한 협상-산물이었다. 그것에는 헌신적인 사랑의 정다운 흐름과 모욕하는 적대적인 흐름이 똑같이 작용하고 있었다. 〈신-똥〉은 아마 생략되지 않은 상태로 가끔 들을 수 있는 신에게 드리는 선물을 생략한 말일 것이다. 〈신에게 똥 싸기〉 혹은 〈신을 위해 무엇을 싸기〉는 그에게 아기를 준다거나 혹은 그가 어떤 이에게 아기를 주도록 한다는 뜻이다. 이미 있던 〈선물〉이라는 뜻이 반대되고 가치가 떨어진 형태로 나중에 새로 생긴 〈아기〉라는 뜻과 강박증적 구절에서 합쳐진 것이다. 이들 중에서 후자의 뜻에는 여성적인 부드러움이 표현되었다. 즉 여자처럼 사랑을 받을 수 있다면 남성성을 기꺼이 포기하겠다는 것을 표현한다. 그렇다면 여기에서 우리는 편집증 환자인 재판장 슈레버가 그의 망상에서 명확하게 표현했던 바로 그 신을 향한 충동을 보고 있는 것이다.[72]

나중에 환자의 증상이 완전히 없어진 것을 이야기할 때 밝혀지겠지만, 이 환자의 내장에 생긴 병이 아버지에 대한 여성적인 태도를 표현하는 동성애적 증상이었음이 분명하다. 지금은 똥이 갖는 또 다른 의미를 이야기하겠다. 이것은 거세 콤플렉스에 대한 논의로 이어질 것이다.

똥 덩어리는 성감을 느끼는 창자의 점막층을 자극하기 때문에

72  〈슈레버〉의 증례 참조.

그것은 창자의 내막에 대해서 살아 있는 기관의 역할을 한다. 즉 그것은 남자의 성기가 질의 점막층에 하는 것과 같은 역할을 한다. 그리고 총배설강 시기 동안에 남자 성기의 원조인 것처럼 행동한다. 다른 사람을 위해서(그를 사랑하기 때문에) 똥을 건네주는 것은 거세의 원형이다. 즉 그것은 한 사람이 자기가 사랑하는 다른 사람의 총애를 얻기 위해 처음으로 자기 신체의 일부분과 떨어지는 사건인 것이다.[73] 그래서 남자가 자신의 성기를 사랑하는 것은 다른 의미에서는 자기애적이지만, 그것은 항문 성애적인 요소도 가지고 있다. 그래서 〈똥〉과 〈아기〉와 〈남자의 성기〉는 하나라는 무의식적 개념을 이룬다. 그것은 즉 자기의 몸에서 떨어져 나갈 수 있는 〈작은 것〉이라는 개념이다. 이런 연상의 길을 따라가면서 리비도 집중은 전치되거나 병적으로 중요하게 강화될 수도 있다. 그런 것은 분석에서 밝혀진다.

우리는 환자가 거세라는 문제에 대해 처음에 어떤 태도를 가졌었는지 이미 보았다. 그는 거세를 부정하고 항문으로 성교한다는 이론에 매달렸다. 그가 그것을 부정했다고 하는 것은 그것과는 전혀 상관하지 않겠다는, 즉 그것을 억압했다는 뜻이다. 이것은 사실 그것의 존재에 대한 의문에 어떤 판단을 내렸다는 것이 아니라, 그것이 존재하지 않는 것과 마찬가지였다는 것이다. 그러나 그가 유아기 신경증을 앓고 있을 때조차도 그런 태도가 변하지 않은 것은 아니다. 우리는 그가 나중에 거세는 사실이라고 인정했다는 좋은 증거를 발견했다. 이것과 연관하여 다시 한번 그는 특징적인 태도로 행동했다. 그의 이런 독특한 태도 때문에 그의 정신 작용을 분명하게 설명하기도 힘들고, 그 정신 작용을 따라 들어가기도 힘들다. 우선 그는 저항하고, 그리고 투항한다. 그

73  아이들은 예외 없이 똥을 그렇게 다룬다 — 원주.

런데 두 번째 반응이 처음 반응을 없애지 못한다. 결국 그 안에는 반대되는 두 흐름이 나란히 있게 되는 것이다. 한편으로는 거세라는 생각을 증오했고, 다른 한편으로는 그것을 받아들이며, 그보상으로 여성스럽게 되는 것으로 위안을 삼으려 하는 것이다. 그러나 의심할 수 없이 세 번째 흐름이 활동을 개시할 여지가 있었다. 그 세 번째 흐름은 가장 오래되었고 또 가장 깊은 곳에 있던 것인데, 그것은 아직 거세가 현실인가 하는 문제도 제기하지 않은 상태였다. 나는 다른 곳에서[74] 이 환자가 다섯 살 때 가졌던 환상에 대해 보고했다. 여기서는 짧게 설명을 더하겠다.

〈내가 다섯 살 때 정원에서 놀고 있었다. 유모가 가까이 있었고, 나는 주머니칼로 호두나무 껍질을 벗기고 있었다. 그 호두나무는 내 꿈에 나왔던 나무다.[75] 갑자기 나는 내 (오른쪽 혹은 왼쪽?) 새끼손가락을 잘랐다는 것을 발견하고 어마어마한 공포에 질렸다. 손가락은 피부만 이어져서 매달려 있었다. 아프지는 않았다. 그러나 매우 무서웠다. 나는 몇 발자국 떨어져 있던 유모에게 감히 이야기하려 하지 못했다. 그리고 가장 가까운 의자에 주저앉았다. 손가락을 다시 쳐다볼 생각도 못하고 앉아 있었다. 마침내 안정이 되어서 손가락을 보았더니 그것에는 전혀 상처가 없었다.〉

그의 나이 네 살 반에 성서 이야기에서 교훈을 얻은 후에, 우리가 알고 있는 대로 그는 생각을 하려고 굉장히 노력하기 시작했

74 「정신분석 치료에서의 왜곡 인식Fausse reconnaissance('déjà raconté') in während der psychoanaltischen Arbeit」— 원주.

75 「꿈에 나타나는 동화 속의 내용」 참조. 나중에 이 이야기를 다시 하게 되었는데, 그는 다음과 같이 정정했다. 〈내가 나무를 자르고 있었다고 생각하지 않는다. 그것은 다른 기억과 혼동된 것이다. 그것은 내 칼로 나무를 잘랐는데 나무에서 피가 나왔다는 기억이었다. 아마 그것도 환상적으로 잘못되었던 것 같다〉— 원주.

다. 그런데 그것은 강박증적인 신앙으로 끝났다. 그러므로 우리는 이 환상이 거세가 현실이라고 그가 알게 되었던 시기에 있었던 것이라고 가정할 수 있다. 그리고 그것은 아마도 이 단계를 실제로 구획 짓는 것이었다고 간주해야 할 것이다. 환자가 조금 정정한 것도 흥미가 없는 것은 아니다. 그가 타소Tasso가 쓴 『해방된 예루살렘Gerusalemme Liberata』에 나오는 주인공 탄크레드Tancred가 한 무서운 경험[76]과 똑같은 환상을 보았다면, 우리가 우리의 어린 환자에게 그 나무는 여자를 의미한다고 해석해도 정당할 것이다. 그렇다면 여기에서 그는 아버지의 역을 하고 있었고, 자기가 잘 알고 있던 어머니의 출혈을 여자를 거세한 것과 연결하고 있는 것이다. 여자를 거세한 것을 그는 지금 그 〈상처〉와 함께 알아차린 것이다.

그가 보았던 잘려진 손가락의 환상은, 그의 여자 친척이 태어났을 때 발가락이 여섯 개였는데, 곧 나머지 한 개를 도끼로 잘라 버렸다는 이야기를 들었기 때문에 유발되었다고 그는 나중에 말했다. 그렇다면 태어나자마자 잘라 버렸기 때문에 여자에게는 남근이 없는 것이다. 이렇게 해서 그는 강박 신경증이 있던 시기에 이미 그 꿈에서 알게 되었지만 그 당시에는 억압하여 부정했던 것을 받아들이게 되었다. 그는 또 성스러운 이야기를 읽거나 토론하는 중에 그리스도와 일반 유대인들의 할례 의식에 대해서도 알게 되었을 것이다.

그즈음에 그의 아버지가 그를 거세하겠다고 위협하는 무서운 사람으로 변해 있었다는 것에는 의심할 여지가 없다. 그는 그때 잔인한 신과 싸우고 있었다. 그 신은 인간을 죄인으로 만들고, 그

---

76  탄크레드가 사랑하는 클로린다Clorinda의 영혼은 나무에 갇혀 있었다. 그것을 모르는 그가 자기의 칼로 나무를 베자 베인 자리에서 피가 흘렀다.

들을 벌했으며, 자기의 아들과 인간의 아들을 희생한 잔인한 신이었다. 이 신이 자기의 성질을 그의 아버지에게 넘겨준 것이었다. 그러나 동시에 그는 신으로부터 아버지를 보호하려고 했다. 이 점에서 그 소년은 계통 발생적 유형에 맞추어야 했다. 그리고 개인적인 경험과 맞지 않았는지도 모르지만 그는 그렇게 했다. 거세한다는 위협이나 암시는 여자에게서 나왔지만,[77] 이것은 마지막 결과를 오래 지속시킬 수는 없었다. 어쨌든 결국 그가 거세의 위협을 느낀 것은 아버지에게서였다. 이런 면에서 유전이 우연한 경험보다 우위였다. 인간의 선사 시대에 벌을 주기 위해서 거세를 행한 것은 의심할 여지 없이 아버지였다. 그리고 그는 나중에 그것을 부드럽게 하여 할례만 했다. 강박 신경증이 진행되는 동안 환자는 점점 더 관능적인 것을 억압해 갔다. 그리고 점점 더 자연스럽게 관능적인 활동을 진정으로 대표하고 있는 아버지가 이런 악마적인 의도를 가지고 있다고 믿게 되었다. 그가 아버지를 거세하는 사람[78]과 동일시한 것은 무의식적으로 아버지에 대한 강한 적개심(아버지의 죽음을 바랄 정도로 강해졌다)의 원천이 되었다는 점에서 중요하고, 또 적개심에 대한 반응으로 생긴 죄책감의 원천으로도 중요하다. 그러나 그때까지 그는 정상적으로 행동했다. 말하자면 양성 오이디푸스 콤플렉스가 있는 신경증 환자처럼 행동했다. 그러나 이것에 대해서조차도 반대의 흐름

---

77  우리는 유모가 그랬다는 것은 이미 알고 있다. 다른 여자도 관계가 있는데 그것은 제8장에서 나오게 될 것이다 — 원주.

78  그의 후기 병의 증상 중에서 가장 괴롭고 또 괴상한 것은, 그가 옷을 맞춘 모든 양복장이와의 관계이다. 그는 이 고급 기능을 가진 사람 앞에서 겸손하게 복종했고 그에게 잘 보이려고 팁을 많이 주었지만, 옷이 실제로 어떻게 나오든 간에 언제나 실망했다 — 원주. 독일어로 〈양복장이〉는 〈Schneider〉이다. 이것은 동사 〈자르다schneiden〉에서 온 것이다. 그것의 복합 동사로 〈beschneiden〉이 있는데, 이는 〈할례하다〉라는 뜻이다. 늑대의 꼬리를 잘라 버린 것도 역시 양복장이였다는 것을 기억해야 할 것이다.

이 그 안에서 활동하고 있었다는 것은 놀랄 일이다. 그것은 아버지가 거세당한 사람이고, 그래서 그가 동정해야 하는 사람이라는 것이다.

그가 장애인이나 거지 등의 사람들을 보았을 때 숨을 내쉬는 의식을 분석했을 때, 나는 그것이 그의 아버지에게서 시작되었다는 것을 보여 줄 수 있었다. 요양소에 환자로 있던 아버지를 방문했을 때, 그는 아버지를 불쌍하게 여겼다. 분석은 이 단서를 따라 더 옛날로 거슬러 올라갔다. 그가 아주 어렸을 때, 아마 그가 유혹받기 이전(세 살 3개월일 때)이었을 것이다. 농장에는, 물을 집 안으로 나르는 일을 하는 나이 많은 노동자가 하나 있었다. 그는 말을 못 했는데, 혀를 잘렸기 때문이라고 알려져 있었다. (아마 그는 귀머거리에 벙어리였을 것이다.) 이 어린 소년은 그를 아주 좋아했고 또 깊이 동정했다. 그가 죽었을 때 소년은 하늘에서 그를 찾으려 했다.[79]

이 사람이 그가 동정을 느낀 첫 번째 장애인이다. 그리고 분석에서 이 사건이 나온 시점과 앞뒤 내용을 보면, 그는 의심할 여지 없이 아버지-대리였다.

이 사람을 분석하는 중에 그가 좋아했던 다른 시종들에 대한 기억도 나왔다. 그는 그들이 아픈 사람이거나 유대인(할례를 받은 사람이라는 것을 의미한다)이라는 사실을 강조했다. 그가 네 살 반 때 사고를 쳤을 때 씻는 것을 도와준 하인은 유대인이었고 폐병 환자였다. 그리고 그가 동정하는 사람이었다. 이 모든 사람들은 요양소에 아버지를 만나러 가기 전의 시기에 속하는 사람들

---

79 이것과 관련하여 그가 불안-꿈 이후에 꾸었던 다른 꿈에 대해 이야기하겠다. 아직 첫 번째 농장에 있을 당시였다. 그 꿈들은 천국에 있는 사람들 사이에 일어나는 성교 장면을 보여 주는 것이었다 — 원주.

이다. 즉 증상이 생기기 전이다. 그러니까 그 증상은 (숨을 내쉬어서) 환자가 불쌍하게 생각하는 사람과 동일시하는 것을 방지하려고 했던 것임이 분명하다. 그런데 꿈과 관련하여 분석은 갑자기 기억 이전의 시기로 돌아갔다. 그리고 그는 최초의 성교 장면에서 아버지의 성기가 사라지는 것을 보았다고 주장했다. 그것 때문에 그는 아버지를 동정했었는데, 그가 없어졌다고 생각했던 것이 다시 나타나서 기뻤었다고 주장했다. 이것은 새로 나온 감정적 충동이다. 그리고 다시금 최초의 성교 장면에서 시작된 것이다. 더욱이 동정이 자기애적인 기원을 가지고 있다는 것이 (단어 자체로도 확인된다)[80] 여기에 확실하게 나타나 있다.

---

80  독일어 〈동정 *Mitleid*〉은 글자 그대로 〈함께 괴로워하는〉이라는 뜻이 있다.

# 8. 최초 성교 장면에서 나온 새로운 자료 — 해결

분석 치료를 마감할 때가 다가오면, 그때까지 아주 조심스럽게 숨겨 놓았던 기억들이 새롭게 나타나는 일이 많이 있다. 아니면 다음과 같은 경우일 것이다. 환자는 어느 순간 불필요한 말을 하는 것처럼 무관심한 목소리로 그저 그런 것 같은 말 한마디를 던진다. 그러고 나서 다른 때에 무엇인가를 그 말에 더한다. 그때 의사는 귀를 쫑긋하기 시작한다. 그리고 드디어 의사는 이 얕보았던 기억 조각이 환자의 신경증이 감추고 있었던 중요한 비밀로 통하는 열쇠였음을 알아차리게 되는 것이다.

분석 초기에 나는, 환자가 행실 나쁘게 굴다가 갑자기 불안해하는 경향이 나타난 시기가 있었다고 말했다. 그는 노란 줄무늬가 있고 큰 날개의 끝에 뾰족한 돌기가 나 있는 크고 아름다운 나비를 쫓아가고 있었다. 그것은 산호랑나비였다. 나비가 꽃에 앉았을 때 갑자기 그는 나비가 지독하게 무서워져서 소리를 지르며 달아났다.

이 기억은 분석 동안에 가끔 다시 나타나서 그때마다 설명을 할 필요가 있었다. 그러나 오랫동안 그것을 설명할 수 없었다. 그렇지만 물론 이런 자세한 사건은 그것 자체의 의미 때문에 그의 기억 속에 자리를 차지하고 있는 것은 아니라고 생각해야 한다.

그것은 덮개-기억이다. 그것과 어떻게든 연관되어 있는 더 중요한 무엇을 나타내고 있는 것이다. 하루는 그가 자기 나라 말로는 나비를 〈할머니babushka〉라고 부른다고 말했다. 그는 여기에 덧붙여 그에게 나비는 보통 아주머니나 소녀같이 보이고, 딱정벌레나 애벌레는 소년같이 보인다고 말했다. 그러니까 이 불안이 있는 장면에서 어떤 여자에 대한 기억이 살아났다는 것은 의심의 여지가 없다. 내가 그 당시 나비에 있는 노란 줄무늬가 어떤 여자가 입었던 옷에 있는 비슷한 줄무늬를 생각나게 한 것이 아닐까 하는 가능성을 제시했던 것을 숨기지 않겠다. 이 이야기를 하는 이유는, 분석 중에 생기는 의심을 해결하는 데 의사가 재구성하려는 노력이 얼마나 무력한가, 그리고 분석 결과를 의사의 상상과 제안의 덕이라고 생각하는 것이 얼마나 부당한가 하는 것을 보여주려는 것이다.

몇 달 뒤에 전혀 다른 이야기를 하다가, 환자는 나비가 꽃에 앉아서 날개를 폈다 접었다 하는 것이 그에게 기괴한 기분이 들게했다고 말했다. 또 그는 그것은 여자가 다리를 벌리는 모습처럼 보였고, 다리는 로마 글자 V자 모양이었다고 말했다. V(5)는 이미 알고 있듯이 그의 소년 시절에, 그리고 치료를 하고 있을 당시까지도 그가 우울한 상태에 빠지곤 하던 바로 그 시각이었다.

이것은 나 혼자서는 절대로 끌어낼 수 없는 연상이었다. 이것이 중요한 이유는 철저하게 유아적인 연상 작용의 진행을 보여주었기 때문이다. 아이들은 가만히 있는 모양보다는 움직임에 보다 쉽게 끌린다는 것을 나는 자주 느끼게 된다. 그리고 그들은 움직임이 비슷한 것에 근거하여 연상하는 일이 많다. 어른들은 이런 움직임을 무관심하게 지나치는 경향이 있다.

이 이야기가 나온 후에 오랫동안 이 작은 문제는 다시 건드리지 않았다. 그러나 나는 나비 날개의 끝, 혹은 막대기같이 튀어나온 것이 성기를 상징하는 것이 아닐까 슬슬 의심을 하고 있었다.

하루는 조심스럽고 희미하게 아주 어렸을 때의 기억이 하나 드러났다. 그것은 유모가 오기 전의 일이었다. 그에게는 아이 보는 여자가 딸려 있었는데, 그 여자는 그를 아주 좋아했다. 그녀의 이름은 그의 어머니의 이름과 같았다. 그도 물론 그녀를 사랑했다. 사실 그것은 망각 속으로 사라진 첫사랑이었다. 그러나 우리는 나중에 중요하게 될 어떤 사건이 그 당시에 있었다는 것에 동의했다.

그런데 조금 있다가 그는 이 기억을 수정했다. 그녀는 어머니와 이름이 같을 수가 없었다. 그것은 그가 실수한 것이다. 그리고 물론 이런 실수를 했다는 것은, 그의 기억 속에서 그녀와 어머니가 합쳐져 있다는 것을 보여 준다. 그녀의 진짜 이름은 빙빙 돌아서 기억이 났다고 그는 계속해서 말했다. 그는 갑자기 첫 번째 농장에 있었던 창고를 떠올렸다. 거기에는 수확한 과일들이 저장되어 있었다. 그리고 가장 맛이 있었던 어떤 배가 생각났다. 그 배는 크고 껍질에 노란 줄무늬가 있었다. 그의 모국어로 〈배〉는 〈*grusha*〉였다. 그리고 그것은 그 아이 보는 여자의 이름이기도 했다.

그래서 나비를 잡는 덮개-기억의 뒤에는 그 아이 보는 여자에 대한 기억이 숨어 있었던 것이었다. 그러나 노란 줄무늬는 그녀의 옷에 있는 것이 아니라 그녀의 이름과 같은 이름을 가진 배에 있었다. 그러나 그녀에 대한 기억이 살아났을 때 나타난 불안의 원인은 무엇인가? 다음과 같은 노골적인 가정을 이것에 대한 명백한 대답이라고 할 수도 있었다. 즉 그가 어린아이였을 때 이 여자가 다리를 움직여 그가 마음속에서 로마 글자 V라고 결정해 버린 모양을 만드는 것을 처음 보았다는 가정이다. 다리를 그렇게 움직이면 성기에 접근할 수 있는 것이다. 우리는 이렇게 이론을 만들지 않고 더 많은 자료가 나오기를 기다렸다.

이 이야기가 나온 지 얼마 지나지 않아서 불완전하지만 잘 보존되어 있는 확실한 장면이 하나 떠올랐다. 그루샤가 마루에 무릎을 꿇고 있었고, 그녀의 곁에는 양동이와 잔 나뭇가지를 뭉쳐서 만든 짧은 비가 있었다. 그도 거기에 있었는데, 그녀가 그를 놀리거나 야단을 치고 있었다.

빠진 부분은 다른 것에서 쉽게 보충할 수 있었다. 치료를 시작한 지 몇 개월 되었을 때, 그가 갑자기 강박증적으로 시골 처녀와 사랑에 빠졌다고 이야기한 적이 있다. 그것은 그가 열여덟 살 때였는데, 그 여자로부터 그는 나중의 증상에 치명적인 원인이 된 병을 얻었다.

그는 이 이야기를 하면서 그 여자의 이름은 결코 말하려 하지 않았다. 그는 그것만은 저항했다. 그것을 빼고 그는 분석의 기본적인 규칙에 망설이지 않고 따랐다. 그러나 그는 그 이름을 이야기하기가 그토록 부끄러운 이유는, 그것이 소작농들만 쓰는 이름이라 출신이 좋은 여자들이 그 이름으로 불리는 일은 없었기 때문이라고 주장했다. 결국은 그 이름이 나왔는데, 그것은 마트로나Matrona였다. 그 이름을 소리 내어 부르면 〈어머니Mutter〉 같은 느낌이 들었다. 부끄러움은 분명히 전치된 것이었다. 그는 자기가 사랑에 빠지는 여자들이 틀림없이 가장 비천한 출신들이라는 사실에 대해 부끄러워하지 않았다. 그는 단지 그 이름만 부끄러워했다. 만약 마트로나와 있었던 일이 그루샤의 장면과 공통점이 있다면, 그 부끄러움은 먼저 있었던 사건에 속한 것이라고 보아야 할 것이다.

그는 또 얀 후스Jan Hus에 대한 이야기를 들었을 때 감동을 받았다고 말한 적도 있다. 그는 후스가 화형에 처해졌을 때 쌓아 올린 장작 다발에 정신을 빼앗겼다고 말했다. 그가 후스를 동정하는 것을 보고 나는 완벽하게 결정적인 의심을 떠올렸다. 나는 젊은 환자들이 그를 똑같이 동정하는 것을 자주 보았는데, 나는 그것을 항상 같은 방법으로 설명할 수 있었기 때문이다. 환자 중에 한 사람은 후스의 인생을 연극화하기까지 했다. 그는 자기가 비밀스럽게 사랑하던 사람을 잃은 날 그 연극을 쓰기 시작했다. 후스는 불에 타서 없어졌다. 그리고 (같은 자질을 가진 사람들과 같이) 그는 한때 오줌싸개였던 사람들의 영웅이 되었다. 나의 환자 자신도 후스를 처형하기 위해 쓰인 장작 다발을 아이 보는 여자의 비, 아니 잔 나뭇가지 다발과 연결했던 것이다.

이 자료는 자연스럽게 맞아떨어졌으며, 환자가 기억하는 그루샤의 장면에서 빠진 것을 메워 주었다. 그녀가 마루를 닦고 있는 것을 보았을 때 그는 방에서 오줌을 쌌다. 그러자 그녀는 그에게 거세하겠다고 위협하면서 다가왔다.[81] 물론 놀리는 투로 위협했을 것이다.

독자들은 내가 어째서 환자의 아동기 초기[82]에 있었던 사건을 이렇게 자세하게 이야기했는지 이미 눈치챘는지도 모르겠다. 그것은 최초의 성교 장면과 후에 나타난 강박증적 사랑 사이에 중요한 연결 고리가 된다. 그 사랑은 그의 인생에 아주 결정적인 의

81　부끄럽다는 반응은 오줌을 싸는 것(낮이건 밤이건)과 밀접하게 관계되어 있는데, 보통 사람들의 생각과는 달리 똥을 싸는 것과는 그렇게 밀접한 관계가 없다는 것은 주목할 만하다. 경험상 이것은 의심할 여지가 없다. 오줌을 싸는 것과 불은 항상 관계있는 것으로 알려졌는데, 그것은 숙고해 볼 일이다. 이런 반응과의 관계는 신화나 전설 같은 데 흔적이 남아 있어서, 우리가 알 수 있는 단계보다 더 낮은 단계의 인간 문명의 역사에서 온 침전물을 나타내는 것일 수도 있다 — 원주. 프로이트가 오줌 싸는 것과 불의 관계를 주로 토론한 것은 불의 획득에 대한 그의 논문에 있다. 「불의 입수와 지배」(프로이트 전집 13, 열린책들).

82　그것은 그가 두 살 반일 때라고 해도 된다 — 원주.

미를 가지게 된다. 그리고 그것은 또 그가 사랑에 빠지는 조건과 그 강박증을 설명하는 조건을 보여 준다.

엉덩이를 내밀고 등은 평평하게 한 채 엎드려서 마루를 닦고 있는 그 여자를 보았을 때, 그는 성교하는 장면에서 그의 어머니가 취했던 자세를 다시 만나게 되었다. 그녀는 그에게 어머니가 된 것이다. 그는 이 장면이 살아났기 때문에 성적으로 흥분에 사로잡혔다.[83]

그리고 그의 아버지같이(아버지의 행동을 그는 오줌을 누는 것으로 생각할 수밖에 없었다) 그는 그녀에 대해 남성적으로 행동했다. 그가 마루에 오줌을 싼 것은 사실은 유혹하려는 시도였다. 그리고 그녀는 마치 그의 뜻을 알기라도 하는 듯이 거세 위협으로 화답했다.

최초의 성교 장면에서 시작된 강박증은 그루샤의 장면으로 옮겨졌고, 그것에 의해 앞으로 진행되었다. 그러나 그가 사랑에 빠지는 조건은 달라졌는데, 그것은 이 두 번째 장면의 영향을 보여주는 것이다. 그 조건은 여자의 자세로부터 그 자세를 취한 채 일하는 작업으로 바뀌었다. 이것은 마트로나의 예에서 확실히 나타났다. 나중에 자신이 살던 농장의 일부인 마을을 지나가다가, 그는 시골 처녀 하나가 호숫가에서 무릎을 꿇고 빨래하는 것을 보았다. 그는 그 여자와 당장에 그리고 맹렬하게 사랑에 빠졌다. 그러나 그는 아직 그 여자의 얼굴은 힐끔 보지도 못한 상태였다. 자세와 하던 작업 때문에 그 여자는 그에게 그루샤가 되었던 것이다. 이제 우리는 그루샤의 장면에 있어야 마땅한 부끄러움이 어떻게 해서 마트로나라는 이름에 가서 붙게 되었는지 알 수 있다.

그보다 몇 년 전에 있었던 발작적인 사랑에는 그루샤의 장면이

83  이것은 그 꿈 이전이다 — 원주.

강제적인 영향력을 가졌던 것이 더 분명하게 나타난다. 집안의 하인인 어린 시골 처녀에게 그는 오랫동안 매혹되어 있었다. 그러나 그는 그녀에게 접근하는 것을 성공적으로 피하고 있었다. 하루는 그녀가 혼자 방 안에 있는 것을 보고 사랑에 휩싸이고 말았다. 그녀는 곁에 양동이와 비를 두고 엎드려서 마루를 닦고 있었다. 즉 그가 어렸을 때 보았던 그루샤와 똑같은 모습이었던 것이다.

그가 마지막으로 선택한 대상도 그 자세한 내막을 보면(여기에서 증거를 댈 수는 없지만) 역시 같은 조건에 의해 정해졌다. 그 마지막 선택은 그의 인생에서 매우 중요한 역할을 했다. 또 그 마지막 선택은 최초의 성교 장면에서 시작하여 그루샤의 장면으로 이어진 강박증의 곁가지이기도 했다. 그 강박증은 그의 사랑-선택을 좌지우지했다. 나는 처음에 환자가 그의 사랑-대상의 가치를 떨어뜨리려 한다는 것을 알아차렸다고 말한 적이 있다. 이것은 자기보다 훨씬 우월한 누나에게서 오는 긴장에 대한 반응이라고 설명했다. 그러나 동시에 나는 이렇게 자기를 주장하려는 동기만이 그 결정 인자가 아니라, 순수하게 관능적인 동기에 근거한 더 깊은 다른 동기를 숨기고 있다는 것을 보여 주겠다고 약속했었다. 이것은 환자가 마루를 닦고 있는 아이 보는 여자를 기억함으로써 드러나게 되었다. 그녀는 잠시 후에 육체적으로도 품위를 잃었다. 그가 나중에 택한 모든 사랑-대상들은 이 여자의 대리들이었다. 그런데 그 여자는 자기의 자세 때문에 우연히 그에게 첫 번째 어머니-대리가 되었다. 환자가 그 나비 꿈에 나타난 두려움이라는 문제와 관련하여 내놓은 첫 번째 연상은, 이제 최초의 성교 장면을 멀리 암시하고 있었던 것(다섯 시)이라고 쉽게 설명할 수 있다. 그는 그루샤의 장면과 거세 위협이 연관되어 있다는 것을 특히 독창적인 꿈을 꾸어 확인했다. 그 자신이 그 꿈을 해독하는 데 성공했다. 그가 말했다. 「한 남자가 *Espe*의 날개를 뜯어내는 꿈을 꾸었어요.」내가 물었다. 「*Espe*? 그게 무슨 뜻이죠?」

「알잖아요, 몸에 노란 줄무늬가 있고 침으로 쏘는 곤충 말이에요. 이것은 그루샤를 암시하는 것이 틀림없어요, 노란 줄무늬가 있는 배 말이에요.」그제야 나는 그의 말을 고쳐 줄 수 있었다.

「당신이 말하려는 것은 *Wespe*(말벌)네요.」

「그것을 *Wespe*라고 불러요? 나는 정말 *Espe*인 줄 알았어요.」(많은 사람들이 그러듯이 그도 외국어에 대한 어려움을 증상 행동의 차단막으로 이용했다.) 「그렇지만 *Espe*, 아니 그건 바로 저잖아요, *S.P.*?」(그것은 그의 이름의 첫 글자였다.)[84] *Espe*는 물론 상처 입은 *Wespe*였다. 그 꿈은 명확하게 거세 위협을 한 것에 대해 그가 그루샤에게 복수하고 있다고 말했던 것이다.

그루샤가 있는 장면에서 두 살 반짜리 소년이 한 행동은 최초 성교 장면의 결과 중 우리가 알게 된 가장 먼저 나타난 결과이다. 그것은 그가 아버지를 모방하고 있다는 것을 나타낸다. 그리고 그것은 후에 남성적이라고 불러도 될 방향으로 발달하는 경향을 보인다. 그가 유혹을 받은 것은 그를 수동적으로 만들었다. 어쨌든 그가 부모의 성교를 목격했을 때 한 행동이 그 길을 마련해 놓았었다.

나는 여기에서 치료의 과정에 대해 잠시 말하겠다. 그루샤 장면은 그가 정말로 기억할 수 있는 최초의 경험이었다. 그리고 그는 그것을 나의 가정이나 간섭 없이 기억해 냈다. 그루샤의 장면을 이해하게 되자 치료 문제는 해결된 것처럼 보였다. 그때부터는 더 이상 저항이 없었다. 남아 있는 일이라고는 모아서 순서대로 정리하는 일뿐이었다. 신경증이 옛날의 상처 때문에 생긴다는

---

84   오스트리아에서는 〈*Espe*〉와 〈*S.P.*〉가 똑같이 발음된다.

이론[85]은 결국은 정신분석 치료에서 얻어진 인상에 근거하여 세운 이론인데, 갑자기 그것이 다시 한번 전면에 나타났다. 비판을 해보기 위해 나는 그의 이야기에 대해 그가 다른 견해를 받아들이도록 강요해 보았다. 아마 그 견해는 온건한 상식을 가진 사람들에게 더 마음에 들지도 모른다. 그루샤가 있었던 장면에 대해서는 의심할 여지가 없는 것이 사실이지만, 그러나 그 자체로는 아무 의미가 없다고 나는 얘기해 보았다. 그것은 그의 대상-선택의 상황에서 퇴행하여 나중에 강조되었다. 그의 대상-선택은 가치를 떨어뜨리려는 그의 의도 때문에 누나에서 하녀들에게로 방향이 바뀌었다. 반면에 그가 성교를 목격했다는 것은 그가 후에 만들어 낸 환상이라고 나는 주장했다. 그런 환상이 생긴 근거는 아마 환자가 보았거나 경험했던 성적으로는 자극적이지 않은 관장이었을 것이다. 관장은 성적인 행동이 아니다. 어떤 독자들은 이런 가정을 보고는, 내가 이제서야 처음으로 이 환자를 이해하기 시작했다고 생각하려 할지도 모른다. 그러나 내가 이 견해를 환자에게 이야기하자 그는 이해하지 못하겠다는 듯이, 그리고 조금은 경멸하는 태도로 나를 쳐다보았다. 그리고 그는 그것에 대해 다시 반응하지 않았다. 나는 이미 이렇게 합리화하는 것을 반대하는 의견을 적당한 곳에서 이야기한 바 있다.

[그래서 그루샤 장면은 환자의 대상-선택을 통괄하는 조건을 설명해 준다. 그 조건은 그의 인생에서 결정적으로 중요한 것이었다. 그리고 그것은 그가 여자를 천시하려는 의도를 가지고 있

85  이것에 대한 토론이, 프로이트가 신경증의 원인에 있어 성이 하는 역할에 대해 쓴 논문에 있다. 「신경증의 병인에서 성욕이 작용하는 부분에 대한 나의 견해」 참조.

다는 것을 지나치게 과대평가하지 않도록 만들어 준다. 그러나 그것은 그 이상의 의미를 지닌다. 앞쪽에서 최초의 성교 장면이 그 꿈을 꾸기 얼마 전에 동물이 교접하는 것을 보아서 생긴 것이라는 견해를 주저 없이 받아들이지 않았던 이유를 설명해 준다. 그루샤 장면은 저절로 환자의 기억 속에 나타난 것이지 나의 노력으로 된 것이 전혀 아니었다. 그가 노란 줄무늬 나비를 무서워했던 것은 그루샤의 장면으로 연결되었고, 그 장면이 의미가 있는 내용을 담고 있었다는 것을 증명했다. 혹은 그가 나중에 그 내용에 의미를 붙일 수 있었다는 것을 증명했다. 그것에 따라 나온 연상과 그 연상에 따른 추정을 이용하여 환자의 기억에는 빠져 있었던 의미 있는 요소를 확실히 조달할 수 있었다. 그러고 나자 나비를 무서워하는 것이 모든 면에서 그가 늑대를 무서워하는 것과 동일한 것처럼 보였다. 두 가지 경우 모두 거세를 무서워하는 것이었다. 거세를 무서워하는 것은 처음에는 거세 위협을 입 밖에 냈던 사람의 탓으로 돌려졌다. 그러나 계통 발생의 전례를 따라 그것은 그것이 가게끔 되어 있는 사람에게로 옮겨졌다. 그루샤가 있는 장면은 환자가 두 살 반일 때 벌어졌다. 그러나 노란 나비와 관계되는 불안-에피소드는 분명히 불안-꿈 다음의 일이다. 어떻게 해서 보다 나중에 이해하게 된 거세의 가능성이, 거꾸로 작용해서 그루샤가 있는 장면에 있었던 불안을 끄집어냈는지 이해하기는 쉽다. 그 장면 자체는 반대할 것이 없고 다 그럴듯하다. 오히려 그것은 완전히 보통 일어나는 일로만 되어 있어서 의심할 이유가 없다. 그러나 그 안에는 아이의 상상에서 나온 것이라고 생각하게 만드는 것은 하나도 없다. 사실 그렇게 생각하는 것은 불가능해 보였다.

이제 제기되는 문제는 여자가 무릎을 꿇고 마루를 닦고 있는 것을 보고 그 소년이 오줌을 쌌다는 사실을, 그가 성적으로 흥분되었다는 증거로 보는 것이 과연 정당한가 하는 것이다. 만약 그렇다면, 그의 흥분은 먼저 가졌던 인상이 영향을 끼쳤다는 증거일 것이다. 그 인상은 실제로 있었던 최초의 성교 장면일 수도 있고, 두 살 반 이전에 동물의 교접을 목격했던 것일 수도 있다. 아니면 그루샤와 관련된 상황은 전혀 성적인 것이 없었고, 아이가 오줌을 싼 것은 단순히 실수였으며, 그리고 나중에 그가 비슷한 상황의 중요성을 알게 된 후에 그의 기억 속에서 그 장면에 성적인 의미를 가미했다고 결론을 내려야 하는 것일까?

이런 주제에 대해서 나는 아무 결정도 내리지 못하겠다. 그러나 이런 질문을 할 수 있는 단계에 도달했다는 것만으로도 정신분석의 명예라고 생각한다는 것을 나는 고백한다. 그렇지만 그루샤가 있는 장면과 그것이 분석에서 한 역할과 또 그것으로부터 생긴 결과가 환자의 인생에 미친 영향을 완전히 설명하려면, 그 최초의 성교 장면이 다른 환자의 경우에는 환상일 수도 있지만 우리 환자의 경우에는 실제 있었던 일이라고 생각해야 한다는 것을 부정할 수 없다. 사실 그것은 불가능한 것도 아니다. 그리고 그것이 사실이라고 가정해도 동물을 목격한 것이 그를 자극하는 역할을 했다는 것과 전혀 모순되지 않는다. 동물을 목격했다는 것은 그 꿈을 그린 그림에서 암시되었던 것이다.

이제 이 불만족스러운 결론을 떠나 내가 『정신분석 강의』에서 시도했던 문제를 숙고해 보려고 한다. 나도 이 환자의 경우에 최초 성교 장면이 실제 경험인지 환상인지 알았으면 좋겠다. 그러나 다른 비슷한 환자들을 고려해 보면, 내가 이 질문에 대해 답하는 게 사실 그렇게 중요한 것은 아니라는 사실을 인정해야 한다. 부모의 성교를 목격하는 장면과 아동기에 유혹을 당하는 장면,

그리고 거세 위협을 받는 장면들은 명백히 유전된 자질이다. 즉 계통 발생적 유산이다. 그러나 그것들은 개인적인 경험으로도 쉽게 얻을 수 있다. 우리 환자의 경우에 누나가 유혹한 것은 분명한 사실이다. 그렇다면 어째서 그의 부모가 성교하는 것을 본 것은 분명한 사실이 아니었어야 하나?

신경증에 이르기까지의 과정에서 우리가 발견할 수 있는 것은, 단지 아이는 자기의 경험이 모자랄 때 이 계통 발생적인 경험을 붙잡는다는 사실이다. 그는 개인적인 진실의 빈 곳을 개인사 이전의 진실을 가지고 채운다. 즉 그는 자기 인생의 사건들을 그의 조상의 인생의 사건들로 바꾸는 것이다. 나는 융이 이 계통 발생적 유산이 존재하는 것을 인정한 것[86]에 전적으로 동의한다.

나는 개체 발생적인 가능성을 다 살펴보기 전에 계통 발생적으로 설명하는 것은 방법적인 오류라고 생각한다. 나는 조상 시대의 알지 못하는 역사의 중요성은 자유롭게 인정하면서, 왜 유아 시대의 알지 못하는 역사의 중요성은 고집스럽게 의심하는지 이유를 알지 못하겠다. 또 나는 계통 발생적 동기와 산물도 역시 더 설명되어야 한다는 사실을 간과할 수 없다. 그리고 많은 경우에 개인의 아동기 요소가 그 설명을 제공한다는 사실도 무시할 수 없다. 그래서 결국 선사 시대의 어떤 상황에 의해 원래 생겨서 기질의 형태로 다시 얻어진 것이, 같은 상황이 지속되면서 다시 개인의 경험에서 구체적인 사건으로 나타나는 것을 보고도 나는 놀라지 않는다.][87]

최초의 성교 장면과 유혹 기간 사이에(한 살 반에서 세 살 3개

---

86   융, 『무의식 과정의 정신분석』. 이것은 늦게 출판되어서 나의 『정신분석 강의』에 영향을 미치지 않았다 — 원주.
87   [ ] 안의 내용은 나중에 프로이트가 추가한 것임.

월 사이) 벙어리인 물 나르는 이가 있을 자리도 찾아야 한다. 그는 환자에게 그루샤가 어머니-대리 역할을 했던 것처럼 아버지-대리 역할을 했다. 부모 모두 하인으로 상징된 것은 사실이지만, 나는 이것을 가치를 떨어뜨리려는 의도의 예라고 간주하는 것은 정당하지 않다고 생각한다. 아이는 사회적 차별을 고려하지 않는다. 아이에게는 그것이 아직 의미가 없기 때문이다. 그리고 아이는 그 사람이 자기 부모같이 자기를 사랑하면 하층 계급 사람이라도 자기 부모와 동류로 분류한다. 그리고 아이의 부모가 동물로 대치된 것도 가치를 떨어뜨리려는 의도와 상관없는 일이다. 아이에게는 동물을 멸시하려는 의도가 전혀 없었기 때문이다. 친척 아저씨와 아주머니도 가치를 떨어뜨리는 것과는 전혀 상관없이 부모의 대리로 이용된다. 그리고 그의 기억에서 많이 드러난 것처럼 사실 우리 환자도 그랬다.

이 시기에 건강이 염려될 지경에 이를 정도로 그가 단것 이외에는 아무것도 먹지 않았던 단계가 있었다. 그것은 희미하게 기억되었다. 그는 삼촌 중 한 사람이 먹기를 거부해서 아직 젊은 나이에 말라 죽었다는 이야기를 들었다. 그리고 또 그가 3개월 되었을 때 심하게 아파서(폐렴?) 수의가 준비되었을 정도였다는 이야기도 들었다. 이렇게 해서 그들은 그를 위협하는 데 성공했고, 그는 다시 먹기 시작했다. 아동기 후반에 그는 이 의무를 지나치게 수행하곤 했다. 마치 죽음의 위협에 대항하기 위한 행동 같았다. 처음에는 그 자신을 보호하기 위하여 죽음의 두려움이 생기게 했지만, 어머니가 이질의 위험에 대해 경고하자 그 두려움은 다시 나타났다. 그보다 나중에 그것은 그의 강박 신경증 발작이 생기게 했다. 우리는 아래에서 그것의 기원과 의미를 살펴볼 것이다.

나는 이 식욕 장애를 이 환자의 신경증 중 가장 먼저 나타난 것이라고 주장하고자 한다. 그렇다면 식욕 장애와 늑대 공포증, 그리고 강박증적인 신앙은 완벽하게 연속성 유아기 신경증을 이루게 된다. 이 연속성 유아기 신경증은 사춘기 후에 발병한 신경증의 소인을 마련한 것이었다. 일시적으로 입맛을 잃거나 동물 공포증이 생기는 등의 이상이 전혀 없는 아이는 거의 없다고 반대의 목소리가 일어날 것이다. 그러나 이런 논쟁이 바로 내가 원하는 것이다. 나는 성인의 신경증은, 아동기에 생겼지만 예외 없이 눈에 띌 정도로 심하지 않아 병이라고 생각되지 않았던 신경증을 기초로 생기는 것이라고 주장한다. 우리는 신경증으로 취급하는 성인의 병을 전적으로 성인의 인생 결과라고 생각하려 한다. 그렇지만 이런 반대는 우리가 성인의 신경증에서 분명히 유아기의 신경증이 맡고 있다고 생각하는 역할이 이론적으로 중요함을 강조할 뿐이다. 우리의 환자가 식욕 장애나 동물 공포증에 더해서 강박증적 신앙으로 고생하지 않았다면, 그의 이야기는 다른 아이들에 대한 이야기와 눈에 띄게 다르지 않았을 것이다. 그리고 우리는 그럴싸해 보이는 어떤 잘못을 저지르지 않도록 막아 줄 귀한 자료를 갖지 못하게 되어 그만큼 빈약했을 것이다.

환자가 자신의 문제를 간추려서 말한 문구를 설명하지 못했다면 분석은 만족스럽지 못했을 것이다. 그는 세계가 그에게는 장막으로 감추어져 있다고 말했다. 우리는 정신분석적 훈련을 받았기 때문에 이 말들이 의미가 없다거나 아무렇게나 되는 대로 한 말이라고 가정할 수 없다. 말하기에 이상하지만 그 장막은 단 한 번 찢어진 적이 있다. 그것은 관장을 해서 항문을 통해 장을 비운 순간이었다. 그때 그는 다시 건강해졌다고 느꼈다. 그리고 아주 짧은 시간 동안 세계를 깨끗하게 볼 수 있었다. 이 〈장막〉을 해석하는 것은 나비를 무서워하는 것을 분석할 때처럼 어렵게 진행되었다. 그는 또 장막에만 한정해 있지도 않았다. 그것은 점점 더 포착하기 어려워졌다. 마치 황혼의 느낌이나 〈어둠ténèbres〉, 그리고 만질 수 없는 것들의 느낌처럼 붙잡기 어려워졌다.

치료를 끝내기 조금 전에야 그는 자기가 대망막(大網膜)을 쓰고 태어났다는 이야기를 들었다고 기억해 냈다. 그래서 항상 자기는 특별히 행운을 타고나서 자신에게는 나쁜 일이 일어날 수 없다고 생각했다.[88] 임질이 그의 몸에 심각한 상처가 된다는 것을 알 수밖에 없을 때까지 그는 이 확신을 지니고 있었다. 자기 몸도 상처를 입을 수 있다는 것은 자기애에 대한 타격이었다. 그에게는 이 타격이 너무 컸다. 그는 자제력을 잃었다. 이렇게 함으로써 그가 이미 예전에 썼던 기제를 반복하고 있는 것이라고 말할 수도 있다. 즉 거세라는 것이 가능하다는 것을 직면했을 때 늑대 공포증이 생겼던 것이다. 분명히 그는 임질을 거세와 같은 것으로 본 것이다.

말하자면 대망막은 세상으로부터 그를 숨겨 주었고, 또 그로부터 세상을 숨겨 온 장막이었던 것이다. 그가 했던 불평은 사실 그의 소망 환상이 이루어진 것이었다. 즉 그것은 다시 모태 속으로 돌아가 이 세상으로부터 도피하고 싶었던 그의 환상적 소망이었다. 그것은 다음과 같이 번역할 수 있다.

〈인생이 나를 너무 불행하게 해요! 자궁으로 돌아가야 해요!〉

그런데 지금은 상징이지만 예전에는 실제 있었던 그 장막이 관장 후 똥을 눈 순간에 찢어지고, 또 그 조건하에서 그의 병이 없어졌다는 사실이 가지는 의미는 무엇일까? 그 상황 때문에 우리는 대답할 수 있다. 이 탄생-장막이 찢어지면 그는 세상에 또다시 태

88 〈대망막〉을 독일어로는 〈Glückshaube〉, 스코틀랜드어로는 〈sely how〉라고 하는데, 문자 그대로 〈행운의 두건〉이라는 뜻이다.

어나는 것이다. 똥은 아이다. 아이로서 그는 두 번 태어나는 것이다. 더 행복한 인생으로 태어나는 것이다. 그렇다면 이것은 재탄생의 환상이다. 융은 최근에 이것에 대해 관심을 기울였고, 신경증 환자의 상상 속에서 이것이 매우 강력한 위치를 가진다고 했다.

그것이 그 이야기의 전부였다면 이것은 아주 만족스러울 것이다. 그러나 그 상황의 자세한 내용과 환자의 개인사와의 관계를 정당하게 고려한다면 좀 더 해석해 보아야 한다. 그가 재탄생하기 위해서 필요한 조건은 남자가 그에게 관장을 해주어야 한다는 것이었다. (나중에는 필요에 의해서 자신이 이 남자의 역할을 하게 되었다.) 이것은 그가 자신을 어머니와 동일시했고, 그 남자는 아버지의 역할을 했으며, 또 관장은 성교 행동을 반복하는 것이었고, 그 성교의 열매로 배설물-아기(이것은 다시 한번 그 자신이었다)를 낳았다는 의미일 수밖에 없다. 그러므로 재탄생의 환상은 남자에게서 성적인 만족을 얻는 필요조건과 매우 밀접하게 연결되어 있다. 이것을 해석하면 다음과 같은 결과를 낳는다. 즉 그가 여자의 위치를 차지하고 어머니를 대신하여 아버지에게서 성적인 만족을 얻고, 그에게 아기를 낳아 주는 조건에서만 그의 병이 그에게서 떠난다는 것이었다. 그래서 재탄생의 환상은 상처 입고 또 검열을 통과하여 나온 동성애적인 소망이 있는 환상일 뿐이다.

이것을 더 자세하게 살펴보면, 우리는 자신의 회복을 위해 그가 내놓은 조건에서 그는 단지 〈최초 성교 장면〉 당시의 사정을 반복하고 있을 뿐이라고 이야기할 수밖에 없다. 그 순간 그는 어머니의 자리를 차지하고 싶었던 것이다. 그리고 우리가 오래전에 가정했던 것처럼 그 장면에서 배설물-아기를 내놓는 것은 바로 그 자신이었다. 그는 마치 주문에 걸린 것같이 그 장면에 고착되어 있었던 것이다. 그 장면은 그의 성생활에 결정적인 영향을 미쳤고, 또 그 꿈을 꾼 밤에 다시 살아나서 그의 병이 시작되게 했었다. 장막이 찢어지는 것은 그가 눈을 뜨는 것이고 또 창문이 열리는 것이다. 최초의 성교 장면이 그의 회복을 위한 필요조건으로 변한 것이다.

그가 불평을 표현했던 것과 그 불평이 사라지는 한 가지 예외적인 조건을 합하여, 한마디로 표현해 이 두 가지 요소의 기저에 있는 의미 전부를 분명하게 표현하는 것은 쉬운 일이다. 그는 다시 자궁 안에 들어가기를 바랐다. 그래서 다시 태어나기를 바랐을 뿐 아니라, 거기에서 아버지와 성교하여 성적인 만족을 얻고 아버지에게 아기를 낳아 줄 수 있기를 바랐던 것이다.

아버지에게서 태어나고 싶은 소망(그는 처음에는 아버지에게서 태어났다고 믿었다), 그에게서 성적 만족을 얻고 싶은 소망, 그리고 그에게 아기를 주고 싶은 소망, 이것들은 자신의 남성성을 대가로 치르고서라도 얻고자 했던 소망이었다. 이것은 항문 성애의 언어로 표현되었다. 이런 소망들에 의해 그의 아버지에 대한 고착의 순환이 완결되는 것이다. 그 소망 안에 동성애가 가장 깊이, 그리고 상세하게 표현되어 있다.[89]

이 예는 자궁-환상과 재탄생 환상의 의미와 기원에 대해 밝혀 준다고 나는 생각한다. 전자, 즉 자궁-환상은(이 예에서도 그랬듯이) 아버지에 대한 애착에서 오는 것이 보통이다. 성교하는 어머니의 자리를 차지하기 위해, 즉 아버지에 대한 어머니의 자리를 차지하기 위해 어머니의 자궁 안에 있기를 바라는 소망이 있

89 장막이 남자와 성교하는 순간 찢어지는 처녀막을 나타낸다는 다른 설명도 가능하다. 그러나 그것은 그의 회복을 위한 조건과 완전하게 어울리지 않는다. 더욱이 그것은 이 환자의 인생과 무관하다. 그에게 처녀성이란 아무 의미가 없기 때문이다—원주.

다. 반면에 재탄생의 환상은 거의 어머니와 근친상간하는 환상이 부드럽게(완곡하게) 표현된 것이다. 질베러Silberer의 표현을 빌리자면, 그것은 신비스러운 생략법이다.[90] 어머니의 생식기 안에 있는 상황으로 돌아가고 싶은 소망인 것이다. 그리고 이렇게 하여 남자가 자신을 성기와 동일시하고, 자신을 대표하는 것으로 성기를 사용하는 것이다. 그래서 두 환상은 동전의 양면인 것으로 밝혀졌다. 그들은 주체의 태도가 여성적인가 남성적인가에 따라 아버지와 성교하고 싶은 소망이나 어머니와 성교하고 싶은 소망을 표현하는 것이다. 우리 환자가 한 불평과 자기의 회복을 위해 내세운 조건에서 이 두 환상, 즉 근친상간적인 소망들이 하나로 되었다는 가능성을 배제할 수 없다.[91]

나의 의견에 반대하는 사람들의 생각에 따라 이 마지막 발견을 다시 해석해 보겠다. 환자는 전형적인 자궁-환상으로 이 세상으로부터 도피한 것을 슬퍼했다. 그리고 그의 회복은 전형적으로 표현된 재탄생이었다. 그의 기질 중 우세한 쪽에 따라서 후자는 항문의 증상으로 나타났다. 다음에 그는 재탄생이라는 항문-환상을 모델로 하여 그의 소망들을 원시적 상징 표현법으로 반복한 아동기의 장면을 만들어 냈다. 그리고 그의 증상들은 최초의 성교 장면에서 파생된 것인 양 서로 연결되었다. 그가 이렇게 어린 시절로 거슬러 올라갈 수밖에 없었던 것은, 그가 너무 게을러서 실행할 수 없는 인생의 과제에 부닥쳤거나 혹은 자기가 열등하다는 것을 아주 잘 알고 있어서 이런 장치를 공들여 만들어 내어 경

90 질베러, 「신비주의와 상징주의의 문제Probleme der Mystik und ihrer Symbolik」(1914)의 제2장 5부를 참조할 것. 질베러가 쓴 이 용어에 대해서 프로이트는 『꿈의 해석』에다 1919년에 덧붙여서 설명하고 토론했다.

91 「자아와 이드」(프로이트 전집 11, 열린책들) 제3장에 있는 〈완전한〉 오이디푸스 콤플렉스에 대한 토론을 볼 것.

멸받는 것을 피하고자 했기 때문일 것이다.

만약에 불행하고 가엾은 이 사람이 네 살 정도밖에 안 되었을 때 꿈만 꾸지 않았다면 위의 모든 것이 다 괜찮은 가정일 것이다. 그 꿈이란 그의 신경증의 시작을 알리는 것이었고, 할아버지가 들려주었던 늑대와 양복장이 이야기가 자극이 되어 생겼으며, 또 그 꿈을 해석하기 위하여 최초의 성교 장면을 가정할 필요가 있었던 그 꿈을 말한다. 융과 아들러는 그들의 이론을 가지고 우리의 고통을 덜어 주려고 한다. 그러나 그들의 노력은 이런 하찮지만 나무랄 데 없는 사실 때문에 실패한다. 현재 상황으로는 재탄생의 환상이 최초의 성교 장면에서 파생된 것이지, 그 장면이 재탄생의 환상에서 만들어진 것은 아닌 듯하다. 그리고 당시에 우리의 환자는 태어난 지 겨우 4년밖에 되지 않았으니, 다시 태어나기를 바라기에는 너무 어렸다고 가정할 수도 있을 것이다. 하지만 그렇지 않다. 이 마지막 논쟁은 취소해야겠다. 내가 관찰한 바에 따르면, 우리는 아이들의 힘을 너무 과소평가하고 있고 아이들로서는 할 수 없다고 생각한 그 무언가가 숨겨져 있을지도 모른다.[92]

92  이것이 정신분석 영역 전체에서 가장 예민한 문제라는 것을 나는 인정한다. 내가 이것을 비판적으로 고려하고, 또 분석에서 잊었던 유아기(그것도 있음직하지 않을 만큼 이른 유아기)의 기억이라고 내놓는 것이, 나중에 생긴 환상에 근거한 기억일 수도 있다는 가능성을 염두에 두기 위해서 아들러나 융의 조력이 필요했던 것은 아니다. 이 견해에 의하면, 우리가 분석하다가 문제가 된 이런 종류의 유아기 인상의 흔적을 만나게 되면, 우리는 기질적인 요소 혹은 계통 발생적으로 유지되었던 경향이 현상화된 것을 보는 것이라고 가정해야 한다. 반대로 나는 이 의문이 제일 괴로웠다. 이것이 명확하지 않았기 때문에 나의 결론을 출판하는 것을 미루었다. 환상이 증상-형성에서 하는 역할과, 후에 생긴 인상을 유아기의 것으로 〈지난날을 상상하기〉와, 사건 이후에 그 환상이 성적인 것으로 변하는 것을 모두 인정한 것은 내가 처음이다. 그러나 나의 의견에 반대하는 사람 중 아무도 그 사실을 언급하지 않았다. (나의 『꿈의 해석』 초판의 49페이지와 「강박증에 대하여」를 볼 것.) 그럼에도 불구하고 내가 더 어렵고 그럴듯하지 않은 견해를 견지한 것은, 이제까지 토론한 이 환자와 또 다른 유아기

신경증을 탐구하면서 하게 되는 논쟁의 결과이다. 독자들이 읽고 스스로 결정하도록 그 논쟁을 다시 제시한다 — 원주. 독일어판 『꿈의 해석』의 초판 49페이지를 참조하라는 것은 분명히 실수이다. 프로이트는 아마 제6장 꿈-작업에 나오는 구절을 염두에 두었던 것 같다. 그 구절에서 그는 이 각주에 쓴 것과 같은 〈지난날을 상상하기〉라는 단어를 썼다.

# 9. 요약 그리고 문제점들

이 분석 보고서를 읽은 독자들이 이 환자의 병의 기원과 발전에 대해 정확하게 파악했을지 모르겠다. 사실 제대로 파악하지 못했을까 봐 두렵다. 다른 경우에는 내가 가진 설명 기술의 능력에 대해서 거의 말한 적이 없었지만, 이 경우에는 변명을 좀 해야겠다. 아무도 그렇게 이른 단계에, 그리고 그렇게 깊숙한 정신생활의 층을 표현해 본 적이 없다. 문제를 피하는 것보다는 잘하지 못하더라도 하는 것이 낫다. 달아난다면 그 비겁자는 더욱 특정한 위험에 처하게 될 것이다. 그래서 나는 오히려 용감하게 나서서 나 자신의 열등감 때문에 숨어 버리지 않았다는 것을 보이겠다.

이 증례 자체는 특별히 좋은 증례는 아니다. 환자의 아동기에서 많은 정보를 얻을 수 있다는 이점은(어른이라는 중개인을 통해서 아이를 연구할 수 있다는 사실 때문에 가질 수 있었던 이점), 분석하는 동안 지독할 정도로 연결이 자주 끊어지고 그에 따라 설명에 빠진 곳이 생긴다는 대가를 치러야 했다. 아마 환자가 가진 특이한 점과 우리와 다른 국민적 특성 때문에 환자의 마음으로 느낌을 따라 들어가는 것이 어려웠던 것 같다. 환자는 사근사근하고 상냥한 성격에다 날카로운 지성의 품위를 갖추고 있었다. 반면에 그의 본능 생활은 완전히 방종이었다. 이런 정반대의 현상 때문에 준비하는 교육 기간이 너무 길게 걸렸고, 전반적으로 전망해 보는 것이 더 어려웠다. 그러나 그 증례를 표현하는 데 가장 어려운 장벽이 된 특징에 대해서 환자 자신은 아무 책임이 없다. 어른의 심리에서 정신 작용을 의식과 무의식으로 나누고, 또 각각을 분명하게 설명할 수 있는 단계에 이르렀다는 것은 행운이다. 아이들을 이렇게 나누어 보려 하면 우리는 완전히 곤경에 빠지게 된다. 어느 것을 의식이라 하고 어느 것을 무의식이라고 해야 할지 자주 당황하게 된다. 아이가 주로 사용하는 정신 기제나 나타난 행동으로 보기에는, 의식적인 정신 기제라고 생각하게 되는 정신 과정이 아이 자신에게는 의식적이지 않았던 경우가 많다. 왜 그런지 이해하기는 쉽다. 아이들의 의식은 아직 의식의 모든 특징을 갖추지 않았기 때문이다. 아이의 의식은 아직도 발달 중이고, 또 자신을 언어의 영상으로 바꿀 능력을 완전히 갖지 못했다. 우리는 의식에서 감각으로 인지되는 현상과 가설적인 정신적 조직에 속하는 사실을 자꾸 혼동하는 잘못을 저지르고 있다. 가설적인 정신적 조직에 속하는 사실에는 협약하여 어떤 이름을 붙여야 하겠지만, 우리는 실제로 그것도 역시 〈의식〉(조직 의식)이라고 부르고 있는 것이다. 우리가 어른의 심리를 기술할 때는 이런 혼돈이 별로 문제가 되지 않는다. 그러나 어린아이의 심리를 다룰 때는 뜻이 잘못 전해질 수 있다. 우리가 여기에다 〈전의식(前意識)〉이라는 용어를 쓴다 해도 별로 도움이 되지는 않을 것이다. 왜냐하면 아이의 전의식은 의식과 마찬가지로 어른의 전의식과 같지 않을 수도 있기 때문이다. 그래서 우리는 뜻이 분명하지 않다는 것을 분명히 알았다는 것으로 만족해야 한다.

여기에 기술한 것 같은 증례를 정신분석의 모든 발견과 모든 문제를 토론하는 구실로 삼을 수도 있는 것은 분명하다. 그러나 그렇게 하자면 끝이 없을 것이고, 또 그 노력은 정당화될 수 없다. 한 증례에서 모든 것을 배울 수 없다는 것을 인정해야 한다. 또 한 증례를 가지고 모든 것을 결정해서도 안 된다. 우리는 그 증례가 가장 분명하게 보여 주는 것을 이용하는 것만으로 만족해야 한다. 어떤 증례에서도 정신분석으로 설명할 수 있는 범위는 넓지 않다. 왜냐하면 눈에 띄는 증상의 기원을 밝혀서 그것을 설명하는 것은 정신분석이 해야 할 일이지만, 정신분석이라는 방법을 가지고 알게 되는 정신적 기제와 본능적 과정을 설명하는 것은 정신분석이 할 일이 아니기 때문이다. 정신분석에서는 단지 그것들을 기술하면 족하다. 기제와 본능에 대해 이제까지 확립된 것에서 새롭게 일반화할 것을 찾으려면, 이 증례처럼 철저하고 깊숙이 분석한 많은 사례가 반드시 있어야 한다. 그러나 그런 증례를 가지게 되는 것은 쉽지 않다. 그런 증례 하나를 얻으려면 수년간 노력을 해야 한다. 그래서 이 분야에서는 지식의 발전이 느릴 수밖에 없다. 여러 사람의 정신을 겉핥기로만 보고, 보지 않은 부분을 추정하는 것으로 만족하려는 유혹이 큰 것은 사실이다. 추정할 때는 어떤 학파나 어떤 철학의 이론을 따르게 된다. 현실적인 요구 때문에 이 방법을 사용할 수밖에 없다며 그 방법을 옹호할 수도 있다. 그러나 과학이 요구하는 것을 대치하는 것은 불가능하다.

이제 나는 가장 먼저 있었던 단서에서 시작하여 우리 환자의 성적 발달을 통합적으로 개괄한 것을 대강 기술해 보려 한다. 그것에 대해 우리가 처음 들은 것은 그의 식욕 장애이다. 완전히 확신하는 바는 아니나, 내가 관찰한 다른 것들도 고려하여 나는 그것을 성적 영역에서 일어난 어떤 과정의 결과라고 생각한다. 나는 소위 〈식인의〉 단계 혹은 〈구순〉기를 가장 먼저 인지할 수 있는 성적 조직이라고 생각하게끔 되었다. 이 단계에서는 부속되어 있는 원래 상태가 여전히 상황을 지배하고 있다.

우리는 이 단계가 직접 나타나는 모습을 볼 수 있으리라고 기대하면 안 된다. 우리는 장애가 생겼을 때 그것을 가리키는 단서를 만날 수 있을 뿐이다. 영양을 섭취하려는 본능의 장애(물론 이것은 다른 이유로 올 수도 있지만)를 보면, 우리는 그 개체가 성적인 흥분을 지배하는 데 실패했다는 것에 주의하게 된다. 이 단계에서는 잡아먹는 것-집어삼키는 것만이 성적인 목표가 될 수 있다. 우리가 지금 보고 있는 환자에게는 더 높은 발달 단계로부터 퇴행했을 때 그것이 나타났다. 즉 〈늑대에게 먹히는〉 두려움의 형태로 나타났다. 우리는 사실 이것을 아버지에게 성교를 당하는 두려움으로 해석해야 했다. 여자에게 더 나중 시기인 사춘기나 사춘기 바로 이후에 나타나는 신경증이 있는데, 그것은 식욕 부진으로 성에 대한 거부를 표현한다. 이 신경증은 성생활의 구순기와 연관하여 생각해야 할 것이다. 구순기 조직의 관능적 목표가 나타나는 예는, 연인에 대한 감정이 최고조에 이르렀을 때(〈먹고 싶을 정도로 사랑스럽다〉라는 구절 등에서), 그리고 아이들과 애정 어린 관계에서 어른이 아이처럼 행동할 때 등이다. 나는 다른 곳에서 이 환자의 아버지가 〈애정 어린 학대〉를 하곤 했으며, 어린 소년과 늑대나 개가 된 장난을 하며 농담으로 그를 먹어 버리겠다고 위협하지 않았었나 하는 의심을 피력한 적이 있다. 이 환자는 감정 전이에서 보인 흥미로운 행동으로 이 의심을 사실로 확인해 주었다. 치료에서 어려움이 있을 때마다 그는 감정 전이 상태로 감으로써 어려움을 피하고자 했는데, 그때 환자는 나를 잡아먹겠다고 위협하곤 했다. 그리고 후에는 온갖 심술궂은 행동으로 위협했다. 그러나 이 모든 것은 단지 애정의 표현이었다.

성의 구순기는 언어의 사용에 영원한 흔적을 남겼다. 예를 들면 사람들은 통상 〈맛있어 보이는〉 사랑-대상이라는 말을 한다. 그리고 좋아하는 사람을 〈사탕〉이라고 표현한다. 우리 환자에게도 단것만 먹었던 시기가 있었다는 것을 기억할 것이다. 꿈에 나오는 단것이나 사탕 등은 항상 포옹이나 성적인 만족을 나타내는 것이다.

더욱이 이 단계에 속하는 불안이 있는 것 같다(물론 어떤 근심이 생겼을 경우에만 그렇지만). 그 불안은 죽음에 대한 두려움으로 나타난다. 그리고 그것 때문에 죽을 수도 있다고 아이에게 일러 주면 어떤 것이라도 불안의 대상이 된다. 우리 환자의 경우에는 그가 식욕 감퇴를 극복하게 하기 위해서 이것이 사용되었다. 그리고 그는 실제로 그것을 지나치게 보상했다. 그가 한 살 반일 때 성교를 목격했으니, 그것은 먹는 행동에 어려움이 생기기 전이 분명하다는 것을 염두에 두면 그의 식욕 장애의 원인이 될 만한 것을 발견할 수 있을 것이다. 우리가 이미 여러 번 토론했던 가설에 근거하여 생각해야 한다. 성교를 목격했기 때문에 나중에 그에게 나타난 결과는 다양했다. 그래서 우리는 그것이 성적 성숙 과정의 속도를 빠르게 했으며, 따라서 겉으로는 의미가 없는 것처럼 보이기는 했지만 실제로 당장 나타난 결과도 있었다고 가정할 수 있다.

물론 나도 이 시기에 나타난 증상(늑대 불안과 식욕 장애)을 설명하는 데 성이나 전(前)성기기 단계의 조직에 의거하지 않고 더 간단하게 설명할 수도 있다는 것을 알고 있다. 신경증의 조짐이나 사건들이 서로 연관되어 있다는 것을 무시하고 싶은 사람들은 이렇게 설명하는 것을 더 좋아할 것이다. 그리고 나는 그들이 그렇게 하는 것을 막을 수 없을 것이다. 성생활의 시작에 대해 내가 제시한 우회로를 통하지 않고는 설득력 있는 증거를 발견하기 어렵다.

그루샤가 있는 장면에서(두 살 반일 때) 보인 이 어린 소년의 발달의 시작을 우리는 조숙하다는 것을 빼고는 정상이라고 생각해야 한다. 그래서 우리는 그 장면에서 아버지와 동일시함과 남성성을 나타내는 요도(尿道) 성애를 볼 수 있다. 그것도 역시 완전히 최초 성교 장면의 지배 아래에 있었다. 우리는 이제까지 그가 아버지와 동일시하는 것을 자기애적이라고 생각했다. 그러나 최초 성교 장면의 내용을 고려하면, 그가 이미 성기기 조직의 단계에 도달했다는 것을 부정할 수 없다. 그의 남성 성기는 그 역할 수행을 시작했고, 또 누나의 유혹이 미치는 영향 아래서 계속 역할을 수행해 갔다.

그러나 유혹을 받음으로써 그의 성적 발달이 촉진되기도 했지만, 오히려 성적 발달이 방해받고 또 다른 길로 가게 되는 데 더 많은 영향을 미쳤다. 유혹받기 때문에 그의 성적인 목표는 수동적인 것이 되었고, 따라서 그 목표는 그의 남성 성기의 활동과 어울리지 않게 되어 버렸다. 그의 성기기의 조직은 유모가 거세 위협을 했을 때는 아직 열성이 없었는데, 이 첫 번째 방해물을 만나자 깨어져서(세 살 반일 때)[93] 그 전 단계로 퇴행했다. 즉 가학적-항문기 조직으로 퇴행한 것이다. 그렇지 않았다면 다른 아이들과 마찬가지로 그 단계가 있다는 아주 약간의 단서만 보이고 지나갔을 것이다.

가학적-항문기 조직은 구순기 조직이 계속되어 발달한 것이라고 말할 수 있다. 대상을 향한 격렬한 근육의 활동이 이 시기의 특징인데, 그것은 먹기 위한 준비 활동이다. 그리고 먹는 것은 더

93  1924년 이전에 나온 판에는 이것이 세 살 9개월로 되어 있다.

이상 성적인 목표가 아니라 준비 활동이 그 자체로 충분히 목표가 된다. 이전 단계와 비교해 볼 때 핵심적으로 다른 사항은, 받아들이는 수동적인 기능이 구순대에서 분리되어 항문대에 결합된다는 것이다. 이것과 연관하여 우리는 생물학적 비교를 생각해 보지 않을 수 없다. 즉 인간에게 있어 전성기기의 조직은 몇 종류의 동물에서는 없어지지 않고 남아 있는 조건의 흔적이라고 생각해야 한다는 이론이다. 탐구하려는 본능이 여러 가지 구성 요소로부터 자라나는 것은 이 시기의 또 다른 특징이다.

그 소년의 항문 성애는 특별히 눈에 띄는 것은 아니었다. 그의 가학증의 영향으로 똥이 가졌던 애정의 의미는 적대적인 것으로 바뀌었다. 그의 가학증이 피학증으로 바뀌는 데는 죄책감이 한몫했다. 죄책감이 있다는 것은 곧 성적인 구역이 아닌 구역에서 발달이 진행되고 있다는 것을 의미한다.

그가 유혹을 받았기 때문에 그의 성적 목표는 수동적인 것으로 묶여 있어서, 그 유혹의 영향은 계속되었다. 그 유혹 때문에 그의 가학증이 대부분 피학증으로 변형되었다. 피학증은 가학증에 대해 수동적인 반쪽이라고 할 수 있다. 그러나 전적으로 그 유혹 때문에 수동적인 특징이 생겼다고 할 수 있을지는 의심이 간다. 왜냐하면 아이가 한 살 반에 성교를 목격했을 때 이미 월등하게 수동적인 반응을 보였기 때문이다. 그가 느낀 성적 흥분은 똥을 싸는 것으로 표현되었다. 이 행동에 있는 능동적 요소를 구별해야 하는 것도 사실이다. 피학증은 그의 성 충동을 지배했고 그의 환상에서 표현되었다. 그것과 나란히 가학증도 사라지지 않고 남아 있어서 작은 동물에 대한 행동으로 나타났다. 그는 유혹을 받은 후에 성적인 탐구를 시작했고, 그 탐구의 대상은 본질적으로 두 가지 문제에 대한 것이었다. 즉 아이는 어디서 오는가 하는 것과 성기를 잃어버릴 가능성에 대한 것이었다. 이런 탐구는 그의 본능적 충동이 나타나는 데 섞여 들었고, 그의 가학적 경향이 어린 아이를 의미하는 작은 동물에게 향하도록 만들었다.

이제 우리의 이야기는 그 소년의 네 번째 생일 근처의 시점에 이르렀다. 그때는 그가 한 살 반일 때 성교를 목격한 효과가 뒤로 미루어졌다가 그 꿈을 꾸게 되어 나타나게 된 시점이었다. 우리는 무슨 일이 잇달아 일어났는지 완전히 파악하거나 적절하게 표현하는 것이 불가능하다. 그 장면이 되살아났을 때 그는 지적 능력이 발전되어 있어 그것을 이해할 수 있었다. 그리고 그 장면은 새로운 사건인 것처럼 영향을 미쳤고, 또 유혹에 비견할 만한 외부로부터 온 장애물같이 새로운 상처로 작용했다. 부서졌던 성기기의 조직이 단숨에 재건되었다. 그러나 꿈속에서 성취한 진전은 유지될 수 없었다. 반대로 억압과 유사한 과정에 의해 새 요소는 거부되고 공포증이 그 자리를 차지했다.

그래서 가학적-항문기 조직은 이제 시작된 동물 공포증이 있던 시기에도 계속 존재했다. 그러나 거기에 불안-현상이 혼합되었다. 그 아이는 가학적 행동과 피학적 행동을 계속했다. 그러나 그 행동에 부분적으로 불안을 느꼈다. 그리고 아마 그의 가학증이 피학증으로 더 변한 것 같다.

불안-꿈을 분석하면서 억압은 거세가 실재한다는 것을 그가 알아차린 것과 관계있다는 것을 알게 되었다. 그 새로운 요소는 거부되었다. 왜냐하면 그것을 인정하면 그의 성기를 잃게 되기 때문이었다. 좀 더 자세하게 숙고해 보면 다음과 같은 결론에 도달하게 된다. 억압된 것은 성기기의 의미로 이해된, 즉 거세를 인정한 것에 영향을 받아서 형성된 동성애적 태도였다. 그러나 그 태도는 무의식에 담겨졌고, 해리되어 더 깊은 층을 형성했다. 억압의 동기가 된 힘은 그 소년의 성기에 부착된 자기애적 남성성이었는데, 그것이 그의 동성애적 성적 목표의 수동성과 갈등을 일으키리라는 것은 오래전부터 준비가 되어 있던 상황이었다. 말하자면 억압은 그의 남성성의 결과였다.

이 시점에서 정신분석 이론을 조금 바꾸고 싶은 유혹을 느끼는 사람이 있을 것이다. 즉 억압과 신경증의 형성은 남성성과 여성성 사이의 갈등, 즉 양성성으로부터 생겼음이 손에 잡힐 듯 분명한 것처럼 보일 것이다. 그러나 그 상황을 이렇게 보는 견해는 완전하지 않다. 갈등을 일으키고 있는 두 성 충동 중 하나는 자아-동조적이었고, 다른 하나는 소년의 자기애적 흥미의 비위를 거슬렀다. 그래서 후자가 억압되었던 것이다. 그러니까 이 경우에도 역시 자아가 성적인 경향 중 하나를 위해 억압을 일으켰던 것이다. 다른 경우에는 이런 남성성과 여성성 사이의 갈등 같은 것이 없다. 인정받기를 바라는 한 가지 성적인 경향만이 있을 뿐이고, 이는 자아의 어떤 힘과 마찰을 일으켜서 쫓겨나는 것이다. 사실 성과 도덕적 자아의 경향 사이의 갈등이 성적인 영역 안에서 일어나는 갈등보다 훨씬 많다. 그러나 이 환자의 경우에는 이런 종류의 도덕적 갈등이 없다. 양성성이 억압을 일으키는 동기의 힘이 된다고 주장하는 것은 너무 편협한 견해를 주장하는 것이다. 반대로 우리가 자아와 성적인 경향(즉 리비도) 사이의 갈등이 억압을 일으킨 동기의 힘이라고 하면, 가능한 모든 증례를 설명할 수 있다.

아들러가 발전시킨 〈남성 항거〉라는 이론은, 억압이 항상 여성성에 반해서 남성성의 편을 들지는 않는다는 점에서 어려움에 봉착한다. 상당히 많은 환자의 경우에서 남성성이 자아에 의해 억압을 당한다.[94]

94  아들러, 「심인성 양성체와 남성 항거Der psychische Hermaphroditismus in Leben

더욱이 우리가 보고 있는 환자의 경우에 좀 더 공정하게 억압의 과정을 평가하면, 자기애적 남성성이 오직 하나의 동기의 힘이었다는 것을 부정하게 된다. 그 꿈속에 나타난 동성애적 태도가 어찌나 강했던지, 어린 소년의 자아는 그것을 견디지 못하고 억압이라는 과정을 이용하여 자신을 보호했던 것이다.[95]

그의 성기에 부착된 자기애적 남성성은 동성애적 태도에 반대하기 때문에 자아가 작업을 수행하는 것을 도우려고 불려 온 것이다. 오해를 피하기 위해서 나는 자기애적 충동은 자아에서 활동하며 자아에 영원히 존재하고, 또 억압은 리비도의 대상-집중에 대항한다는 것을 더 이야기하겠다.[96]

억압의 과정을 철저하게 다루는 데 성공하지 못했지만, 이제 억압의 과정은 내버려 두고 그 소년이 꿈에서 깨어났을 때 어떤 상태에 있었는지 보기로 하자. 만약 꿈이 만들어지는 과정 동안에 그의 남성성이 그의 동성애(혹은 여성성)를 이긴 것이 사실이라면, 이미 겉으로 드러나게 남성적이고 능동적인 성적 경향이 우세한 상태로 나타나 있어야 할 것이다. 이것이 일어난 것은 틀림없는 사실이다. 성적 조직의 요점은 변하지 않았다. 즉 가학적-항문기적 단계가 남아 있었고, 또 계속 우세했다. 그의 남성성이 승리했다는 것을 보여 주는 것은, 그가 동성애적 조직의 수동적 성적 목표에 대해 불안 반응을 나타냈다는 사실밖에 없다. 그 목

und in der Neurose」(1910) 참조.

95   프로이트는 아주 초기부터, 예를 들면 그가 쓴 「과학적 심리학 초고」의 제1부 6절에서, 과도한 흥분이 상처를 입히는 결과를 가져올 수 있다고 주장했다. 「억압, 증상 그리고 불안」 제2장에 그는 다음과 같이 썼다. 〈최초의 성교 장면을 억압하는 직접적인 유발 원인은 과도한 흥분의 힘과 자극에 대항하는 보호막이 깨어지는 것 같은 양적인 요소일 가능성이 높다.〉

96   프로이트는 아들러의 억압에 대한 이론을 매 맞기-환상에 대한 논문(「〈어떤 아이가 매를 맞고 있어요〉」)의 마지막 부분에서 더욱 자세하게 논고했다. 〈슈레버〉 증례에서도 그것을 언급했다.

표는 피학적이었지만 여성적이지는 않았다. 우리는 승리한 남성적 성 경향을 보게 되는 것이 아니라 수동적 경향과 그것에 대한 저항을 보게 되는 것이다.

나는 독자들이 내가 〈능동적〉인 것과 〈남성적〉인 것, 그리고 〈수동적〉인 것과 〈여성적〉인 것을 예리하게 구분(낯설기는 하지만 꼭 필요한 구분)하는 것에서 어려움을 느끼리라 생각한다. 그래도 나는 주저하지 않고 반복하겠다. 그 꿈 이후에 벌어진 상황은 다음과 같다. 먼저 성적인 경향이 분리되었다. 즉 무의식에서는 성기기의 조직 단계에 도달했고 강한 동성애가 건립되었다. 그것의 위층에(거의 의식에)는 예전의 가학적이고 대체적으로 피학적인 성적 경향이 남아 있었다. 자아는 전체적으로 성에 대한 태도를 바꾸었다. 자아는 성을 거부하고 피학적 목표를 불안을 가지고 거절했다. 그것은 자아가 더 깊이 존재하는 동성애적 목표에 공포증을 형성하여 반응한 것과 같다. 그래서 그 꿈의 결과는 남성적 경향의 승리라기보다는 여성적이고 수동적인 경향에 대한 반응이다. 이 반응에 남성성의 성질을 부여하는 것은 무리이다. 자아에게는 성적인 경향이 없고, 단지 자신을 보호하고 자신의 자기애를 보존하고 있을 뿐이라는 것이 진실이다.

이제는 공포증을 살펴보자. 그것은 성기기의 조직 단계에서 생겨났다. 그리고 불안-히스테리의 비교적 단순한 기제를 보인다. 자아는 불안이 생기게 함으로써 자기가 견딜 수 없는 위험이라고 간주하는 것으로부터 자신을 보호하고 있다. 그 위험이란 동성애의 만족이다. 그러나 억압의 과정은 간과할 수 없는 흔적을 남겼다. 그 위험한 성적 목표가 부착되어 있던 대상이 의식 속에서 다른 것으로 바뀌어야 했던 것이다. 아버지에 대한 두려움이 아니고 늑대에 대한 두려움이 의식화되었던 것이다. 한 가지 공포증만 만들고 그 과정이 끝난 것은 아니었다. 한참 지난 후에 늑대는 사자로 바뀌었다. 작은 동물에 대한 가학적인 충동과 동시에 그 것들에 대한 공포도 있었다. 아마 작은 동물들이 그 소년의 경쟁 자인 어린아이들을 대신했기 때문일 것이다. 나비 공포증의 기원 은 특히 흥미롭다. 그것은 그 꿈에서 늑대 공포증을 만들어 낸 기 제를 반복한 것과 같다. 우연한 자극에 의해 오래된 경험, 즉 그루 샤가 있는 장면이 되살아났다. 그래서 그녀가 거세를 위협했던 것이 드디어 영향을 끼치게 되었다. 그녀가 그 말을 했을 당시에 는 그 말에 대해 그는 아무런 인상도 받지 않았었다.[97]

이런 공포증을 만드는 것과 관련된 불안은 거세에 대한 두려움 이었다고 확실하게 말할 수 있다. 이렇게 말해도 불안이 동성애 적 리비도를 억압하여 생겼다는 견해와 모순되지 않는다. 두 가 지 표현법 모두 같은 과정을 말하고 있다. 즉 자아가 동성애적 소

[97] 내가 말했듯이, 그루샤의 장면은 환자가 스스로 기억해 낸 산물이다. 의사가 조립하거나 자극하여 그 기억이 나오게 한 것이 아니다. 그 기억에서 빠진 것은 기존 의 분석 방법에 의해 채워졌다. 작업을 하는 데 분석적 방법에 조금이라도 가치를 둔 다면 말이다. 공포증을 합리적으로 설명하는 방법은 다음 한 가지밖에 없다. 어떤 아 이가 유전적 경향을 가지고 있어서 노란 줄무늬 나비와 관련하여 불안 발작을 일으킨 적이 있기 때문에 쉽게 불안해진다면, 그것이 특별할 이유는 없다고 말할 수 있을 것 이다(스탠리 홀Stanley Hall의 「두려움에 대한 종합적인 유전적 연구A Synthetic Genetic Study of Fear」[1914]를 볼 것). 그의 두려움의 진짜 원인을 모르기 때문에 위의 방식으 로 설명을 계속하자면, 환자가 그 두려움을 연결시킬 수 있는 어떤 것을 자신의 아동 기에서 찾으려 했다고 할 수 있을 것이다. 우연히 이름과 줄무늬가 나타나는 것이 비 슷했기 때문에, 그에게는 아직 기억하고 있던 유아방-하녀를 가지고 상상의 모험을 만들어 낼 근거가 되었던 것이다. 그러나 우리는 이 사건에 포함된 세부 사항이(이 견 해에 의하면 그 자체로는 아무 의미가 없는데) 환자의 인생에서 대상-선택에 영원히, 그리고 강박적으로 영향을 미칠 만큼 힘이 컸다는 것을 관찰하게 된다. 그 세부는 마 루를 닦는 행동과 양동이와 비를 말한다. 그렇다면 나비 공포증은 설명할 수 없는 중 요성을 얻은 것처럼 보인다. 그래서 이 가설에 따라 상황을 보면, 적어도 나의 가설에 따라 본 것만큼 그 상황은 주목할 만하다. 그리고 그 장면을 합리적으로 읽어서 생기 는 이익은 사라진다. 그루샤의 장면은 우리에게 특히 가치가 있다. 왜냐하면 그것과 관련하여 우리는 덜 확실한 최초의 성교 장면에 대한 판단을 준비할 수 있기 때문이 다—원주.

망의 충동에서 리비도를 거두어들이고, 그러면 갈 곳 없는 리비도가 대상 없는 불안이 되어 결과적으로 공포증에 부착된다는 것이다.[98] 첫 번째와 같이 말하는 것은 자아가 활동을 하게 되는 동기를 더 언급한다는 것이 다를 뿐이다.

좀 더 자세하게 살펴보면, 우리는 이 환자의 첫 번째 병(식욕장애는 차치하고)은 공포증만 있던 것이 아니라는 것을 알게 된다. 우리는 그것을 단순히 불안 증상뿐 아니라 전환 현상까지 보이는 진정한 의미의 히스테리라고 생각해야 한다. 동성애적 충동의 일부가 관련된 장기에 그냥 남아 있었다. 그 뒤로 어른이 된 다음까지도 그의 창자는 히스테리에 걸린 기관 같은 양상을 보였다. 무의식적으로 억압된 동성애가 그의 창자로 숨은 것이다. 바로 이런 히스테리성 특징이 있었기 때문에 그의 성인 시기의 병을 고치는 데 많은 도움이 되었다.

우리는 이제 보다 복잡한 강박 신경증의 구조를 밝히기 위해 용기를 내야 한다. 다시 한번 상황을 기억하자. 즉 피학적 성적 경향이 우세하고, 동성애적 경향은 억압되어 있으며, 또 자아는 그것들을 히스테릭하게 부정하는 데 빠져 있다. 어떤 과정에 의해 이런 조건이 강박 신경증으로 변했을까?

그것은 내부에서 스스로 변형되지 않았다. 그것은 외부의 영향을 받아서 변형되었던 것이다. 환자와 그 아버지와의 관계는 가장 중요한 것이었는데, 이제까지는 늑대 공포증으로 표현되어 있었다. 그런데 그것이 강박증적인 신앙심으로 나타나고 있는 것이 변형이 일어난 것을 보여 주는 가시적 결과였다. 환자의 병력 중 이 부분에서 일어난 일련의 사건들을 보면, 내가 「토템과 터부」에

---

98  프로이트는 후에 억압과 불안의 관계에 대한 견해를 바꾸었다. 그것은 그의 「억압, 증상 그리고 불안」 제4장과 11장에 설명되어 있다.

서 주장했던 것을 명백하게 확인할 수 있다는 것을 나는 지적할 수밖에 없다. 「토템과 터부」에서 나는 토템인 동물과 신의 관계에 대해 이야기했다.[99] 나는 거기에서 신의 개념이 토템에서부터 발전된 것이 아니고, 두 개념이 공통된 뿌리에서 독자적으로 발전하여 나중에 신의 개념이 토템을 대신하게 된 것이라는 견해에 찬성했다. 나는 토템이 처음 나타난 아버지-대리이고, 신은 나중에 나타난 아버지-대리이며, 여기에서 아버지는 다시 인간의 모습을 회복했다고 주장했다. 그리고 우리는 우리 환자에게서 같은 것을 발견한다. 늑대 공포증에서 그는 토템인 아버지-대리 시기를 지나갔다. 그러나 그 단계는 깨지고, 그와 아버지의 관계가 새로워진 결과로 그 단계는 종교적 신앙심의 단계로 바뀌었다.

이 변화가 생기게 된 것은 어머니의 힘에 의해 종교의 교리와 성서 이야기를 알게 되었기 때문이다. 이러한 교육적 조치는 바람직한 결과를 낳았다. 가학적-피학적 성적 조직은 천천히 끝났고, 늑대 공포증은 곧 없어졌으며, 불안을 가지고 성을 거부하는 대신 보다 높은 단계에 속하는 억제 방법이 나타났던 것이다. 신앙심이 아이의 생활에서 우세한 힘이 되었다. 그러나 투쟁 없이 이런 승리를 얻은 것은 아니었다. 그의 불경한 생각이 이러한 투쟁의 단서였고, 그 투쟁은 종교적 의식을 강박적으로 과장하는 결과를 가져왔다.

이런 병적인 현상을 빼면 이 환자의 경우에 종교는 한 사람의 교육에 종교를 포함시키는 목적을 모두 성취했다고 할 수 있다. 그것은 그의 갈등을 승화시키고 그에게 안전하게 정박할 곳을 제공하여 그의 성 충동을 제어했다. 또 그것은 그의 가족 관계의 중요성을 낮추고 인류라는 큰 공동체로 갈 길을 열어 줌으로써, 그

99 「토템과 터부」 참조.

를 고립의 위협으로부터 보호해 주었다. 이 길들여지지 않은 채 두려움에 싸여 있던 아이가 사교적이고, 행동이 올바르고, 또 교육 가능한 아이로 변했던 것이다.

종교가 그에게 영향을 미칠 수 있었던 가장 중요한 동기의 힘은, 그가 그리스도라는 인물과 자신을 동일시한 데 있었다. 그의 생일이 그리스도의 탄생일과 일치한다는 우연성 때문에, 그가 그리스도와 자신을 동일시하는 것은 특히 쉬웠다. 이런 길을 따라 억압될 수밖에 없을 정도로 엄청난 아버지에 대한 그의 사랑은 드디어 이상적으로 승화되었다. 그는 그리스도로서 이제는 신이라고 불리게 된 아버지를 사랑할 수 있게 되었다. 아버지가 인간이었을 때는 보일 수 없었던 정도의 열성을 가지고 사랑할 수 있게 되었던 것이다. 그는 자기의 사랑을 똑바로 볼 수 있는 방법을 종교를 통해 얻었다. 그리고 그의 개인적인 사랑의 느낌에는 항상 죄책감이 따라다녔으나, 종교적인 사랑은 죄책감에 시달리지도 않았다. 이렇게 해서 그는 아직도 가장 깊은 곳에 있는 성적 경향을 흘려보낼 수가 있었다. 그 성적 경향은 이미 무의식적인 동성애라는 형태로 침전되어 있었다. 그리고 동시에 그는 보다 얕은 층에 있는 피학적 충동을 별로 포기하지 않고도 승화할 수 있게 되었다. 그는 신인 아버지와 그 아버지의 명예를 위해서, 그리스도 자신이 나쁜 대우를 받고 희생되었다는 예수 수난의 이야기에서 비교할 수 없는 승화를 체험했던 것이다. 그래서 종교가 고난에 빠진 아이에게 할 일을 했다는 것이다. 종교는 믿는 자에게 만족을 주고, 승화할 수 있게 해주며, 관능적인 것을 순수하게 영적인 것으로 돌릴 수 있게 해주고, 또 사교적 관계를 갖게 해주는 등의 혼합 작용을 한다.[100]

100  한 개인에게 종교가 갖는 가치에 대해서는 「어느 환상의 미래」(프로이트 전

그는 처음에는 세 가지 다른 이유에서 종교에 대해 반대했다. 우선 일반적으로 그는 새로운 것을 배척하는 특징이 있었다(우리는 이미 이 특징이 나타난 예를 보았다). 그는 한번 차지한 리비도의 위치를 고집스럽게 지키려 했다. 그것은 그가 그 위치를 포기하면 무엇을 잃게 될지 두렵기도 했고, 또 눈앞에 보이는 새로운 위치가 잃은 것을 완전히 대치해 줄 수 있다는 가능성을 믿지 못했기 때문이기도 했다. 이것은 중요하고 근본적인 심리학적 특징이다. 나는 이것을 〈고착〉되기 쉬운 성질이라고 「성욕에 관한 세 편의 에세이」에서 기술했다. 융은 이것을 정신적 〈무기력〉이라고 이름 붙여, 신경증 환자가 보이는 모든 결핍의 주요 원인으로 부각시키려고 했다. 나는 이 점에서 그가 옳지 않다고 생각한다. 왜냐하면 이 요소는 보다 널리 적용할 수 있고, 신경증 환자가 아닌 사람들에게도 중요한 역할을 하기 때문이다. 리비도의 집중이(다른 종류의 에너지 집중도 마찬가지로) 운동성이 크거나 느린 것은 많은 정상적인 사람이 가지고 있는 특별한 성격이고, 모든 신경증 환자에게 있는 특징도 아니다. 그리고 이 성질은 이제까지 다른 성질과 연결되었던 적이 없다. 그들은 소수처럼 더 이상 나눌 수 없다. 우리가 그것에 대해서 아는 것은 한 가지밖에 없다. 그것은 나이를 먹을수록 정신적 집중의 운동성이 떨어지는 성질이 있다는 것이다. 정신분석 치료가 효과를 나타내는 데는 한계가 있는데, 이것은 그 한계를 나타내는 단서 중의 하나이다. 그러나 어떤 사람들은 정신적 유동성을 보통 나이-한계를 한참 지난 뒤까지도 유지하는가 하면, 또 어떤 사람은 아주 일찍 잃기도 한다. 후자가 신경증 환자들이라면, 우리는 겉으로는 비슷한 상황에서 다른 사람들이라면 쉽게 해결했을 사태로 돌이키는 것이 그

집 12, 열린책들)에서 더 논의되었다.

들에게는 불가능하다는 반갑지 않은 발견을 한 것이다. 그래서 정신적인 에너지의 전환에 대해 생각할 때는, 물리적인 에너지의 전환을 생각할 때와 마찬가지로 엔트로피*Entropie*의 개념을 이용해야 한다. 엔트로피의 개념은 이미 일어난 일을 되돌리는 것을 반대한다.[101]

공격의 두 번째 근거는, 종교의 교리는 신인 아버지에 대한 불분명한 관계에 근거하고 있으며, 또 사실 그 관계의 기본이 되는 관계에는 양가감정적인 태도가 깔려 있다는 것이다. 자신이 양가감정을 가지고 있었기 때문에 환자는 종교에 있는 같은 성질을 쉽게 발견할 수 있었다. 그리고 그는 그것을 예민하게 비판했다. 네 살 반짜리 아이가 그런 비판 능력을 가졌다는 것에 대해 우리는 놀라지 않을 수 없다.

그러나 세 번째 요인이 작용하고 있었다. 그것은 셋 중 가장 중요한 요인으로, 이 요인이 작용하여 그의 종교에 대한 저항의 병적인 산물을 만들어 냈다. 그가 남자를 성적 대상으로 선택하도록 만든 정신적 경향은 종교에 의해서 승화되었어야 했는데, 사실 그것은 더 이상 자유롭지 않았다. 그러한 경향의 일부가 억압에 의해 잘려서 승화될 기회를 얻지 못하고 원래의 성적 목표에 매여 있었다. 사정이 이와 같았기 때문에 억압되어 있는 부분은 승화되어 있는 부분으로 뚫고 들어오거나, 후자를 자신이 있는 곳으로 끌어내리려고 계속 안간힘을 쓰고 있었다. 그가 처음 그리스도라는 인물에 대하여 숙고한 내용에는, 이미 그 숭고한 아들이 아버지에 대해 성적인 관계를 수행할 수 있을까 하는 의문

101 열역학의 제2법칙에 의하면, 엔트로피는 어떤 종류의 물리적 변화를 거꾸로 가지 못하게 하는 경향이 있는 힘이다. 정신적인 무기력에 대해서 프로이트는 그의 논문 「정신분석 이론에 반하는 편집증의 사례」(프로이트 전집 10, 열린책들)에서 논의했다.

이 포함되어 있었다. 그 성적인 관계는 그가 자기의 무의식에 남겨 놓았던 것이었다. 그가 이런 노력을 거부한 결과는 확실히 불경한 내용의 강박증적 생각들이 나타난 것뿐이었다. 그 불경한 생각에는 신에 대한 그의 육체적 사랑이 가치 저하의 형태로 다시 나타나고 있다. 그러고는 이런 협상에 반대하는 격렬한 방어적인 투쟁이 일어나, 필연적으로 신앙심과 신에 대한 순수한 사랑을 표현하도록 만들어진 모든 행동을 강박증적으로 과장하게끔 만들었다. 결국 종교가 이겼다. 그러나 종교의 본능적 기초가 그것을 승화하여 만든 산물이 견디는 힘보다 비교할 수 없을 정도로 더 강하다는 것이 증명되었다. 종교에 반대하는 입장을 가진 새로운 아버지-대리가 나타나자마자, 그는 종교를 떨쳐내 버리고 다른 것으로 대치했다. 그의 신앙심은 여자(그의 어머니와 유모)의 영향을 받아 생겼고, 그가 종교로부터 자유로워진 것이 남자의 영향이었다는 것은 흥미로운 합병증이다. 우리는 이것을 염두에 두어야 한다.

이 강박 신경증의 기원이 가학적-항문기적 조직에 근거하고 있다는 사실은, 내가 「강박 신경증에 잘 걸리는 체질」에서 이야기했던 것을 대체로 확인해 준다. 그러나 이 환자의 경우 이미 심한 히스테리 증상이 있었기 때문에 이 면에서는 조금 불확실하다.

나는 나중에 그것이 변화된 모습을 잠시 살펴보는 것으로 환자의 성적 발달에 대한 연구를 마치려 한다. 그에게는 사춘기 동안에 매우 관능적이고 남성적인 경향이 성기기의 조직에 걸맞는 성적 목표를 가지고 나타났다. 그것은 정상이라고 생각해야 한다. 그리고 그의 성인기 병이 생길 때까지 이 경향은 내내 지속되었다. 그것은 그루샤의 장면과 직접 연결되어 있다. 즉 그것은 그 장면에서 보였던 특징적인 모습을 역시 가지고 있었다. 그 특징적 모습은 발작적으로 갑자기 나타났다가 지나가는, 강박증적으로 사랑에 빠지는 모습이었다. 이러한 성향은 그의 유아기 신경증에서 비롯된 억제에 대항하여 투쟁해야 했다. 그는 한때 여자에 대해 격렬한 혐오감을 가졌던 적이 있었는데, 그는 그렇게 해서 완전한 남성성을 얻었던 것이다. 그때부터 계속 그는 성적 대상으로 여자를 택하기는 했지만 여자를 대상으로 취하는 것을 즐기지는 않았다. 왜냐하면 그에게는 지금은 무의식화되어 있기는 하지만 남성에게 끌리는 강력한 성향이 있었고, 여기에 발달 초기 단계의 모든 힘이 합쳐져 있었기 때문이다. 그 성향 때문에 그는 항상 여성 대상으로부터 멀어지려 하고, 사이사이에 지나치게 여자에게 의존하게 되었다. 그는 치료하는 동안에 계속 여자와 관계하는 것은 못 참겠다고 불평했다. 그리고 또 우리가 남자에 대한 그의 무의식적인 관계를 그에게 폭로하는 것에만 방향을 맞추고 있다고 불평했다. 전체 상황을 한 공식으로 요약할 수 있을 것이다. 그의 아동기의 두드러지는 특징은 능동성과 수동성 사이에서 갈팡질팡하는 것이었다. 사춘기에는 남성성을 위한 투쟁이 두드러졌고, 병이 걸린 이후에는 남성적인 욕망의 대상을 위한 싸움이 특징이었다. 그에게 신경증이 생긴 직접적인 원인은, 내가 특별한 종류의 〈좌절〉[102]이라고 정리했던 그런 경우가 아니었다. 그래서 이 증례는 그 분류에서 빠져 있는 것에 관심을 가지게 한다. 성기에 균이 감염되어 그의 거세 공포가 재발되고, 또 자기애가 깨지고, 그리고 운명이 자기를 개인적으로 옹호해 주리라는 희망을 버릴 수밖에 없게 되자 그는 병에 걸렸다. 그러므로 그는 자기애적 〈좌절〉 때문에 발병한 것이다. 그의 자기애가 정도 이상으로 강한 것은, 그의 성적 발달이 억제되었다는 것을 나타내는 다른

102 「신경증 발병의 유형들」(프로이트 전집 10, 열린책들) 참조 — 원주.

단서들과 완전히 조화된다. 즉 그의 정신이 에너지가 그렇게 많은데도 불구하고 이성의 대상에게는 거의 집중하지 않았다는 사실, 그리고 자기애에 보다 가까웠던 동성애적 태도가 무의식의 힘으로 아주 끈질기게 남아 있었다는 사실과 조화된다는 것이다. 이런 종류의 혼란이 있을 때는 당연히 정신분석적 치료가 즉시 대변혁을 가져오거나 모든 것이 정상 발달 수준에 이르게 할 수는 없다. 정신분석 치료는 단지 장애물을 없애고 길을 터놓을 뿐이다. 그래서 생활의 영향을 받아 성적 발달이 보다 나은 길을 따라 이루어지도록 할 뿐이다.

이제 나는 이 환자의 정신 구조에서 이상한 점을 몇 가지 모아 보려고 한다. 이것들은 정신분석 치료에 의해 드러난 것이지만, 더 설명되지 않아서 직접 치료의 영향을 받지 않았다. 이미 토론하기는 했지만 그의 고착은 매우 끈질겼고, 또 그는 아주 쉽사리 양가감정에 빠졌다. 그리고(기질 중 세 번째 성질인데 원시적이라고 불러야 할 것이다) 그는 제각각이고 또 서로 모순되는 리비도의 집중을 동시에 유지하는 힘이 있었고, 이것들은 모두 결탁하여 기능을 수행할 수 있었다. 이것들 사이에서 쉴 새 없이 너울거리는 것이(오랫동안 치료의 진행을 막고 회복을 가로막는 것처럼 보이던 특징이었는데) 그의 성인기 병의 임상적 형태를 지배했다. 나는 이 보고에서 그것에 대해서는 거의 언급하지 못했다. 이것은 의심할 여지 없이 무의식의 일반적인 특성이지만, 이 환자의 경우에는 의식화된 과정에도 이것이 남아 있었다. 그러나 이것은 감정적인 충동의 산물에서만 나타났다. 이와 반대로 그는 순수한 논리 분야에서는 모순과 불일치를 찾아내는 데 남다른 재주를 보였다. 그래서 그의 정신생활을 보면 고대 이집트의 종교를 보는 것 같은 인상을 받았다. 고대 이집트의 종교는 참 난해하다. 그것은 발달의 초기 단계와 그 마지막 산물을 함께 유지하고 있다. 또 그것은 가장 먼 옛날의 신들과 그들의 속성과 함께 가장 현대적인 것들을 가지고 있다. 그래서 다른 발전의 산물은 입체로 보이는데, 그것은 이차원적 평면에 펼쳐져 있다.

나는 이제 이 환자에 대해 내가 해야 할 말은 다 했다. 이 환자는 많은 문제를 제기했는데, 그중 두 가지가 특별히 강조할 만한 가치가 있다. 첫째는 계통 발생적으로 유전된 도식들에 관한 것이다. 이 도식들은 철학의 범주처럼 실제 경험에서 얻은 것의 〈위치를 정하는〉 일에 관계된다. 나는 그것들이 인류 문명의 역사에서 온 침전물이라는 견해를 가지고 있다. 오이디푸스 콤플렉스는 아이와 부모의 관계로 이루어지는데, 이것은 이 도식들의 한 예이며 사실 이 종류로는 가장 잘 알려진 예이다. 경험이 이 유전적인 도식과 맞지 않을 때마다 그것들은 상상 속에서 다시 만들어진다. 이 과정을 자세하게 따라가 보면 얻는 것이 많을 것이다. 바로 이런 경우에 우리는 이 도식이 독립적으로 존재한다고 확신하게끔 된다. 우리는 도식이 개인의 경험을 제치고 승리하는 것을 자주 본다. 우리 환자의 경우 다른 면으로 보면, 도착된 오이디푸스 콤플렉스인데도 불구하고 아버지가 거세자가 되었고 그의 유아기적 성생활을 협박하는 사람이 되었다. 유모가 어머니의 역할을 하게 된 것이나 유모와 어머니가 합쳐진 것에도 같은 과정이 작용하고 있다. 아동기의 갈등은 경험과 도식 사이의 모순에서 많은 자료를 얻는 것 같다.

두 번째 문제는 첫 번째 문제와 크게 다르지 않다. 그러나 그것은 훨씬 더 중요하다. 이 아이가 네 살 때 다시 활성화된 최초의 성교 장면[103]에 대해 보였던 행동을 생각해 보거나 혹은 그 장면

103 나는 20년이 지난 후에야 이 행동을 말로 표현할 수 있었다는 사실을 무시

을 직접 경험했을 당시인 한 살 6개월인 아이의 그보다 더 간단한 반응을 고려해 보면, 거의 정의할 수 없는 지식, 말하자면 이해하기 위한 준비 단계의 그 무엇이 당시에 그 아이에게 작용하고 있었다는 견해를 폐기하기 어렵다.[104]

그것이 무엇으로 되어 있었는지 우리는 생각해 낼 수 없다. 우리가 쓸 수 있는 것이라고는 단 한 가지, 즉 동물이 가지고 있는 본능의 지식이라는 것뿐이다. 이것은 매우 그럴듯한 것이고, 그 해당 범위도 넓다.

여러 다양한 분야에서 이미 정신생활에서 유전적인 요소, 즉 계통 발생적으로 얻어진 요소를 강조하는 이런 생각이 발표되었다는 것을 나는 알고 있다. 사실 나는 사람들이 정신분석에 대해 너무 쉽게 그것을 받아들이고 또 중요하게 생각한다는 의견을 가지고 있다. 나는 정신분석에서 나타나는 순서를 정확하고 엄격하게 지키고, 그리고 개인이 쌓아 놓은 층을 힘들여 다 지나서, 마침내 유전된 흔적에 도달했을 때만 그것을 인정해야 한다고 생각한다.[105]

해도 될 것 같다. 왜냐하면 이 환자의 아동기에 이미, 그러니까 분석을 받기 오래전에 그 장면에서 유래한 결과가 여러 증상이나 강박증 등으로 나타났었기 때문이다. 그리고 이와 관련하여 그것을 최초 성교 장면으로 보느냐 아니면 최초 성교 장면의 환상으로 보느냐 하는 것도 별로 중요한 일이 아니다 — 원주.

104   다시 한번 강조하는데, 유아기에 그 꿈이나 신경증이 나타나지 않았었다면, 이렇게 숙고해 보는 것은 쓸데없는 일이다 — 원주.

105   (1923년에 추가한 내용) 이 환자의 병력에 나온 사건을 순서대로 다시 한번 정리한다.

    크리스마스 날 태어나다.
    한 살 반 : 말라리아. 부모가 성교하는 것을 봄. 아니면 그들이 함께 있는 것을 보았고, 나중에 그들이 성교하는 환상을 그 장면에 포함시키다.
    두 살 반 직전: 그루샤가 있는 장면.
    두 살 반: 부모가 누나를 데리고 떠나는 덮개-기억이 존재. 여기에서 그는 유모와 단둘이 있다. 그래서 그루샤와 누나를 부인하다.
    세 살 3개월 이전: 그의 어머니가 의사에게 불평하다.

세 살 3개월 : 그의 누나가 그를 유혹하기 시작하다. 뒤이어 유모가 거세 위협을 하다.

세 살 반 : 영국인 가정 교사가 오다. 그의 성격이 변하기 시작하다.

네 살: 늑대 꿈. 공포증 시작되다.

네 살 반: 성서 이야기의 영향. 강박증 증세가 나타나다.

다섯 살 직전: 손가락을 잃는 환상을 보다.

다섯 살: 처음으로 농장을 떠나다.

여섯 살 이후: 병든 아버지를 방문하다. 숨을 내쉬는 강박 행동이 생기다.

여덟 살: 강박 신경증이 마지막으로 발생하다.

열일곱 살: 임질에 걸리다. 발병.

스물세 살: 치료 시작.

(다음 사건들의 시간은 정확하게 입증되지 않았다.)

최초 성교 장면(한 살 반)과 유혹(세 살 3개월) 사이의 시기: 식욕 장애.

같은 시기: 물 긷는 벙어리 하인을 아버지 대리로 보다.

네 살 이전: 개들이 교접하는 것을 보았을 가능성이 있다.

네 살 이후: 산호랑나비에 대해 불안을 느끼다.

내 이야기를 듣고 이 환자가 러시아 사람이라고 추측하기는 쉬웠을 것이다. 나는 그가 다 나았다고 생각하고 그와 헤어졌다. 그것은 예기치 못했던 대전쟁이 일어나기 몇 주 전이었다. 전황이 변하여 중부 유럽의 군대가 남부 러시아에 진출할 때까지 나는 그를 다시 보지 못했다. 그때 그는 빈에 왔다. 그리고 치료가 끝나고 나자 즉시 나의 영향으로부터 벗어나야겠다는 열망에 사로잡혔다고 했다. 몇 달 작업을 하여 이제까지는 극복하지 못했던 감정 전이의 일부를 성공적으로 다루었다. 그 후에 환자는 정상이라고 느꼈고, 전쟁통에 집과 재산과 가족을 모두 잃었는데도 불구하고 유별나지 않게 행동했다. 그가 당한 그 불행이 그의 죄책감을 만족시켜서 그의 회복을 강화하는 데 도움이 되었을지도 모른다—원주.

이 환자의 좀 더 이후의 생활에 대한 기록이 흥미로울 것 같다. 제일 처음의 치료는 1910년 2월부터 1914년 7월까지 계속되었다. 환자는 1919년 봄에 빈으로 돌아왔다. 그리고 프로이트는 1919년 11월에서 1920년 2월까지 다시 그를 치료했다. 그의 논문 「끝이 있는 분석과 끝이 없는 분석Die endliche und die unendliche Analyse」(1937)의 첫머리에, 프로이트는 이 환자에 대해 〈두 번째 치료를 받은 후에 환자는 계속 빈에 살았는데, 가끔 재발된 것을 빼고는 건강을 유지했다〉고 썼다. 이따금 재발했을 때는 프로이트가 제안을 해서 그의 제자인 루스 맥 브런스윅Ruth Mack Brunswick이 환자를 치료했다. 그녀 자신도 1926년 10월에서 1927년 2월까지 계속된 이 후반기의 치료에 대해 상세하게 보고했다(루스 맥 브런스윅, 「프로이트 〈유아기 신경증 병력〉에 대한 부록A Supplement to Freud's 'History of an Infantile Neurosis'」, 1928). 그녀의 보고서는 플리스Fliess 편, 『정신분석학 선집The Psycho-Analytic Reader』(1948)에 실렸다. 거기에는 루스 맥 브런스윅이 1940년까지 환자의 병력에 대한 기록을 더했다(1945년 9월이라고 기록되어 있다). 그 이후에 뮈리엘 가디너Muriel Gardiner가 제2차 세계 대전 동안 환자가 겪은 외부적인 어려움과 그에 대한 그의 반응을 적어서 출판했다(「늑대 인간과의 만남Meeting with the Wolf Man」, 1952). 이 환자에 대한 전체적인 이야기는 어니스트 존스Ernest Jones가 쓴 『지크문트 프로이트의 삶과 업적Sigmund Freud: Life and Work』 제3권에 들어 있다.

그보다 나중에 환자 자신이 쓴 자서전 몇 장이 뮈리엘 가디너가 편집한 『늑대 인간과 지크문트 프로이트』에 실렸다. 그 책에는 프로이트가 쓴 환자의 병력 원본이 실려 있다. 그리고 브런스윅과 가디너가 나중에 보고한 것도 실렸고, 또 가디너가 쓴 상당히 많은 새로운 자료와 더불어 그의 주석도 실렸다.

# 여자 동성애가 되는 심리

# 여자 동성애가 되는 심리

Über die Psychogenese eines Falles von weiblicher Homo-
sexualität(1920)

한 여자 동성애 환자의 병력을 연구하여 1920년 1월에 완성한
후 3월에 출간한 이 논문은, 여자의 성 문제에 대한 프로이트 자
신의 깊은 생각을 보여 준다. 여성의 히스테리 문제에만 관심을
쏟던 프로이트가 이후 양성 간의 해부학적인 차이에 따른 여러
문제나 여자 동성애에 관해 견해를 밝힌 것은, 그의 관심의 폭이
얼마나 깊은 것인지를 잘 보여 준다.

이 글은 1920년『국제 정신분석학지』제6권 1호에 처음 실렸
으며,『전집Gesammelte Werke』제12권(1947)에도 수록되었다. 영
어 번역본은 1920년 바버라 로Babara Low와 개블러R. Gabler가
번역하여 "The Psychogenesis of a Case of Homosexuality in a
Woman"이라는 제목으로『국제 정신분석 저널』제1권에 실렸으
며,『논문집Collected Papers』제2권(1924)과『표준판 전집』제18권
(1955)에도 수록되었다.

# 1

여자들의 동성애는 남자의 경우보다는 눈에 띄지 않지만 결코 드물지도 않다. 그러나 이러한 상황은 법에 의해서도 무시되어 왔고, 또 정신분석적 연구에서도 관심의 대상이 되지 못했다. 그러므로 아주 분명한 동성애의 증례는 아니지만, 마음속에 있는 그 기원과 발달 과정을 거의 빠진 곳 없이 완벽하게 확신을 가지고 찾아가는 것이 가능했던 증례에 대해 이야기해 보는 것은 중요한 가치가 있다. 이 보고서에는 단지 관계되는 여러 가지 사건과 이 환자를 연구하여 얻은 결론의 가장 일반적인 개요만이 실려 있고, 해석의 바탕이 된 특징들은 자세하게 언급되어 있지 않다. 이런 한계를 가지는 것은 최근의 환자에 대해 토론할 때에는 사려가 깊어야 하기 때문이다.

이 환자는 좋은 집안 출신의 아름답고 똑똑한 열여덟 살 먹은 소녀였다. 그녀는 자기보다 열 살은 많은 한 〈사교계 여자〉를 헌신적으로 숭배하면서 쫓아다녀, 그녀의 부모가 화를 내고 걱정을 할 정도였다. 그 여자는 명예로운 가문 출신인데도 불구하고 단지 매춘부일 뿐이라며 그녀의 부모는 비난했다. 그녀가 결혼한 여자 친구와 함께 살고 있으면서, 동시에 여러 남자와 닥치는 대로 관계를 가진다는 것은 잘 알려진 사실이라고 그들은 말했다.

그 소녀는 이런 구설수에 대해 반박하지 않았다. 그러나 절대로 품위와 예절을 모르는 여자가 아니었음에도 불구하고, 그녀는 그 사교계의 여자를 숭배하는 데 부모가 반대하는 것을 용납하지 않았다. 아무리 금지하고 지도하려 해도, 그 소녀는 자기가 좋아하는 여자와 함께 있을 수 있는 작은 기회도 놓치지 않았다. 또한 그 소녀는 그 여자의 습관을 확인할 기회나, 그 여자의 문 앞에서 혹은 전차역에서 몇 시간이고 그녀를 기다릴 수 있는 기회를 포기하지 않았다. 그리고 그녀가 기회를 놓치지 않고 꽃을 보내는 등등의 일을 하는 것도 막을 수 없었다. 그 소녀의 마음에는 그녀에 대한 관심만 남아 있고, 다른 것들에 대한 관심은 모두 이것에 먹혀 버린 것이 분명했다. 그녀는 더 이상 공부하려고 하지 않았고, 또 사교적인 일이나 소녀들의 즐거움 같은 것도 하찮게 여겼다. 그리고 자기가 관심을 가지고 있는 일에 도움이 될 만하거나 비밀을 털어놓을 수 있는 상대가 되는 몇몇 여자 친구하고만 계속 친교를 유지했다. 그녀의 부모는 이 의심스러운 여자와 딸이 어느 정도 관계까지 갔는지 알지 못했다. 단순히 헌신적인 찬양의 한계를 넘었는지 아닌지도 알지 못했던 것이다. 그들은 자기 딸이, 젊은 남자에게 관심을 보이거나 젊은 남자들이 자신에게 관심을 보이는 것을 즐거워하는 것을 본 일이 없었다. 반대로 최근 몇 년 동안 그 소녀가 같은 여자들에게 보이는 감정 때문에 아버지가 이미 의심을 하고 있었고 화가 나 있었으며, 지금 그 〈사교계 여자〉에게 애착을 보이는 것도 동성에 대한 집착이 심해져서 계속되고 있는 것이라고 그들은 믿고 있었다.

그녀의 부모가 특히 괴로워하는 행동이 두 가지 있었는데, 그것들은 명백하게 서로 반대되는 행동이었다. 그녀는 가장 번잡한 길에 바람직하지 않은 그 친구와 함께 나서는 것을 주저하지 않왔다. 자신의 체면에 아주 관심이 없다는 태도였다. 반면에 그녀는 속이든지 핑계를 대든지 또는 거짓말을 꾸며내서라도 어떻게든 그 여자를 만나는 사실을 비밀로 하려고 했다. 그녀는 한편으로는 너무 공개적이었고, 다른 한편으로는 속임수에 가득 차 있었다. 이런 상황에서 언젠가는 벌어질 일이었지만, 어느 날 드디어 아버지가 그 여자와 함께 있는 딸을 만났다. 아버지도 그 여자에 대해 알게 된 후였다. 그는 화난 눈짓을 하며 그들의 곁을 지나갔다. 바로 그 후에 그 소녀는 근처의 담장을 뛰어넘어 교외선 기찻길로 몸을 내던졌다. 이것은 확실히 심각한 자살 기도였다. 그녀는 그로 인해 장애가 남지는 않았지만 꽤 오랫동안 자리에 누워 있어야 했다. 회복된 후에 그녀는 전보다 쉽게 자기 마음대로 할 수 있었다. 그녀의 부모는 그토록 강한 그녀의 결심에 반대하지 못했다. 그리고 그때까지는 그 소녀가 가까이 오려는 것에 대해 차갑게 대했던 그 여자도, 그녀의 열정이 진지하다는 부정할 수 없는 증거에 감동하여 그녀를 보다 친절하게 대하기 시작했던 것이다.

이 사건이 있고 나서 약 6개월이 지난 후에 부모는 병원에 가기로 했다. 그리고 자신들의 딸이 정상적인 마음을 다시 가질 수 있게 해달라고 의사에게 맡겼다. 그 소녀의 자살 기도로 인해, 그들은 집에서 하는 강한 제재 수단으로는 딸의 병을 고칠 수 없다고 생각하게 된 것이 분명했다. 이야기를 더 진행하기 전에, 이러한 사태에 대해 그녀의 아버지가 보이는 태도와 어머니가 보이는 태도를 따로 생각해 보는 것이 바람직한 것 같다. 그녀의 아버지는 성실하고 훌륭한 사람으로, 천성은 부드러운 사람이었지만 아이들에게는 엄격하게 대해서 아이들과 어느 정도는 소원하게 지냈다. 그는 외동딸을 대할 때 아내를 지나치게 의식했다. 그가 딸의 동성애적 경향에 대해 처음 알게 되었을 때, 그는 크게 분노해서 위협을 해서라도 그것을 억제하려 했다. 그 당시에 그는 어떻게 생각해도 괴롭기는 마찬가지지만, 자신의 딸을 부도덕하고 타락한 인물로 봐야 할지 아니면 정신병에 걸렸다고 봐야 할지, 서로 다른 두 가지 입장 사이에서 망설이고 있었다. 딸의 자살 기도 후에도 그는 우리 의료계 동료 중 어느 누구처럼 대범하게 체념하지 못하고 있었다. 그 동료는 자기 집안에 비슷한 변종이 있다며 다음과 같은 말을 했다. 〈이것도 많은 불행 중 한 가지 불행일 뿐이지.〉 딸이 동성애자라는 것이 그의 가슴속 깊은 곳에 비통한 느낌을 주었다. 그래서 그는 그가 할 수 있는 방법을 모두 동원하여 딸의 증세와 싸우기로 결심했다. 그 당시 빈에서는 정신분석이 별로 대접을 받지 못하고 있었는데도, 그는 정신분석에 도움을 청했다. 만약 이것이 실패한다 해도 그는 가장 강한 반대 전략을 예비하고 있었다. 즉 빨리 결혼을 시켜서 그녀의 자연스러운 본능을 일깨우고 부자연스러운 경향을 억제하려는 것이었다.

그 소녀에 대한 어머니의 태도를 파악하기는 그렇게 쉽지 않다. 어머니는 아직 젊어 보였고 자신이 아직도 매력적이라고 생각하는 것이 분명했다. 그녀는 자기 딸이 여자에게 홀딱 빠져 버린 것에 대해 아버지만큼 비극적으로 받아들이거나 격분하지 않고 있다는 것만은 분명했다. 그녀는 얼마 동안은 딸이 자기의 열정에 대해 고백하는 것을 즐기기까지 했었다. 그녀는 주로 딸이 자신의 감정을 공개적으로 드러내어 평판이 나빠지는 것 때문에 반대를 한 것 같았다. 그녀 자신도 몇 년 동안 신경증을 앓아서 남편의 세심한 배려를 받은 적이 있었다. 그녀는 아이들을 차별했다. 딸에게는 단호할 정도로 엄격했으며, 세 아들들에게는 지나치게 응석을 받아 주었다. 막내아들은 셋째와 나이 차이가 컸으며, 그 당시 세 살이 채 못 되었다. 어머니의 성격에 대해 더 확실한 정보를 얻기는 쉽지 않았다. 나중에 알게 되었지만, 환자가 어머니에 대해서 이야기할 때는 말을 삼갔기 때문이었다. 반면 아버지에 대해 이야기할 때는 이런 문제가 전혀 없었다.

이 소녀의 정신분석을 담당한 의사가 불길한 예감을 가질 만한 여러 가지 근거가 있었다. 그가 다루어야 할 상황은 분석에 적합한 상황이 아니었다. 분석은 다음과 같은 상황에서만 효과를 나타낼 수 있는 것이다. 분석을 위한 이상적인 상황은 잘 알려져 있다시피, 자신이 혼자서는 해결하지 못하는 내적 갈등이 있다는 점 외에는 혼자 힘으로 잘 살아가는 사람이, 분석가에게 그 문제를 내놓고 도와달라고 부탁을 하는 경우이다. 그러면 의사는 병리적으로 분열되어 있는 인격의 한 부분과 손잡고 갈등 상태에 있는 다른 부분과 싸우는 것이다. 상황이 이것과 조금이라도 다르면 정신분석에 많든 적든 좋지 않은 영향을 미치고, 또 이미 내재하는 어려움에 새로운 어려움을 더하게 된다. 집주인이 될 사람이 건축 설계사에게 자기의 취향과 요구에 맞추어서 집을 지으라고 하거나, 독실한 기부가가 화가에게 성화 제작을 의뢰하면서 한구석에 예배를 드리고 있는 자신의 모습을 넣어 달라고 부탁하는 것 같은 상황은, 근본적으로 분석에 필요한 조건과는 맞지 않는다. 그런데 남편이 의사에게 다음과 같이 지시하는 일이 비일비재하다. 〈내 아내는 신경병을 앓고 있지요. 그래서 나하고 사이가 나쁘답니다. 아내를 고쳐 주세요. 그래서 우리가 다시 행복한 결혼 생활을 할 수 있게 말이에요.〉 그러나 대개는 이런 요구를 만족시키는 것은 불가능하다. 다시 말하면, 의사는 남편이 치료를 부탁하면서 바라고 있는 결과가 나오게 할 수 없는 것이다. 아내는 자신의 신경증적 억압에서 벗어나자마자 즉시 이혼을 하려고 한다. 왜냐하면 그나마 결혼 생활을 유지할 수 있었던 것은 그녀의 신경증 덕분이기 때문이다. 혹은 어떤 부모는 신경질적이고 말 안 듣는 아이를 고쳐 주기를 바란다. 그들이 생각하는 건강한 아이란 부모에게 아무 문제도 일으키지 않는 아이, 그리고 부모에게 즐거움만 주는 아이를 말한다. 의사는 아이를 고칠 수도 있다. 그러나 아이는 고쳐지고 나면 전보다 더 결정적으로 자기의 갈 길을 간다. 그리고 부모는 전보다 더 불만스러워하게 된다. 간단하게 말해, 어떤 사람이 자기 뜻에 따라 분석을 받으러 오느냐 아니면 남이 데려오느냐 하는 것은 무관한 일이 아니라는 것이다. 즉 자신이 스스로 변화를 원하는지, 아니면 그를 사랑하는(혹은 그를 사랑할 것이라고 기대되는) 가족이 그의 변화를 원하는지에 따라 그 결과는 다르다는 것이다.

이 환자의 경우에 더 힘들었던 것은, 그 소녀가 전혀 병들어 있지 않다는 것이었다(그녀는 자신 때문에 괴로워하지도 않았고, 또 자신의 처지에 대해 불평하지도 않았다). 그리고 의사가 해야 할 일은 신경증적인 갈등을 해결하는 것이 아니라, 성기기의 성 구조를 이런 종류에서 저런 종류로 바꾸는 것이었다. 나의 경험상 그것을 성취하기는 ─ 성기기의 도착 혹은 동성애를 없애는 것은 ─ 절대로 쉬운 일이 아니다. 오히려 나는 아주 상황이 좋은 경우에만 성공할 수 있다는 것을 알게 되었다. 그리고 여기서 말하는 성공은 동성애에만 국한되어 있던 사람이 (이제까지는 길이 막혀 있던) 이성에게도 접근할 수 있게 함으로써, 완전히 양성적인 기능을 회복하게 하는 데 있는 것이다. 그다음 사회적 금지 사항에 대해 포기하고자 하는지는 그의 선택에 달린 문제이다. 어떤 경우에는 그렇게들 한다. 정상적인 성 활동을 하는 경우에도 대상-선택에는 역시 제한이 있다는 것을 우리는 기억해야 한다.

일반적으로 완전히 발달된 동성애를 이성애로 바꾸려 하는 것은 그 반대의 경우보다 성공할 가능성이 더 높지 않다. 단지 실질적으로 후자를 시도해 본 예는 없다.

동성애의 형태는 다양하다. 여러 형태의 동성애를 정신분석을 통해 성공적으로 치료한 경우는 사실 별로 많지 않다. 대체로 동성애자는 그에게 즐거움을 주는 대상을 포기하지 못한다. 그리고 그가 변하면 다른 대상에서 자기가 포기한 것과 같은 즐거움을 다시 발견할 것이라고 확신하게 할 수 없다. 그가 치료를 받으러 온다 해도, 대개는 그의 대상-선택에 따른 사회적 불이익과 위험 같은 외적인 동기에서 비롯된 압력 때문이다. 그리고 그러한 자기 보존 본능의 성분들은 그 자체로 성 충동에 대항해 싸우기에는 너무 약하다는 것을 드러낸다. 그래서 우리는 곧 그의 비밀스러운 계획을 발견하게 된다. 즉 그는 그의 시도에서 눈에 띄게 실패함으로써, 자기의 비정상적인 면에 대해서 할 수 있는 것은 모두 해 보았다는 만족감을 얻으려 하는 것이다. 그러니 이제 양심에 가책을 느끼지 않고 그 비정상적인 면을 받아들일 수 있는 것이다. 그의 부모나 친지를 위해서 환자가 자기를 고치려 할 경우에는 사정이 조금 다르다. 이 경우에는 동성애적인 대상-선택에 반대하는 리비도의 충동이 실제로 존재한다. 그러나 그 힘은 대개 충분하지 못하다. 동성애에 아직 강하게 고착되지 않았거나 이성애적인 대상-선택의 근본이나 흔적이 상당히 남아 있는 경우, 즉 아직 동요하고 있거나 혹은 정확하게 양성성의 구조를 가지고 있는 경우에만 정신분석 치료가 성공할 가능성이 있다고 할 수 있다.

이런 이유 때문에 나는 소녀의 부모에게 그들의 희망을 이루어 주겠다는 말을 전혀 하지 않았다. 나는 다만 그 소녀를 몇 주일 또는 몇 달 동안 자세하게 연구할 수는 있으며, 그 뒤에 분석을 계속하면 어느 정도 그녀에게 영향을 미칠 것인지 이야기할 수 있을 것이라고 말했다. 사실 많은 경우에 분석은 명확하게 구별되는 두 단계로 나뉜다. 처음에 의사는 환자로부터 필요한 정보를 얻는다. 그리고 환자에게 정신분석의 전제와 가설을 소개한다. 그리고 분석에서 나온 자료를 가지고 연역하여 그의 병이 어떻게 발생되었나 구성하여 보여 준다. 둘째 단계에서는 환자가 자기 앞에 놓여진 자료를 가지고 작업을 하여 억압되어 있던 기억을 되살린다. 그리고 어떤 의미로는 그것을 다시 경험하는 것처럼 나머지를 반복한다. 이렇게 해서 그는 의사가 추측했던 것을 확인하고 보충하고 그리고 교정한다. 그는 이런 작업을 해야만 저항을 극복함으로써 목표했던 내부의 변화를 경험할 수 있으며, 또 의사의 권위와 상관없이 자신을 위해서 확신을 얻을 수 있다.[1] 분석 치료의 과정에서 이 두 단계는 명확하게 나뉘는 것이 아니다. 이 두 단계가 명확하게 나뉘는 경우는 저항이 어떤 조건에 따라 행동할 때뿐이다. 그러나 두 단계를 명확하게 나눌 수 있는 경우는 여행을 하는 두 단계에 비유할 수 있다. 첫 번째는 표를 손에 들고 드디어 기차역으로 가서 기차에 자리를 잡기 전에 필요한 모든 준비를 하는 일이다. 요즘은 여행을 준비하기가 참 복잡하고 어렵다. 그리고 나면 먼 고장으로 여행할 권리를 갖게 되고 여행도 가능해진다. 그러나 이런 모든 준비 작업을 했다 해도 우리는 아직 그곳에 도착한 것이 아니다. 사실 우리의 목적지에는 1마일도 가까이 가 있지 못한 것이다. 가까이 가려면 이 정거장에서 다음 정거장으로 여행 자체를 실행해야 되는 것이다. 이 실행 부분을 분석의 둘째 단계에 비교할 수 있을 것이다.

1 분석에서 〈구성 Konstruktion〉이라는 기술에 대해 프로이트는 〈쥐 인간〉과 〈늑대 인간〉의 증례에서 논의했다.

이 환자의 분석은 이 두 단계로 된 형태로 진행되었으며 둘째 단계의 시작 부분까지만 계속되었다. 그리고 분석 과정에서 나온 여러 가지 저항의 집합이 특별했다. 그래서 내가 구성한 것을 완전히 확인할 수 있었고, 또 그녀의 도착이 형성된 개괄적인 과정에 대해 적당할 만큼 이해할 수 있었다. 그러나 분석에서 발견한 것에 대해 이야기하기 전에, 내가 이미 언급했거나 독자들이 특별히 흥미를 가질 것 같은 몇 가지를 다루어야겠다.

나는 그 소녀가 어느 정도까지 자기의 열정을 만족시킬 수 있었는가 하는 것에 일부 근거하여 예후(豫後)를 점쳤다. 분석 중에 얻은 정보에 의하면, 이 점에서는 운이 좋은 것 같았다. 그녀가 숭배했던 사람들 중에 그녀와 키스를 했거나 포옹하는 정도 이상의 행동을 한 사람은 없었다. 이렇게 표현해도 좋을지 모르지만, 그녀의 처녀막은 다치지 않은 채 있었다. 그녀가 가장 최근에, 그리고 가장 강하게 감정을 느꼈던 그 매춘부로 말하자면, 그 여자는 소녀를 항상 냉대했고 자기 손에 키스하는 정도 이상의 호의를 베풀지 않았다. 소녀는 자기의 사랑은 순수한 것이며, 또 어떤 종류의 성적 교접에 대해서도 구역질을 느낀다고 주장했다. 아마 그녀는 어쩔 수 없는 상황을 미덕으로 만들고 있었던 것 같다. 그녀는 자기가 가장 사랑하는 그 훌륭한 사람이 출신이 좋은데도 불구하고 가정 사정이 나빠서 현재 상태가 될 수밖에 없었으며, 그 여자가 처한 상황이 좋지는 않지만 성격은 아직 고상하다고 자랑했다. 아마 이 말은 완전히 틀린 말은 아닐 것이다. 왜냐하면 그 여자는 소녀를 만날 때마다 자기만이 아니라 다른 여자도 사랑하지 말라고 충고했고, 소녀가 자살을 기도하기 전까지는 계속 그녀를 거부했기 때문이다.

내가 즉시 알아보려 한 두 번째 사항은, 이 소녀 자신이 정신분석 치료에 도움을 줄 수 있는 동기를 혹시 가지고 있는가 하는 것이었다. 그녀는 빨리 동성애로부터 자유로워지고 싶다는 말로 나를 속이려 하지 않았다. 오히려 그 반대로, 그녀는 사랑을 하는 데 있어 다른 어떤 방법도 생각할 수 없다고 말했다. 그러나 자기가 부모로 하여금 그렇게 큰 비탄을 겪게 하는 것이 마음 아프기 때문에, 부모를 위해서 정직하게 치료를 도울 것이라고 덧붙였다. 나는 처음에는 이것이 좋은 징조라고 생각할 수밖에 없었다. 왜냐하면 그 뒤에 숨어 있는 무의식적인 감정적 태도를 알 길이 없었기 때문이다. 이와 관련하여 뒤에 밝혀진 사실 때문에 분석의 과정이 결정적으로 바뀌었고, 또 분석을 서둘러 끝내게 되었던 것이다.

정신분석에 대해 잘 알지 못하는 독자들은 오랫동안 두 가지 다른 문제에 대한 답을 기다리고 있었을 것이다. 이 동성애자 소녀는 확실히 이성에 속하는 신체적인 특징을 가지고 있었는가, 그리고 이 환자는 선천적인 동성애자인가 아니면 후천적인(나중에 발생한) 동성애자인가?

나는 이들 중 첫 번째 질문이 가지는 중요성을 알고 있다. 그러나 우리는 그것을 과장하면 안 되며, 그것 때문에 정상적인 사람에게도 이성에 속하는 이차 성징이 한두 가지씩 있는 일은 흔하다는 사실을 간과해서도 안 된다. 그리고 대상-선택이 도착되는 방향으로 바뀐 적이 전혀 없는 사람에게서 눈에 잘 띄는 이성의 신체적 특징이 발견되기도 한다는 사실을 간과해서는 안 된다. 다시 말하면, 〈양성 모두에서 정신적인 남녀추니 현상은 신체적인 남녀추니 현상과 대부분 무관하다는 것이다.〉 다음의 말을 덧붙여서 위에서 한 주장을 수정할 수 있다. 즉 이렇게 서로 무관한 것은 여성보다 남성에게서 더 확실하다. 여성에게서는 이성에 속하는 신체적 성질과 정신적 성질이 함께 나타나기 쉽기 때문이다.

아직도 나는 이 환자의 첫 번째 문제에 대해 만족스럽게 대답할 위치에 있지 않다. 정신분석가들은 관습적으로 어떤 경우에는 자기 환자의 신체를 꼼꼼하게 진찰하지 않는다. 여성적인 체형과 드러나게 다른 점이 없었고, 월경에도 이상이 없었던 것은 확실하다. 아름답고 몸매가 날씬한 이 소녀는 사실 아버지만큼 키가 컸다. 그리고 얼굴의 윤곽이 소녀같이 둥글거나 부드럽지 않고 날카로웠다. 이런 것들을 신체적으로 남성적이라고 생각할 수도 있겠다. 그녀의 이지적인 특질도 남성성과 연관시킬 수 있을 것이다. 예를 들면 그녀는 열정에 사로잡히지 않았을 때는 사물을 예리하게 파악했으며 투명하고 객관적이었던 것이다. 그러나 이렇게 구별하는 것은 관습적인 것이지 과학적인 것은 아니다. 더 중요한 것은 그녀는 그동안 있었던 사랑-대상에게 남성의 역할을 했다는 사실이다. 즉 그녀는 사랑에 빠진 남자들이 특징적으로 그렇듯이, 겸손하고 기품 있게 성적 대상을 과대평가했다. 그리고 또 자기애적인 만족을 포기했으며, 사랑을 받기보다는 사랑하기를 원했다. 그래서 그녀는 여성적인 사랑-대상을 선택했을 뿐 아니라 그 대상에게 남성적인 태도를 가지게 되었던 것이다.

둘째 문제, 즉 이 경우가 선천적인 동성애인가 후천적인 동성애인가 하는 것은 환자의 비정상성과 그 발달 과정의 변천을 전부 알게 되면 답을 할 수 있다. 이것을 연구해 보면 이러한 질문이 얼마나 쓸데없고 적절하지 못한 것인지 알게 될 것이다.

# 2

앞에서 아주 두서없이 이야기를 했는데, 이 환자의 성에 관한 이력 역시 아주 간단하게 요약하여 보고할 수밖에 없다. 아동기에 그 소녀는 여성 오이디푸스 콤플렉스[2]의 특징인 정상적 태도를 보였고, 전혀 이상할 것이 없었다. 그리고 후에 아버지를 자기보다 조금 나이가 많은 오빠로 대치하기 시작했다. 그녀는 어렸을 때 성적으로 상처를 입었던 기억은 없었고, 분석에 의해 성적인 상처가 발견되지도 않았다. 잠복기가 시작될 즈음(다섯 살이거나 그보다 조금 이른 시기에) 오빠와 자기의 성기를 비교한 일이 있었다. 그때 그녀는 강한 인상을 받았고, 여러 면으로 그것의 영향을 받았다. 유아기에 자위를 했다는 단서는 거의 없었다. 아니면 분석이 그것을 밝힐 정도까지 진행되지 않았다. 그녀가 대여섯 살 때 남동생이 태어났는데, 그녀는 별로 영향을 받지 않았다. 그녀는 사춘기 이전에 학교에서 성에 대해 점차 알게 되었다. 그녀는 성에 대해 음란한 느낌도 가졌고, 겁이 나서 피하고 싶은

2 〈엘렉트라 콤플렉스〉라는 용어를 사용한다고 해서 더 나을 것은 없다고 나는 생각한다. 그리고 그 용어의 사용을 지지하는 입장도 아니다 — 원주. 그 용어는 카를 융이 처음 썼다. 「정신분석 이론의 표현 시도Versuch einer Darstellung der psychoanalytischen Theorie」(1913). 「여자의 성욕」(프로이트 전집 7, 열린책들)에서 밝힌 프로이트의 비슷한 의견 참조.

느낌도 들었다. 이것은 정상이라고 할 수 있고, 정도가 지나친 것은 아니었다. 이 정도의 정보는 빈약하기도 하고, 내가 완전하다고 보장할 수도 없다. 그녀가 어렸을 때 더 풍부한 경험을 했을지도 모른다. 나는 모르겠다. 내가 전에도 이야기했지만, 분석은 오래지 않아 끝났기 때문에 동성애에 대한 다른 병력보다 그다지 믿을 만한 병력을 끌어내지는 못했다. 동성애에 대한 다른 병력도 의심할 만한 이유가 있었다. 게다가 그 소녀는 한 번도 신경증에 걸린 일이 없었다. 그리고 분석을 하러 왔을 때 단 한 가지의 히스테리 증상도 없었기 때문에, 다른 때처럼 아동기의 역사를 조사할 기회가 쉽사리 오지 않았다.

열서너 살 때 그녀는 세 살이 채 되지 않은 작은 소년에게 부드러운 애정을 보인 적이 있었다. 사람들은 일반적으로 그것을 과장된 애정이라고 생각했다. 그 소년은 아이들 놀이터에서 그녀가 자주 보던 아이였다. 그녀는 그 아이를 아주 따뜻하게 돌보았다. 그 결과 그녀는 그 아이의 부모와 친하게 되었다. 이 사건을 보면, 그 당시 그녀에게 자신이 아이를 가져 어머니가 되고 싶은 욕망이 강했다고 추측할 수 있다. 그러나 얼마 지나지 않아 그녀는 그 소년에게 무관심해졌다. 그리고 젊고 성숙한 여자에게 흥미를 가지기 시작했다. 이 사실이 밝혀지자 그녀는 아버지에게 심하게 매를 맞았다.

가정에 어떤 사건이 일어난 것과 동시에 이런 변화가 생겼다는 것은 의심할 여지 없이 확실하다. 그러니 그 사건을 조사하여 이 변화를 설명해도 될 것이다. 변하기 전에는 그녀의 리비도가 모성적인 태도에 집중되어 있었다. 반면에 변한 후에는 성숙한 여자에게 끌리는 동성애자가 되었고, 그 후로 계속 그 상태였다. 우리가 이 환자를 이해하는 데 의미 있는 그 사건이란, 그녀의 어머니가 새로 임신을 하여 그녀의 나이 열여섯에 세 번째 남자 형제를 가지게 된 것이다.

내가 이제부터 설명하려는 것은 나의 상상력에서 나온 것이 아니다. 그것은 객관적인 정당성을 주장할 수 있는 믿을 만한 분석적 증거에 의한 것이다. 특히 서로 연결되어 있고, 또 해석하기 쉬운 연속적인 꿈들 때문에, 나는 그것이 진실이라고 결론지었다.

분석 결과 의심의 여지 없이 그 여자-사랑은 그녀의 어머니 대신이라는 사실이 밝혀졌다. 그 여자가 아이를 가진 어머니가 아닌 것은 사실이지만, 또 그 여자가 그녀가 처음으로 사랑했던 사람도 아니었다. 그녀의 막내 남동생이 태어난 후에 그녀가 처음 사랑한 대상은 아이의 어머니들이었다. 여름휴가 때나 마을 친지의 가족 중에서 그들의 아이들과 함께 만나게 되었던 서른 살에서 서른다섯 살쯤 되는 여자들이었다. 그녀는 나중에는 사랑-대상이 꼭 어머니여야 한다는 조건을 빼버렸다. 실제로 그녀가 가진 다른 하나의 조건과 어머니라는 조건을 동시에 가진 대상을 찾는 것이 어렵기도 했고, 그녀에게 또 다른 하나의 조건이 점점 더 중요하게 느껴졌기 때문이었다. 어느 날 그녀는 가장 최근에 만난 그녀의 사랑에게 특별히 강하게 애착을 느끼는 근거를 그다지 어렵지 않게 발견했다. 그 여자는 날씬했고, 대리석 조각같이 아름다웠으며, 또 그 태도가 솔직했다. 그런 것들이 그 소녀에게 자기보다 조금 나이가 많은 오빠를 생각나게 했던 것이다. 그러므로 그녀가 최근에 선택한 대상은 그녀의 여성적인 이상형에 맞았을 뿐 아니라 남성적인 이상형에도 맞았다. 그래서 동성애적 만족과 이성애적 만족을 결합했던 것이었다. 동성애자 남자를 분석해 보면, 이 같은 현상이 여러 환자에게서 발견된다는 것은 잘 알려져 있다. 그래서 우리는 도착의 성질과 발생에 대해 너무 단순하게 생각하면 안 된다. 그리고 인간은 보편적으로 양성성을 가지고 있다는 사실을 잊지 말아야 한다.[3] 그러나 다른 자녀들이 꽤 성장한 후에 가정에 다시 아기가 태어나자(소녀 자신이 이미 성숙하여 자기도 아기를 가지고 싶은 욕망이 강한 시점에) 그녀는 이 아기를 낳은 여자, 즉 어머니에게 열정적인 부드러움을 느꼈고, 그 느낌을 어머니를 대신하는 여자에게 표현했다. 이 사실을 우리는 어떻게 이해해야 할까? 우리가 알고 있는 것을 다 종합해 보면 오히려 그 반대가 되어야 할 것이다. 그런 상황에서 거의 결혼할 때가 된 딸을 가진 어머니는 딸을 어색해한다. 그리고 딸들은 그들의 어머니에게 동정과 멸시와 질투를 느낀다. 모두 다 어머니에게 부드러운 감정을 더 가지게 되는 것은 아니다. 우리가 지금 연구하고 있는 소녀는 어쨌든 어머니에게 애정을 느낄 이유가 조금도 없었다. 그녀의 어머니는 아직도 젊었으며, 빨리 자라고 있는 자기의 딸을 보면서 귀찮은 경쟁자라고 생각했다. 어머니는 그녀를 제쳐 놓고 아들들을 더 사랑했고, 가능한 한 그녀가 독립적으로 행동하는 것을 막았으며, 또 소녀와 아버지가 가까워지는 것에 대해 특히 엄격하게 감시했다. 그러므로 애초부터 보다 친절한 어머니를 원했다고 하면 알기 쉬웠을 것이다. 그러나 왜 하필이면 그때에 그 증상이 도져서 애태우는 열정의 형태로 나타났는지 이해하기는 어렵다.

설명을 하자면 다음과 같다. 마침 사춘기의 유아기 오이디푸스 콤플렉스가 부활되는 시기에 그녀는 큰 실망을 경험하게 되었던 것이다. 그녀는 아이, 그것도 남자아이를 가지고 싶은 욕망에 대해 예민하게 알아차리게 되었다. 그러나 그녀의 의식 속에서는,

---

3 자드거Sadger, 「성도착증 연례 보고Jahresbericht über sexuelle Perversion」(1914) 참조—원주.

그녀가 아버지의 아이를 갖기 원했고 아버지의 형상을 갖기 원했다는 것은 알아차리지 못했다. 아이를 가진 것은 그녀가 아니라 무의식적으로 미워하던 경쟁자인 그녀의 어머니였다. 불같이 분노하고 마음이 쓰라려서 그녀는 아버지로부터 돌아섰다. 그리고 모든 남자로부터 돌아섰다. 처음으로 이렇게 돌아서게 된 후로, 그녀는 자신이 여자임을 부인하기로 맹세하고 그녀의 리비도를 위해 다른 목표를 찾았다.

많은 경우에 남자들이 괴로운 경험을 하고 나서는 믿을 수 없는 여자들에게 등을 돌리고 여자를 싫어하는 사람이 된다. 그녀는 바로 이런 경우의 남자같이 행동했던 것이다. 우리 시대에 가장 매력적이고 불행하고 고귀한 사람들 중에 한 사람이, 약혼했던 여자가 그를 배반하고 다른 남자에게 가자 동성애자가 되었다는 이야기가 있다. 그 이야기가 역사적으로 사실인지 나는 모른다. 그러나 그 소문에는 심리학적인 진리의 요소가 숨어 있다. 우리의 리비도는 일생 동안 남자 대상과 여자 대상 사이를 오락가락한다. 즉 총각은 결혼하면서 남자 친구들을 포기하고, 결혼 생활에 재미를 잃으면 다시 클럽으로 돌아온다. 그러나 어떤 사람이 근본적이고 궁극적으로 전환하면, 당연히 우리는 어떤 특별한 요소가 있기 때문에 어느 한쪽으로 가게 되는 것이라고 추측하게 된다. 그리고 아마 그가 그 대상을 선택하는 방향으로 가기 위해서는 적당한 기회가 올 때까지 기다렸을 것이라고 생각하게 된다.

그러므로 그녀는 실망하게 되자, 아이를 가지고 싶다는 소망과 남자에 대한 사랑과 일반적인 여자로서의 역할을 전부 거부했다. 이 시점에서 일은 분명히 다른 여러 방식으로 진행될 수 있었다. 실제로는 그중 가장 극단적인 경우의 일이 발생했다. 그녀는 남자가 되어 자기의 사랑 대상으로 아버지처럼 자신의 어머니를 택했다.[4] 그녀는 어머니에 대해서 처음부터 양가감정을 가지고 있었다. 그녀는 쉽게 어머니에 대해 옛날에 가졌던 사랑을 부활시키고, 그 사랑을 이용해서 현재 가지고 있는 어머니에 대한 적개심을 과잉 보상했다. 감정이 이렇게 변했으나 현실의 어머니와 할 일은 거의 없었기 때문에, 그녀는 열정적으로 애착을 가질 수 있는 대리 어머니를 찾게 되었다.[5]

이렇게 변하게 된 데는 위에 설명한 것 이외에도 실질적인 동기가 있었다. 그것은 그녀와 어머니의 실제 관계에서 나온 것인데, 그녀에게는 이차적인 〈병에 의한 이득〉을 주었다.[6]

어머니는 아직도 남자들이 자기에게 관심을 가지고 숭배하는 것을 크게 가치 있는 일로 여겼다. 그런데 그 소녀가 동성애자가 되어 남자를 어머니에게만 맡겨 놓으면(다시 말하자면 〈어머니를 위해 뒤로 물러나면〉), 어머니가 이제까지 자기를 싫어하던 이유 중 일부를 없앨 수 있게 되는 것이다.[7]

---

4  사랑을 하는 사람이 자기 사랑의 대상과 자신을 동일시하기 때문에 사랑의 관계가 깨지는 일은 드물지 않게 일어난다. 이것은 자기애로 퇴행하는 것과 같다. 사랑의 관계가 깨지고 난 후에 다시 대상을 선택할 때 리비도는 먼저 대상과 다른 성에 속하는 사람을 선택하기가 쉽다 ─ 원주.

5  분석가들이 신경증 환자의 병력을 추적하다 보면, 위에 언급한 것 같은 리비도 전치 현상에 당연히 익숙해질 것이다. 그러나 신경증 환자의 경우에는 전치가 일어나는 시기가 이른 아동기이다. 즉 육욕적인 생활이 개화하는 어린 시기인 것이다. 우리 환자는 신경증은 없었다. 그리고 전치가 일어난 시기는 사춘기 초기였다. 그러나 그것은 신경증의 경우와 마찬가지로 완전히 무의식적이었다. 이 시간적인 요소가 매우 중요하다고 알게 될 날이 올지도 모른다 ─ 원주.

6  〈병에 의한 이득〉에 관해서는 〈쥐 인간〉의 증례 참조.

7  〈다른 사람을 위해 뒤로 물러나는 것〉에 대해 나는 동성애의 원인 중 하나라고 언급한 적도 없고, 또 일반적인 리비도 고착의 기제로도 언급한 적이 없다. 그래서 나는 특별히 흥미로운 면이 있는 같은 종류의 분석적 관찰을 여기에서 증거로 제시하려 한다. 언젠가 쌍둥이 형제를 알고 있었는데, 그들은 둘 다 리비도 충동이 강했다. 그중 하나는 여자관계가 매우 성공적이었다. 그래서 수많은 여자와 또 소녀들과 사랑을 했다. 다른 형제도 처음에는 같은 방향으로 시작했다. 그들은 외모가 똑같이 생겼다. 그러다 보니 은밀한 경우에 그를 다른 형제로 잘못 알게 되는 경우가 생길 수밖에 없었

그녀의 아버지가 그것에 대해 매우 불만인 것을 그녀가 알게
되자, 그렇게 해서 도달하게 된 그녀의 리비도의 위치는 더욱 강
화되었다. 여자에게 너무 애정을 보이는 것 때문에 벌을 받은 후
에, 그녀는 아버지에게 상처를 주고 그에게 복수하는 방법을 알
게 되었다. 그녀는 그때부터는 아버지에 대한 반발로 동성애자로
남아 있었다. 그리고 그녀는 아버지에게 거짓말을 하거나 모든
면에서 속이는 것에 대해 양심의 가책을 느끼지도 않았다. 사실
그녀는 어머니에게는 아버지가 알지 못하게 하는 데 필요한 만큼
만 거짓말을 했다. 나는 그녀의 행동이 〈눈에는 눈〉이라는 원칙을
따른 것처럼 보였다. 〈당신이 나를 배반했으므로, 내가 당신을 배
반하는 것을 당신은 참을 수밖에 없다.〉 다른 면으로는 그녀가 보
여 준 아주 빈틈없는 놀랄 만한 신중함의 결여에 대해 나는 다르
게 결론을 내릴 수도 없었다. 그녀는 아버지가 가끔씩 그 여자와
자신의 관계를 알게 되기를 바랐던 것이다. 아버지가 알지 못하

---

다. 그는 불쾌해지기 시작했다. 그래서 그는 동성애자가 되어 이 어려움을 벗어났다.
그는 여자들을 그의 형제에게 맡긴 것이다. 그리고 형제를 위해 뒤로 물러난 것이다.
한때 나는 한 젊은 남자를 치료한 적이 있다. 그는 화가였는데, 기질적으로 분명히 양
성애자였다. 그런데 그가 동성애 경향을 보일 때는 동시에 그의 작업에도 장애가 뒤따
랐다. 그는 여자와 작업으로부터 동시에 달아났던 것이다. 분석을 통해 그는 그 두 가
지를 다 회복했다. 그리고 그 두 가지 장애 모두 아버지를 두려워하는 것이 가장 강한
정신적 동기였다는 것을 발견하게 되었다. 그것은 사실 포기였던 것이다. 그는 상상
속에서 모든 여자는 아버지 것이라고 생각했다. 그래서 복종하는 의미에서 남자에게
안식처를 구하고 아버지와의 갈등으로부터 물러났던 것이다. 동성애에서 대상-선택
을 하게 되는 이유로 그러한 동기는 결코 드물지 않을 것이다. 원시 시대의 인류에게
여자는 모두 아버지, 즉 원시 집단의 우두머리에게 속했다고 한다. 쌍둥이가 아닌 형
제자매 사이에서 〈뒤로 물러나기〉는 성적 선택뿐만 아니라 다른 면에서도 큰 역할을
한다. 예를 들면 형이 음악을 공부하는데 잘한다는 소리를 들으면, 음악적으로 훨씬
더 재질이 있고 음악을 좋아하더라도 동생은 음악 공부를 곧 포기하고 다시는 악기를
만지려고 하지 않는다. 이것은 매우 자주 일어나고 있는 일의 한 가지 예일 뿐이다. 그
리고 겉으로 드러나게 경쟁하는 경우보다는 이런 〈뒤로 물러나는 경우〉를 탐구하면
더 복잡한 마음의 상태를 알게 된다 — 원주.

면 그녀는 가장 강렬한 욕망인 복수를 하지 못하게 되는 것이다. 그래서 그녀는 자기가 좋아하는 여자와 함께 공공연히 나타나고, 아버지가 일하는 곳에서 멀지 않은 거리를 그 여자와 함께 걸어 다니는 등의 행동을 해서 아버지가 진상을 확실히 알도록 했던 것이다. 이렇게 서투른 행동은 의도 없이 나온 것이 아니었다. 게다가 부모 모두 그녀의 비밀스러운 심리를 이해한 듯이 행동했다. 어머니는 그녀가 자기를 위해 〈물러난 것〉을 고맙게 생각한다는 듯이 그녀에 대해 참을성을 보였다. 그리고 아버지는 그를 향한 의도적인 복수를 알아차린 듯이 그녀에게 매우 화를 냈다.

그러나 그 〈여자〉가 그녀의 동성애적 경향뿐 아니라, 아직도 오빠에게 부가되어 있던 이성애적 리비도도 만족시켜 줄 것 같은 대상임을 알게 되면서부터 도착이 고착되었던 것이다.

# 3

일차원적인 재현은 마음의 여러 층위에서 진행되는 복잡한 정신적 작용을 기술하기에는 그다지 적당한 방법이 아니다. 그래서 나는 환자에 대한 논의를 잠시 멈추고, 그동안 언급된 몇 가지에 대해 보다 완전하고 깊이 있게 논의하고자 한다.

나는 그녀가 자기가 매우 좋아하는 여자를 대할 때 특징적으로 남성적인 사랑의 행동을 했다는 사실을 언급했다. 그녀는 겸손했고, 겉치레가 없이 온화했으며, 〈바라는 것도 아주 적고 아무것도 요구하지 않았으며che poco spera e nulla chiede〉,[8] 그 여자와 잠시 동행할 수 있으면, 그리고 헤어질 때 그 여자의 손에 입맞춤할 수 있으면 행복했다. 또 그 여자가 아름답다는 칭찬을 들으면 즐거웠고(자신이 아름답다고 누가 알아주는 것은 그녀에게는 무의미했다), 그녀가 갔던 곳을 순회하면서 보다 관능적인 욕망을 잠재웠다. 그녀의 이러한 사소한 속성들은 한 젊은이가 유명한 여배우를 처음 열정적으로 흠모하는 것과 비슷하다. 그는 그 여배우가 자신보다 우월하다고 생각하며, 부끄러워서 감히 눈도 마주치지

---

8 타소Tasso의 시구에서 인용. 젊은이 올린도Olindo를 표현한 원래의 문구는 다음과 같다. *Brama assai, poco spera e nulla chiede*(욕망은 크나 바라는 것은 아주 적고 아무것도 요구하지 않는다).

못한다. 나는 다른 곳에서[9] 〈남자들이 선택하는 대상 중 특별한 종류〉에 대해 기술한 적이 있다. 나는 그 특색이 어머니에 대한 애착에서 비롯된다고 밝혔다. 그런데 이 환자의 경우는 이 특별한 종류에 세세하게 들어맞았다. 그녀가 사랑하는 사람은 평판이 나빴으며, 그녀 스스로도 그 소문이 사실이라는 것을 충분히 확인했다. 그런데도 그녀가 그 여자에게 전혀 혐오감을 느끼지 않은 것은 놀라운 일로 보일지도 모른다. 그녀는 집안 교육을 잘 받고 자랐으며 정숙한 소녀였다. 그녀는 자기를 위한 성적인 모험은 피했고, 상스럽게 관능적인 만족을 얻는 것은 아름답지 못하다고 생각했다. 그러나 그녀가 처음 좋아한 여자들은 엄격하게 예의를 잘 지키는 여자들이 아니었다. 그녀의 아버지가 처음 그녀가 좋아하는 사람에 대해 반대했던 이유는, 그녀가 여름 휴양지에서 만난 여배우를 집요하게 따라다녀서였다. 더욱이 그녀의 모든 연애 사건 중에 상대가 동성애자로 알려져 있고, 따라서 그녀에게 동성애적 만족을 기대하도록 할 수 있는 여자이기 때문에 문제가 되었던 적은 없었다. 반대로 그녀는 불합리하게도 보통 사용하는 말로 요부인 여자들만 따라다녔다. 그리고 자기와 나이가 비슷한 동성애자 친구가 가까이 접근하는 것은 주저하지 않고 거부했다. 그녀의 입장에서는 자기 〈여자〉의 평판이 나쁜 것이 오히려 〈사랑을 위해 필요한 조건〉이었다. 이런 태도가 이상하게 보일지 모르나, 보통 남자들이 자기 어머니와의 관계 때문에 특별한 대상-선택을 하는 경우에 비추어 보면 이상할 것도 없다. 그 경우에도 사랑하게 되는 상대는 어떤 종류든지 성적으로 〈나쁜 평판〉이 있는 사람, 즉 실제로 매춘부라고 불러도 될 사람이어야 한다. 그 소녀는 나중에 자기가 숭배하는 여자가 그렇게 불려도 될 만한 사람이며,

9 「성욕에 관한 세 편의 에세이」 참조.

자신의 몸을 제공하여 살아가고 있다는 것을 알게 되었다. 그때 소녀는 크게 동정하며, 자기의 사랑으로 이런 부끄러운 상황에서 〈구원〉하는 환상을 갖고 계획을 세우는 등의 반응을 보였다. 위에서 언급한 남자들의 경우에도 〈구원〉하려는 욕망이 있다는 것은 놀랄 만한 일이다. 그런 남자들의 경우에 대한 기술에서, 나는 이 욕망에 대해 분석적으로 그 유래를 밝히려고 노력했다.

　자살 기도의 분석을 통해 우리는 아주 다른 해명의 영역으로 인도될 수 있다. 나는 그 자살 기도가 진지하게 의도된 것이라고 생각한다. 그리고 그녀가 그런 의도로 자살을 기도한 것은 아니었지만, 자살 기도 때문에 그녀와 부모, 그리고 그녀와 사랑하는 여자 사이에서 그녀의 입지가 많이 넓어졌다. 하루는 그녀가 그 여자와 함께 마을을 거닐고 있었다. 그 시간이면 사무실에서 나온 아버지와 그 장소에서 마주치기가 쉬웠다. 그리고 그것은 사실로 나타났다. 거리에서 그들을 지나치며 그녀의 아버지는 그녀와 그 동반자를 아주 화난 시선으로 쏘아보았다. 그때쯤은 그도 그 여자에 대해 알고 있었다. 조금 뒤에 그녀는 철길 위로 몸을 던져 버렸던 것이다. 그녀는 결심하게 된 직접적인 이유를 아주 그럴듯하게 설명했다. 그녀는 그 여자에게, 그들을 그렇게 화가 나서 노려보며 지나간 남자가 바로 자기 아버지이고, 그는 그들의 우정을 완전히 금지했다고 고백했다. 그 여자는 몹시 화를 내며, 그녀에게 바로 그 자리에서 당장 떠나라고 명령했다. 그리고 다시는 자기를 기다리지도 말고 말도 걸지 말라고 말했다. 그들의 관계를 끝내야 한다는 것이었다. 그렇게 자기가 사랑하는 사람을 영원히 잃는다는 슬픔에, 그녀는 자신의 삶도 끝내기를 원했다. 그러나 분석 결과 그녀의 설명 뒤에 더 깊은 다른 해석이 발견되었고, 그것은 그녀의 꿈으로 증명되었다. 그러리라고 예상했겠지

만, 자살을 시도하기로 결정하게 된 데는 그녀가 말한 이유 말고
도 두 가지 다른 동기가 있었다. 그것은 징벌(자기-징벌)을 하는
것과 소원을 달성하는 것이었다. 소원 성취로서의 자살 기도는,
소원이 좌절되었을 때 그녀를 동성애로 몰아갔던 바로 그 소원,
즉 아버지의 아이를 가지고 싶다는 소원의 성취를 의미했다. 이
제 그녀는 아버지의 잘못 때문에 〈쓰러진〉 것이다.[10] 그 여자가 바
로 그때 아버지와 똑같은 말을 했고 또 똑같이 금지했다는 사실
이, 이 깊은 해석과 그녀가 의식에서 알고 있는 표피적인 설명을
연결하는 역할을 한다. 자기-징벌의 관점에서 보자면, 그녀의 행
동은 무의식 속에서 그녀가 부모 중 한 사람이 죽어 버리기를 강
하게 소망하고 있었다는 것을 나타낸다. 자기의 사랑을 방해한
데 대한 복수로 아버지가 죽기를 바랐을 수도 있지만, 아마 어머
니가 어린 남동생을 임신했을 때 어머니가 죽기를 바라는 마음이
생겼을 가능성이 더 높다. 정신분석에서는 자살이라는 수수께끼
를 다음과 같이 설명한다. 아마 다음 두 가지 조건이 없다면 아무
도 자신을 죽이는 데 필요한 정신적 힘을 찾지 못할 것이다. 첫째
는 자기를 죽임과 동시에 자기가 동일시하고 있는 대상을 죽이는
것이고, 둘째는 다른 사람이 죽기를 바라는 욕망을 자기가 죽기
를 바라는 욕망으로 전환하는 것이다. 자살을 시도했던 사람들에
게서 무의식적인 죽음-소망이 보통으로 발견되는 것 때문에 우
리가 놀랄 필요는 없다(그렇다고 그것 때문에 우리가 추측했던
것이 확인되었다고 생각해야 되는 것도 아니다). 모든 인간의 무
의식에는 자신이 사랑하는 사람에 대한 죽음-소망까지도 포함해

10 이미 오래전부터 분석가들에게는 여러 가지 자살 방법이 성적 소망-달성을
나타내는 것으로 알려져 있었다(예를 들면 음독=임신, 물에 빠져 죽기=아이를 갖다,
투신=아이를 낳다) — 원주. 원문에는 〈떨어진 nieder-kommen〉이라는 단어를 썼다. 그
것은 〈떨어지다〉와 〈아이를 낳다〉라는 뜻을 다 가지고 있다.

서 그런 죽음-소망이 가득하기 때문이다.[11] 그 소녀는 자신을 어머니와 동일시했는데, 그 어머니는 자기는 가지지 못한 그 아이를 낳을 때 죽었어야만 했다. 그래서 이렇게 징벌-달성을 하는 것 자체가 동시에 소망-달성이었던 것이다. 끝으로 여러 개의 서로 다른 동기가 각각 큰 힘을 가지고 있으며, 그것들이 협력해야 그런 행동을 할 수 있다는 사실은 우리가 예측했던 대로이다.

그 소녀가 이야기한 의식적인 동기에 아버지와 관련된 이야기는 전혀 없었다. 그가 화낼 것에 대한 두려움조차 언급하지 않았다. 반대로 분석에 의해 밝혀진 동기에서는 아버지가 주된 역할을 하고 있다. 마찬가지로 그녀와 아버지의 관계는 분석적 치료의 과정과 결과, 아니 분석적 탐구에도 결정적으로 중요한 역할을 했다. 그녀는 부모를 배려하는 것처럼 행동했고, 그래서 기꺼이 자신을 변화시키려는 시도를 하려 했었다. 그러나 그 이면에는 아버지에 대한 반항과 복수의 태도가 숨어 있었다. 이것 때문에 그녀는 동성애에 집착했던 것이다. 치료에 대한 저항은 이 장막 뒤에 숨어 있었기 때문에, 그녀는 많은 부분을 분석적 탐구의 대상에서 벗어나도록 할 수 있었다. 분석은 거의 저항 없이 진행되었다. 그녀는 자신의 지성을 활용하여 적극적으로 참여했다. 그러나 감정적으로는 완전히 평온했다. 한번은 내가 특별히 중요한 이론에 대해 상세히 설명한 적이 있었다. 그 이론은 그녀를 거의 감동시킬 정도였지만, 그녀는 거의 흉내 낼 수 없는 목소리로 〈아주 재미있네요〉라고 대답했다. 그녀는 마치 박물관에 가서 전혀 관심 없는 물건들을 코안경 너머로 훑어보는 노파 같았다. 그녀를 분석하는 것은 최면술을 이용한 치료와 같다는 인상을 주었다. 즉 저항이 어떤 경계선까지 후퇴해 있고, 그 경계선 너머는 정

---

11 「전쟁과 죽음에 대한 고찰」(프로이트 전집 12, 열린책들) 참조.

복하지 못하는 것이다. 강박 신경증 환자의 경우에도 저항은 비슷한 전략을 쓴다. 그것을 〈러시아 전략〉이라고 불러도 될 것이다. 그 결과, 이런 환자들은 얼마 동안은 명확한 결과를 보이고 또 증상의 원인에 대해 깊은 인식을 할 수도 있다. 그러나 분석가는 이윽고 분석적으로 그렇게 이해를 많이 했는데도 불구하고 환자의 강박증과 억압에는 왜 전혀 변화가 없을까 의아하게 생각하기 시작한다. 그러다가 마침내 이제까지 성취한 모든 것은 의심이라는 심리적 유보 상태에 지배되어 있다는 것을 알아차리게 된다. 이 보호막 뒤에서 신경증은 안전하게 느낄 수 있는 것이다. 환자는 〈저 사람이 말하는 것을 내가 믿어야 한다면 그것도 괜찮겠지. 그렇지만 그래야만 하는 것은 아니니까 내가 달라질 것은 없지〉라고 생각한다. 거의 의식적으로 그렇게 생각하는 경우도 자주 있다. 그리고 이와 같은 의심을 하게 되는 동기에 가까운 지점에 접근하면 저항과 진지하게 싸움을 시작해야 한다.

우리 환자의 경우에는 의심이 아니라 아버지에 대한 복수심이라는 감정적 요인 때문에 그녀가 차갑게 유보할 수 있었고, 분석이 서로 다른 두 단계로 나뉘었으며, 첫 번째 단계에서 완전하고 명료한 결과를 얻을 수 있었던 것이다. 게다가 의사에 대한 감정 전이와 비슷한 그 무엇도 나타나지 않은 것처럼 보였다. 그러나 그것은 물론 말도 안 된다. 아니면 적어도 사물을 분명하게 표현하는 방식이 아니다. 왜냐하면 분석가에 대해서 어떤 종류의 관계든 관계가 성립될 수밖에 없고, 그 관계란 유아기의 관계에서 전이된 것이 거의 대부분이기 때문이다. 실제로 그녀는 아버지로부터 실망을 경험한 후에 계속 그녀를 지배했던 모든 남성을 거부하는 성향을 나에게 전이했다. 남성에게 쓴맛을 보여 주려는 성향을 의사에게도 보여 주기는 아주 쉬운 일이다. 그것은 강한 감정을 수반할 필요도 없다. 그저 의사의 노력을 헛되게 하고 병에 집착하기만 하면 되는 것이다. 나는 경험상 바로 이런 무언의 병적인 행동을 환자로 하여금 이해하도록 하고, 환자가 자신에게 숨어 있지만 아주 강한 적개심이 있다는 것을 알아차리게 한 다음에도 치료를 계속한다는 것이 얼마나 어려운 일인지 알고 있다. 그래서 나는 그 소녀가 가진 아버지에 대한 태도를 알아차리자 곧 치료를 중단했다. 그리고 부모에게 그들이 분석 치료를 존중한다면 여자 의사와 계속해야 한다고 충고했다. 그동안에 어쨌든 소녀가 그 〈여자〉를 보지 않겠다고 아버지에게 약속했고, 나의 충고의 이유는 명확했지만 그들이 나의 충고를 따를지 나는 모르겠다.

이 분석의 과정 중에 양성 전이라고 생각할 수 있는, 즉 아버지에 대해 원래 가졌던 열정적인 사랑이 아주 미약해진 모습으로 재생된 것이라고 생각할 수 있는 자료가 하나 있었다. 이 현상도 역시 다른 동기가 없었던 것은 아니다. 그러나 내가 이것을 언급하는 이유는, 이것이 다른 면으로 분석 기법상 흥미로운 문제를 제기하기 때문이다. 치료가 시작되고 얼마 지나지 않았을 때, 소녀는 여러 가지 꿈 이야기를 가지고 왔다. 그것은 보통의 꿈-언어의 규칙에 따라 표현되었으나 쉽사리 분명하게 번역할 수 있었다. 더욱이 해석을 하니 그 내용은 굉장했다. 그 꿈들은 치료를 통해 도착이 완쾌될 것을 예상했으며, 그다음에 자기 앞에 열릴 인생을 기대하며 즐거움을 표현했고, 또 남자의 사랑과 아이를 열망하고 있다고 고백했다. 그래서 원하는 변화를 위한 준비가 만족스럽다고 보여 환영할 수도 있었다. 그 꿈과 꿈을 꾸었을 당시와 깨어 있을 때 그녀가 한 말은 서로 너무 모순되었다. 그녀는 결혼할 생각을 나에게 숨기지 않았다. 그러나 그녀는 단지 아버지의 독재를 벗어나서 방해받지 않고 자기가 하고 싶은 대로 하기 위해서 결혼하려는 것이었다. 남편에 대해서는 그를 상대하기는 쉽다고 그녀는 멸시하듯이 말했다. 게다가 동시에 남자와도 여자와도 성관계를 가질 수 있다고 그녀는 말했다. 그녀가 숭배하는 여자가 보여 주었듯이 말이다. 어떤 사소한 인상 때문이었는지 아니면 다른 이유 때문이었는지 모르지만, 나는 경각심을 느껴서 하루는 그녀에게 그 꿈들을 믿지 않는다고 말했다. 그리고 그 꿈들은 거짓이거나 위선이라고 생각하며, 그녀는 아버지를 속이던 방식으로 나를 속이려 한 것으로 생각한다고 말했다.

내가 옳았다. 내가 이 점을 명확히 밝힌 후에 이런 종류의 꿈은 더 이상 나타나지 않았기 때문이다. 그렇지만 나는 그 꿈들은 나를 오도하려는 목적도 있었지만, 또 나에게 잘 보이려는 소망도 부분적으로 표현했던 것이라고 믿는다. 그 꿈들은 나의 흥미를 끌고 나의 호감을 얻고자 하는 시도였던 것이다. 아마 나중에 더욱더 완벽하게 나를 실망시키기 위해서였을 것이다.

이런 종류의 거짓말하는 꿈, 〈잘 보이려는〉 꿈이 존재한다고 지적하면, 분석가로 자칭하는 어떤 독자들은 허탈해하며 화를 낼 것이 분명하다. 그들은 다음과 같이 한탄할 것이다. 〈아니, 뭐라고? 무의식이, 진정한 우리 정신생활의 중심이, 우리의 불쌍한 의식보다 신성에 그렇게 가까이 있는 우리의 일부가 거짓말을 할 수 있다니! 그러면 어떻게 아직도 분석에 의한 해석과 우리의 발견을 정확성에 근거하여 설명할 수 있단 말인가?〉 우리는 이런 물음에 거짓말하는 꿈을 인정하는 것은 전혀 새로운 것이 아니라고 대답할 수밖에 없다. 나는 사실 신비한 것을 갈망하는 인류의 소망을 없앨 수 없다는 것을 잘 알고 있다. 신비에 대한 갈망이 〈꿈의 해석〉 때문에 잃어버린 영토를 회복하려고 부단히 노력하고 있다는 것도 알고 있다. 그러나 우리가 논하고 있는 환자의 경우는 아주 간단하다. 꿈은 〈무의식〉이 아니다. 그것은 깨어 있을 때 전(前)의식이나 혹은 의식에 남아 있던 생각이 잠을 자고 있는 상황이라는 좋은 조건에서 고쳐 만들어진 형태인 것이다. 잠을 자는 상태에서 이 생각은 무의식적인 희망적 충동에 의해 강화되고 〈꿈-작업〉을 통해 변형된다. 꿈-작업은 무의식에서 가장 우세한 기제에 의해 결정된다. 우리가 보고 있는 이 꿈꾼 사람의 경우, 자기 아버지에게 했듯이 나를 오도하려는 의도는 확실히 전의식에서 나오는 것이었다. 사실 의식에서 나온 것일 수도 있다. 그것은 그녀의 아버지를(혹은 아버지의 대리를) 즐겁게 하고 싶은 무의식의 욕망과 연결되어 나타날 수 있다. 그리고 이렇게 해서 거짓말하는 꿈이 생긴 것이다. 아버지를 배반하는 것과 아버지를 즐겁게 하려는 두 가지 의도는 같은 콤플렉스에서 나온 것이다. 전자는 후자를 억압한 결과로 생긴 것이다. 그리고 후자는 꿈-작업에 의해 전자와 다시 만나게 된 것이다. 그러므로 무의식을 평가 절하한다거나 분석의 결과에 대한 우리의 신임을 깨뜨리거나 하는 일은 없는 것이다.

나는 이번 기회에 인간에 대한 놀라움을 한번쯤 말하고 싶다. 즉 인간들은 그들의 성애 생활에서 그토록 멋지고 중요한 순간들을 어떻게 알아차리지 못하고 지나칠 수 있는지 놀랍다. 그리고 어떤 때는 사실 그런 순간이 있다는 것을 조금도 의심하지 않고, 혹은 그런 순간을 알아차린다 하더라도 자신을 완전히 기만하여 그것이 존재하지 않는다고 판단하며 지나칠 수가 있는지 놀랍기만 하다. 이런 현상은 신경증의 경우에는 잘 알려져 있지만, 신경증에만 있는 것이 아니라 보통 생활에서도 꽤 자주 일어나는 일인 것 같다. 우리 환자의 경우를 예로 들 수 있다. 그 소녀는 여자들을 감상적으로 숭배하게 되었다. 그녀의 부모는 처음에는 그것에 대해 단지 짜증이 났을 뿐이고 심각하게 생각하지 않았다. 그녀는 자신이 이런 관계에 마음이 사로잡혀 있다는 사실을 잘 알고 있었다. 그러나 그녀는 어떤 좌절을 겪고 나서 정도가 꽤 지나친 반응을 보이기 전까지는 강한 사랑의 감정을 거의 느껴 보지 못했다. 그 놀라운 반응 때문에 그녀 주변의 사람들은 이런 관계가 보다 근원적인 힘을 가진 열정에서 비롯된 것임을 알게 되었다. 또한 그녀는 이 정신적인 폭풍이 터져 나오기 위해서 꼭 있어야 할 사태에 관한 그 무엇도 감지하지 못했다. 다른 경우에도 역시 같은 현상을 볼 수 있다. 우리가 심한 우울증에 걸린 소녀나 여자에게 우울증에 빠지게 된 원인이 될 만한 일이 있었는지 물어보면, 어떤 사람에게 감정을 조금 느꼈지만 포기해야 했기 때문에 곧 잊어버렸던 일이 있었던 것은 사실이라고 대답하는 경우가 있다. 그러나 쉽게 견디어 낸 것처럼 보였지만, 그렇게 포기한 것이 심각한 정신 장애를 일으킨 원인이 되었던 것이다. 또 남자의 경우에도 마찬가지다. 별로 심각하지 않은 연애 관계를 끝내고 나서 그 후에 나타난 영향을 보고 나서야, 자기가 간단하게 생각했던 그 사람과 열정적으로 사랑에 빠졌다는 것을 알아차리는 남자도 볼 수 있다. 어떤 양심의 가책이나 망설임도 없이 태아를 죽이는 행위인 인공 유산을 한 후에 예상하지 못했던 결과에 놀라기도 한다. 우리는 시인들이 자신도 모르게 사랑에 빠진 사람, 혹은 사랑하고 있는지 확신을 갖지 못하는 사람, 또 사실은 사랑하고 있는데 미워한다고 생각하는 사람 등을 묘사하기 좋아하는 것이 옳다고 인정해야 한다. 우리가 성애 생활에 대해 의식 수준에서 알게 되는 것은 특히 불완전하고, 빠진 것이 많고, 혹은 잘못되어 있기 쉬운 것 같다. 말할 필요도 없이 나는 이러한 논의에서 나중에 나타나는 망각의 역할에 대해서 고려하는 것을 잊지 않았다.

4

 

이제 여담은 그만두고 다시 우리 환자의 이야기로 돌아오겠다. 우리는 이 소녀의 리비도가 정상적인 오이디푸스 태도에서 벗어나 동성애 태도로 가게 만든 힘과, 그 과정 중에 그 힘이 지나간 정신적 행로에 대해 살펴보았다. 이런 관점에서 막냇동생이 태어난 것에 대한 인상이 가장 중요한 비중을 차지했다. 그래서 우리는 이 경우 후천적으로 발생한 도착이라고 분류하기 쉽다.

그러나 이 시점에서 우리는 정신분석에 의해 정신적 과정이 밝혀진 다른 많은 경우에도 마주치게 되는 상황에 대해서도 알게 된다. 우리가 마지막 결과에서 시작하여 거꾸로 발생을 추적해 가면 일련의 사건들이 연속적으로 일어난 것처럼 보인다. 그리고 우리는 완전히 만족할 만하게 혹은 더 이상 바랄 것이 없을 정도로 이해했다고 느낀다. 그러나 방향을 바꾸어 분석에 의해 추정된 전제에서 시작하여 마지막 결과에 도달하려 하면, 우리는 사건의 순서가 달리 결정될 수 없는 필연적인 것이라는 인상을 받지 못한다. 우리는 곧 결과가 다를 수도 있었다는 것을 알게 되고, 그 다른 결과도 마찬가지로 잘 이해하고 설명할 수 있었을 것이라는 사실을 알게 된다. 그래서 종합하는 것은 분석하는 것보다 만족스럽지 못하다. 다시 말하면, 전제를 알아도 그 결과의 본성을 예언할 수 없다는 것이다.

이 당혹스러운 상황을 설명하기는 어렵지 않다. 주어진 결과를 가져온 원인 요소를 완전히 알고 있다고 가정하더라도, 우리는 그것들의 성질을 알 뿐 그것들의 비교적인 강도는 모른다. 어떤 요소들은 너무 약하기 때문에 다른 요소들에 의해 억압되고, 따라서 마지막 결과에 영향을 미치지 않는다. 그러나 우리는 어느 결정 요소가 더 강하고 어느 요소가 더 약한지 미리 알지 못한다. 우리는 마지막에 가서 영향을 남긴 것이 더 강했다고 말할 수 있을 뿐이다. 그래서 우리가 분석 과정을 따라 가면 원인적 사건의 순서를 항상 확실히 알 수 있지만, 종합 과정을 통해 그것을 예측하는 것은 불가능하다.

그러므로 우리는 사춘기에 오이디푸스적 태도에서 샘솟는 사랑에 대한 열망이 좌절되는 경험을 하면 모든 소녀가 그것 때문에 꼭 동성애로 변한다고 주장하려는 것이 아니다. 반대로 이런 상처에 대해서 의심할 여지 없이 다른 종류의 반응이 더 자주 나타난다. 그렇다면 그 소녀에게는 그 상처 이외에 다른 특별한 요소가 있어서 상황을 변하게 했음이 틀림없다. 그것은 아마 내적인 요소일 것이다. 그 요소들을 지적하는 것은 어렵지 않다.

정상적인 사람도 사랑-대상의 성별을 궁극적으로 결정하게 되기까지는 상당한 시간이 걸린다는 것은 잘 알려져 있다. 양성에서 모두 사춘기가 시작되고 나서 1, 2년 동안 동성애적인 열정, 즉 관능적 요소가 가미된 아주 강한 우정이 나타나는 것은 보통 있는 일이다. 우리 환자의 경우에도 마찬가지였다. 그러나 그녀는 다른 사람들보다 그 경향이 의심할 여지 없이 더 강하고 더 오래 지속되었다. 게다가 나중에 동성애자가 될 것이라는 예감이 항상 그녀의 의식을 사로잡고 있었던 반면에, 오이디푸스 콤플렉스에서 유래하는 태도는 무의식에 머무른 상태에서 어린 소년에게 부드럽게 대하는 등의 행동에서만 드물게 나타났다. 학교에 다니고 있을 때 그녀는 엄격하고 접근하기 어려운 여선생을 오랫동안 사랑했었다. 그 여선생은 분명히 대리 어머니였다. 그녀는 몇몇 젊은 어머니들에게 특히 강렬한 흥미를 가졌다. 그것은 그녀의 동생이 태어나기 훨씬 전의 일이었으니, 확실히 처음으로 아버지에게 꾸중을 듣기 전의 일이었다. 그러므로 그녀의 리비도는 아주 어릴 적부터 두 갈래의 흐름으로 나아가고 있었던 것이다. 겉으로 드러난 흐름은 우리가 주저 없이 동성애라고 불러도 좋을 것이다. 이 동성애의 흐름은 아마 어머니에 대한 유아기의 고착이 변하지 않고 계속된 것이라고 할 수 있다. 여기에서 언급된 분석에서는 실제로 단지 보다 깊은 이성애의 흐름이 적당한 기회에 겉으로 드러난 동성애의 흐름과 합쳐진 과정을 보여 주었을 뿐이다.

게다가 분석에 의하면 그 소녀는 아동기에서부터 강하게 나타난 〈남성 콤플렉스〉를 계속 가지고 있었다. 그녀는 활발한 소녀였고 언제나 뛰어놀고 싸움도 마다하지 않았으며, 자기보다 나이가 조금 많은 오빠에게 뒤지고 싶은 마음도 없었다. 오빠의 성기를 관찰한 다음에 그녀는 남근을 굉장히 부러워하게 되었다. 그리고 이 부러운 마음에서 파생되는 생각들이 아직도 그녀의 마음을 가득 채우고 있었다. 그녀는 사실 여권주의자였다. 그녀는 여자아이들이 남자아이들과 똑같은 자유를 누리지 못하는 것이 부당하다고 느꼈다. 그리고 일반적으로 여자의 운명에 반항했다. 분석을 받을 당시에 그녀는 임신하고 아기를 낳는다는 사실을 싫어하고 있었다. 내 생각으로는 신체의 모양이 달라지는 것이 그 이유의 일부분이었던 것 같다. 그녀의 소녀적인 자기애는 이런 식으로 자기방어를 하기에 이르러서,[12] 자신의 훌륭한 외모에 대한 자부심을 드러내는 것을 그만두게 만들었다. 그녀가 전에 강한 노출증과 다른 사람의 나체나 성행위를 보고 쾌감을 느끼는 관음증적인 경향을 지녔었다는 것은 여러 단서를 통해 알 수 있었다. 어떤 이들은 후천적인 요소를 선천적인 요소에 비해 원인으로서 과소평가하면 안 된다고 주장하는데, 그런 사람들은 위에 기술한 그 소녀의 행동은 어머니의 무관심과 오빠의 성기를 자신과 비교하게 된 것, 이 두 가지가 합쳐져 어머니에게 강하게 고착되어 있던 소녀에게 영향을 미쳐 그런 행동이 나타났다는 사실에 주의를 기울이려 할 것이다. 여기에서 기질적인 특징이라고 생각하고 싶은 어떤 것을 어린 시절에 겪은 외부 영향의 작용으로 생긴 흔적의 탓으로 생각할 수 있다. 그러나 바로 이 후천적인 성질의 일부는 타고난 기질의 탓으로 생겼다고 봐야 한다. 그래서 우리가 이론적으로 상반되는 개념으로 나누려고 하는 선천적인 성질과 후천적인 성질들은, 실제로는 계속 서로 섞이고 혼합되어 있다는 것을 알 수 있다.

만약에 분석을 성급하게 훨씬 더 일찍 끝냈더라면, 이 경우는 후천적으로 획득한 동성애라고 결론지었을지도 모른다. 그러나 분석이 더 진행되어 얻게 된 자료를 고려하면, 이 경우는 선천적인 동성애가 항상 그러하듯이, 고착이 되어 사춘기가 시작된 다음에야 분명하게 드러난 것이라고 결론을 내릴 수밖에 없다. 이렇게 분류하면, 관찰하여 확인할 수 있는 사정의 일부는 고려하게 되지만 다른 한 부분은 무시하게 된다. 이 문제에 대해서 이

---

12 『니벨룽의 노래 *Nibelungenliede*』에서 크림힐트 Kriemhild의 고백 참조 — 원주. 그녀는 어머니에게, 그녀의 아름다움을 잃게 될 것이므로 결코 남자가 자신을 사랑하게 하지 않을 것이라고 선언했다.

런 식으로 이야기하는 것에 너무 무게를 두지 않는 것이 좋을 것 같다.

동성애에 관한 저술들은 통상 대상의 선택이라는 문제와 주체가 되는 사람의 성적 특징이나 성에 대한 태도라는 문제를 확실하게 구분하여 기술하고 있지 않다. 마치 전자에 대해 답을 하면 당연히 후자에 대한 답이 포함되는 것으로 생각하는 것 같다. 그러나 경험에 의하면 그렇지 않다. 남성적인 특징이 우세하고 성 생활에서도 남성적인 한 남자가 대상에 관해서만은 도착되어 있을 수 있다. 여자 대신에 남자만을 사랑하는 것이다. 성격상 여성적인 속성을 확실히 강하게 가지고 있고 사랑할 때 여자같이 행동하는 남자라면 여성적인 태도 때문에 사랑-대상으로 남자를 택할 것처럼 보일 수 있다. 그럼에도 불구하고 그는 이성애자이며, 대상에 관한 한 보통 정상적인 남자보다 더 도착되어 있지 않을 수도 있다. 여자의 경우에도 마찬가지이다. 여기에서도 역시 성 정신적 성격과 대상-선택이 꼭 일치하는 것은 아니다. 그래서 동성애의 신비는 통상 유행하는 말에서 묘사하듯이 결코 그렇게 간단하지 않다. 〈여성적인 마음, 그러므로 남자를 사랑할 운명이나, 불행하게도 남자의 몸에 담겨 있다. 남성적인 마음, 어쩔 수 없이 여자에게 매혹되지만, 그러나 아! 여자의 몸에 갇혀 있다〉고 말하나, 실은 그렇게 간단한 것이 아니다. 그것은 세 가지 서로 다른 특질에 관한 문제이다.

　　신체적인 성적 특징(신체적 남녀추니 현상)
　　정신적인 성적 특징(남성적 혹은 여성적 태도)
　　대상-선택의 종류

즉 이 세 가지가 어느 정도까지는 서로 상관없이 달라질 수 있으며, 서로 다른 개인마다 다양한 조합으로 나타난다. 편견을 가지고 쓴 저술에서는 실질적인 이유로 세 번째 특질(대상-선택의 종류)을 앞에 내세우고, 게다가 이것과 첫 번째 특질이 서로 매우 밀접하게 연관되어 있다고 과장했다. 그런데 이 세 번째 특질만이 비전문가의 주의를 끌게 된다. 그리하여 이 세 가지 성격의 상호 관계에 대해 우리가 가진 견해를 가려 버렸다. 더욱이 그것은 정신분석적 탐구를 통해 발견한 두 가지 근본적인 사실을 부정하기 때문에, 일률적으로 동성애라고 불리게 된 모든 상황에 대해 더 깊이 이해하는 길을 막고 있다. 그 두 가지 중 하나는 동성애자인 남자는 특별히 어머니에 대한 고착이 강하다는 것이고, 다른 하나는 정상적인 사람들 모두에게서 드러난 이성애에 더해서 잠재되어 있거나 혹은 무의식적인 동성애적 요소를 상당히 많이 발견할 수 있다는 것이다. 이러한 발견들을 고려하면, 자연이 변덕스러워져서 〈제3의 성〉을 창조했다는 가정은 설 자리를 잃게 된다.

정신분석이 동성애라는 문제를 해결하는 것은 아니다. 우리는 정신분석을 통해 대상-선택을 결정하는 정신적인 기제를 밝혀내고, 그로부터 본능의 기질을 찾아가는 것으로 만족해야 한다. 분석 작업은 거기에서 끝난다. 그리고 나머지는 생물학적 연구에 맡겨야 한다. 최근에 슈타이나흐Steinach는 실험을 통해, 위에서 언급했던 첫 번째 성격이 두 번째와 세 번째 성격에 영향을 미친다는 아주 중요한 결과를 얻었다.[13]

정신분석은 인간이 (동물과 마찬가지로) 애초에는 양성성을

13  립쉬츠Lipschütz의 「사춘기 선병(腺病)과 그 영향Pubertätsdrüse und ihre Wirkungen」(1919) 참조 ─ 원주.

지닌다고 가정한다는 점에서 생물학과 같은 근거를 가지고 있다. 그러나 정신분석에 의해서는 우리가 보통 쓰는 말이나 생물학에서 〈남성적〉, 그리고 〈여성적〉이라고 표현하는 것의 본질적인 성질을 밝혀낼 수 없다. 분석에서는 이 두 가지 개념을 인계받아서 작업의 기초로 삼았을 뿐이다. 우리가 그 개념을 더욱 간단하게 하고자 하면, 남성성은 적극성으로, 또 여성성은 수동성으로 사라져 흔적이 없어진다.[14] 그리고 이것은 우리에게 시사하는 바가 별로 없다.

나는 분석의 과제 중 일부인 해명 작업이 도착을 변화시키는 수단을 우리에게 제공한다는 점에서, 어느만큼 기대하는 것이 온당한가 혹은 우리의 경험을 통해 얼마나 증명되었는가 이미 설명하려고 시도했다. 우리가 정신분석가로서 도착에 영향을 미칠 수 있는 정도와 몇몇 환자에게서 슈타이나흐가 수술로 비범한 변화를 가져온 것과 비교하면, 우리의 결과는 그다지 눈에 띄지 않는다. 그러나 이 단계에서 일반적으로 적용할 수 있는 도착에 대한 〈치료〉가 가능하다는 희망에 빠지는 것은 시기상조이며, 또한 그것은 과장이 지나쳐 해가 될 수 있다. 슈타이나흐가 성공한 남자 동성애 환자들은 아주 명백한 신체적인 〈남녀추니 현상〉이라는 조건을 가지고 있었다. 이것은 동성애 환자 누구에게나 있는 조건은 아니다. 여자 동성애의 경우에는 그에 해당하는 치료를 할 수 있는지 현재로서는 확실치 않다. 만약에 치료를 하기 위해 남녀추니로 되어 있을 난소를 제거하고 한 가지 성을 가진 다른 것을 이식해야 한다면, 실제로 그런 수술을 하게 될 가망성은 거의 없을 것이다. 자신이 남자라고 느끼며 남성적으로 사랑을 하던 여자라면, 모든 면에서 이익이 되지도 않는 이런 변화를 위해 어

14 「성욕에 관한 세 편의 에세이」에 있는 이 두 개념에 대한 토론 참조.

머니가 될 가능성을 포기하는 대가를 치르면서까지 여자 역할을 하도록 자신이 강요당하는 것에 대해 가만히 있지는 않을 것이기 때문이다.[15]

15 「성욕에 관한 세 편의 에세이」 중 동성애에 대한 논의에서 프로이트는 1920년에 쓴 각주에 더해서(즉 이 논문을 쓴 후에) 슈타이나흐의 업적에 대해 더 거론했다. 그는 「질투, 편집증 그리고 동성애의 몇 가지 신경증적 메커니즘」(프로이트 전집 10, 열린책들)에서도 같은 주제에 대해 언급하고 있다.

## 프로이트의 삶과 사상

— 제임스 스트레이치

    지크문트 프로이트Sigmund Freud는 1856년 5월 6일, 그 당시에는 오스트리아-헝가리 제국의 일부였던 모라비아의 소도시 프라이베르크에서 출생했다. 83년에 걸친 그의 생애는 겉으로 보기에는 대체로 평온무사했고, 따라서 장황한 서술을 요하지 않는다.

    그는 중산층 유대인 가정에서 두 번째 부인의 맏아들로 태어났지만, 집안에서 그의 위치는 좀 이상했다. 프로이트 위로 첫 번째 부인 소생의 다 자란 두 아들이 있었기 때문이다. 그들은 프로이트보다 스무 살 이상 나이가 많았고, 그중 하나는 이미 결혼해서 어린 아들을 두고 있었다. 그랬기에 프로이트는 사실상 삼촌으로 태어난 셈이었지만, 적어도 그의 유년 시절에는 프로이트 밑으로 태어난 일곱 명의 남동생과 여동생 못지않게 조카가 중요한 역할을 했다.

    그의 아버지는 모피 상인이었는데, 프로이트가 태어난 후 얼마 지나지 않아 사업이 어려워지기 시작했다. 그래서 프로이트가 겨우 세 살이었을 때 그는 프라이베르크를 떠나기로 결심했고, 1년 뒤에는 온 가족이 빈으로 이주했다. 이주하지 않은 사람은 영국 맨체스터에 정착한 두 이복형과 그들의 아이들뿐이었다. 프로이트는 몇 번인가 영국으로 건너가서 그들과 합류해 볼까 하는 생각을 했지만, 그것은 거의 80년 동안 실행에 옮겨지지 못했다.

　프로이트가 빈에서 어린 시절을 보내는 동안 그의 집안은 몹시 궁핍한 상태였지만, 어려운 형편에도 불구하고 그의 아버지는 언제나 셋째 아들의 교육비를 최우선으로 꼽았다. 프로이트가 매우 총명했을 뿐 아니라 공부도 아주 열심히 했기 때문이다. 그 결과 그는 아홉 살이라는 어린 나이에 김나지움에 입학했고, 그 학교에서 보낸 8년 가운데 처음 2년을 제외하고는 자기 학년에서 수석을 놓친 적이 없었다. 그는 열일곱 살 때 아직 어떤 진로를 택할 것인지 결정을 하지 못한 채 김나지움을 졸업했다. 그때까지 그가 받았던 교육은 지극히 일반적인 것이어서, 어떤 경우에든 대학에 진학할 것으로 보였으며, 서너 곳의 학부로 진학할 길이 그에게 열려 있었다.

　프로이트는 수차례에 걸쳐, 자기는 평생 동안 단 한 번도 〈의사라는 직업에 선입관을 가지고 특별히 선호한 적이 없었다〉고 주장했다.

　　나는 그보다는 오히려 일종의 호기심을 느꼈다. 하지만 그것은 자연계의 물체들보다는 인간의 관심사에 쏠린 것이었다.[1]

그리고 어딘가에서는 이렇게 적었다.

　　어린 시절에 나는 고통받는 인간을 도우려는 어떤 강한 열망도 가졌던 기억이 없다. (……) 그러나 젊은이가 되어서는 우리가 살고 있는 세상의 수수께끼들 가운데 몇 가지를 이해하고, 가능하다면 그 해결책으로 뭔가 기여도 하고 싶은 억누를 수 없는 욕망을

---

1 「나의 이력서」(1925) 앞부분 참조.

느꼈다.[2]

또 그가 만년에 수행했던 사회학적 연구를 논의하는 다른 글에서는 이렇게 적기도 했다.

나의 관심은 평생에 걸쳐 자연 과학과 의학과 심리 요법을 두루 거친 뒤에 오래전, 그러니까 내가 숙고할 수 있을 만큼 충분히 나이가 들지 않았던 젊은 시절에 나를 매혹시켰던 문화적인 문제들로 돌아왔다.[3]

프로이트가 자연 과학을 직업으로 택하는 데 직접적인 계기가 되었던 사건은 ─ 그의 말대로라면 ─ 김나지움을 졸업할 무렵 괴테가 썼다고 하는(아마도 잘못된 것으로 보인다) 〈자연〉에 관한 매우 화려한 문체의 에세이를 낭독하는 독회에 참석한 일이었다고 한다. 하지만 그 선택이 자연 과학이긴 했지만, 실제로는 의학으로 좁혀졌다. 그리고 프로이트가 열일곱 살 때인 1873년 가을, 대학에 등록했던 것도 의과대 학생으로서였다. 하지만 그는 서둘러 의사 자격을 취득하려고 하지는 않았다. 한두 해 동안 그가 다양한 과목의 강의에 출석했던 것만 보더라도 이를 알 수 있다. 그러나 차츰차츰 관심을 기울여 처음에는 생물학에, 다음에는 생리학에 노력을 집중했다. 그가 맨 처음 연구 논문을 쓴 것은 대학 3학년 때였다. 당시 그는 비교 해부학과 교수에게 뱀장어를 해부해서 세부 사항을 조사하라는 위임을 받았는데, 그 일에는 약 4백 마리의 표본을 해부하는 일이 포함되었다. 그로부터 얼마 지

2 「비전문가 분석의 문제」(1927)에 대한 후기 참조.
3 「나의 이력서」에 대한 후기 참조.

나지 않아서 그는 브뤼케Brücke가 지도하는 생리학 연구소로 들어가 그곳에서 6년 동안 근무했다. 그가 자연 과학 전반에 대해 보이는 태도의 주요한 윤곽들이 브뤼케에게서 습득되었다는 것은 의심할 여지가 없는 일이다. 그 기간 동안 프로이트는 주로 중추 신경계의 해부에 대해서 연구했고, 이미 책들을 출판하고 있었다. 그러나 실험실 연구자로서 벌어들이는 수입은 대가족을 부양하기에는 충분하지 못했다. 그래서 마침내 1881년 그는 의사 자격을 따기로 결정했고, 그로부터 1년 뒤에는 많은 아쉬움을 남긴 채 브뤼케의 연구소를 떠나 빈 종합 병원에서 근무하기 시작했다.

그러나 결국 프로이트의 삶에 변화를 가져다준 결정적인 계기가 있었다면, 그것은 생각보다도 더 절박한 가족에 대한 것이었다. 1882년에 그는 약혼을 했고, 그 이후 결혼을 성사시키는 데 모든 노력을 기울였다. 그의 약혼녀 마르타 베르나이스Martha Bernays는 함부르크의 이름 있는 유대인 집안 출신으로, 한동안 빈에서 지내고 있었지만 얼마 안 가서 곧 머나먼 독일 북부에 있는 그녀의 집으로 돌아가야 했다. 그 뒤로 4년 동안 두 사람이 서로를 만나 볼 수 있었던 것은 짧은 방문이 있을 때뿐이었고, 두 연인은 거의 매일같이 주고받는 서신 교환으로 만족해야 했다. 그 무렵 프로이트는 의학계에서 지위와 명성을 확립해 가고 있었다. 그는 병원의 여러 부서에서 근무했지만, 얼마 지나지 않아 곧 신경 해부학과 신경 병리학에 몰두하기 시작했다. 또 그 기간 중에 코카인을 의학적으로 유용하게 이용하는 첫 번째 연구서를 출간했고, 그렇게 해서 콜러에게 그 약물을 국부 마취제로 사용하도록 제안하기도 했다. 바로 뒤이어 그는 두 가지 즉각적인 계획을 수립했다. 하나는 객원 교수 자리에 지명을 받는 것이었고, 다른 하나는 장학금을 받아 얼마 동안 파리로 가서 지내려는 것이었다. 그곳에서는 위대한 신경 병리학자 샤르코Charcot가 의학계를 주도하고 있었다. 프로이트는 그 두 가지 목적이 실현된다면 자기에게 커다란 도움이 될 것이라고 생각했고, 열심히 노력한 끝에 1885년에 두 가지 모두를 얻어 냈다.

프로이트가 파리 살페트리에르 병원(신경 질환 치료로 유명한 병원)의 샤르코 밑에서 보냈던 몇 달 동안, 그의 삶에는 또 다른 변화가 있었다. 이번에는 실로 혁명적인 변화였다. 그때까지 그의 일은 전적으로 자연 과학에만 관련되었고, 파리에 있는 동안에도 그는 여전히 뇌에 관한 병력학(病歷學) 연구를 계속하고 있었다. 그 당시 샤르코의 관심은 주로 히스테리와 최면술에 쏠려 있었는데, 빈에서는 그런 주제들이 거의 생각할 만한 가치가 없는 것으로 여겨졌다. 그러나 프로이트는 그 일에 몰두하게 되었다. 비록 샤르코 자신조차 그것들을 순전히 신경 병리학의 지엽적인 부문으로 보았지만, 프로이트에게는 그것이 정신의 탐구를 향한 첫걸음인 셈이었다.

1886년 봄, 빈으로 돌아온 프로이트는 신경 질환 상담가로서 개인 병원을 열고, 뒤이어 오랫동안 미루어 왔던 결혼식을 올렸다. 하지만 그렇다고 해서 그가 당장 자기가 하던 모든 신경 병리학 업무를 그만둔 것은 아니었다. 그는 몇 년 더 어린아이들의 뇌성 마비에 관한 연구를 계속했고, 그 분야에서 주도적인 권위자가 되었다. 또 그 시기에 실어증에 관해서 중요한 연구 논문을 쓰기도 했지만, 최종적으로는 신경증의 치료에 더욱 노력을 집중했다. 전기 충격 요법 실험이 허사로 돌아간 뒤 그는 최면 암시로 방향을 돌려서, 1888년에 낭시를 방문하여 리에보Liébeault와 베르넴Bernheim이 그곳에서 괄목할 만한 성공을 거두는 데 이용한 기법을 배웠다. 하지만 그 기법 역시 불만족스러운 것으로 밝혀지자, 또 다른 접근 방법을 강구하지 않을 수 없었다. 그는 빈의 상담가이자 상당히 손위 연배인 요제프 브로이어Josef Breuer 박사가 10년 전쯤 아주 새로운 치료법으로 어떤 젊은 여자의 히스테리 증세를 치료했다는 사실을 알고 있었다. 그는 브로이어에게 그 방법을 한 번 더 써보도록 설득하는 한편, 그 스스로도 새로운 사례에 그 방법을 몇 차례 적용해서 가망성 있는 결과를 얻었다. 그 방법은 히스테리가 환자에게 잊힌 어떤 육체적 충격의 결과라는 가정에 근거를 둔 것이었다. 그리고 치료법은 잊힌 충격을 떠올리기 위해 적절한 감정을 수반하여 환자를 최면 상태로 유도하는 것으로 이루어져 있었다. 얼마 지나지 않아 프로이트는 그 과정과 저변에 깔린 이론 모두에서 변화를 일으키기 시작했고, 마침내는 그 일로 브로이어와 갈라설 정도까지 되었지만, 자기가 이루어 낸 모든 사상 체계의 궁극적인 발전에 곧 정신분석학이라는 이름을 붙였다.

그때부터 — 아마도 1895년부터 — 생을 마감할 때까지 프로이트의 모든 지성적인 삶은 정신분석학의 발전과 그 광범위한 언외(言外)의 의미, 그리고 그 학문의 이론적이고 실제적인 영향을 탐구하는 데 바쳐졌다. 프로이트의 발견과 사상에 대해서 몇 마디 말로 일관된 언급을 하기란 물론 불가능하겠지만, 그가 우리의 사고 습관에 불러일으킨 몇 가지 주요한 변화를 단절된 양상으로나마 지적하기 위한 시도는 얼마 안 가서 곧 이루어질 것이다. 그러는 동안 우리는 그가 살아온 삶의 외면적인 과정을 계속 좇을 수 있을 것이다.

빈에서 그가 영위했던 가정생활에는 본질적으로 에피소드가 결여되어 있다. 1891년부터 47년 뒤 그가 영국으로 떠날 때까지 그의 집과 면담실이 같은 건물에 있었기 때문이다. 그러나 행복한 결혼 생활과 불어나는 가족 — 세 명의 아들과 세 명의 딸 — 은 그가 겪는 어려움들, 적어도 그의 직업적 경력을 둘러싼 어려움들에 견실한 평형추가 되어 주었다. 의학계에서 프로이트에 대해 편견을 가지고 있었던 이유는 그가 발견한 것들의 본질 때문만이 아니라, 어쩌면 그에 못지않게 빈의 관료 사회를 지배하고 있던 강한 반유대 감정의 영향 때문이기도 했을 것이다. 그가 대학교수로 취임하는 일도 정치적 영향력 탓으로 끊임없이 철회되었다.

그러한 초기 시절의 특별한 일화 한 가지는 그 결과 때문에 언급할 필요가 있다. 그것은 프로이트와, 명석하되 정서가 불안정한 베를린의 의사 빌헬름 플리스Wilhelm Fließ의 우정에 관한 것이다. 플리스는 이비인후과를 전공했지만 인간 생태학과 생명 과정에서 일어나는 주기적 현상의 영향에 이르기까지 관심 범위가 매우 넓었다. 1887년부터 1902년까지 15년 동안 프로이트는 그와 정기적으로 편지를 교환하면서 자기의 발전된 생각을 알렸고, 자기가 앞으로 쓸 책들의 윤곽을 개술한 긴 원고를 그에게 미리 보냈다. 그리고 무엇보다도 중요한 것은 「과학적 심리학 초고」라는 제목이 붙은 약 4만 단어짜리 논문을 보낸 것이었다. 이 논문은 프로이트의 경력에서 분수령이라고도 할 수 있는, 즉 그가 어쩔 수 없이 생리학에서 심리학으로 옮겨 가고 있던 1895년에 작성된 것으로, 심리학의 사실들을 순전히 신경학적 용어들로 서술하려는 시도였다. 다행스럽게도 이 논문과 프로이트가 플리스에게 보낸 다른 편지들도 모두 보존되어 있는데, 그것들은 프로이트의 사상이 어떻게 발전되었는가에 대해 매혹적인 빛을 던질 뿐 아니라, 정신분석학에서 나중에 발견된 것들 중 얼마나 많은 것이 초기 시절부터 이미 그의 마음속에 있었는지를 보여 준다.

플리스와의 관계를 제외한다면, 프로이트는 처음에는 외부의 지원을 거의 받지 못했다. 빈에서 점차 프로이트 주위로 몇몇 문하생이 모여들었지만, 그것은 대략 10년쯤 후인 1906년경, 즉 다수의 스위스 정신 의학자가 그의 견해에 동조함으로써 분명한 변화가 이루어진 뒤의 일이었다. 그들 가운데 중요한 인물로는 취리히 정신 병원장인 블로일러E. Bleuler와 그의 조수인 융C. G. Jung이 있었는데, 그것으로 우리는 정신분석학이 처음으로 확산되기 시작했음을 알 수 있다. 1908년에는 잘츠부르크에서 정신분석학자들의 국제적인 모임이 열린 데 이어, 1909년에는 미국에서 프로이트와 융을 초청해 여러 차례의 강연회를 열어 주었다. 프로이트의 저서들이 여러 나라 말로 번역되기 시작했고, 정신분석을 실행하는 그룹들이 세계 각지에서 생겨났다. 그러나 정신분석학의 발전에 장애가 없지는 않았다. 그 학문의 내용이 정신에 불러일으킨 흐름들은 쉽게 받아들이기에는 너무 깊이 흐르고 있었던 것이다. 1911년 빈의 저명한 프로이트 지지자들 중 한 명인 알프레트 아들러Alfred Adler가 그에게서 떨어져 나갔고, 이삼 년 뒤에는 융도 프로이트와의 견해 차이로 결별했다. 그 일에 바로 뒤이어 제1차 세계 대전이 발발하자, 정신분석의 국제적인 확산은 중단되었다. 그리고 얼마 안 가서 곧 가장 중대한 개인적 비극이 닥쳤다. 딸과 사랑하는 손자의 죽음, 그리고 삶의 마지막 16년 동안 그를 가차 없이 쫓아다닌 악성 질환의 발병이었다. 그러나 어떤 질병도 프로이트의 관찰과 추론의 발전을 막을 수는 없었다. 그의 사상 체계는 계속 확장되었고, 특히 사회학 분야에서 더욱더 넓은 적용 범위를 찾았다. 그때쯤 그는 세계적인 명사로서 인정받는 인물이 되어 있었는데, 1936년 그가 여든 번째 생일을 맞던 해에 영국 왕립 학회Royal Society의 객원 회원으로 선출된 명예보다 그를 더 기쁘게 한 일은 없었다. 1938년 히틀러가 오스트리아를 침공했을 때 국가 사회주의자들의 가차 없는 박해로부터 그를 보호해 주었던 것도 — 비록 그들이 프로이트의 저서들을 몰수해서 없애 버리기는 했지만 — 들리는 말로는 루스벨트 대통령까지 포함된, 영향력 있는 찬양자들의 노력으로 뒷받침된 그의 명성이었다. 그렇다 하더라도 프로이트는 어쩔 수 없이 빈을 떠나 그해 6월 몇몇 가족과 함께 영국으로 건너갔고, 그로부터 1년 뒤인 1939년 9월 23일 그곳에서 세상을 떠났다.

프로이트를 현대 사상의 혁명적인 창립자들 중 한 사람으로 일컬으며, 그의 이름을 아인슈타인Albert Einstein에 결부시켜 생각하는 것은 신문이나 잡지에 실릴 법한 진부한 이야기가 되었다. 그러나 대부분의 사람은 그나 아인슈타인에 의해 도입된 변화들을 간략하게 설명하기가 매우 어려울 것이다.

프로이트의 발견들은 물론 서로 연관되어 있기는 하지만 크게 세 가지로 묶을 수 있다. 연구의 수단, 그 수단에 의해 생겨난 발견들, 그리고 그 발견들에서 추론할 수 있는 이론적 가설들이 그 것이다. 그런데 여기서 우리는 프로이트가 수행했던 모든 연구 이면에 결정론 법칙의 보편적 타당성에 대한 믿음이 있었다는 사실을 인정해야 한다. 자연 과학 현상과 관련해서는 이 믿음이 아마도 브뤼케의 연구소에서 근무한 경험에서 생겨났을 것이고, 궁극적으로는 헬름홀츠Helmholtz 학파로부터 생겨났을 것이다. 그러나 프로이트는 단호히 그 믿음을 정신 현상의 분야로 확장시켰는데, 그러는 데는 자기의 스승이자 정신 의학자인 마이네르트Meynert에게서, 그리고 간접적으로는 헤르바르트Herbart의 철학에서 영향을 받았을 수도 있다.

무엇보다도 먼저 프로이트는 인간의 정신을 과학적으로 탐구하기 위한 첫 번째 도구를 찾아낸 사람이었다. 천재적이고 창조적인 작가들은 단편적으로 정신 과정을 통찰해 왔지만, 프로이트 이전에는 어떤 체계적인 탐구 방법도 없었다. 그는 이 방법을 단지 점차적으로 완성시켰을 뿐인데, 그것은 그러한 탐구에서 장애가 되는 어려움들이 점차적으로 분명해졌기 때문이다. 브로이어가 히스테리에서 설명한 잊힌 충격은 가장 최초의 문제점을 제기했고, 어쩌면 가장 근본적인 문제점을 제기했을 수도 있다. 관찰자나 환자 본인 모두에 의해서 검사에 즉각적으로 개방되지 않는, 정신의 활동적인 부분들이 있다는 것을 결정적으로 보여 주었기 때문이다. 정신의 그러한 부분들을 프로이트는 형이상학적 논쟁이나 용어상의 논쟁을 고려하지 않고 〈무의식〉이라고 기술했다. 무의식의 존재는 최면 후의 암시라는 사실로도 증명되는데, 이 경우 환자는 암시 그 자체를 완전히 잊었다 하더라도 충분히 깨어 있는 상태에서 조금 전 그에게 암시되었던 행동을 수행한다. 그러므로 어떠한 정신의 탐구도 그 범위에 이 무의식적인 부분이 포함되지 않고는 완전한 것으로 여겨질 수 없었다. 그렇다면 이것이 어떻게 완전해질 수 있었을까? 명백한 해답은 〈최면 암시라는 수단에 의해서〉인 것처럼 보였다. 그리고 이 방법은 처음엔 브로이어에 의해, 다음에는 프로이트에 의해 이용된 수단이었다. 그러나 얼마 안 가서 곧 그 방법은 불규칙하거나 불명확하게 작용하고, 때로는 전혀 작용하지 않는 불완전한 것임이 밝혀졌다. 따라서 프로이트는 차츰차츰 암시의 이용을 그만두고 나중에 〈자유 연상〉이라고 알려진 완전히 새로운 방법을 도입했다. 즉 정신을 탐구하려는 상대방에게 단순히 무엇이든 머릿속에 떠오르는 것을 말하라고 요구하는, 전에는 들어 보지 못했던 계획을 채택했다. 이 중대한 결정 덕분에 곧바로 놀라운 결과가 도출되었다. 프로이트가 채택한 수단이 초보적인 형태였음에도 불구하고 그 것은 새로운 통찰력을 제시했던 것이다. 한동안은 이런저런 연상들이 물 흐르듯 이어진다 하더라도 조만간 그 흐름은 고갈되기 마련이고, 환자는 더 말할 것을 아무것도 생각하지 않거나 또는 할 수 없게 된다. 그렇게 해서 저항의 진상, 즉 환자의 의식적인 의지와 분리되어 탐구에 협조하기를 거부하는 힘의 진상이 드러난다. 여기에 아주 근본적인 이론의 근거, 즉 정신을 뭔가 역동적인 것으로, 일부는 의식적이고 일부는 무의식적이며, 때로는 조화롭게 작용하고 때로는 서로 상반되는 다수의 정신적인 힘들로 이루어져 있다고 가정할 근거가 있었다.

그러한 현상들은 결국 보편적으로 생겨난다는 것이 밝혀지기는 했지만, 처음에는 신경증 환자들에게서만 관찰 연구되었고, 처음 몇 년 동안 프로이트의 연구는 주로 그러한 환자들의 〈저항〉을 극복하여 그 이면에 있는 것을 밝혀낼 수단을 발견하는 일과 관련되었다. 그 해결책은 오로지 프로이트 편에서 극히 이례적인 자기 관찰 — 지금에 와서는 자기 분석이라고 기술되어야 할 — 을 함으로써만 가능해졌다. 다행스럽게도 우리는 앞에서 얘기한, 그가 플리스에게 보냈던 편지로 그 당시의 상황을 직접적으로 알 수 있다. 즉 그는 분석 덕분에 정신에서 작용하는 무의식적인 과정의 본질을 발견하고, 어째서 그 무의식이 의식으로 바뀔 때 그처럼 강한 저항이 있는지를 이해할 수 있었다. 또 그의 환자들에게서 저항을 극복하거나 피해 갈 기법을 고안할 수 있었고, 무엇보다도 중요한 것, 즉 그러한 무의식적인 과정의 기능 방식과 익히 알려진 의식적인 과정의 기능 방식 사이에 아주 큰 차이점이 있음을 알아낼 수 있었다는 것이다. 다음 세 가지는 그 하나하나에 대해서 언급이 좀 필요할 것 같다. 왜냐하면 사실 그것들은 정신에 관한 우리의 지식에 프로이트가 미친 공적들의 핵심을 구성하고 있기 때문이다.

정신의 무의식적인 내용들은 대체로 원초적인 육체적 본능에서 직접 그 에너지를 이끌어 내는 능동적인 경향의 활동 — 욕망이나 소망 — 으로 이루어져 있는 것으로 보인다. 이 무의식은 즉각적인 만족을 얻는 것 외에는 전혀 아무것도 고려하지 않고 기능하며, 따라서 현실에 적응하고 외부적인 위험을 피하는 것과 관련된, 정신에서 더욱더 의식적인 요소들과 동떨어져 있기 마련이다. 더군다나 이러한 원초적인 경향은 훨씬 더 성적이거나 파괴적인 경향을 지니며, 좀 더 사회적이고 개화된 정신적인 힘들과 상충할 수밖에 없다. 이것을 계속 탐구함으로써 프로이트는 오랫동안 숨겨져 있던 어린아이들의 성적인 삶과 오이디푸스 콤플렉스의 비밀을 알아낼 수 있었다.

두 번째로, 그는 자기 분석을 함으로써 꿈의 본질을 탐구하기 시작했다. 이 꿈들은 신경증 증상들과 마찬가지로 원초적인 무의식적 충동과 2차적인 의식적 충동 사이에서 생겨나는 갈등과 타협의 산물임이 밝혀졌다. 그것들을 구성 요소별로 나누어 분석함으로써 프로이트는 숨어 있는 무의식적인 내용들을 추론할 수 있었으며, 꿈이 거의 모든 사람들에게 보편적으로 일어나는 공통된 현상인 만큼 꿈의 해석이 신경증 환자의 저항을 간파하기 위한 기술적 도구 중의 하나임을 밝혀냈다.

마지막으로, 꿈에 대해 면밀하게 고찰함으로써 프로이트는 그가 생각의 1차적 과정과 2차적 과정이라고 명명한 것, 즉 정신의 무의식적 영역에서 일어나는 일과 의식적 영역에서 일어나는 일

사이의 엄청난 차이점들을 분류할 수 있었다. 무의식에서는 조직이나 조화는 전혀 발견되지 않고, 하나하나의 독립적인 충동이 다른 모든 충동과 상관없이 만족을 추구한다. 그 충동들은 서로 영향을 받지 않고 진행되며, 모순은 전혀 작용하지 않고 가장 대립되는 충동들이 아무런 갈등 없이 병존한다. 그러므로 무의식에서는 또한 생각들의 연상이 논리와는 아무런 관련도 없는 노선들을 따라 진행되며, 유사한 것들은 동일한 것으로, 반대되는 것들은 긍정적으로 동등하게 다루어진다. 또 무의식에서는 능동적인 경향을 수반한 대상들이 아주 이례적으로 가변적이어서, 하나의 무의식이 아무런 합리적 근거도 없는 온갖 연상의 사슬을 따라 다른 무의식으로 대체될 수도 있다. 프로이트는 원래 1차적 과정에 속하는 심리 기제가 의식적인 생각으로 침투하는 것이 꿈뿐만 아니라 여러 가지 다른 정상적 또는 정신 병리학적인 정신적 사건의 기이한 점을 설명해 준다는 사실도 분명히 알아냈다.

프로이트가 했던 연구의 후반부는 모두 이러한 초기의 사상들을 무한히 확장하고 정교하게 다듬는 데 바쳐졌다고 해도 과언이 아닐 것이다. 그러한 사상들은 정신 신경증과 정신 이상의 심리 기제뿐 아니라 말이 헛나온다거나 농담을 한다거나 예술적 창조 행위라거나 정치 제도 같은 정상적인 과정의 심리 기제를 설명하는 데도 적용되었고, 여러 가지 응용과학 — 고고학, 인류학, 범죄학, 교육학 — 에 새로운 빛을 던지는 데도 일익을 담당했다. 그리고 정신분석 요법의 효과를 설명하는 데도 도움이 되었다. 마지막으로, 프로이트는 이러한 근본적인 관찰들을 근거로 해서 그가 〈초심리학〉이라고 명명한 좀 더 일반적인 개념의 이론적인 구조를 세우기도 했다. 그러나 많은 사람들이 이 일반적 개념을 매혹적이라고 생각할지라도, 프로이트는 언제나 그것이 잠정적인 가설의 속성을 띤다고 주장했다. 만년에 그는 〈무의식〉이라는 용어의 다의성과 그것의 여러 가지 모순되는 용법에 많은 영향을 받아 정신에 대한 새로운 구조적 설명 — 여러 가지 문제점을 해명하기 위해 만들어진 것이 분명한 새로운 설명 — 을 제시했는데, 거기에서는 조화되지 않은 본능적인 경향은 〈이드〉로, 조직된 현실적인 부분은 〈자아〉로, 비판적이고 도덕적인 기능은 〈초자아〉로 불렸다.

지금까지 훑어본 내용으로 독자들은 프로이트의 삶에 있었던 외면적인 사건들의 윤곽과 그가 발견한 것에 대해 어느 정도 조망했을 것이다. 그런데 더 많은 것을 요구하는 것이, 좀 더 깊이 파고들어 가서 프로이트가 어떤 부류의 사람이었는지를 알아보는 것이 과연 적절할까? 아마도 그렇지 않을 것이다. 그러나 위인에 대한 사람들의 호기심은 만족할 줄 모르며, 그 호기심이 진실된 설명으로 충족되지 않으면 필연적으로 꾸며 낸 이야기라도 붙잡으려고 할 것이다. 프로이트는 초기에 낸 두 권의 책(『꿈의 해석』과 『일상생활의 정신 병리학』)에서 그가 제기한 논제로 인해 개인적인 사항들을 예외적으로 많이 제시하지 않을 수 없었다. 그럼에도 불구하고, 또는 바로 그런 이유로 그는 자기의 사생활이 침해당하는 것을 완강히 거부했으며, 따라서 여러 가지 근거 없는 얘깃거리의 소재가 되었다. 일례로 처음에 떠돌았던 아주 단순한 소문에 따르자면, 그는 공공 도덕을 타락시키는 데 온 힘을 쏟는 방탕한 난봉꾼이라는 것이었다. 또 이와 정반대되는 터무니없는 평가도 없지 않았다. 그는 엄격한 도덕주의자, 가차 없는 원칙주의자, 독선가, 자기중심적이고 웃지도 않는 본질적으로 불행한 남자로 묘사되었다. 그를 조금이라도 알고 있는 사람들이라면 누구에게나 위의 두 가지 모습은 똑같이 얼토당토않은 것으로 보일 것이다. 두 번째 모습은 분명히 부분적으로는 그가 말년에 육체적으로 고통받았다는 것을 아는 데서 기인한 것이다. 그러나 또 한편으로는 가장 널리 퍼진 그의 몇몇 사진이 불러일으킨 불행해 보이는 인상에 기인한 것일 수도 있다. 그는 적어도 직업적인 사진사들에게는 사진 찍히기를 싫어했으며, 그의 모습은 때때로 그런 사실을 드러냈다. 화가들 역시 언제나 정신분석학의 창시자를 어떻게든 사납고 무서운 모습으로 표현할 필요를 느꼈던 것처럼 보인다. 그러나 다행히도 좀 더 다정하고 진실한 모습을 보여 주는 다른 증거물들도 있다. 예를 들면 그의 장남이 쓴 아버지에 대한 회고록(마르틴 프로이트Martin Freud, 『명예로운 회상』, 1957)에 실려 있는, 휴일에 손자들과 함께 찍은 스냅 사진 같은 것들이다. 이 매혹적이고 흥미로운 책은 실로 여러 가지 면에서 좀 더 형식적인 전기들 — 그것들도 매우 귀중하기는 하지만 — 의 내용에서 균형을 회복하는 데 도움을 주는 한편, 일상생활을 하는 프로이트의 모습도 얼마간 드러내 준다. 이러한 사진들 가운데 몇 장은 그가 젊은 시절에 매우 잘생긴 용모였다는 것을 보여 준다. 하지만 나중에 가서는, 그러니까 제1차 세계 대전 뒤 병이 그를 덮치기 얼마 전부터는 더 이상 그렇지 못했고, 그의 용모는 물론 전체적인 모습(대략 중간 키 정도인)도 주로 긴장된 힘과 빈틈없는 관찰력을 풍기는 인상으로 널리 알려졌다. 그는 공식적인 자리에서는 진지하되 다정하고 사려 깊었지만, 사사로운 곳에서는 역설적인 유머 감각을 지닌 유쾌하고 재미있는 사람이기도 했다. 그가 가족에게 헌신적인 애정을 기울인 사랑받을 만한 남자였다는 것을 알아보기란 그리 어려운 일이 아니다. 그는 다방면으로 여러 가지 취미가 있었고 — 그는 외국 여행과 시골에서 보내는 휴일, 그리고 등산을 좋아했다 — 미술, 고고학, 문학 등 좀 더 전념해야 하는 주제에도 관심이 많았다. 프로이트는 독일어 외에 여러 외국어에도 능통해서 영어와 프랑스어를 유창하게 구사했을 뿐 아니라, 스페인어와 이탈리아어에도 상당한 지식을 갖고 있었다. 또 그가 후기에 받은 교육은 주로 과학이었지만(대학에서 그가 잠시 철학을 공부했던 것은 사실이다), 김나지움에서 배웠던 고전들에 대한 애정 또한 잃지 않았다. 우리는 그가 열일곱 살 때 한 급우[4]에게 보냈던 편지를 가지고 있는데, 그 편지에서 그는 졸업 시험의 각기 다른 과목에서 거둔 성과들, 즉 로마의 시인 베르길리우스에게서 인용한 라틴어 구절, 그리고 무엇보다도 『오이디푸스왕』에서 인용한 30행의 그리스어 구절을 적고 있다.

한마디로 우리는 프로이트를, 영국에서라면 빅토리아 시대 교육의 가장 뛰어난 산물과 같은 인물로 볼 수도 있을 것이다. 그러므로 프로이트의 문학과 예술에 대한 취향은 분명 우리와 다를 것이며, 윤리에 대한 견해도 자유롭고 개방적일지언정 프로이트 이후 세대에 속하지는 않을 것이다. 그러나 우리는 그에게서 많은 고통을 겪으면서도 격한 태도를 보이지 않는, 충만한 감성을 지닌 인간형을 본다. 그에게서 두드러지는 특징들은 완전한 정직과 솔직성, 그리고 아무리 새롭거나 예외적이더라도 자기에게 제시된 사실을 어떤 것이든 기꺼이 받아들여 숙고할 준비가 되어 있는 지성이다. 그가 이처럼 놀라운 면을 지니게 된 것은, 아마도 표면적으로 사람들을 싫어하는 태도가 숨기지 못한 전반적인 너그러움을 그러한 특징들과 결합하여 확장시킨 필연적인 결과일 것이다. 미묘한 정신을 지녔음에도 불구하고 그는 본질적으로 순

4  에밀 플루스Emil Fluss. 이 편지는 『프로이트 서간집』(1960)에 들어 있다.

박했으며, 때로는 비판 능력에서 예기치 않은 착오를 일으키기도 했다. 예를 들어 이집트학이나 철학 같은 자기 분야가 아닌 주제에서 신빙성이 없는 전거(典據)를 받아들이는 실수를 한다든가, 그리고 무엇보다도 이상한 것은 그 정도의 인식력을 지닌 사람으로 믿기 어려울 만큼 때로는 그가 알고 있는 사람들의 결점을 보지 못한 것 등이 그렇다. 그러나 프로이트가 우리와 같은 인간이라고 단언함으로써 허영심을 만족시킬 수 있다 하더라도, 그 만족감은 쉽사리 도를 넘어설 수 있다. 이제까지는 정상적인 의식에서 제외되었던 정신적 실체의 모든 영역을 처음으로 알아볼 수 있었던 사람, 처음으로 꿈을 해석하고, 유아기의 성욕이라는 사실을 처음으로 인정하고, 사고의 1차적 과정과 2차적 과정을 처음으로 구분한 사람—우리에게 무의식을 처음으로 현실로 제시한 사람—에게는 사실상 매우 비범한 면들이 있었을 것이다.

## 프로이트 연보

1856년 5월 6일, 오스트리아 모라비아의 프라이베르크에서 태어남.

1860년 가족들 빈으로 이주, 정착.

1865년 김나지움(중등학교 과정) 입학.

1873년 빈 대학 의학부에 입학.

1876년 1882년까지 빈 생리학 연구소에서 브뤼케의 지도 아래 연구 활동.

1877년 해부학과 생리학에 관한 첫 번째 논문 출판.

1881년 의학 박사 과정 졸업.

1882년 마르타 베르나이스와 약혼. 1885년까지 빈 종합 병원에서 뇌 해부학을 집중 연구, 논문 다수 출판.

1884년 1887년까지 코카인의 임상적 용도에 관한 연구.

1885년 신경 병리학 강사 자격(프리바트도첸트) 획득. 10월부터 1886년 2월까지 파리의 살페트리에르 병원(신경 질환 전문 병원으로 유명)에서 샤르코의 지도 아래 연구. 히스테리와 최면술에 대해 소개하기 시작.

1886년 마르타 베르나이스와 결혼. 빈에서 개업하여 신경 질환 환자를 치료하기 시작. 1893년까지 빈 카소비츠 연구소에서 계속 신경학을 연구. 특히 어린이 뇌성 마비에 관심을 가지고 많은 출판 활동을 함. 신경학에서 점차 정신병리학으로 관심을 돌리게 됨.

1887년 장녀 마틸데 출생. 1902년까지 베를린의 빌헬름 플리스와 교분을 맺고 서신 왕래. 이 기간에 프로이트가 플리스에게 보낸 편지는 프로이트 사후인 1950년에 출판되어 그의 이론 발전 과정에 많은 시사점을 주고 있음. 최면 암시 요법을 치료에 사용하기 시작.

1888년 브로이어를 따라 카타르시스 요법을 통한 히스테리 치료에 최면술을 이용하기 시작. 그러나 점차 최면술 대신 자유 연상 기법을 시도하기 시작.

1889년 프랑스 낭시에 있는 베르넴을 방문. 그의 〈암시〉 요법을 연구. 장남 마르틴 출생.

1891년 실어증에 관한 연구 논문 발표. 차남 올리버 출생.

1892년 막내아들 에른스트 출생.

1893년 브로이어와 함께 히스테리의 심적 외상(外傷) 이론과 카타르시스 요법을 밝힌 『예비적 보고서』 출판. 차녀 소피 출생. 1896년까지 프로이트와 브로이어 사이에 점차 견해차가 생기기 시작. 방어와 억압의 개념, 그리고 자아와 리비도 사이의 갈등의 결과로 생기는 신경증 개념을 소개하기 시작. 1898년까지 히스테리, 강박증, 불안에 관한 연구와 짧은 논문 다수 발표.

1895년 브로이어와 함께 치료 기법에 대한 증례 연구와 설명을 담은 『히스테리 연구』 출판. 감정 전이 기법에 대한 설명이 이 책에서 처음으로 나옴. 『과학적 심리학 초고』 집필. 플리스에게 보내는 편지 속에 그 내용이 포함되어 있는 이 책은 1950년에야 비로소 첫 출판됨. 심리학을 신경학적인 용어로 서술하려는 이 시도는 처음에는 빛을 보지 못했지만 프로이트의 후기 이론에 관한 많은 시사점을 담고 있음. 막내딸 아나 출생.

1896년 〈정신분석〉이란 용어를 처음으로 소개. 부친 향년 80세로 사망.

1897년 프로이트의 자기 분석 끝에 심적 외상 이론을 포기하는 한편, 유아 성욕과 오이디푸스 콤플렉스에 대해 인식하게 됨.

1900년 『꿈의 해석』 출판. 책에 표시된 발행 연도는 1900년이지만 실제로 책이 나온 것은 1899년 11월임. 이 책의 마지막 장에서 정신 과정, 무의식, 〈쾌락 원칙〉 등에 대한 프로이트의 역동적인 관점이 처음으로 자세하게 설명됨.

1901년 『일상생활의 정신 병리학』 출판. 이 책은 꿈에 관한 저서와 함께 프로이트의 이론이 병적인 상태뿐만 아니라 정상적인 정신생활에까지 적용된다는 것을 분명히 보여주고 있음.

1902년 특별 명예 교수에 임명됨.

1905년 「성욕에 관한 세 편의 에세이」 발표. 유아에서 성인에 이르기까지 인간의 성적 본능의 발전 과정을 처음으로 추적함.

1906년 융이 정신분석학의 신봉자가 됨.

1908년 잘츠부르크에서 제1회 국제 정신분석학회가 열림.

1909년 프로이트와 융이 미국으로부터 강의 초청을 받음. 〈꼬마 한스〉라는 다섯 살 어린이의 병력(病歷) 연구를 통해 처음으로 어린이에 대한 정신분석을 시도. 이 연구를 통해 성인들에 대한 분석에서 수립된 추론들이 특히 유아의 성적 본능과 오이디푸스 콤플렉스 및 거세 콤플렉스에까지 적용될 수 있음을 확인함.

1910년 〈나르시시즘〉 이론이 처음으로 등장함.

1911년 1915년까지 정신분석 기법에 관한 몇 가지 논문 발표. 아들러가 정신분석학회에서 탈퇴. 정신분석학 이론을 정신병 사례에 적용한 슈레버 박사의 자서전 연구 논문이 나옴.

1912년 1913년까지 『토템과 터부』 출판. 정신분석학을 인류학에 적용한 저서.

1914년 융의 학회 탈퇴. 「정신분석 운동의 역사」라는 논문 발표. 이 논문은 프로이트가 아들러 및 융과 벌인 논쟁을 담고 있음. 프로이트의 마지막 주요 개인 병력 연구서인 『늑대 인간』(1918년에 비로소 출판됨) 집필.

1915년 기초적인 이론적 의문에 관한 〈초심리학〉 논문 12편을 시리즈로 씀. 현재 이 중 5편만 남아 있음. 1917년까지 『정신분석 강의』 출판. 제1차 세계 대전까지의 프로이트의 관점을 광범위하고도 치밀하게 종합해 놓은 저서임.

1919년 나르시시즘 이론을 전쟁 신경증에 적용.

1920년 차녀 사망. 『쾌락 원칙을 넘어서』 출판. 〈반복 강박〉이라는 개념과 〈죽음 본능〉 이론을 처음 명시적으로 소개.

1921년 『집단 심리학과 자아 분석』 출판. 자아에 대한 체계적이고 분석적인 연구에 착수한 저서.

1923년 『자아와 이드』 출판. 종전의 이론을 크게 수정해 마음의 구조와 기능을 이드, 자아, 초자아로 나누어 설명. 암에 걸림.

1925년 여성의 성적 발전에 관한 관점을 수정.

1926년 『억압, 증상 그리고 불안』 출판. 불안의 문제에 대한 관점을 수정.

1927년 『어느 환상의 미래』 출판. 종교에 관한 논쟁을 담은 책. 프로이트가 말년에 전념했던 다수의 사회학적 저서 중 첫 번째 저서.

1930년 『문명 속의 불만』 출판. 이 책은 파괴 본능(〈죽음 본능〉의 표현으로 간주되는)에 대한 프로이트의 첫 번째 본격적인 연구서임. 프랑크푸르트시로부터 괴테상(賞)을 받음. 어머니 향년 95세로 사망.

1933년 히틀러 독일 내 권력 장악. 프로이트의 저서들이 베를린에서 공개적으로 소각됨.

1934년 1938년까지 『인간 모세와 유일신교(有一神敎)』 집필. 프로이트 생존 시 마지막으로 출판된 책.

1936년 80회 생일. 영국 왕립 학회의 객원 회원으로 선출됨.

1938년 히틀러의 오스트리아 침공. 빈을 떠나 런던으로 이주. 『정신분석학 개요』 집필. 미완성의 마지막 저작인 이 책은 정신분석학에 대한 결정판이라 할 수 있음.

1939년 9월 23일 런던에서 사망.

# 인간의 마음을 읽는 치료

읽기에 따라서 프로이트의 증례는 여느 소설보다 더 재미있게 읽을 수도 있다. 주인공의 생각이나 행동, 감정을 지배하는 마음속 움직임을 하나하나 해석해 가는 것은 보통 소설에서는 찾을 수 없는 색다른 재미이기 때문이다. 그래서 꼭 심리학이나 정신과학을 업으로 삼고 있는 사람이 아니더라도 한번쯤 읽어 보고 싶어지는 그런 책이다.

이 책을 통해 프로이트가 정립해 놓은, 성격에 대한 이론의 핵심 몇 가지는 다음과 같이 정리할 수 있다.

첫째, 인격의 구조는 본능, 자아, 초자아로 구분된다.

둘째, 무의식 세계의 존재를 인정하고 의식 세계와 구분해야 한다.

셋째, 인격, 즉 본능·자아·초자아는 각각 나이가 들면서 단계적으로 발전한다.

넷째, 신경증은 근본적으로 인격 중 어떤 이유 — 그 당시 발달 단계에서는 해석을 할 수 없을 정도의 상처를 주는 — 로 인해 발달이 정지된 부분이 그 출발점이 된다.

다섯째, 어린 인격에 상처를 주는 사건은 대개 성적인 문제에 원인이 있는 것으로 해석된다.

　찬찬히 읽은 사람들은 이미 느꼈겠지만, 프로이트가 해석한 내
용 중 어떤 부분은 쉽게 공감이 가는 반면, 어떤 부분은 전혀 쫓아
갈 수 없는 부분도 있다. 이것은 심리학에 대한 독자의 상식이 부
족해서라기보다는, 프로이트 자신이 세운 이론적 체계를 합리화
시키기 위해 증례의 내용을 억지로 꿰어 맞추려고 한 점이 없지
않아서이다. 프로이트가 해석해 놓은 갈등의 내용 그 자체를 일
반화하려고 하면 아무래도 무리가 가는 부분도 있다. 그래서 어
떤 이들은 이러한 점들 때문에 프로이트의 이론과 업적을 통째로
거부하기도 한다.
　그러나 환자를 치료하는 방법에 대한 설명만큼은 그가 스스로
의 경험을 통해서 발전시킨 것으로, 지금까지도 심리적 치료의
근본으로서 자리를 확고히 지키고 있다. 그가 제시한 치료 방법
중 가장 중요한 것은 환자의 얘기를 듣는 것이다. 즉 증세, 꿈, 과
거 역사, 현재 상황 등 환자가 생각이 흐르는 대로 자유 연상한 내
용에 대해 말하는 것을 방해하지 않고 완전히 집중해서 듣는 것
이다. 이때 듣는 사람이 해야 할 일은, 이야기를 정확하게 파악하
면서 듣도록 노력하는 것과 환자의 자유 연상이 제대로 흘러가지
않을 때 그 사실을 알아차리고 그 원인을 찾아 해결해서 다시 자
유 연상으로 돌아가도록 도와주는 것이다. 이렇게 이야기하고 듣
는 과정 중에 감정 카타르시스도 일어나고, 상황의 정확한 파악,
즉 무의식에 있던 것이 의식의 세계로 나와 이성적으로 이해할
수 있게 되는 과정 등을 통해 증세가 줄어들거나 혹은 그 증세에
대처하는 방법을 찾아낼 수 있게 되어 치료가 가능하게 된다.
　이런 작업은 시간과 정성이 많이 들 뿐 아니라 환자에게 큰 경

제적 부담도 주게 된다. 이 책의 증례 중 프로이트가 성공적으로 치료한 〈쥐 인간〉과 〈늑대 인간〉의 경우만 보아도 그 같은 사실을 알 수 있다.

그런데 프로이트가 지금으로부터 거의 백 년 전에 분석 치료를 적용한 이 증례들을 현재 환자를 치료하고 있는 의사의 입장에서는 어떻게 접근할 수 있을까?

먼저 〈쥐 인간〉의 증례에서는 하나하나의 증세나 어려운 상황이 잘 분석되어 있어 이해하는 데 어려움이 없다. 그러나 강박증 증세는 분석이 잘되었다고 해서 꼭 사라지는 증세가 아니다. 실제로 이 환자도 1차 치료가 끝난 다음에 프로이트 자신에게 다시 치료를 받았고, 그 후에도 다른 의사들에게 치료를 받은 기록들이 출판되어 있다. 이 병은 생리 화학적 원인, 즉 타고난 성질에 의해 생기는 경우가 많으며, 약물에 의해 증세가 조절되는 경우가 많다.

그렇다고 해서 분석적 치료가 아무 의미도 없다는 말은 아니다. 그런 타고난 특징 때문에 자라는 동안 여러 가지 해결할 수 없는 어려운 경험을 하기 십상이며, 따라서 고착되어 버리는 부분이 많고, 나이에 맞게 인격이 성숙되어 있지 않은 경우가 많다. 이런 면은 약물로 해결되는 일이 아니다.

〈슈레버〉의 증례에서 환자들의 망상이나 환청, 증세의 내용 등을 깊이 분석해 심층 의미를 해석하는 것은, 요즈음 보는 편집증 환자들의 경우에서도 가능한 일이다.

그렇지만 이 경우 분석을 잘하는 것과 환자를 치료하는 것은 별개의 문제일 수 있다. 오늘날 정신증 치료에는 약물 요법을 위시하여 심리 치료, 가족 치료, 작업 치료 등 여러 가지 다각적인 방법이 있고, 또 이 모든 방면의 치료 노력을 함께 해야 한다. 심리적 의미를 캐는 심리 치료 하나만으로는 정신증을 극복하기가 불가능하다.

〈늑대 인간〉의 증례는 프로이트의 많은 증례 중에서 철저하게 분석이 가능했던 가장 중요한 증례이다. 특히 유아기 신경증의 원인을 규명했다는 점에서 중요하다.

이 논문에서는 어른의 신경증을 거슬러 올라가면 유아기 신경증과의 연관이 드러나고, 유아기 신경증의 근본 원인은 유아기의 성, 즉 최초의 성교 장면에 있다고 주장하고 있다. 이 이론은 당시에 큰 반발을 일으켰고, 융이나 아들러 등은 논문을 통해 학회에서 반대 이론을 펼쳤다. 그에 대한 반박으로 프로이트는 이 증례를 자세하게 분석하여 발표한 것이다.

필자는 최초의 성교 장면만이 유아기 신경증의 근본 원인이라는 견해에는 동의하지 않는다. 그렇지만 그것이 중요한 원인이 되는 경우가 있는 것만은 인정한다. 유아기의 성 발달 단계에서 어떤 성적 경험이 큰 상처가 되는 경우에는, 반드시 성 이외의 상황에도 좋지 못한 영향을 미친다는 것은 거의 확실한다. 특히 이 증례에서는 환자의 아버지와 누나에게도 정신증이 있었던 것으로 보아 환자에게도 선천적으로 정신병의 소질이 있었을 것으로 생각되며, 거기에 후천적인 여러 가지 환경과의 갈등이 작용하여 신경증이 생겼다고 말할 수 있다. 원인을 무엇으로 보든, 이 증례는 철저한 분석에 의해 가장 고통스러운 증상이 치료된 예이다.

여자 동성애 환자의 이야기. 이 증례에서 주어진 정보만으로는 이 여자가 동성애자라고 확신할 수 없다. 동성과 신체 접촉을 통해 성적 만족을 얻는 행위가 없기 때문이다. 오늘날 동성애 현상은 여러 종류로 구분된다. 동성애와 유사한 행동과 동성애 성행위는 엄격하게 구분되어야 한다. 또 자신의 동성애 성행위에 대해서 자아의 갈등이 있는지 없는지에 의해서도 구분되어야 한다. 자신의 동성애 행위에 대해 갈등을 느끼지 않으면 오늘날에는 질병으로 취급하지 않는다. 또 어떤 경우에는 동성애를 결정짓는 유전인자가 발견되었다는 주장도 있다. 심리적·환경적 요인으로 일시적으로 동성애를 보이는 경우도 있고, 동성애와 이성애가 섞여 있는 수도 있다. 이 증례에서는 환자의 동성애 경향에 대해 보다 자세한 정보를 수집해야 할 것으로 보인다.

또 이 환자의 경우, 동성애 외에도 환자의 여러 가지 다른 문제점이 치료의 대상이 될 수 있다. 자기 나이에 해야 할 중요한 일인 학업에 열의가 없다든가, 또래 여자 친구들을 사귀지 않는다든가, 부모와의 관계에서도 문제점이 많다든가 하는 등의 전반적인 자아 기능 발달이 저조한 부분은 치료 목표가 될 수 있겠다.


셰익스피어나 도스토옙스키를 인간의 심리를 잘 파악하여 불후의 명작을 남긴 작가로 꼽는다면, 프로이트는 인간의 심리를 파악하는 방법을 구체적으로 제시하고, 또 심리에 대한 이론을 체계화하여 정신세계의 지도를 그린 철학자로 꼽을 수 있다.

짧은 시간 안에 적은 비용으로 많은 효과를 기대하는 성급한 현대인의 관점에서 보기에 정신분석은 분명 시대에 뒤떨어진 학문이다. 그러나 〈자기 자신을 알라〉, 〈자신을 발견하라〉는 말이나 〈자신의 무의식을 아는 만큼 자유가 있다〉라는 관점에서 본다면, 프로이트의 정신분석 이론은 아직도 인간의 마음을 이해하는 가장 좋은 방법임에 틀림없다.

마지막으로 이 책의 번역 대본은 *The Standard Edition of the Complete Psychological Works of Sigmund Freud*, London: The Hogarth Press and the Institute of Psycho-Analysis, 1955임을 밝혀 둔다.

김명희

## 참고 문헌

프로이트의 저술은 『표준판 전집』에 있는 논문 제목과 권수를 표시하고 열린책
들 프로이트 전집의 권수를 병기했다.

Abraham, K. (1908) "Die psychosexuellen Differenzen der Hysterie und der
    Dementia praecox", *Zentbl. Nervenheilk.*, N. F. 19, 521.

Adler, A. (1910) "Der psychische Hermaphroditismus im Leben und in der
    Neurose", *Fortschr. Med.*, 28, 486.

Baumeyer, F. (1956) "The Schreber Case", *Int. J. Psycho-Analysis*, 37, 61.

Bleuler, E. (1910) "Vortrag über Ambivalenz"(Bern), Report in *Zentbl Psychoanal.*,
    1, 266.

(1911) *Dementia Praecox, oder Gruppe der Schizophrenien*, Leipzig & Wien.

Brunswick, R. mack (1928) "A Supplement to Freud's 'History of an Infantile
    Neurosis'", *Int. J. Psycho-Analysis*, 9, 439. Reprinted with an addition in *The
    Psycho-Analytic Reader*, ed. R. Fließ, New York, 1948, London, 1950, p.86; *The
    Wolf-Man and Sigmund Freud,* ed. M. Gardiner, New York, 1971; London, 1972,
    p.263.

Federn, P. (1948) "Professor Freud: The Beginning of a Case-History", *Yearbook
    of Psychoanalysis*, 4, 14.

Ferenczi, S. (1912) "Über passagère Symptombildung während der Analyse",
    *Zentbl. Psychoanal.*, 2, 588.

Freud, M. (1957) *Glory Reflected*, London.

Freud, S. (1891b) *On Aphasia*, London and New York, 1953.

(1893a) & Breuer, J., "On the Psychical Mechanism of Hysterical Phenomena:
    Preliminay Communication", in *Studies on Hysteria, Standard Ed.*, 2, 3; 열린책
    들 3.

(1895 [1894]) "Obsessions and Phobias", *Standard Ed.*, 3, 71.

(1895d) & Breuer, J., *Studies on Hysteria*, London, 1956; *Standard Ed.*, 2; 열린

책들 3.

(1896b) "Further Remarks on the Neuro-Psychoses of Defence", *Standard Ed.*, 3.

(1900a) *The Interpretation of Dreams*, London and New York, 1955; *Standard Ed.*, 4-5; 열린책들 4.

(1901b) *The Psychopathology of Everyday Life*, *Standard Ed.*, 6; 열린책들 5.

(1905c) *Jokes and their Relation to the Unconscious*, *Standard Ed.*, 8; 열린책들 6.

(1905d) *Three Essays on the Theory of Sexuality*, London, 1962; *Standard Ed.*, 7; 열린책들 7.

(1905e[1901]) "Fragment of an Analysis of a Case of Hysteria", *Standard Ed.*, 7, 3; 열린책들 8.

(1906a[1905]) "My Views on the Part Played by Sexuality in the Aetiology of the Neuroses", *Standard Ed.*, 7, 271; 열린책들 10.

(1907b) "Obsessive Actions and Religious Practices", *Standard Ed.*, 9, 116; 열린책들 13.

(1908a) "Hysterical Phantasies and their Relation to Bisexuality", *Standard Ed.*, 9, 157; 열린책들 10.

(1908b) "Character and Anal Erotism", *Standard Ed.*, 9, 169; 열린책들 7.

(1908c) "On the Sexual Theories of Children", *Standard Ed.*, 9, 207; 열린책들 7.

(1909a[1908]) "Some General Remarks on Hysterical Attacks", *Standard Ed.*, 9, 229; 열린책들 10.

(1909b) "Analysis of Phobia in a Five-Year-Old Boy", *Standard Ed.*, 10, 3; 열린책들 8.

(1909d) "Notes upon a Case of Obsessional Neurosis", *Standard Ed.*, 10, 155; 열린책들 9.

(1910a[1909]) *Five Lectures on Psycho-Analysis*, *Standard Ed.*, 11, 3; in *Two Short Accounts of Psycho-Analysis*, Penguin books, Harmondsworth, 1962.

(1910c) *Lenardo da Vinci and a Memory of his Childhood*, *Standard Ed.*, 11, 59; 열린책들 14.

(1910h) "A Special Type of Choice of Object made by Men", *Standard Ed.*, 11, 165; 열린책들 7.

(1911b) "Formulations on the Two Principles of Mental Functioning", *Standard Ed.*, 12, 215; 열린책들 11.

(1911c[1910]) "Psycho-Analytic Notes on an Autobiographical Account of a Case of Paranoia (Dementia Paranoides)", *Standard Ed.*, 12, 3; 열린책들 9.

(1912a[1911]) "Postscript to the Case of Paranoia", *Standard Ed.*, 12, 80; 열린 책들 9.

(1912c) "Types of Onset of Neurosis", *Standard Ed.*, 12, 229; 열린책들 10.

(1912d) "On the Universal Tendency to Debasement in the Sphere of Love", *Standard Ed.*, 11, 179; 열린책들 7.

(1912-13) *Totem and Taboo*, London, 1950; New York, 1952; *Standard Ed.*, 13, 1; 열린책들 13.

(1913d) "The Occurrence in Dreams of Material from Fairy Tales", *Standard Ed.*, 12, 281. Freud, (1918b[1914]), *Standard Ed.*, 17, 29 일부 수록; 열린책들 9.

(1913i) "The Disposition to Obsessional Neurosis", *Standard Ed.*, 12, 313; 열린 책들 10.

(1914a) "Fausse Reconnaissance ('déjà raconté') in Psycho-Analytic Treatment", *Standard Ed.*, 13, 201.

(1914c) "On Narcissism: an Introduction", *Standard Ed.*, 14, 69; 열린책들 11.

(1914d) "On the History of the Psycho-Analytic Movement", *Standard Ed.*, 14, 3; 열린책들 15.

(1915b) "Thoughts for the Times on War and Death", *Standard Ed.*, 14, 275; 열린책들 12.

(1915c) "Instincts and their Vicissitudes", *Standard Ed.*, 14, 111; 열린책들 11.

(1915d) "Repression", *Standard Ed.*, 14, 143; 열린책들 11.

(1915e) "The Unconscious", *Standard Ed.*, 14, 161; 열린책들 11.

(1915f) "A Case of Paranoia Running Counter to the Psycho-Analytic Theory of the Disease", *Standard Ed.*, 14, 263; 열린책들 10.

(1916d) "Some Character-Types Met with in Psycho-Analytic Work", *Standard Ed.*, 14, 311; 열린책들 14.

(1916-17[1915-17]) *Introductory Letters on Psycho-Analysis*, New York, 1966; London, 1971; *Standard Ed.*, 15-16; 열린책들 1.

(1917c) "On Transformations of Instinct as Exemplified in Anal Erotism", *Standard Ed.*, 17, 127; 열린책들 7.

(1917e[1915]) "Mourning and Melancholia", *Standard Ed.*, 14, 239; 열린책들 11.

(1918b[1914]) "From the History of an Infantile Neurosis", *Standard Ed.*, 17, 3; 열린책들 9.

(1919e) "A Child is Being Beaten", *Standard Ed.*, 17, 177; 열린책들 10.

(1919h) "The 'Uncanny'", *Standard Ed.*, 17, 219; 열린책들 14.

(1920a) "The Psychogenesis of a Case of Female Homosexuality", *Standard Ed.*, 18, 147; 열린책들 9.

(1920g) *Beyond the Pleasure Principle*, London, 1961; *Standard Ed.*, 18, 7; 열린책들 11.

(1921c) *Group Psychology and the Analysis of the Ego*, London and New York, 1959; *Standard Ed.*, 18, 69; 열린책들 12.

(1922b) "Some Neurotic Mechanism in Jealousy, Paranoia and Homosexuality", *Standard Ed.*, 18, 2233; 열린책들 10.

(1923b) *The Ego and the Id*, London and New York, 1962; *Standard Ed.*, 19, 3; 열린책들 11.

(1923a[1922]) "A Seventeenth-Century Demonological Neurosis", *Standard Ed.*, 19, 69; 열린책들 14.

(1925d[1924]) *An Autobiographical Study*, *Standard Ed.*, 20, 3; 열린책들 15.

(1925h) "Negation", *Standard Ed.*, 19, 235;열린책들 11.

(1925j) "Some Psychical Consequences of the Anatomical Distinction between the Sexes", *Standard Ed.*, 19, 243; 열린책들 7.

(1926d[1925]) *Inhibitions, Symptoms and Anxiety*, London, 1960; *Standard Ed.*, 20, 77; 열린책들 10.

(1927a) "Postscript to *The Question of Lay Analysis*", *Standard Ed.*, 20, 251; 열린책들 15.

(1927c) *The Future of an Illusion*, London, 1962; *Standard Ed.*, 21, 3; 열린책들 12.

(1927e) "Fetishism", *Standard Ed.*, 21, 149; 열린책들 7.

(1930a) *Civilization and its Discontents*, New York, 1961; London, 1963; *Standard Ed.*, 21, 59; 열린책들 12.

(1931b) "Female Sexuality", *Standard Ed.*, 21, 223; 열린책들 7.

(1932a) "The Acquisition and Control of Fire", *Standard Ed.*, 22, 185; 열린책들 13.

(1933a) *New Introductory Lectures on Psycho-Analysis*, New York, 1966; London, 1971; *Standard Ed.*, 22; 열린책들 2.

(1935a) Postscript to *An Autobiographical Study*, new edition, London and New York; *Standard Ed.*, 20, 71; 열린책들 15.

(1936a) "A Disturbance of Memory on the Acropolis", *Standard Ed.*, 22, 239; 열린책들 11.

(1937c) "Analysis Terminable and Interminable", *Standard Ed.*, 23,.

(1939a[1934-38]) *Moses and Monotheism, Standard Ed.*, 23, 3; 열린책들 13.

(1940a[1938]) *An Outline of Psycho-Analysis*, New York, 1968; London, 1969;' *Standard Ed.*, 23, 141; 열린책들 15.

(1950a[1887-1902]) *The Origins of Psycho-Analysis*, London and New York, 1954 (Partly, including "A Project for Scientific Psychology", in *Standard Ed.*, 1, 175).

(1955a[1907-8]) "Original Record of the Case of Obsessional Neurosis (the 'Rat Man')", *Standard Ed.*, 10, 259 일부 수록. German Text in Freud, S. *L'homme aux rats*, ed. E. R. and P. Hawelka [Paris], 1974.

(1960a) *Letters 1873-1939* (ed. E. L. Freud), New York, 1960; London, 1961.

(1963a[1909-39]) *Psycho-Analysis and Faith. The Letters of Sigmund Freud and Oskar Pfister* (ed. H. Meng and E. L. Freud) , London and New York, 1963.

(1965a[1907-26]) *A Psycho-Analytic Dialogue. The Letters of Sigmund Freud and Karl Abraham* (ed. H. C. Abraham & E. L. Freud), London and New York, 1965.

(1966a[1912-36]) *Sigmund Freud and Lou Andreas-Salomé: Letters* (ed. E. Pfeiffer), London and New York, 1972.

(1968a[1927-39]) *The Letters of Sigmund Freud and Arnold Zweig* (ed. E. L. Freud), London and New York, 1970.

(1970a[1919-35]) *Sigmund Freud as a Consultant. Recollections of a Pioneer in Psychoanalysis*(Freud가 Edoardo Weiss에게 보낸 편지, Weiss의 회고와 주석, Martin Grotjahn의 서문과 해설 포함), New York, 1970.

(1974a[1906-23]) *The Freud / Jung Letters* (ed. W. McGuire), London and Princeton, N.J., 1974.

Gardiner, M. (1952) "Meetings with the Wolf-Man", *Bull. Philadelphia Ass. Psychoanal.*, 2, 32; reprinted in *The Wolf-Man and Sigmund Freud*, ed. M. Gardiner, New York, 1971, London, 1972, p.311.

(1971) (ed.) *The Wolf-Man and Sigmund Freud*, New York, 1971, London, 1972

Hall, G. Stanley (1914) "A Synthetic Genetic Study of Fear", *Am. J. Psychol*, 25, 149.

Jones, E. (1908) "Rationalization in Everyday Life", *J. abnorm. Psychol.*, 3, 161; *Papers on Psycho-Analysis*, 1st, 2nd and 3rd eds. only, London and New York, 1913, 1918, 1923, Chap. I.

(1953) *Sigmund Freud: Life and Work*, Vol. 1, London and New York.

(1955) *Sigmund Freud: Life and Work*, Vol. 2, London and New York.

(1957) *Sigmund Freud: Life and Work*, Vol. 3, London and New York.

Jung, C. G. (1906, 1909) (ed.) *Diagnostische Assoziationsstudien* (2 vols.), Leipzig.

(1907) *Über die Psychologie der Dementia praecox*, Halle.

(1908) *Der Inhalt der Psychose*, Berlin.

(1910) "Ein Beitrag zur Psychologie des Gerüchtes", *Zentbl. Psychoanal.*, 1, 81.

(1911-12) "Wandlungen und Symbole der Libido", *Jb. psychoanalyt. psychopath. Forsch.*, 3, 120 and 4, 162; in book form, Leipzig und Wien, 1912.

(1913) "Versuch einer Darstellung der Psychoanalytischen Theorie", *Jb. psychoanalyt. psychopath. Forsch.*, 5, 307; in book form, Leipzig und Wien, 1913.

(1917) *Die Psychologie der unbewussten Prozesse*, Zurich.

Keller, O. (1887) *Die Thiere des classischen Alterthums in culturgeschichtlicher Beziehung*, Innsbruck.

Kraepelin, E. (1896) *Lehrbuch der Psychiatrie*, 5th ed., Leipzig. 7th ed., Leipzig, 1927.

Lipschütz, A. (1919) *Die Pubertätsdrüse und ihre Wirkungen*, Bern.

Löwenfeld, L. (1904) *Die psychischen Zwangserscheinungen*, Wiesbaden.

Macalpine, I. & Hunter, R. A.(1953) "The Schreber Case", *Psychoanal. Q.* 22, 328

Maeder, A. (1910) "Psychologische Untersuchungen an Dementia praecox-Kranken", *Jb. psychoanalyt. psychopath. Forsch.*, 2, 185.

Niederland, W. G. (1959a) "The 'miracled-up' World of Schreber's Childhood", *Psychoanal. Study Child*, 14, 383.

(1959b) "Schreber: Father and Son", *Psychoanal. Q.*, 28, 151.

(1960) "Schreber's Father", *J. Am. Psychoanal. Ass.*, 8, 492.

(1963) "Further Data and Memorabilia Pertaining to the Schreber Case", *Int. J. Psycho-Analysis*, 44, 201.

Rank, O. (1909) *Der Mythus von der Geburt des Helden*, Leipzig und Wien.

(1912) "Völkerpsychologische Parallelen zu den infantilen Sexualtheorien", *Zentbl. Psychoanal.*, 2, 372, 425.

Reinach, S. (1905-12) *Cultes, mythes et religions* (4 vols.), Paris.

Riklin, F. (1905) "Über Versetzungsbesserungen", *Psychiat.-neurol. Wschr.*, 7, 153, 165, 179.

Sadger, I. (1910) "Ein Fall von multipler Perversion mit hysterischen Absenzen", *Jb. psychoanalyt. psychopath. Forsch.*, 2, 59.

(1914) "Jahresbericht über sexuelle Perversionen", *Jb. psychoanalyt. psychopath. Forsch.*, 6, 296.

Schreber, D. G. M. (1855) *Ärztliche Zimmer-Gymnatik* (1st ed.), Leipzig.

Schreber, D. P. (1903) *Denkwürdigkeiten eines Nervenkranken*, Leipzig.

Silberer, H. (1914) *Problem der Mystik und ihrer Symbolik*, Wien.

Spielrein, S. (1911) "Über den psychologischen Inhalt eines Falles von Schizophrenie (Demintia praecox)", *Jb. psychoanalyt. psychopath. Forsch.*, 3, 329.

# 찾아보기

◈

## ㅇ

## ㅈ

자가 성애Autoerotik / autoeroticism 63, 64, 101, 132, 167, 173, 175, 193, 300

자기애Narzißmus, Selbstliebe / narcissism 63, 159, 168, 173~175, 178, 187, 188, 191, 193, 230, 254, 278, 304, 309, 324, 335, 338~340, 348, 349, 369, 375, 390

자기-징벌Selbstbestrafung / self-punishment

자드거Sadger, I. 373

자아das Ich / ego 18, 32, 33, 157, 158, 174, 178, 179, 181~185, 187, 189, 190, 192, 194, 195, 253, 327, 338, 339, 340~342, 410, 416, 418, 421, 425

자아-본능Ichtrieb / ego-instinct 174, 190

자위(행위)Onanie(Selbstbefleckung) / masturbation 14, 58~61, 76, 100, 147, 167, 168, 226, 228, 229, 370

잠복기Latenzzeit / latency period 124, 139, 150, 370

저항Widerstand / resistance 12, 19, 22, 29, 39, 50, 56, 86, 94, 111, 167, 189, 207, 210, 211, 250, 258, 280, 293, 304, 313, 317, 340, 346, 366, 367, 382, 383, 407, 408

전성기기prägenitale Phase / pregenital phase 336

전의식das Vorbewußte / preconsciousness 104, 331, 386

전이(轉移)Übertragung / transference 49, 56, 64, 156, 160, 262, 270, 271, 285, 333, 352, 383, 384, 416

전치Verschiebung / displacement 25, 46, 54, 83, 97, 99, 100, 251, 278, 290, 304, 313, 375

전환(轉換)Konversion / conversion 13, 342, 346, 374, 381

정신 분열증Schizophrenie / schizophrenia 111, 142, 160, 175, 191~193, 196

정신 신경증Psychoneurose / psychoneurosis 192, 409

정신 이상Psychose / psychosis 117, 409

조발성 치매Dementia praecox / dementia praecox 149, 172, 175, 184, 191~193, 222

존스Jones, Ernest 47, 158, 353

죽음-콤플렉스Todeskomplex / death complex 92

증상-형성Symptombildung / symptom formation 176, 180, 258, 265, 328

질베러Silberer, H. 327

질투 망상Einfersuchtswahn / jealous delusion 177, 178


## ㅊ

최면Hypnose / hypnosis 84, 211, 382, 401, 402, 406, 415, 416

충동Strebung (Trieb) / impulse 14, 15, 19, 20, 36, 37, 40~42, 44~46, 48, 51, 59, 63, 64, 70, 78, 83, 98~100, 102, 104, 105, 121, 130, 151, 152, 154, 167, 193, 203, 228,

241, 252, 266, 277, 278, 281, 287, 288, 296, 303, 309, 336, 337~339, 341~344, 349, 365, 375, 386, 408, 409

옮긴이 **김명희** 1974년 연세대학교 의과대학을 졸업했다. 1974년부터 1982년까지 미국에서 정신과·소아정신과 수련의 과정을 끝내고 그곳의 종합 병원에서 청소년정신과 과장을 지냈다. 한국과 미국의 정신과 전문의 자격을 모두 취득했다. 1982년부터 1984년까지 용산 미8군병원 정신과 촉탁의로 근무했으며, 1984년부터 1992년까지 강남신경정신과 의원을 열어 진료했다. 대한민국 신경정신과학회, 소아청소년 정신과학회, 여성정신건강연구회 회원으로 활동했다.

프로이트 전집 9

## 늑대 인간

| 발행일 | 1996년 10월 15일 초판 1쇄 |
| | 2002년 4월 10일 초판 6쇄 |
| | 2003년 9월 30일 2판 1쇄 |
| | 2019년 10월 30일 2판 12쇄 |
| | 2020년 10월 30일 신판 1쇄 |
| | 2023년 9월 20일 신판 2쇄 |

지은이 지크문트 프로이트
옮긴이 김명희
발행인 홍예빈·홍유진
발행처 주식회사 열린책들

경기도 파주시 문발로 253 파주출판도시
전화 031-955-4000 팩스 031-955-4004
홈페이지 www.openbooks.co.kr 이메일 humanity@openbooks.co.kr

Copyright (C) 주식회사 열린책들, 1996, 2020, *Printed in Korea.*
ISBN 978-89-329-2057-3 94180
ISBN 978-89-329-2048-1 (세트)

이 도서의 국립중앙도서관 출판예정도서목록(CIP)은 서지정보유통지원시스템 홈페이지(http://seoji.nl.go.kr)와 국가자료공동목록시스템(http://www.nl.go.kr/kolisnet)에서 이용하실 수 있습니다.(CIP제어번호:CIP2020039780)